y Digymar
IOLO
MORGANWG

GERAINT H. JENKINS

Argraffiad cyntaf: 2018

Dymuna'r cyhoeddwyr gydnabod cymorth ariannol
Cyngor Llyfrau Cymru

Cynllun y clawr: Y Lolfa
Llun y clawr: Llyfrgell Ganol Caerdydd

Rhif Llyfr Rhyngwladol:
978 1 78461 626 7

Cyhoeddwyd ac argraffwyd yng Nghymru gan
Y Lolfa Cyf., Talybont, Ceredigion SY24 5HE
gwefan www.ylolfa.com
e-bost ylolfa@ylolfa.com
ffôn 01970 832 304
ffacs 832 782

y Digymar

IOLO
MORGANWG

Cyflwynedig i'm gwraig Ann ac i'm hwyrion, Iologarwyr y dyfodol, Maïwenn, Dafydd, Myfanwy, Ieuan, Huana, Gwennan a Dylan

Cynnwys

Rhagair

Y N RHYFEDD IAWN, NI chafwyd yr un cofiant Cymraeg llawn i Iolo Morganwg. Er i Griffith John Williams, ein prif awdurdod ar ffugiadau llenyddol y dewin o Drefflemin, fwriadu cyhoeddi un cyflawn nid aeth ymhellach na'r flwyddyn 1788 yn yr unig gyfrol o'i eiddo i weld golau dydd, a hynny ym 1956. Ymaflodd ei ddisgybl Ceri W. Lewis yn yr un dasg, ond rhoes ef ei sylw pennaf i bynciau llenyddol yn yr astudiaeth a gyhoeddwyd ganddo ym 1995. Ac ni wnaeth y naill na'r llall ddefnydd o'r cruglwyth o lawysgrifau a gohebiaeth Iolo a gyflwynwyd i'r Llyfrgell Genedlaethol gan ei ddisgynyddion yn y 1950au cynnar. Afraid dweud, serch hynny, fy mod yn ddyledus iawn i'r ddau ysgolhaig hyn am eu gwaith arloesol. Eto i gyd, mae fy mhortread o Iolo yn wahanol iawn i'r darlun ohono a gafwyd gan fy rhagflaenwyr. I mi, anifail gwleidyddol oedd Iolo, gwrthryfelwr wrth natur, ciciwr yn erbyn y tresi a thipyn o boendod i'r rhai a geisiai gynnal y drefn grefyddol a gwleidyddol. Iolo'r Bardd Rhyddid a welais yn bennaf wrth astudio'i bapurau toreithiog, gweriniaethwr i'r carn, cyfaill i'r tlawd a'r gorthrymedig, boed wyn neu ddu, a gweledydd ysbrydoledig o ran dyfodol Cymru a'r Gymraeg.

Un o drysorau pennaf y Llyfrgell Genedlaethol yw casgliad gwefreiddiol Iolo. Dros y blynyddoedd gwelais ddeunydd ganddo a barodd i mi ryfeddu, chwerthin ac wylo, a cheisiais gyfleu hynny yn y gyfrol hon. Mae fy niolch pennaf, felly, i staff y Llyfrgell am eu cyfarwyddyd a'u gwasanaeth. Hoffwn ddiolch hefyd i'r canlynol am gymwynasau mawr a mân, heb sôn am eu hanogaeth: Mary-Ann Constantine, Cathryn A. Charnell-White, Nia Davies, Robert Evans, Angharad Fychan, Brian Ll. James, E. Wyn James, Ffion Mair Jones, Marion Löffler, Prys Morgan, Geraint Phillips, Stephen Roberts, Richard Suggett a Heather Williams. Pleser yw diolch i Glenys Howells am ei gwaith golygyddol eithriadol o ofalus ac i'w gŵr William Howells am lunio mynegai mor grefftus. Diolchaf yn gynnes i wasg Y Lolfa am gyhoeddi'r gyfrol ac i Lefi Gruffudd am ei gefnogaeth hael. Myfi biau pob gwall a erys, ond, fel y dywedodd Edward Williams arall (Bardd Glas Morganwg), 'gŵyr pob dyn call na ddichon y goreu o ddynion wneud dim yn berffaith'.

Mae'n dda gennyf gael cyfle i ddiolch i'm teulu am ganiatáu i mi grybwyll enw Iolo ym mhob sgwrs dros y blynyddoedd. Bu fy ngwraig Ann Ffrancon yn eithriadol o amyneddgar wrth weld 'aneirif bapurau didrefn', chwedl Iolo, yn lluosogi'n frawychus, gan lenwi pob twll a chornel o'm stydi a sawl ystafell arall yn fy nghartref. Erbyn hyn, serch hynny, mae hi wedi danto'n llwyr ar gwmni Iolo ac yn dyheu am weld ei gefn. Ni allaf ei beio er ei bod, fel minnau, yn cydnabod ei fawredd. Boed i ddarllenwyr y gyfrol hon hefyd fawrhau ei enw.

Geraint H. Jenkins
Gorffennaf 2018

Iolo'r Athrylith

YN 2007 CEFAIS Y fraint o gyfarfod Edward Aneurin Williams, gor-or-or-ŵyr Iolo, a anwyd yn Surrey ond a ymhyfrydai'n fawr yn ei wreiddiau Cymreig ac yn enwedig yn hanes ei hen, hen dad-cu. Fel y byddai dyn yn disgwyl, roedd yn ŵr eithriadol o amryddawn. Cerddor proffesiynol ydoedd, yn arbenigo ar gyfansoddiadau dogfennol a cherddoriaeth electronig. Ef oedd cyfansoddwr y traciau sain a ddefnyddiwyd yng nghyfres lwyddiannus David Attenborough, *Life on Earth*, ac ym 1995 enillodd wobr Bafta Cymru am ei sgôr ar gyfer y gyfres *Excalibur: The Search for Arthur*, cyfres a gyflwynwyd gan yr hanesydd Gwyn A. Williams, un o bennaf edmygwyr Iolo. Cawsom sgwrs ddiddan dros ben ac euthum ag ef i'r Llyfrgell Genedlaethol i weld cadair hynod a fu gynt ym meddiant Iolo. Yn ôl traddodiad llafar, ar drothwy'r bedwaredd ganrif ar bymtheg gofalodd Thomas Johnes o'r Hafod fod un o'i grefftwyr gorau yn llunio cadair ar gyfer Iolo er mwyn iddo allu trawsysgrifio llawysgrifau Cymraeg y plas yn fwy cyfforddus. Ymhen amser aeth y gadair dan y forthwyl a'i phrynu gan deulu Trecefel, fferm ger Tregaron, lle bu neb llai na Joseph Jenkins (m. 1898), y 'Swagman' enwog a fu'n cadw enw Iolo Morganwg yn iraidd yn Awstralia bell, yn byw. Rhoddwyd y gadair i'r Llyfrgell Genedlaethol gan y teulu a chawsom ninnau ein dau y fraint o eistedd arni a rhannu gwybodaeth am Iolo a'i deulu. Roedd yr Edward Williams hwn mor debyg o ran ei bryd a'i wedd i Iolo fel y gallwn deimlo ias drydanol yn cerdded fy nghorff wrth ysgwyd ei law. Cytunai'r ddau ohonom fod rhywbeth gogoneddus o arwrol yn perthyn i fywyd a gwaith y digymar Iolo. Bu farw'r henwr galluog a hynaws hwn, yn 92 mlwydd oed, ym mis Rhagfyr 2013.

Yn ôl *Geiriadur Prifysgol Cymru*, ystyr y gair 'athrylith' yw '(un sy'n meddu)

gallu deallusol neu greadigol eithriadol, clyfrwch, gallu, medr, dawn'.[1] Hawdd
y gallai'r disgrifiad hwnnw fod wedi ei lunio gyda Iolo Morganwg mewn
golwg. Heb rithyn o betruster gallwn ddweud mai gŵr athrylithgar ydoedd,
un o'r Cymry mwyaf deallus a chreadigol a welwyd erioed yn ein gwlad. Yn
wir, ar ôl cysegru dros ddeugain mlynedd o'i oes i'w astudio, daeth Griffith
John Williams i'r casgliad mai ef oedd 'y Cymro galluocaf a fu byw erioed'.[2]
Gor-ddweud, efallai, yw hynny. Nid oedd Iolo, fel y cawn weld, heb ei
ddiffygion a'i feiau, a chyfeiriodd Syr Thomas Parry ato (mewn teyrnged law-
chwith) fel 'athrylith-ar-gyfeiliorn'.[3] Ond mae'n anodd dychmygu'r cyfnod
Rhamantaidd yng Nghymru hebddo ac erbyn hyn nid oes angen i ni estyn
bys cyhuddgar nac ymddiheuro drosto am fod yn ffugiwr llenyddol bwriadus
a llwyddiannus mewn oes pan oedd ffug-ysgolheica fwy neu lai yn ffordd
o fyw. Wedi'r cyfan, dim ond rhan o fywyd Iolo a neilltuwyd i ystumio
a gwyrdroi ffynonellau. Cyflawnodd gampau lawer mewn sawl maes arall,
heb sôn am godi sawl nyth cacwn mewn cylchoedd llenyddol a gwleidyddol.
Bu fyw trwy un o'r cyfnodau mwyaf cynhyrfus yn hanes Cymru, cyfnod o
ryfeloedd mawr, dau chwyldro rhyngwladol, twf y grefydd efengylaidd ac
Anghydffurfiaeth, oes yr Ymoleuo a'r mudiad Rhamantaidd. Ychydig cyn
ei farwolaeth yn 79 oed dywedodd, gyda chryn falchder, iddo fyw bywyd
rhyfeddol o lawn – 'my oddly, but I trust not disgracefully eventful [life]'[4]
– ac mae'n drueni na chwblhaodd fwy nag ychydig ddrafftiau byr o hanes ei
yrfa, yn enwedig gan na fu cymeriad tebyg iddo na chynt na chwedyn. Dyn
angenrheidiol yn ei ddydd oedd Iolo a dyn aruthrol bwysig yn ein hanes.

Er pan oedd yn ddyn ifanc bu gan Iolo ddiddordeb yn 'Men of native
Genius'.[5] O'r 1760au ymlaen daeth disgyblion yr Ymoleuo ac eraill i ystyried
y sawl a feddai alluoedd deallusol a chreadigol uwch na'r cyffredin yn athrylith.
'*Genius* became a universal watchword',[6] meddai Goethe, a thystiai cyfrolau
fel *Essay on Original Genius* (1767) gan William Duff ac *Essay on Genius* (1774)
gan Alexander Gerard i'r chwiw newydd. Ymddiddorai Iolo yn arbennig yn
y rhai cyffredin a hunanaddysgedig fel efe: 'Self-taught Geniuses Lucian, a
sculptor, Epictetus, a slave, Terence, a slave.'[7] Edmygai hefyd enwau mawr
fel Ferguson, Franklin, Newton a Shakespeare, ac nid oedd yn rhy swil i
gynnwys ei enw ef ei hun yn y fath gwmni. 'His mental powers [are] of a
superior order', meddai'r hynafiaethydd a'r teithiwr Benjamin Heath Malkin

amdano a gwelodd Robert Southey yntau ôl llaw athrylith arno: 'his genius and learning and worth'.[8] Cadwodd Iolo ymhlith ei bapurau ddarn o froliant o rifyn mis Mai 1802 o'r *Critical Review* a awgrymai na chawsai ei haeddiant yn llawn gan ei gyfoedion yn Lloegr:

> Neglected Genius has too long been the reproach of England. To enumerate the dead would be useless; but it is not yet too late to mention the living, whose merits have in vain appealed to the public. We allude to a self-taught man, as humble in his situation as the 'Farmer's Boy' [Robert Bloomfield] whose genius has been admitted, and whose profound learning in the antiquities of his own Country will be acknowledged and regretted when it is too late – Edward Williams, the Welsh bard.[9]

Byddai'n sôn o bryd i'w gilydd am ei 'rambling genius' ac yn ymddigrifo yn 'the pure effusions of a Rattleskull genius'.[10] Golygai hynny brocio'r meddwl, arbrofi, herio'r drefn a hyd yn oed rwdlan yn huawdl, pethau a ddeuai'n ail natur i Iolo. Dengys y gyfrol hon fod ganddo allu deallusol, dychymyg, darfelydd a'r ddawn brin i weld pethau mewn goleuni newydd. Gallwn fod yn berffaith sicr o un peth: nid 'Iolyn dwl' neu 'mad Ned' oedd Iolo Morganwg. Gwyddai bron pawb a ddeuai ar ei draws eu bod yng nghwmni gŵr eithriadol iawn.

Prif sail yr astudiaeth hon yw archif odidog Iolo yn y Llyfrgell Genedlaethol, un o berlau ei chasgliadau ac un sydd wedi peri i mi nid yn unig synnu a rhyfeddu at alluoedd Iolo ond hefyd i chwerthin, colli deigryn a melltithio'r rhai a fu'n cynnal trefn economaidd a gwleidyddol mor anghyfiawn yn ystod ei ddyddiau ef. Mae'r casgliad yn cynnwys tair elfen bwysig. Y gyntaf yw llawysgrifau Llanofer (bellach Llsgrau. NLW 13061–13184), trysorau a gymynnwyd gan Taliesin ab Iolo ym 1849 i'r Amgueddfa Brydeinig. Troes penaethiaid mawreddog y sefydliad hwnnw eu trwynau ar *jottings* saer maen o Gymro, ond fe'u hachubwyd gan y gymwynaswraig hael Augusta Hall (née Waddington), Arglwyddes Llanofer, a'i gŵr Syr Benjamin Hall. O hynny ymlaen fe'u cedwid mewn cwpwrdd pren ym mhlas Llanofer, ger y Fenni, a châi ysgolheigion profedig, gan gynnwys John Williams (Ab Ithel), D. Silvan Evans a Thomas Christopher Evans (Cadrawd), ddod yno i'w bodio a'u hastudio'n ddidramgwydd. Yna, ym 1916, fe'u trosglwyddwyd ar adnau i'r Llyfrgell Genedlaethol lle cafodd yr ysgolhaig ifanc Griffith John Williams rwydd hynt i ymchwilio i ffugiadau Iolo a chyhoeddi ffrwyth ei lafur yn *Iolo Morganwg a Chywyddau'r Ychwanegiad*, astudiaeth ddisglair (er nad un hawdd ei darllen) a gyhoeddwyd ym mlwyddyn canmlwyddiant marw Iolo ym 1926. Ond roedd casgliad sylweddol arall o bapurau Iolo wedi parhau ym meddiant y teulu, casgliad nad oedd Taliesin ab Iolo yn rhy awyddus i'w ddwyn i sylw'r cyhoedd oherwydd fod ynddo ddeunydd ffrwydrol. Fe'i gwelwyd, serch hynny, gan Alfred Erny, teithiwr o Ffrainc a fu'n ymweld ag Edward Williams, ŵyr Iolo, yn Nowlais, ar ei ffordd i'r eisteddfod yng Nghaernarfon ym 1862:

> Yn Nowlais aethom i weld Mr E. Williams, ŵyr Iolo Morganwg. Gadawodd yr ail ohebiaeth sylweddol, lle y daethom o hyd, yng nghanol hynafiaethau barddol, fanylion diddorol am gymeriadau o'r Chwyldro Ffrengig y bu Iolo'n gohebu â hwy; ond mae Mr Ed. Williams yn brysur iawn, ac ni wyddom pryd y bydd yn gallu gosod trefn ar bapurau'r teulu.

> (À Dowlais, nous allâmes voir M. E. Williams, le petit-fils d'Iolo Morganwg. Ce dernier a laissé une correspondence volumineuse, ou l'un trouverait, mêlés aux antiquités bardiques, des details interessants sur les personnages de la Révolution française, avec lesquels Iolo a été en correspondance; mais M. Ed. Williams est plongé dans l'industrie, et l'on ne sait quand il pourra mettre en ordre ses papiers de famille.)[11]

Arhosodd y casgliad yn nwylo'r teulu hyd nes i Iolo Aneurin Williams, gor-ŵyr Iolo, benderfynu ei roi i'r Llyfrgell Genedlaethol mewn dwy ran ym 1953–4. Ac yntau'n awdur, bardd, newyddiadurwr a gwleidydd Rhyddfrydol, gwerthfawrogai'r Iolo hwn athrylith ei hen dad-cu gymaint â neb. Yna, ym 1955, cyrhaeddodd casgliad pellach oddi wrth ddisgynnydd arall, Mrs J. Mackinlay, Simonstone Hall, Hawes, swydd Efrog. Mae'r ddau gasgliad (bellach Llsgrau. NLW 21280–21286, 21287–21386) yn taflu goleuni llachar ar weithgarwch gwleidyddol Iolo, ymhlith pethau eraill, ac yn cadarnhau llawer o'r deunydd a gynhwyswyd yng nghofiant Elijah Waring. Rhwng y casgliadau hyn, ynghyd â phapurau William Owen Pughe, Owain Myfyr, Gwallter Mechain ac eraill, mae modd bellach gynnig darlun llawnach a thecach o weithgarwch Iolo ac i dreiddio'n ddyfnach i blygion ei feddwl, ond heb golli golwg ar yr hyn a alwodd Hywel Teifi Edwards yn 'her ei anferthedd'.[12] Wedi'r cyfan, mae rhai pobl na ellir eu deall yn llawn ac efallai fod Iolo yn un ohonynt.

Yn ei anterth roedd y Cymry, yn enwedig y Deheuwyr, yn cydnabod ei ddoniau a'i hynodrwydd. Yn ôl Thomas D. Thomas, Undodwr pybyr a'i gofiannydd Cymraeg cyntaf: 'Gellir dywedyd am dano fel dywedodd Rhobyn Ddu am y meddwyn, "Nad oedd yn debyg i neb ond iddo ef ei hun".'[13] 'The Bard is a very singular character',[14] meddai'r geiriadurwr dysgedig John Walters, un a'i hadwaenai yn well na neb. Oherwydd ei wisg anarferol (het fawr, cadach am ei wddf, côt las laes ac arni fotymau gloyw, britshis melfaréd, esgidiau trymion a byclau arnynt), ei wyneb garw, ei lais cras, ei ystumiau arbennig a'i 'ffrwd ddiderfyn o eiriau',[15] gadawai argraff annileadwy ar bawb. O ran ehangrwydd ei wybodaeth, ei egni a'i ddyfeisgarwch, nid oedd ei debyg yng Nghymru gyfan. Gan ei fod yn gerddwr mor gyflym a diflino, rhoddai'r argraff ei fod yn gallu bod mewn mwy nag un lle ar yr un pryd. Ac os oedd yn bresennol ym mhob man, onid oedd yn demtasiwn i rai gredu ei fod yn oruwchddynol? Gwrthryfelwr greddfol ydoedd a byddai rhai o'i gydnabod yn cael sbort am ei ben er mwyn ceisio tanseilio ei hygrededd a'i ddylanwad. 'Poor fellow!', meddai'r bardd Southey'n nawddoglyd amdano, 'with a wild heart and a warm head.'[16] Ar ryw olwg, wrth gwrs, mae pob rhamantydd yn greadur od braidd ac yn herio confensiwn. A châi Iolo ei bryfocio a'i biwsio'n gyson am fod yn wahanol, am or-ddweud ac am fynd dros ben llestri. Yn ei dymer, byddai'n diawlio pawb a phopeth ac, fel y cawn weld, roedd byth a hefyd yng nghanol rhyw ddadl neu ffrwgwd. Noda yn un o'i lawysgrifau ei duedd i 'ymddiawlo, ymgythreulio, ymuffernoli [ac] ymddiawligo'.[17] Cyfaddefodd wrth Mary Barker ym 1798: 'My Welsh blood is up on some occasions. I have a [devil] of a temper that often runs into excesses.'[18] Fel y dywedwyd am Orson Welles, gallech ei edmygu neu ei gasáu, ond ni allech ei anwybyddu na'i anghofio.[19]

Deil Geraint Phillips fod Iolo yn dioddef o 'bruddglwyf manig'[20] (*bipolar disorder*) a cheir digon o enghreifftiau o'i duedd i bendilio rhwng iselder a gorhwyliogrwydd. Dyna'r math o gyflwr a oedd gan T. D. Thomas mewn golwg pan geisiodd esbonio ei 'gintachrwydd a'i nwyfwylltineb',[21] sef ei byliau o brudd-der a thymer ddrwg, a'i ddireidi cynhenid. Brithir llythyrau a phapurau Iolo â myrdd o enghreifftiau o'i dymer felancolaidd a phiwis, ond ceir hefyd wythïen hoffus o hiwmor yn rhedeg drwyddynt. Gallai 'Whimsical Ned'[22] (fel y'i galwai ei hun) gael cryn hwyl, hyd yn oed am ei ben ei hun:

> Iolo Morganwg, awdur llyfr prydyddiaeth Saesoneg, Pris punt, Salmau cymraeg, pris swllt, saer cerrig, adeiladydd caeadfûr monwent Trefflemin, Bardd Cymdeithas Dwyfundodiaid Deheubarth Cymru, Blaenor ffyliaid ynys Prydain.[23]

Pan fyddai yn ei hwyliau, byddai'n llawn ffraethineb chwareus. Gwyddai pawb ei fod yn caru sir Forgannwg o waelod calon, ond nid oedd hynny yn ei rwystro rhag gwneud yn fach o'i thrigolion:

> Purseproud farmers, Ninny hammers, Good wheat, good butter, hair-brained Bards, and a man of sense one in a thousand. Ruined Castles, whitewashed houses, and great varieties of modes of swearing.[24]

Gloywai ei lygaid, fel pob difyrrwr, wrth weld cynulleidfa awchus o'i flaen. Byddai'n diddanu gwrandawyr mewn tafarnau am oriau, gan adrodd straeon codi-gwallt-eich-pen 'with an unction worthy of Cervantes or Le Sage'.[25] Portread o Iolo'r difyrrwr hwyliog (''tis Iolo the Bard, Iolo the Bard') a geir yn atgofion Charles Redwood ohono, yn swyno mynychwyr tafarnau'r Fro ag englynion, epigramau a ffraethebion, a llu o straeon direidus am jacs lantar, Saeson ffroenuchel ('Plant Alis y biswal') a merched tafotrydd ('a termagant virago' ac 'a certain slatternly baggage').[26] Ategwyd y ddeuoliaeth hon yn ei gymeriad a'i ymddygiad gan Thomas Stephens ym 1852: 'Gwelwn ef un amser yn cwyno fel pe bai diwedd y byd gerllaw, a phryd arall ceir ef mor llawen â cheiliog y rhedyn.'[27] Gwelir droeon y dwys a'r doniol yn Iolo. Camgymeriad fyddai peidio ag ystyried cyflwr ei feddwl a stad ei iechyd wrth ei bwyso yn y glorian.

Fel y rhan fwyaf o fodau meidrol, roedd Iolo yn gwlwm o anghysonderau a gwrthebau a'r rheini wrthi'n ddyfal yn tynnu'n groes i'w gilydd, gan beri iddo ymddwyn weithiau'n wych ond dro arall yn wael. Ni fyddai unrhyw un bellach yn ei ddisgrifio, fel y gwnaed droeon yn ystod oes Victoria, fel gŵr gwylaidd a geirwir. Diolch i'r deubegynedd, gallai fod yn hael ac yn hunanol, yn garedig ac yn greulon, yn gydymdeimladol ac yn gas, yn raslon ac yn sbeitlyd. Weithiau byddai'n edrych ar bethau trwy lygaid plentyn a thro arall roedd mor soffistigedig ag unrhyw athronydd.

Ar brydiau mae dyn yn cael ei demtio i gredu bod mwy nag un Iolo oherwydd fod cynifer o fedrau ganddo, ynghyd â gallu chwedlonol i luosogi'r hunan a chreu personoliaethau gwahanol. Dyma rai o'i alwedigaethau a'i ddiddordebau: saer maen, ffermwr, llysieuydd, daearegwr, garddwriaethwr, siopwr, bardd, ieithydd, llenor, cerddor, gwleidydd, diwinydd a hanesydd. Un symudliw ydoedd, fel camelion, a da y'i disgrifiwyd gan Bethan Jenkins fel 'the supreme shape shifter'.[28] Roedd gan y Proteus Cymreig hwn ddiddordeb mawr yn y traddodiad metamorffig yn sgil ei wybodaeth am waith Ofydd a brithir ei draethodau am dderwyddon â sylwadau am drawsfudiad eneidiau (*metempsychosis*).[29] Roedd yn ddynwaredwr ac yn barodïwr rhyfeddol a chan ei fod yn aml yn cuddio dan gochl enwau awduron eraill neu ffug gymeriadau ni wyddai'r cyhoedd am ran helaeth o'i waith. Bu ganddo fwy nag un enw barddol – Iorwerth ap Gwilim, Iorwerth Morganwg ac Iolo Morganwg – a thadogodd gerddi o'i eiddo ar Dafydd ap Gwilym, Rhys Goch ap Rhicert, Geraint Fardd Glas a llu o rai eraill. Ei hoff *alter ego* oedd y dychanwr rhithiol Will Tabwr. I'r di-Gymraeg, Edward of Glamorgan, Edwardus Glamorganiensis, Flimstoniensis, 'Ancient British Bard' a 'Bard Williams' ydoedd, ond lluniodd lythyrau a cherddi hefyd dan y llysenwau Tom O'Bedlam, Mr Nobody a Christopher Crabstick. Hawdd credu bod ei elynion – ac roedd byddin ohonynt – yn ei weld fel bwystfil amlbennog.

Os oedd mwy nag un Iolo, roedd hefyd lawer o drigfannau yn ei feddwl. Geiriau enwog Whitman sy'n cyfleu hyn orau: 'I am large. I contain multitudes.'[30] Roedd hyd a lled ei wybodaeth yn syfrdanol ac nid peth hawdd yw rhychwantu cyfraniad gŵr mor amryddawn. Byddai'n dyfynnu'r dramodydd a'r Lladinwr enwog Terence,[31] un a gredai fod popeth dynol o ddiddordeb ac, o ganlyniad, nid oedd ball ar ei chwilfrydedd a'i awydd i ddysgu mwy, yn enwedig wrth astudio gwaith y gwir fawrion:

> The ingenuity of the human mind, when viewed in the light of nature
> and reason appears astonishingly wonderful, sublime, and but a little short
> of creative divinity. Observe it in a Newton, a Pen[n], a Lock[e] and a
> thousand more, how it soars like an archangel into celestial regions.[32]

Ni allai fodloni ar fod yn awdurdod ar un neu ddau bwnc yn unig. Roedd pob diwrnod yn ei fywyd yn gyfle i syllu a chraffu ar wybodaeth newydd ac i'w chofnodi a'i dadansoddi. Fel llawer o bobl hunanaddysgedig, tueddai i hel sgwarnogod, i neidio o bwnc i bwnc wrth i gynifer o syniadau a delweddau wthio am sylw yn ei feddwl. Onid oedd cymaint o bethau i'w darllen a'u deall? Cas ganddo hefyd oedd gweld pobl wrthnysig – 'so many blockheads [who] jabber themselves out of Breath'[33] – yn camddehongli neu'n rhwystro rhai o'i gynlluniau cyffrous. Mae ei lawysgrifau'n frith o ddatganiadau wrth-fynd-heibio, megis: 'What are our duties? What are our hopes? Religion satisfies the last, rewards the first. Iolo.'[34] A gwae'r sawl a brofai'n glustfyddar iddynt.

Bu chwilfrydedd deallusol yn gymar oes iddo ac yn dueddol ar brydiau i'w arwain ar gyfeiliorn. Ymddengys rhai enghreifftiau o'i flaengarwch yn hurt iawn i ni. 'Let us then proceed fearlessly in our experiments',[35] meddai, wrth ystyried syniadau Rousseau am fyw mewn harmoni â natur. Yn ystod taith i Wynedd pan oedd yn ŵr ifanc ceisiodd ef a chyfaill iddo brofi bod dyn yn gallu bwyta glaswellt cystal ag unrhyw fuwch neu ddafad. Treuliasant ddiwrnod cyfan yn gwneud hynny nes blino ar 'wyrdd-fwyd Nebuchodonosor' a bodloni ar blât o fara a chaws.[36] Wrth hyrwyddo gwelliannau amaethyddol ym Morgannwg, honnodd ei bod hi'n berffaith bosibl i ffermwyr y Fro dyfu te, reis gwyllt a masarnen siwgwr.[37] Ym 1792 cynddeiriogodd Iolo ei wraig trwy fyw yn wyllt yn y goedwig ar gyrion Llundain er mwyn paratoi ei gorff ar gyfer yr anturiaeth fawr o ddarganfod y Madogwys (disgynyddion honedig y Tywysog Madog) ar draws yr Iwerydd.[38] Fe'i cyfareddwyd gan hanes y Madogwys ac mae'r modd y casglodd amrywiaeth o dystiolaeth amdanynt mewn dull hynod wyddonol yn drawiadol iawn. Deil Gwyn A. Williams fod ei feddwl yn gweithio yn yr un modd ag y gwnâi meddyliau rhai o wleidyddion pennaf America megis Thomas Jefferson ac Alexander Mackenzie.[39]

Yn ystod ei ymchwiliadau lleol, ni allai ollwng unrhyw si neu stori dros gof. Trwy holi hen bobl yn ddyfal, deuai i wybod am bethau dirgel yr oedd bron â marw eisiau dysgu mwy amdanynt. Cafodd wybod gan hen grydd o'r enw Richard Punter fod llanc ifanc a elwid 'Wil y Cawr' (roedd yn 7 troedfedd 7 modfedd, yn ôl y sôn) wedi marw yn 17 oed a'i gladdu ym mynwent plwyf Llanilltud Fawr. Fel roedd y corff yn cael ei gladdu syrthiodd carreg enfawr ac arni arysgrif hynafol ar draws yr arch. Gadawyd i'r garreg hon fod tan haf 1789 pan benderfynodd Iolo durio amdani. Gyda chymorth ffermwyr a medelwyr lleol, llwyddwyd i'w chodi a gwelwyd bod arni arysgrif yn nodi enwau'r Abad Samson a'r brenin Fernmail filius Iudhail (o'r wythfed ganrif). Fe'i gosodwyd maes o law yn eglwys Sant Illtud Fawr (lle gellir ei gweld heddiw), diolch i chwilfrydedd a dyfalbarhad Iolo.[40] Nid oes ryfedd fod cynifer yn ceisio gwybodaeth a chyngor ganddo.

Fel ffugiwr llenyddol a hanesyddol athrylithgar y cofir amdano yn bennaf wrth gwrs. Roedd yn ddynwaredwr eithriadol o fedrus ac nid oedd neb y pryd hwnnw yn gymwys i'w herio na'i wrthbrofi yn effeithiol. Er bod diddordeb ym mywyd llenyddol Cymru ar gynnydd, anfantais ddybryd oedd bod heb brifysgol. Nid oedd gan lenorion a hynafiaethwyr digoleg yr wybodaeth angenrheidiol i'w galluogi i ddeall a dehongli'r gorffennol. Ganrif yn ddiweddarach, yn enwedig pan oedd Syr John Morris-Jones ar gefn ei geffyl, bu cryn gondemnio ar Iolo ymhlith ysgolheigion Prifysgol Cymru. Petai Morris-Jones wedi cael ei ffordd, byddai Iolo wedi cael ei grogi'n gyhoeddus ar Fryn Owen ger y Bont-faen a'i gladdu mewn pwll diwaelod. Creodd y beirniad llenyddol dylanwadol hwn ragfarn enbyd yn erbyn Iolo mewn cylchoedd academaidd a hyd yn oed mor ddiweddar â 1980 fe'i disgrifiwyd fel 'octopws mawr yn chwistrellu inc i eglurder y dyfroedd'.[41] Ond erbyn heddiw mae ysgolheigion ledled Ewrop yn cymryd agwedd fwy ffafriol o lawer at enghreifftiau o ffrwyth y dychymyg ac o'r berthynas rhwng y ffug a'r 'gwir di-goll', ac yn llawenhau bod gennym chwip o ffugiwr llenyddol sydd, o ran dawn a dylanwad, gystal bob blewyn â Macpherson, Chatterton ac Ireland, tri o'i gyfoeswyr enwocaf. Yn wir, gellir ystyried camp Iolo yn y maes hwn – 'the delicious fictions of literature',[42] chwedl Nick Groom – yn un o brif ogoniannau ein llenyddiaeth. 'Authenticity' nid 'twyll' yw'r gair mawr ym myd yr ysgolhaig bellach ac mae archif Iolo yn gloddfa eithriadol o gyfoethog i bob un sy'n hoffi astudio'r pwnc trofaus hwn.

Heb unrhyw amheuaeth, Iolo oedd yr awdurdod pennaf ar y traddodiad barddol yng Nghymru o 1788 ymlaen.[43] Wedi marwolaeth Ieuan Fardd yn y flwyddyn honno, ni allai'r un Cymro ddal cannwyll iddo ym maes cerdd dafod. Iddo ef, crefft oedd barddoniaeth, crefft i'w dysgu a'i thrysori. Wfftiai at yr ymadrodd *Poeta nascitur non fit* oherwydd credai na châi neb ei eni'n fardd.[44] Petai'n lleisio'i farn ar y pwnc dadleuol hwn heddiw, byddai'n sicr o ddadlau mai ein hamgylchedd a'n haddysg yw'r dylanwadau mwyaf ffurfiannol ar ein datblygiad ac nid ein cromosomau a'n genynnau. Bu'n ddigon hyderus i drafod a dadlau'r pwnc â'r athronydd mawr David Williams:

> . . . you will, sir, as usual, call me a mad poet. If I well remember, you consider all poets (poor devils) as an incurable description of madmen. I cannot help it, but in return I have often been sorely tempted to consider most philosophers in a similar light . . . Every kind of genius is actually made or created by circumstances which, making strong and indelible impression on the mind of early infancy, too early perhaps to be remembered, strongly determine it to certain pursuits.[45]

Bu Iolo ei hun yn ddigon ffodus i gael athrawon da – ei fam a dau glerigwr yn eu plith – i'w dywys i feysydd llenyddol cyfoethog ac mae'n amlwg nad oedd wedi anghofio hynny.

Iolo oedd y beirniad llenyddol praffaf a fagwyd yng Nghymru rhwng yr Oesoedd Canol a chyfnod Syr John Morris-Jones. Gwyddai fwy na neb am ddatblygiad y gyfundrefn farddol yng Nghymru ac roedd ei afael ar hanfodion awdl, cywydd, englyn, baled, carol a thriban yn feistraidd. Anodd peidio â rhyfeddu wrth ddarllen ei ddeongliadau ysbrydoledig o'r traddodiad barddol ac o gelfyddyd yr hen benceirddiaid. Nid tan ddyddiau nofelwyr fel Robin Llywelyn a Dewi Prysor y ceid oriel mor rhyfeddol o gymeriadau dychmygol a'r un a welwyd ym mhasiant barddol a gorseddol Iolo. Prisiai'r Gymraeg yn uwch na'r un iaith arall. Syniai amdani 'heb un crychyn henaint ar ei thalcen, heb un blewyn gwynn ar ei phen . . . yn ymiacháu o'i holl ddoluriau, yn canu mor loyw ei llafar ag erioed'.[46] O ganlyniad i'w 'ysbryd annibynnol, eiconoclastig'[47] gallai ymateb yn ffafriol i ddarganfyddiadau chwyldroadol Syr William Jones am darddiad ieithoedd y dwyrain a'r gyffelybiaeth rhwng yr iaith Sansgrit a'r Gymraeg. Y crebwyll hwn a'i gwnaeth yn ieithgi, os nad yn ieithgorgi, o'r radd flaenaf. Cyn dyddiau Syr John Rhŷs, ni wyddai neb fwy am dafodieithoedd a theithi'r Gymraeg. Cyflawnodd wyrthiau ym maes achub a bathu geiriau Cymraeg, a gellir canfod dros fil o eiriau a fathwyd ganddo yng nghrombil bas data *Geiriadur Prifysgol Cymru*.[48] Ni allwn fod yn berffaith sicr, wrth reswm, fod pob gair newydd yn ei lawysgrifau yn profi'n derfynol mai ef a'u dyfeisiodd, ond mae'n weddol amlwg mai ef piau geiriau hynafol fel *buddugolgyrch*, *gwroldebus* a *mebyddiaeth*. Ond sawl darllenydd sy'n meddwl am Iolo pan fyddant yn defnyddio geiriau cyfarwydd fel *anghytbwys*, *carcus*, *clwt*, *crebwyll*, *hwyrbryd*, *llyfryddiaeth*, *melodaidd*, *peiriant* a *tirwedd*, sef rhai o'r geiriau eraill a fathwyd ganddo? Nid oedd ganddo ond y dirmyg mwyaf at y sawl na welai werth yn y Gymraeg, yn enwedig y Wenhwyseg, ac ni allwn ond rhyfeddu at yr hyfdra a ddangosodd wrth drawsnewid delwedd sir Forgannwg drwy ei phortreadu fel y dalaith bwysicaf, o ran llên a hanes, yng Nghymru gyfan. Yn gerddor medrus, casglodd hen geinciau a phenillion, cyfansoddodd dribannau rif y gwlith a mwy o emynau nag unrhyw un o'i gyfoeswyr. O'i gymharu ag ef, tangyflawnwr oedd Williams Pantycelyn.

O ran ei waith fel hanesydd, roedd ganddo ddull deublyg o fynd ati, sef casglu ffeithiau o bob math a'u cofnodi, a chodi uwchlaw hynny trwy ddarganfod neu greu darlun mwy llydanwedd a dychmyglon. Byddai'r hanesydd Lawrence Stone yn arfer galw'r ddau fath hyn o gofiaduron yn glorwyr ('truffle-hunters') ac yn 'barasiwtyddion' ('parachutists').[49] Casglu er mwyn casglu a wna'r cyntaf, heb drafferthu i weld patrymau hanesyddol na cheisio arfer ei ddychymyg. Fel arall y gwêl y parasiwtydd bethau: ei awydd ef yw gweld y darlun ehangach yn synhwyrus. Meddai R. T. Jenkins am Syr J. E. Lloyd ryw dro: 'Dyn di-ddychymyg weithiau yw'r chwilotwr – dyn "di-lygad", na wêl ond y peth sy'n union dan ei drwyn. Nid felly Syr John.'[50] Nid felly Iolo ychwaith. Yn wir, llwyddodd ef i fod yn 'glorwr' ac yn 'barasiwtydd' yr un pryd. Er enghraifft, petaem yn craffu ar gynnwys un o'i lawysgrifau (NLW 13121B), caem yn ymagor o'n blaen arlwy o friwsion blasus a fyddai'n rhyngu bodd unrhyw 'truffle-hunter': cywyddau, awdlau ac englynion; mesurau barddol a chadeiriau eisteddfodol; anecdotau a nodiadau; enwau saint a merthyron; detholiad o areithiau Napoleon; ryseitiau meddygol; emynau, caneuon ac alawon, a llawer peth arall. Ond fel parasiwtydd roedd gan Iolo'r ddawn i brosesu a chydgysylltu gwybodaeth mewn ffyrdd rhamantus wrth ailgydio'r Cymry wrth eu gorffennol. Er enghraifft, un o'i hoff lecynnau oedd Gwernyclepa ym Maesaleg lle bu arwyr ac arwresau o'r gorffennol yn troedio ond a oedd bellach (ym 1784) yn gartref i dylluanod, ystlumod a llwynogod. Teimlai'n brudd a dagreuol o weld yr anghyfannedd, ond llamai ei galon yr un pryd wrth ddychmygu'r gogoniant a fu:

Hwnn yw'r tir a droediwyd lawer arno gan Ddafydd ab Gwilym, Morfydd, Ifor Hael a Nest wiwgoeth, wenddoeth, wynddaint. Ar hyd lann afon Ebwy, sef afon Maeshaleg, Dolau Pant Criccwll, neu yn ag ym min y coedydd ceinwedd a dringant y mân frynniau o gylch y wlad yma, y prydawdd y melus eosfardd lawer iawn o'i gywyddau pereiddfwyn. Gwern y Cleppau yw un o'r tai a breswyliai Ifor yn ei amser. Y mae ynawr yn garnedd, ambell darn o'r muriau yn lledsefyll ag eiddew yn eu mantellu, ag ynddo dyllau'r dylluanod a'r ystlymynod, ag ymmhlith y carneddau isod, y mieri'n tyfu a'r llwynogod yn daeru . . . Y mae ynof ryw brudd-der meddwl a chynnwrf calon wrth edrych ar y lleoedd hynn. Darfu am Ifor, am Ddafydd, etc., eithr byw y gân a brydawdd y naill ar clod a haeddodd y llall, a byw byddant tra phery'r iaith Gymraeg.[51]

Mae'n ddigon posibl fod effaith lodnwm − tintur o opiwm ac alcohol − yn peri iddo hedfan ar adenydd iwfforia ar brydiau. Gwyddom fod opiwm yn gallu miniogi'r meddwl ac er bod Iolo yn dibynnu ar lodnwm yn bennaf i leddfu poen rhaid ei fod yn gwybod hefyd fod pleserau gwefreiddiol i'w cael o'i yfed yn gyson.[52] 'Oh! just, subtle, and mighty opium',[53] meddai Thomas De Quincey am lodnwm ac efallai i'r cyffur caethiwus hwn gynorthwyo Iolo i gydgysylltu a chymathu delweddau mewn ffyrdd annisgwyl a chyffrous. Nid oedd ei debyg am weld y darlun mawr ac am synhwyro datblygiadau'r dyfodol.

Roedd Iolo'n frogarwr diedifar, a Bro Morgannwg, os nad y Blaenau hefyd, mor gyfarwydd iddo â chledr ei law. Carai'r cilcyn hwn o ddaear yn fwy na'r un. Ond nid un i fyw yng Nghastell Neilltuaeth mohono oherwydd credai fod ganddo ddyletswydd i fod yn un o seiri'r genedl. Cymro angerddol ydoedd ac roedd ymhlith y rhai cyntaf i ddadlau bod gan Gymru ei hiaith, ei llenyddiaeth a'i theithi meddwl ei hun. Nid oes lle i gredu ei fod yn arbenigwr ar dynged ieithoedd lleiafrifol na hynt a helynt cenhedloedd diwladwriaeth, ond gallai rychwantu holl ganrifoedd dysg Cymru. Honnodd lawer gwaith mai gwasanaethu ei wlad a'r Gymraeg oedd ei brif nod a'i fod wedi aberthu llawer drostynt. Pa Gymro arall a fyddai wedi eistedd droeon wrth ddesg am naw awr ar ei hyd yn yr Amgueddfa Brydeinig yn trawsysgrifio llawysgrifau Cymraeg gwerthfawr a daflai oleuni llachar ar hynafiaeth y Cymry, gan ddal ei ddŵr cyhyd fel y tyfodd carreg annioddefol o boenus yn ei bledren?[54] Rhan gwbl allweddol o'r mudiad Rhamantaidd yn Ewrop oedd darganfod, achub a thrawsysgrifio trysorau llenyddol gan fod hynny'n caniatáu i ysgolheigion gwladgarol rymuso'r broses o greu neu ail-greu cenhedloedd.[55] Er gwaethaf eu ffynonellau llygredig, saif tair cyfrol y *Myvyrian Archaiology of Wales* (1801– 7) yn brawf gweladwy o ymrwymiad Iolo i'w wlad ac o'r llafur Sisyffaidd a gyflawnodd drosti. Rhoes fwy na digon o ddeunydd i'r Cymry i ymserchu ynddo ac i'w osod yn sylfaen, ni waeth pa mor fregus, i dwf yr ymwybod cenedlaethol.

Er, neu efallai oherwydd, fod ei ben yn aml yn y cymylau, roedd Iolo hefyd yn ddigon effro ei feddwl i weld beth oedd anghenion y genedl. Sylweddolodd na allai hi oroesi mewn cyfnod pan oedd bri Prydain Fawr ar gynnydd heb sefydliadau cenedlaethol i'w chynnal a'i chryfhau. Roedd yn argyhoeddedig fod llywodraethau gwlad, ers dyddiau'r Tuduriaid, wedi ymdrechu i gael gwared ar bob iaith ond y Saesneg ym Mhrydain. Ni ddeuai gwaredigaeth o du'r haenau uchaf ychwaith: 'How little are the Welsh Nation or Welsh Literature indebted to the superior Classes of their Country.'[56] Byddai'n rhaid i'r werin-bobl, yn enwedig crefftwyr diwylliedig fel ef, ddangos y ffordd trwy greu neu adfer eu sefydliadau eu hunain. Petai'n fyw heddiw, câi'r enw o fod yn 'feddyliwr heb orwelion' ('blue-sky thinker'), gan mor flaengar a dychmygus ydoedd. Y rhyfeddaf o'i holl ffugiadau oedd Gorsedd Beirdd Ynys Prydain, y cyntaf o'n sefydliadau cenedlaethol a phasiant blynyddol sy'n dal i gipio'r dychymyg er ei fod bellach yn gwbl amddifad o'i wreiddiau radical. Gweithredai Iolo hefyd fel gweledydd. Breuddwydiai am y dydd pan fyddai gan Gymru lyfrgell genedlaethol, academi lenyddol, amgueddfa werin, sefydliadau ymchwil a fyddai'n hyrwyddo astudiaeth o bwnc arbennig trwy gydweithio a chynllunio'n effeithiol, a choleg cenedlaethol yn gwasanaethu fel teml heddwch. Bu Iolo hefyd yn gyfrifol am droi'r traddodiad eisteddfodol yn ŵyl genedlaethol lle byddai'r beirdd yn dod ynghyd i gystadlu a chynulleidfaoedd yn ymgasglu i wrando ar areithiau a beirniadaethau ac i fynychu cyngherddau gyda'r nos. Ac un o'i fflachiadau mwyaf ysbrydoledig fu asio'r Orsedd wrth yr Eisteddfod o 1819 ymlaen. Pa ryfedd i Benjamin Heath Malkin synio amdano fel proffwyd yn ei wlad ei hun[57] ac i garedigion y mudiad cenedlaethol oddi ar hynny ei arddel fel un o'i sylfaenwyr pennaf. Rhoes fwy na digon o ddeunydd a syniadau i'r Cymry i ymserchu ynddynt a'u defnyddio fel sylfaen i ddatblygiad eu hunaniaeth.

Un o'i nodweddion mwyaf diddorol yw ei ddefnydd o'r ddwy iaith. Mae sawl ysgolhaig di-Gymraeg wedi ei gadw hyd braich gan eu bod dan yr argraff fod ei bapurau i gyd yn Gymraeg. Ond nid felly mae hi. Er enghraifft, allan o'r 1,234 o lythyrau sydd ar gadw yn ei ohebiaeth, dim ond 83 ohonynt sydd yn Gymraeg ac erbyn y 1790au yn Saesneg at ei gilydd yr ysgrifennai Iolo.[58] At hynny, mae trwch helaeth o'i bapurau hefyd yn Saesneg a dyna sy'n cyfrif am y ffaith fod cynifer o ddyfyniadau yn y gyfrol hon yn yr iaith fain. Er y gallwn sugno cysur o'r ffaith fod barddoniaeth Gymraeg Iolo yn odidog ac yn bwrw ei gerddi Saesneg ymhell i'r cysgodion, ni waeth i ni wynebu'r caswir fod rhyddiaith Saesneg Iolo yn rhagori o gryn dipyn ar ei ryddiaith Gymraeg. Ceir enghraifft odidog o'i ddychan gogleisiol mewn llythyr at Benjamin Heath Malkin ym 1809 lle mae'n dyfynnu disgrifiad o Reginald Heber, bardd ac emynydd, fel 'a poet of no ordinary calibre' ac yn cymhwyso hyn i'r canonau a ddefnyddid gan y Twrc ar lannau'r Dardanelles a'r posibilrwydd o hynny ymlaen o fesur gwerth beirdd yn ôl eu 'calibre':

> Why, all our poets will, as canons, be characterized from their calibre. Some will rank with the Tower-Wharf guns, the Park guns, those of our first rate ships of war, thence downward, according to their calibre, we shall have culverins, demiculverins, swivels etc. Poor Peter Pindar [y dychanwr John Wolcot] will be a mortar to throw bombshells charged with stinking as well as destructive combustibles at the vermin-covered knobs of those who have so filthily served our good old king. We shall have muskets, country gentlemens fowling pieces, amongst which some for high-flying shots that never reach the mark aimed at but very harmlessly drop down into the dirt, without doing any execution. Amongst these a flash in the pan will frequently occur and very often flash in the pan. We shall have a prodigious number of blunderbusses, the coarse-witted rhimer who exites nothing better than a horse laugh shall be termed a horse-pistol. The scurrilous lampooner 'who filches me of my good name' as Shakespear said, shall be called a highwayman's pistol. For the epigramist who gives us nothing better than a mere pun, I think the proper term is a squib or cracker. Now, sir, what will be the term that may be properly applied to the poor Welsh bard of Flimston? Pop-gun, beyond a doubt. Between Dardanelle-Canon Heber and Pop-gun Williams, what an immense distant. The first occupying the highest point in the scale of poetical genius, the last the very lowest.[59]

Llai llwyddiannus, ar wahân i'r cyfeiriad cofiadwy at y telynor Edward Jones fel 'Hen daro Tant E Jones', yw'r ymgais ganlynol yn Gymraeg i ergydio'n finiog yn erbyn ei elynion:

Wm. Owen, Edward Davies, a'r Hen daro Tant E Jones, lle clywaint am ryw beth a fernaint at ei gwasanaeth yn gafael a hi gwinedd a dannedd yn union gyrch holl brys a nerth crafanc ar waith hyd eitha gorchestion amhwyll, ac allan a hi yn follt ynfyd, heb gymmeryd amser a phwyll i fyfyrio'r gronyn lleiaf.[60]

Byddai Iolo yn ei elfen yn mynd ar dramp yn yr awyr agored. Gan ei fod bob amser yn cerdded yn hytrach na marchogaeth ceffyl, defnyddiai ei holl synhwyrau, gan weld pethau a oedd yn anweledig i'r mwyafrif. Adwaenai gân yr eos, yr ehedydd a'r llinos, gwyddai pa lysiau i'w tyfu a phryd, a gwyliai ffermwyr a gweision fferm yn ofalus wrth eu gwaith er mwyn cynnig iddynt welliannau. Oni bai ei fod yn gwisgo'i ddaliadau radical ar ei lawes, byddai wedi cael swydd gyfrifol yn gweithio dros y Bwrdd Amaethyddiaeth yn ne Cymru. A heb ei waith ymchwil a'i dreiddgarwch ef, ni fuasai Gwallter Mechain wedi gallu cwblhau'r gyfrol drwchus ar economi deheudir Cymru a ymddangosodd ym 1814.[61] Fel y dengys yr adroddiadau a'r dyddiaduron a geir ymhlith ei bapurau, roedd yn sylwebydd amaethyddol gwybodus i'w ryfeddu. Bu'n llawdrwm iawn ar Saeson fel John Fox, dieithryn i'r sir ac awdur *General View of the Agriculture of the County of Glamorgan* (1796), am ddibynnu ar dystiolaeth ail-law annibynadwy.[62] Âi Iolo at lygad y ffynnon bob amser, gan dreulio oriau yn craffu ar y tirlun, ffrwyth y ddaear ac arferion tirfeddianwyr a ffermwyr. Roedd yn hyddysg iawn yn hanes amaethyddiaeth ac yn y dulliau newydd a oedd ar gael, a cheryddai ffermwyr hen ffasiwn a thwp am fethu manteisio ar gyfleoedd newydd a ddeuai i'w rhan.

Câi bleser anghyffredin hefyd yn garddio. Honnai mai un o saith gelfyddyd 'wladaidd' y Cymry ydoedd a brithir ei bapurau â gwybodaeth am gyflwr ei ardd a'i berllan yn Nhrefflemin. Adwaenai bob coeden a llwyn, pob blodyn gwyllt a llysieuyn, pob afal a mefusen. Roedd ei afalau yn wledd i'r llygad a mwynhâi roi enwau Cymraeg arnynt: 'chwiblyn surlas' (*Devonshire wilding*), 'bys yn y mêl' (*long-tailed sweeting*) a 'Rhobin Rhydog' (*Hervey russet*).[63] Tystiai ei deulu a'i gymdogion ei fod yn feistr ar ddefnyddio eliau, powdrau, diodydd dail, perlysiau a phowltisau.[64] A hawdd oedd cynhesu at rywun oedd yn gallu gwneud marmalêd allan o foron, saernïo berfa a chanŵ, a cherfio 'Coelbren y Beirdd' ar beithynen.

Dro ar ôl tro dangosai ffrwyth ei ddarllen eang yn y ffyrdd mwyaf annisgwyl. Pan aeth ati i roi gwell trefn ar fesurau cerdd dafod ac i ddyfeisio 'Dosbarth Morgannwg' seiliodd y gyfundrefn ar y system a grëwyd gan Linnaeus ar gyfer dosbarthu planhigion.[65] Dim ond dyn darllengar ac effro ei gyneddfau a fyddai wedi darganfod y cyfatebiaethau rhwng cerddi Dafydd ap Gwilym a barddoniaeth Profens.[66] Hyd yn oed pan oedd mewn gwth o oedran byddai'n rhoi gwersi ar fwynyddiaeth i ddisgyblion syfrdan ei fab ym Merthyr.[67] Ef oedd un o hoelion wyth Cymdeithas Athronyddol Cyfarthfa, nyth arbennig iawn i wyddonwyr, peirianwyr a thechnocratiaid y dref fwyaf byrlymus yng Nghymru. Ac yntau mor effro i ddatblygiadau gwyddonol ac mor greadigol ei ffyrdd, nid oes unrhyw amheuaeth na fyddai wedi meistroli technoleg ddigidol slic ein hoes ni ac wedi manteisio i'r eithaf ar bosibiliadau'r sinema, teledu, mapiau Google, ffonau symudol, Gweplyfr, Skype a hyd yn oed robotiaid. Er ei fod yn dotio ar y gorffennol, modernydd oedd Iolo ac mae'n rhwydd iawn ei ddychmygu'n consurio'r gorffennol ar wefan bersonol.

Gwelir ei chwilfrydedd deallusol hefyd yn eglur iawn yn ei waith fel archaeolegydd a hynafiaethydd ym Morgannwg. Roedd gan Geredigion ei Samuel Rush Meyrick, Penfro ei Richard Fenton, Mynwy ei William Coxe a Brycheiniog ei Theophilus Jones, ond ni allai'r un ohonynt ddal cannwyll i Iolo. Y deyrnged fwyaf y gellid ei rhoi iddo yw y byddai Comisiwn Brenhinol Henebion Cymru yn falch dros ben o'i gael yn aelod o'i staff heddiw (ar yr amod, wrth gwrs, ei fod yn rheoli ei dymer).[68] Fel Edward Lhuyd o'i flaen, mentrai allan i'r priffyrdd a'r caeau i ganfod tystiolaeth drosto'i hun, i arsyllu ac arbrofi, ac i gofnodi'r hyn a welai. Paratôdd restrau o bron pob math o safleoedd archaeolegol yn sir Forgannwg, ffaith syfrdanol o gofio nad oedd unrhyw fapiau wedi eu paratoi gan yr Arolwg Mapio ar gael. Roedd yn gwbl gyfarwydd â nodweddion cromlechi, cylchoedd cerrig, bryngeiri, adeiladau Rhufeinig, eglwysi plwyf, cestyll Normanaidd a thai bonheddig Morgannwg, a gwyddai sut i fywiocáu eu hanes â disgrifiadau eithriadol o ddifyr. Cadarnhaodd un o brif ymchwilwyr Comisiwn Brenhinol Henebion Cymru fod gwaith maes Iolo ar gylch cerrig Mynydd Twmpathyddaear yn y sir, ynghyd â'i fraslun a'i ddisgrifiad, yn gwbl ddilychwin. Dyma gofnod Iolo:

> All the stones are in the rude or amorphous forms of Nature, rough Masses of very different size. The sketch gives as correct an idea of their forms and magnitudes as I was able to make in my late of course hurried hour. Yet I think it sufficiently correct. Five or six of the largest stones are about 12 feet long, 7 feet wide, and seven thick, so that each, containing about 37 tons of stone.[69]

Roedd yn feistr ar dynnu lluniau wrth raddfa. Craffer, er enghraifft, ar ei fap o dref fechan Llanilltud Fawr,[70] llun sy'n cynnwys ffyrdd a chaeau, adfeilion hen abaty a melinau gwynt, hen gestyll a thŷ colomennod, a phob tŷ, gan gynnwys y drysau a'r ffenestri, wedi ei fesur yn fanwl-gywir. Gwaetha'r modd, yn aml iawn ni allai ymatal rhag condemnio rhai o hen drigolion y sir am eu hymddygiad. Un targed cyson oedd y Normaniaid yn eu cestyll: 'the strong holds of feudal Tyranny, the nest of Gangs of Banditties that sallied out in the depths of night . . . I thank the God of mercy and peace that they are all of them now in ruins'.[71] Eto i gyd, gwyddai na fu cyfnod y Normaniaid heb ei fendithion, yn enwedig mewn meysydd fel llenyddiaeth a phensaernïaeth.

Nid pawb sy'n gwybod bod Iolo yn hyddysg iawn hefyd ym maes daeareg. Ymdrwythodd yng ngwaith arloesol George Owen ac Edward Lhuyd, ac un o'i gyfeillion pennaf oedd John Montgomery Traherne o Goedriglan, hynafiaethydd disglair a oedd yn aelod o Gymdeithas Linnaeus (1813), Y Gymdeithas Ddaeareg (1817) a'r Gymdeithas Frenhinol (1823).[72] Trwy ei gysylltiad â'r gŵr bonheddig dylanwadol hwn y daeth Iolo i adnabod William Daniel Conybeare, rheithor Sili (1822–36), arbenigwr ar ymlusgiaid ffosil ac un o'r rhai cyntaf i astudio saernïaeth ddaearegol Maes Glo De Cymru. Ef, gyda William Phillips, oedd golygydd *Outlines of the Geology of England and Wales* (1822), gwaith a ddaeth yn feibl i naturiaethwyr a daearegwyr. Gwahoddwyd Iolo i gyfrannu i'r gyfrol ar natur a phriodoleddau creigiau Bro Morgannwg. Roedd yn gryn arbenigwr ar Lias Glas a brithir ei lawysgrifau â chyfeiriadau difyr tu hwnt at y ffosilau a welsai ar draeth Dwnrhefn, yn eu plith amonitau, cregyn deuglawr, crinoidau a chwrelau yn dyddio o'r cyfnod

Jwrasig cynnar.[73] Yno hefyd ceid calchfaen o ansawdd uchel a ddefnyddid gan Iolo a'i gymdogion i godi tai, ffermdai a waliau cerrig.

Ni allwn ddechrau deall Iolo heb gydnabod ei fod yn wrthryfelwr greddfol ac yn ddraenen yn ystlys y sefydliad. Ym mlodau ei ddyddiau roedd 'Bard' Williams yn fwy adnabyddus fel 'Bardd Rhyddid'. Hyd yn ddiweddar iawn cyndyn fu ein haneswyr i gydnabod ei fod yn anifail gwleidyddol. Ym 1933 dywedodd R. T. Jenkins: 'Diddorol yn hytrach na phwysig ydyw Iolo ym myd gwleidyddiaeth.'[74] Fel y gŵyr pawb, roedd Jenkins yn hanesydd rhagorol, ond ni fu ar gyfyl archif Iolo erioed. Un a ymdrwythodd yn llwyr yn llawysgrifau Llanofer yn y Llyfrgell Genedlaethol oedd Griffith John Williams, yr ysgolhaig cyntaf i brofi y tu hwnt i amheuaeth fod Iolo yn ffugiwr llenyddol ar raddfa fawr. Po fwyaf yr astudiai Iolo a'i waith, mwyaf yn y byd yr edmygai ei gamp. Ond ar ôl cyhoeddi (ym 1956) ei gyfrol gyntaf ar fywyd a gwaith Iolo hyd at 1788, nid aeth yn ei flaen i gwblhau'r dasg cyn ei farwolaeth ym 1963. Mae'n ddigon posibl ei fod wedi dychryn wrth weld bod pentyrrau enfawr o lawysgrifau, gan gynnwys gohebiaeth Iolo a rhai cannoedd o lawysgrifau yn ymwneud â'i weithgarwch gwleidyddol, wedi eu cyflwyno i'r Llyfrgell Genedlaethol yn y 1950au gan Iolo Aneurin Williams, un o ddisgynyddion Iolo. Ym 1956 roedd Griffith John Williams wedi honni mai ymylol oedd diddordeb Iolo mewn gwleidyddiaeth ac mai 'gwleidydd nwydwyllt a simsan a gweglyd fu o gyfnod y Chwyldro Ffrengig hyd ei fedd'.[75] Ailadroddwyd y ddedfryd wyrgam honno, bron air am air, gan Ceri W. Lewis yn ei astudiaeth lenyddol o fywyd a gwaith Iolo a gyhoeddwyd ym 1995: 'gwleidydd nwydwyllt, anwadal a di-ddal fu Iolo o gyfnod cynhyrfus y Chwyldro Ffrengig hyd ei fedd'.[76] At hynny, honnodd yn dra hyderus nad oedd Iolo yn wleidydd o fath yn y byd:

. . . anghyfrifol a thra chamarweiniol ydyw galw Iolo Morganwg, fel y mae ambell hanesydd wedi gwneud yn y gorffennol, yn 'un o blant y Chwyldro Ffrengig' a cheisio'i ddyrchafu'n wleidydd ac yn feddyliwr radicalaidd o wir bwys. Nid fel gwleidydd y mae Iolo'n bwysig . . .[77]

Dengys tystiolaeth y gyfrol hon nad yw hynny'n wir. Os oes un llinyn sy'n rhedeg drwy holl waith Iolo, ei ymrwymiad i radicaliaeth grefyddol a gwleidyddol yw hwnnw. Radical cwbl ddiwyro ydoedd. Ni allai wenieithio na chowtowio i neb. Mynnai fynegi ei farn, costied a gostio, ac roedd tynnu'n groes neu weithredu gwleidyddol yn rhan annatod o'i fywyd. Heriwr ydoedd hyd y diwedd. Fe'i hudwyd gan waith mawr Tom Paine, *Rights of Man*, i'r fath raddau fel y cofleidiodd weriniaetholdeb yn eiddgar. Cymhwysai wybodaeth a gawsai yn y Beibl (un o'i hoff lyfrau) at bwrpas gwleidyddol: 'This bible gives an account of a poor fellow called Jesus Christ, who seems to have been a Democrate.'[78] Er ei fod yn dotio ar ei filltir sgwâr, nid meddylfryd plwyfol oedd ganddo. Ymdrwythodd yn nigwyddiadau'r ddau chwyldro mawr yn America a Ffrainc, bu'n cymysgu â phwysigion byd pan oedd y frwydr yn erbyn Ffrainc ar ei hanterth, darllenodd liaws o lyfrau a chylchgronau, a byddai ei waed yn poethi wrth weld trais ac anghyfiawnder yn cael rhwydd hynt. Dywedai bethau llym a cheryddgar am frenhinoedd ac eglwyswyr rhyfelgar a barus, a threuliodd ran helaeth o'i oes yn ceisio lleddfu beichiau Anghydffurfwyr erlidiedig, pobl dlawd ac anghenus, caethweision a charcharorion. Gwaedai ei galon dros bobl gaeth a tharanai'n huawdl yn erbyn y fasnach ddieflig a ddygai elw mawr i fasnachwyr a thirfeddianwyr. Fel y gwelsom, yr Undodwr a'r rhyddfeddyliwr hwn oedd sylfaenydd Gorsedd Beirdd Ynys Prydain, corff a sefydlwyd i hyrwyddo radicaliaeth wleidyddol ond sydd bellach wedi ymwrthod ag ysbryd chwyldro Iolo yn llwyr. Testun balchder iddo oedd cael ei gydnabod yn gyhoeddus fel tad Cymdeithas Dwyfundodiaid (ef biau'r gair) Deheubarth Cymru a'i bardd swyddogol. Mae pobl dda yr Alban yn ymhyfrydu yn y disgrifiad o Robert Burns fel 'master poet of democracy'.[79] Mae'n hwyr bryd i ninnau hefyd barchu ein 'Bardd Rhyddid' ni.

Gan fod Iolo yn ymddiddori mewn cynifer o feysydd gwahanol ac yn casglu pob math o wybodaeth, nid yw'n syndod fod ei gasgliad mor anhrefnus. Roedd ceisio cael hyd i ddarn o bapur neu lawysgrif yn ei gartref yn helfa drysor ynddi'i hun. Yn ôl Elijah Waring, 'it was often necessary to make a long voyage of discovery, amongst a crowded archipelago of documents, scattered about his tables, shelves and floors'.[80] Roedd disgyblaeth drefnus yn beth dieithr iawn iddo. Wedi dweud hynny, rhaid pwysleisio bod ei lawysgrifen yn hyfryd o eglur a darllenadwy, hyd yn oed pan lenwai bob modfedd o'r ddalen. Un o'i brif ddiffygion, serch hynny, oedd methu cwblhau darn o waith. Roedd yn haws ganddo lunio traethodau byrion, drafftiau a thameidiau i aros pryd nag ymgodymu â gwaith sylweddol. Fe'i cyhuddwyd gan William

Owen Pughe o anelu at berffeithrwydd nad oedd yn bod ac am y rhan fwyaf o'i yrfa roedd ganddo lawer gormod o heyrn yn y tân, a 'llawer un ohonynt yn llosgi'n ulw', chwedl Iolo ei hun.[81]

Iolo a fathodd y gair Cymraeg am *unique*. Ond pa mor unigryw oedd ef ei hun? Dywedodd cwmwl sylweddol o dystion yn ystod ei oes nad oedd ei debyg i'w gael yng Nghymru ar y pryd a hawdd derbyn y farn honno. Ond ar gyfandir Ewrop nid oedd prinder cymeriadau diddorol a roddai fri ar ffrwyth y meddwl rhamantaidd ac a dybiai fod gan eu mamwlad orffennol mwy lliwgar a chyfoethog na'r un arall. Wrth ddarllen am ddylanwad Osian ar wledydd bychain deuwn ar draws llenorion fel Lönnrot yn y Ffindir, Basanavicius a Kudirka yn Lithuania, Kreutzwald a Fæhlmann yn Estonia, a Beron a Venelin yn Bwlgaria, pob un ohonynt yn awyddus i ffaglu tân cenedlaethol drwy ddyrchafu statws eu hetifeddiaeth ddiwylliannol.[82] Deil Robert Evans fod Iolo yn bur nodweddiadol o'i oes o safbwynt 'rational-progressive-practical and mystical-antiquarian-emotional attitudes' ac nad oedd, yn enwedig ymhlith Seiri Rhyddion, brinder pobl ddeallus ac amryddawn a fyddai wedi deall Iolo i'r dim, yn enwedig ei obsesiwn â gwirionedd dychmygol.[83]

I gloi'r rhagarweiniad hwn. Yn ôl un o haneswyr mwyaf byrlymus America, Caroline Walker Bynum, sy'n arbenigwr ar hanes yr Oesoedd Canol, dylai'r gallu i ryfeddu at bethau yn y gorffennol fod yn rhan o arfogaeth pob hanesydd. Mae'n hoff o ddyfynnu geiriau a welodd ar boster a ddefnyddiwyd gan fyfyrwyr protestgar Paris ym 1968: 'Mae pob golwg ar bethau sydd heb fod yn rhyfedd (dieithr neu estron) yn ffug.'('Toute vue de choses qui n'est pas étrange est fausse.')[84] Fel y cawn weld, hoffai Iolo hefyd nodi rhyfeddodau o bob math ac mae ei lawysgrifau'n gyforiog o ddywediadau cofiadwy megis 'Nid gwir yw pob rhyfeddod, ond rhyfeddod yw pob gwir' a 'Power and wealth should never be combined'.[85] Gan eu bod yn gwbl nodweddiadol o'i ddaliadau, fe dalai i ni oedi uwchben y dywediadau hyn cyn mynd yn ein blaen. Wedi'r cyfan, ni fu Cymro mwy dyfynadwy nag Iolo erioed.

Ieuenctid yw 'Mhechod

POBL FFODUS YW'R ALBANWYR. Nid oes raid iddynt ddyfalu ym mhle yn union y tynnodd eu harwr rhamantaidd pennaf ei anadl cyntaf. Ganwyd Robert Burns mewn bwthyn distadl neu 'clay biggin', chwedl un o'i gofianwyr, ym mhentre Alloway, Ayrshire, ar 25 Ionawr 1759. Yn sgil ei farwolaeth, yn 37 oed, ym 1796 daeth ei edmygwyr ynghyd i godi arian i'w galluogi i adeiladu cofeb a phrynu man ei eni. Adeiladwyd amgueddfa yno ym 1900 a chedwir ynddi ei brif gasgliadau barddol. O ganlyniad, mae cartref cyntaf yr 'heaven taught ploughman'[1] yn annwyl i bob Sgotyn ac yn atyniad i filoedd o bererinion eiddgar bob blwyddyn. Un o edmygwyr pennaf Burns oedd ei gydoeswr Iolo Morganwg. 'Songs of Burns', meddai, 'exhibit independency of sentiment, tend to bind generous hearts to their native soil.'[2] Gwaetha'r modd, ni wyddom ymhle y gwelodd Iolo olau dydd gyntaf. Ni wyddom ychwaith lle yn union oedd y bwthyn tlawd yn Nhrefflemin lle y treuliodd y rhan fwyaf o'i fywyd cythryblus. At hynny, nid oes gennym garreg fedd na chofeb gyhoeddus i'w goffáu. Oni ddylem gywilyddio? Wedi'r cyfan, ar wahân i'w athrylith, un o nodweddion mwyaf atyniadol Iolo Morganwg yw'r ffaith iddo ymfalchïo trwy gydol ei oes hir a helbulus yn ei gefndir gwerinol a'i fam sir.

Fe'i ganwyd mewn bwthyn bychan rywle ym mhentref bychan Pennon ym mhlwyf Llancarfan ym Mro Morgannwg am chwech y bore ar yr unfed ar ddeg o Fawrth 1747 a'i fedyddio yn Eglwys Cadog Sant ddeuddydd yn ddiweddarach.[3] Flynyddoedd wedyn, canodd Iolo, yn ordeimladol o ramantus, am fan ei eni:

Doco'r tir yn ddigon amlwg,
Doco ran o Fro Morganwg,

Doco'r bwthyn bach lle'm ganed,
Am hwn mae 'nghalon mewn caethiwed.[4]

Ffrwyth dychymyg Iolo, mae'n siŵr, oedd ei ddisgrifiad o'r 'bwthyn calchwyn hardd ac wrtho ardd a pherllan'.[5] Y tebyg yw fod y tŷ mor fach a thlodaidd fel y bu'n rhaid i'r teulu symud oddi yno i blwyf Trefflemin pan oedd Iolo yn blentyn ifanc. Chwedl Iolo ei hun: 'My lot in Life, nor blame I fate, / Unborn to title or Estate.'[6] Nid yw'r bwthyn yn bodoli bellach, ond dywedir ar lafar gwlad ei fod yn arfer sefyll gerllaw tŷ modern a elwir 'Bryn Iolo'. Fel y sylwodd y bardd J. M. Edwards, dyma'r unig arwydd sy'n nodi mai yn yr ardal brydferth hon y clywyd llais Iolo am y tro cyntaf:

Ond heddiw ar fur newydd
Rhag ysgubell ango
Teirsill groyw eto sydd –
Bryn Iolo.[7]

Yn ôl pob sôn, Cymraeg oedd iaith y gymdogaeth ('the Welsh only is commonly spoke',[8] meddai Iolo) ar y pryd ac mae'n rhaid fod y crwt ifanc wedi cael magwraeth dda yn y cylch oherwydd brithir ei lawysgrifau â chyfeiriadau at 'annwyl blwyf Llancarfan'.[9] Wedi iddo dyfu'n ddyn daeth i wybod am gyfraniad godidog y 'dysgedigion gwychion gynt'[10] a drigai yno a rhoes le amlwg yn ei ddehongliad unigryw ef o hanes Cymru i ddylanwad gwyrthiol Cadog Sant (Selyf cenedl y Cymry, yn ôl Iolo). Roedd Cadog Sant (c.450) yn ail i neb ond Dewi Sant o ran pwysigrwydd a dylanwad. Mab ydoedd i Gwynllyw, tywysog Glywysing, a Gwladus, ferch Brychan, brenin Brycheiniog. Ac yntau'n athro ardderchog, treiddiodd ei ddylanwad ar hyd deheudir Cymru ac mor bell â Llydaw a glannau Ystrad Clud yn yr Alban. Gellir synhwyro bod rhyw urddas a choethder yn perthyn iddo. Ar sail ei astudiaethau o hen lawysgrifau Cymraeg, gwyddai Iolo fod rhai copïwyr yn tadogi rhai darnau o waith ar rywun o'r enw 'Catwn Ddoeth'. Er enghraifft, gwyddai am draethawd Cymraeg Canol o'r enw *Cynghoreu Catwn*. Er ei fod yn gwybod mai gwaith yr awdur Lladin Cato oedd hwn, trwy ryw fflach o athrylith twyllodrus, cysylltodd ei enw â nawddsant Llancarfan, gan dadogi arno rai cannoedd o eiriau, diarhebion, doethinebau a thrioedd – trysorau, meddai Iolo, a gasglwyd ac a gopïwyd gan Tomas ab Ieuan, Tre'r-bryn, yn ystod ail hanner yr ail ganrif ar bymtheg.[11] Neilltuodd Iolo yn agos i gant o ddalennau o drydedd gyfrol y *Myvyrian Archaiology of Wales* i waith 'Cattwg Ddoeth o Lancarvan'. Buan y gwêl y cyfarwydd fod rhagfarnau Iolo ei hun yn pefrio drwyddynt:

Un tavawd gwraig ymhen cant taran.
Un budrogen ymhen cant hwch.
Un mursen ymhen cant puten.
Un offeiriad ymhen can twyllwr.
Un hud ymhen cant anudon.
Un cyvreithwr ymhen cant gwylliad.[12]

Ffigur llai rhithiol oedd y bucheddwr Caradog o Lancarfan (*fl.* 1135), un arall o ffefrynnau Iolo. Fe'i haddysgwyd yn y gymuned fynachaidd yn Llancarfan ac aeth yn ei flaen i ennill enw da fel hagiograffydd. Ymhlith pethau eraill, lluniodd hanes buchedd Gildas a hanes buchedd Cadog. Ef hefyd, o bosibl, oedd awdur bucheddau Cyngar ac Illtud, gweithiau a fu'n bur ddylanwadol ac a lwyddodd i ddyrchafu eu bri. Daeth enw Caradog ei hun i'r amlwg yn oes Elisabeth I pan fentrodd David Powel yn *The History of Wales* (1584) dadogi *Brut y Tywysogyon* arno, honiad cwbl gyfeiliornus fel mae'n digwydd.[13] Ychydig iawn o wybodaeth am fywyd Caradog sydd gennym, ond gwyddai Iolo ei fod yn hyddysg iawn yn hanes a thraddodiadau Llancarfan. Brithir ei bapurau, felly, â chyfeiriadau canmoliaethus ato. Roedd cysylltiad Cadog neu Gatwg a Charadog â phlwyf Llancarfan yn hen ddigon i danio ei ddychymyg. Fel y dywed *Cydymaith i Lenyddiaeth Cymru*, saernïodd Iolo orffennol ffug-hanesyddol eithriadol o ddisglair ar gyfer plwyf ei eni.

Hyd yn oed pan oedd Iolo yn tynnu at ei bedwar ugain oed, daliai i dystio'n llawen i ddoniau enwogion plwyf ac eglwys Llancarfan:

Yn Llancarfan bu'r gân gynt
Yn ei chwŷl, iawn ei helynt;
Er mael yn leufer miloedd.[14]

Gwyddom fod cymeriadau diddorol yn y plwyf wedi gadael eu hôl arno. Soniodd am ryw Thomas Jones, hen Babydd o Lancarfan a ddiddanai'r rhai iau drwy adrodd chwedlau cyffrous am y saint eglwysig 'and had stored his memory with abundance of such fabulous accounts'.[15] Ym mynwent yr eglwys y claddwyd Wiliam Robert o'r Ydwal, bardd dall a ddisgrifiwyd, adeg ei farwolaeth ym mis Ebrill 1771, fel 'a great Rhimester'.[16] Yn nyddiau ei ieuenctid mwynhâi Iolo gwmni'r bardd gwlad darllengar a gwybodus hwn a chanddo ef y cafodd gopi o ramadeg Siôn Rhydderch. Wiliam Robert biau'r disgrifiad canlynol o 'gorelwyr Llancarfan' a'r modd y byddent yn dawnsio'n egnïol o gwmpas y fedwen:

> Ny bu yn un man siwd gwyr Garfan,
> Cawsom fawrglôd trwy wladforgan;
> Dawnswyr diddig, clonog clenig,
> Gyda Moesaidd sain y Miwsig.[17]

Ymhlith yr haid o bobl ledrithiol a wibiai drwy bapurau Iolo oedd Hywel Lloyd, 'porfelwr' ym mhlwyf Llancarfan yn ystod oes y Stiwartiaid cynnar. Hwn oedd cyfansoddwr 'Cân y Porfelwr', cerdd a oedd, yn nhyb Iolo, yn batrwm o berffeithrwydd ym myd y *pastoral*. Serch hynny, o ran iaith, arddull a naws, mae'n fwy na thebyg mai Iolo ei hun a'i cyfansoddodd. Llais yr Iolo radical o'r 1780au ymlaen sydd i'w glywed, er enghraifft, yn y pennill hwn:

> Ennill gyfoeth ar ei dir
> A dyf o wir gyfiawnder:
> Llaeth, ymenyn, caws a gwlân,
> Nid aur ac arian lawer;
> Nid ar fawredd rhydd ei fryd,
> A buchedd bawlyd balchder,
> Ond ar gampau teg di-frad
> A byw'n ei wlad yn syber.
> Bydd gymydog mwyn ei naws,
> Nid treisiwr traws ysgeler;
> Yn ei blwyf fe fydd bob awr
> Yn fendith mawr ei fwynder.[18]

Yn ogystal â bod yn blwyf eithriadol o brydferth, roedd Llancarfan yn ganolfan grefyddol bwysig a hawdd cytuno â sylw Aneirin Talfan Davies iddo fod yn 'lle difyr i fyw ynddo erioed'.[19] Byddai Iolo wedi bod uwchben ei ddigon petai'n gwybod bod trysorau cudd, na wyddai neb amdanynt ar y pryd, i'w cael yn eglwys y plwyf. Yn 2008 daethpwyd o hyd i gyfres o furluniau ysblennydd ar furiau'r eglwys yn dyddio i *c*.1480. Ers dyddiau'r Protestaniaid cynnar fe'u cuddiwyd dan o leiaf ugain haen o wyngalch ac erbyn hyn mae arbenigwyr yn y maes yn gwbl sicr eu bod o arwyddocâd arbennig iawn. Ymhlith y darluniau lliw eithriadol brin ceir darlun o Sain Siôr yn lladd y ddraig, ynghyd â phortreadau trawiadol o'r saith pechod marwol.[20] Ni wyddai Iolo, wrth gwrs, na neb byw arall, fod y fath wledd o ddelweddau yno ac mae'n anodd peidio â dyfalu faint o hwyl y byddai wedi'i gael ar lunio dehongliad o'u pwysigrwydd a'u gwerth. Gallwn fod yn weddol sicr y byddai ei olwg ef ar bethau yn diferu'n drwm o wlith y dychymyg ac y byddai ei ragfarn yn erbyn creiriau a darluniau Pabyddol wedi cael lle amlwg iawn hefyd.

Brodorion o Fro Morgannwg oedd rhieni Iolo. Merch o Langrallo oedd ei fam Ann Matthew a mab i ffermwr diwyd o Landochau oedd Edward William(s), ei dad. Fe'u priodwyd yn Eglwys Sain Tathan ar 8 Tachwedd 1744.[21] Collodd y ddau eu plentyn cyntaf, merch fach ddeg mis oed o'r enw Ann, ond wedi'r ergyd dost honno fe'u bendithiwyd â phedwar bachgen glew. Edward (sef Iolo) oedd yr hynaf ac fe'i dilynwyd gan Miles (g. 1748–51), John (g. 1751) a'r cyw melyn olaf Thomas ym 1755.[22] Dilynodd pob un o'r rhain yn ôl traed eu tad drwy feistroli crefft y saer maen. Ond dim ond un ohonynt a adawodd ei ôl ar feddylfryd y Cymry, eu dealltwriaeth o'u hanes a'u llên, ac o'u hawl i fynnu llais yn y byd gwleidyddol.

Erbyn canol y 1750au roedd hi'n amlwg i'r ddau riant na ellid magu tyaid o fechgyn cydnerth a stwrllyd mewn bwthyn mor fychan a di-lun. Felly, dyma'r teulu cyfan yn hel eu pac ac yn symud i blwyf Trefflemin ger Sain Tathan lle'r oedd y tad wedi adeiladu bwthyn to gwellt 'ar ddull hen dai Morganwg',[23] chwedl Iolo, ger ffermdy Gregory ac islaw eglwys y plwyf. Er mai dim ond un ystafell fyw ar lawr a dwy lofft uwchben oedd ynddo, daeth Iolo i garu 'my Flimston house' yn angerddol. Roedd y tŷ ar les a thalai tad Iolo bunt y flwyddyn o rent i'r Arglwyddes Charlotte Edwin o Lanmihangel, Methodist flaenllaw a fu'n gyfrifol am gyflwyno Dafydd Jones i fywoliaeth Llan-gan.[24] Yno, yn nyffryn Dawan – 'Delicious Vale! by Nature dress'd / In Beauty's rich array'[25] – y treuliodd Iolo y rhan fwyaf o'i oes. Yng nghanol y twmpathau o lyfrau a chylchgronau, heb sôn am 'yr aneirif bapirau didrefn (yr anialwch dyrus, fal y mae'n gymmwys ei alw)'[26] yn y gegin, cafodd hyd i hafan o hyfrydwch a boddhad, yn enwedig ar ôl i'w frodyr benderfynu chwilio am fyd amgenach yn y Caribî. Am weddill ei oes credai Iolo yn ddiysgog nad oedd plwyf tecach, hawddgarach a ffrwythlonach na Threfflemin. Meddai ym 1796: 'Flimston is in the best part of the Vale of Glamorgan, and its Land esteemed the best of this best part.'[27]

Er mawr ofid i Iologarwyr ein hoes ni, aeth y bwthyn â'i ben iddo rywbryd yn ystod ail hanner y bedwaredd ganrif ar bymtheg ac, o ganlyniad, ni chafodd O. M. Edwards gyfle i'w anfarwoli ar dudalennau *Cartrefi Cymru* ym 1896. Erbyn 1927, yn ôl un cyfrannwr i'r *Ymofynnydd*, ceid rhes o dylciau moch lle gynt y safai cartref Iolo.[28] Mae'n drueni o'r mwyaf nad oes yn Nhrefflemin heddiw fawr ddim i ddangos bod yr athrylith hwn wedi treulio'r rhan fwyaf o'i oes yno. 'Trefflemin, daiar santaidd yw',[29] meddai'r bardd Nathan Dyfed ac, yn ôl gwas ffarm o'r plwyf a fu'n cynorthwyo'r gweithwyr a dynnodd weddill tŷ Iolo i lawr, byddai llu o bererinion yn dod yn gyson i'r plwyf y pryd hwnnw 'i helynta yng nghylch Iolo' ac i ymweld â'i gofadail a osodwyd yn eglwys y plwyf ar draul Iarlles Dwnrhefn ym 1858.[30] Wedi'r cyfan, yn ôl Robert Ellis (Cynddelw), Iolo oedd 'haul mawr ei genedl'[31] y pryd hwnnw. Gwaetha'r modd, prin fod yr arysgrif chwyddedig a geir ar y gofadail ddwyieithog yn eglwys y plwyf yn gwneud cyfiawnder ag amlochredd a phersonoliaeth Iolo. Yn sicr, nid yw cynnwys y gyfrol hon, beth bynnag am astudiaethau eraill, yn cadarnhau'r cyfeiriadau sydd arni at ei 'dymher serchog' a'i 'ymddygiad gwylaidd'. Braf fyddai cael cofeb sylweddol newydd, yn cynnig portread o faintioli llawn ynghyd â chrynodeb o'i orchestion, yng nghanol pentref Trefflemin ac un arall eto, ar lun rhai o enwogion Dulyn dyweder, yn ein prifddinas. Byddai'n gywilydd i ni fel cenedl pe na bai gennym gofgolofn deilwng iddo i danio ein dychymyg erbyn dau gan mlwyddiant ei farw yn 2026. Wedi'r cyfan, dyma'r gwerinwr athrylithgar a ddywedodd: 'It is for Wales, for the Welsh nation, for the Welsh language and literature to attend which, I have sacrificed all comforts of life.'[32] Gallai hefyd fod wedi dweud iddo dreulio ei oes yn brwydro dros hawliau pobl orthrymedig, boed y rheini'n radicaliaid dewr, yn Undodiaid Cymreig neu'n gaethion o Affrica. Yr anghymwynas fwyaf a wna unrhyw genedl yw anghofio neu ddibrisio ei chymwynaswyr mwyaf.

Ar un adeg ceid cerflun ar ffurf ceriwb ar wal llaethdy gyferbyn â ffermdy Gregory ym mhlwyf Trefflemin ac âi pobl leol ar eu llw mai hunanbortread o Iolo ydoedd. Ar ôl chwalu'r adeilad hwnnw gosodwyd y cerflun uwchben drws tŷ annedd newydd a godwyd yn gymharol ddiweddar. Braf fyddai gallu dweud mai hunanbortread o wyneb Iolo yw'r cerflun, ond deil arbenigwyr surbwch mai ceriwb adeiniog ydyw, y math o wyneb a welid yn aml ar gerrig beddau Bro Morgannwg yn nyddiau Iolo.[33] Er bod nifer o enghreifftiau o waith cywrain Iolo fel saer maen i'w gweld yn eglwysi a mynwentydd Bro Morgannwg, ni wyddom ble yn union y claddwyd ef yn eglwys Trefflemin. Rhaid bod gan ei ddilynwyr syniad go lew, fel y dengys galarnad Thomas Williams (Gwilym Morganwg), un o'i ddisgyblion ffyddlonaf:

Dyma'r oer fan yn y llan yn llonydd,
Och! yma'n y llwch gwelwch rhwng gwelydd,
Cuddiwyd, daearwyd ein prif gadeirydd,
Hyfawl a gwladawl bencerdd y gwledydd,
Dewrlon gwâr union, goreu anianydd,
Y gwir heb ollwng goreu ymbwyllydd.

Dyma'r fan ceufan, ac hefyd – gorphwys
    Ei gorphyn mewn gweryd;
  Y didwyll fardd ymbwyllfryd,
  Tad y gerdd, iawn bencerdd byd.[34]

Yn ystod y 1790au cynnar, pan oedd Iolo yn ŵr canol oed ac yn ceisio ennyn sylw awduron a llengarwyr yn Llundain, ailddyfeisiodd flynyddoedd ei ieuenctid trwy ei ddarlunio'i hun fel 'booby',[35] sef diniweityn bregus ei iechyd, pruddglwyfus a diffrindiau. Mae'n wir fod ei iechyd yn wael. Creithiwyd ei wyneb gan effeithiau'r frech wen a dioddefai o beswch, y dicáu a'r dyfrglwyf. Ceisiai ei fam leddfu'r peswch trwy baratoi math o jeli wedi ei wneud o olew had llin a malws melys wedi eu toddi mewn llaeth.[36] Ond nid rhyw lipryn llwyd oedd Iolo. Wrth edrych yn ôl daeth i gredu bod sawl gwaredigaeth yn dangos bod rhagluniaeth o'i blaid, honiad cyffredin iawn ymhlith rhai o fawrion ein cenedl:

Snake sprung at me when about 3 or 4 years of age. I was not hurt – took it up and cut it to pieces. Sow ran away with me, yet I escaped unhurt. Ran out of bed in the Small Pox into the Beans. Cow tossed me with her horns two or 3 times, but I escaped unhurt.[37]

Y gwir yw ei fod yn fachgen annibynnol a llafar ei farn, yn benstiff ac yn anhydrin. Ar un adeg bu bron iddo ddilyn perthynas iddo trwy ymuno â'r Llynges. Gallai fod yn beryglus o gecrus a châi'r enw o fod yn rhy hoff o lawer o ddefnyddio'i ddyrnau. Etifeddodd anian dymhestlog ei dad a, diolch i'w fam, roedd gwaed y 'Matheuaid poethwylltion' hefyd yn llifo drwy ei wythiennau.[38] Dyna gyfuniad a chanddo botensial ffrwydrol. Wedi iddo brifio nid oedd dim yn well gan y Neti Williams ifanc na chwarae bando drwy'r dydd ar draethau a thwyni tywod cyfagos. Gêm dreisiol i'w ryfeddu oedd bando a chan fod Iolo yn fwy na pharod i sgarmesu a cholbio, byddai'n gleisiau i gyd erbyn diwedd y dydd. Hoffai hefyd hwrli-bwrli'r twmpathau chwarae a'r taplasau haf swnllyd a lliwgar a gynhelid yn ystod gwyliau eglwysig y Fro.[39]

'Gwalch curwydd hylwydd hoywlathr'[40] oedd yr Iolo ifanc, yn ôl y bardd Dafydd ap Rhisiart, ac mae'n amlwg iawn fod ganddo lygad am y merched. Wrth rodio'r caeau a'r coedydd yn ei gynefin yn nyffryn Dawan, gan wrando ar gân y gog, y fronfraith a'r fwyalchen, profodd sawl concwest rywiol. Ar sail y profiadau pleserus hyn, lluniai lawer o gerddi 'o fwynder i ferch' sy'n byrlymu rhagddynt:

Mae cusan ei min fal y gwin yn ddi-gêl,
Mae'n burlwys, fwyn, berlan, lliw'r wylan lle'r êl,
Mae'n feinir lon, fanol, ddewisol dduwiesen,
Mae'n wiwddoeth, mae'n weddus, un liwus, wen, lawen:
Fy ngwynfyd yw canmol y siriol wiw seren.

Llawenydd fy mywyd yw llonbryd ei lliw,
Mi serchais hi'n ddifrad drwy gariad da gwiw,
Mae'n hoff gan fy nghalon le gwiwlon o'r golwg
I garu lliw'r cwrel, wen dawel a diwg,
A gwasgu fy nuwies, lloer gynnes Morgannwg.

Mae'n ysgawn, mae'n wisgi, lliw'r lili, lloer lon,
Ni sangws ei glanach na'i doethach ar don;
Mae mêl ar ei gwefus, loer hoenus liw'r hinon,
Gwell gennyf ei chusan nag arian y Goron:
Fy ngwenferch yw 'ngwynfyd a golud y galon.[41]

Un ohonynt oedd Kitty Deere o Lwyn Onn, Ystradowen, merch i'r uchel-siryf. Mae'n bosibl mai dyheu o hirbell am y ferch fonheddig anghyraeddadwy a wnâi Iolo, ond mae'n ddigon posibl hefyd mai pryfocwraig (*prick-teaser*) ydoedd. Anfonai gerddi at Iolo, yn eu plith un yn cymharu nodweddion gwin a gwraig:

A big bellied bottle may ravish your Eye
But how foolish you'll look when your bottle is dry
But from woman dear woman Sweet pleasure does spring
Nay the Stoics must own it, She is the best thing.[42]

Bu bron i Iolo dorri ei galon pan welodd hi'n dda i briodi'r Parchedig William Church yn eglwys Llandochau ym 1773:

Och! Collais wen ddien ddoeth,
Y cyfan oedd o'm cyfoeth.[43]

Ond cyn pen dim roedd rhyw Forfudd neu Ddyddgu llai cysurus eu byd wedi mynd â'i fryd. Os oes coel ar ei air ac ar gynnwys ei gerddi cynnar, cydiai ym mhob cyfle i gusanu a mwytho merched gwerinol (a bonheddig?) ei gynefin.

Ni chafodd Iolo unrhyw addysg ffurfiol erioed. Er iddo honni mai trwy wylio'i dad yn torri llythrennau ar gerrig beddau y dysgodd yr wyddor,[44] mae'n amlwg mai ei fam oedd y dylanwad pennaf ar ei addysg anffurfiol gynnar ac ar ddatblygiad ei feddwl. Un o ddisgynyddion teulu nodedig Matthews o Landaf a Radyr oedd Ann Williams. Pan aeth ei thad i drybini ariannol fe'i rhoddwyd yng ngofal ei modryb, Elizabeth Blades, ym mhlas Trebefered, ger Llanilltud Fawr, a'i haddysgu mewn ysgol breifat. Gellir gweld heddiw adfeilion plas Trebefered ar y bryn uwchlaw'r pentref. Gwraig ddiwylliedig ac encilgar oedd mam Iolo ac, yn ôl ei chymdogion, braidd yn ffroenuchel. Iolo oedd cannwyll ei llygaid a chafodd ei faldodi ganddi i'r fath raddau fel mai dim ond ar ei glin hi yr oedd yn fodlon dysgu dim:

Safe in thy case I pass'd through feeble youth;
Unschool'd beside, I, tutor'd at thy knee,
Caught from thy lips the sacred lore of truth.[45]

Bron na ellir gweld cymhlethdod Oidipaidd yn ei berthynas â'i fam. Diolch iddi hi, ni allai gofio adeg pan na allai ddarllen Cymraeg a Saesneg. Hi a'i dysgodd i ddarllen, ysgrifennu a chanu. Treuliai oriau maith yn ei drwytho mewn cerddoriaeth ac yn ei ddysgu i ganu'r ffliwt. 'Fy myd i gyd oedd y gân',[46] meddai Iolo.

Roedd y ddarllenwraig bybyr hon hefyd yn drysorfa o hen hanes a chwedlau. Sicrhaodd fod Iolo yn ymdrwytho yn nhraddodiadau gorau penceirddiaid Tir Iarll ac yn gwerthfawrogi etifeddiaeth ddiwylliannol sir Forgannwg. Gofalodd bob amser hefyd fod ganddo doreth o lyfrau a chylchgronau (Saesneg at ei gilydd) wrth law. Diolch iddi hi, dotiai Iolo ar y Beibl, ar waith Shakespeare ('that Bard of all Bards'[47]) ac ar gyfrolau Milton. Ymhen blynyddoedd, wedi iddo flasu gwefr y Chwyldro Ffrengig, fe'i disgrifiwyd gan ei gyfaill Tomos Glyn Cothi fel 'Ail Filtwn'[48] ar sail ei ddaliadau gwleidyddol tanllyd. Yn fwy na dim, efallai, ei fam a'i darbwyllodd fod ganddo'r gallu i ragori ar eraill a bod dyfodol eithriadol o ddisglair o'i flaen.

Roedd sir Forgannwg, a'r Fro yn arbennig, yn baradwys i deuluoedd bonheddig. O leiaf dyna farn ymwelwyr â'r ardal. Ond roedd y rhod yn troi yn achos yr hen deuluoedd. Tra oedd y mawrion dieithr yn pesgi, roedd y mân foneddigion a'r ysweiniaid yn disgyn neu hyd yn oed yn diflannu, gan amlaf oherwydd diffyg etifedd, trethi trymion neu afradlonedd. O ganlyniad, llyncwyd ystadau gan deuluoedd Seisnig. Er enghraifft, cipiwyd Llandudwg gan deulu Knight o Fryste, Cotrel gan deulu Gwinnett o Gaerloyw, a'r Fan a Sain Ffagan gan Iarll Plymouth.[49] Fel y cawn weld, nid oedd gan y teuluoedd gor-nerthol hyn unrhyw awydd i fod yn gefn i'r traddodiad llenyddol Cymraeg. Nid oedd i'r hen gestyll Normanaidd le cynnes yng nghalon Iolo ychwaith. Er ei fod yn cydnabod cyfraniad deallusol y Normaniaid i bensaernïaeth a'r celfyddydau yn y sir, ni allai anghofio eu gormes. Ac wedi i hen grefft Beirdd yr Uchelwyr ddarfod, gadawyd y dasg o gynnal ac adfywio'r bywyd llenyddol i raddau helaeth i weinidogion yr efengyl, ffermwyr a chrefftwyr. Mewn sawl ardal yng Nghymru, gan gynnwys Morgannwg, dibynnai diwygwyr crefyddol a gwŷr llengar ar gefnogaeth crefftwyr darllengar a chwim eu meddwl.

Teimlai Iolo yn gwbl gartrefol ymhlith gofaint, seiri, gwehyddion, cryddion a llyfr-rwymwyr, ynghyd â'r ffermwyr bychain diwylliedig a drigai yn y tai gwyngalchog a oedd yn un o nodweddion pennaf un o'r broydd prydferthaf yng Nghymru. Rhyfeddai at hirhoedledd y bobl hyn a phriodolai hynny i hinsawdd ddymunol y Fro, ynghyd ag arfer gwerinwyr o yfed dŵr glân, bwyta llysiau llesol a gwisgo dillad cotwm cyfforddus.[50] Gorfoleddai bob tro y deuai ar draws carreg fedd neu gofnod mewn cofrestr plwyf a ddangosai fod rhywun wedi byw dros gant oed. Hoffai gyfeirio at Forgannwg fel sir y canmlwyddiaid, ond mae angen estyn tipyn ar y dychymyg i gredu bod rhai o brif enwogion y sir cyn hyned â Methwsela: Illtud (123), Catwg (113), Iorwerth Fynglwyd (110), Gwilym Tew (108).[51] Enghraifft o duedd Iolo i ystumio yw hyn, wrth gwrs, oherwydd gwyddom fod cyfran deg o werin-bobl Morgannwg yn gwbl ddibynnol ar lwyddiant y cynhaeaf ac yn byw mewn gobaith na fyddai rhyw glefyd neu haint yn eu dwyn i'r fynwent cyn pryd. Byddai sawl tro croes yn dod i ran Iolo a'i deulu eu hunain yn y dyfodol.

Er mwyn toddi calonnau noddwyr posibl byddai Iolo yn aml yn honni ei fod yn hanu o gornel anghysbell iawn o Gymru ('a very sequestered corner of Wales').[52] Ond fel arall yr oedd hi mewn gwirionedd. Oherwydd ei lleoliad (cofier mai dyma'r ardal fwyaf deheuol yng Nghymru) a natur ei thirwedd, roedd Bro Morgannwg yn agored iawn i ddylanwadau diwylliannol o sawl cyfeiriad – o weddill Cymru, gorllewin Lloegr, Iwerddon, Ffrainc, Sbaen a hyd yn oed America.[53] Diolch i gysylltiadau morwrol a dylanwad y ffyrdd tyrpeg, nid oedd prinder Saesneg mewn trefi llewyrchus fel y Bont-faen, gerllaw cartref Iolo. Sefydlwyd bwrdeistref y Bont-faen gan Richard de Clare, arglwydd Morgannwg, ym 1254. Erbyn y ddeunawfed ganrif cyfeirid ati fel prifddinas y Fro ac i rywun chwilfrydig fel Iolo roedd ei hatyniadau amrywiol yn hynod o ddeniadol. Ym 1790 aeth i'r drafferth o gyfrif pob tŷ yn y dref a chael bod cyfanswm o 166 yno.[54] Mynychai ei fart, ei ffeiriau a'i thafarnau yn rheolaidd. Câi gyfle hefyd yn y dref a'r ardal o'i chwmpas i ganu a dawnsio yn y gwylmabsantau a'r taplasau haf, i fwynhau cyffro a dwndwr rasys ceffylau ac i welwi wrth weld gwaed yn llifo mewn gornestau ymladd ceiliogod. Mwynhâi fywiogrwydd ac asbri'r achlysuron hyn. Ar y llaw arall, erbyn iddo gyrraedd canol oed casâi ddigwyddiadau gwaedlyd fel ymladd ceiliogod a baetio eirth. Honnai mai'r unig beth i'w ddweud dros hela llwynogod oedd y gobaith y byddai rhai o'r marchogion bonheddig yn torri eu gyddfau wrth neidio dros ben clwydi a chloddiau.

Testun rhyfeddod arall iddo oedd gweithgarwch y Seiri Rhyddion a fyddai'n cyfarfod yn rheolaidd yn nhafarn y Bear yng nghanol y Bont-faen. Ar Ddydd Gŵyl Dewi bob blwyddyn byddent yn gwisgo'u regalia crand ac yn gorymdeithio trwy'r strydoedd cyn cynnal eu cyfarfodydd cyfrin.[55] Ceir cryn dipyn o dystiolaeth ym mhapurau Iolo sy'n dangos bod ganddo ddiddordeb byw yng ngwerthoedd ac arferion y Seiri Rhyddion. Er nad ymaelododd â hwy erioed, gadawodd rhai o'u syniadau eu hôl ar gyfansoddiad Gorsedd Beirdd Ynys Prydain, y corff rhyfedd ac ofnadwy hwnnw y byddai Iolo yn ei arwain o 1792 ymlaen.[56]

Nid oedd prinder llyfrau yn y Bont-faen ychwaith. Ffurfiwyd Cymdeithas Lyfrau yn y dref ym 1765 a benthyciai Iolo ganddi lu o lyfrau Saesneg a oedd yn procio'r meddwl. Llai at ei ddant oedd tueddiadau uchel-ael ei hysgol ramadeg enwog. Ac yntau'n ŵr ifanc hunanaddysgedig, teimlai'n chwith wrth weld cyn-ddisgyblion yr ysgol freintiedig honno yn cael mynd yn eu blaen i brifysgolion Caer-grawnt a Rhydychen i sefydlu '[an] unjust ascendancy over those whose fortune in life never enabled them to reside there'.[57] Magodd ragfarn gref hefyd yn erbyn ceiliogod y colegau: iddo ef, 'a filthy puddle of iniquity'[58] oedd Prifysgol Rhydychen, nid lleiaf oherwydd ei thuedd anffodus i lenwi bywiolaethau eglwysig yng Nghymru â phenbyliaid meddw. Fel llawer gŵr hunanaddysgedig, dirmygai Iolo y rhai a ymfalchïai yn eu dysg honedig. Fel hyn y rhefrodd yn ei gerdd 'The Learned Ignorants' ym 1772:

> Ye book-poring pedants, by learning made fools,
> Whose skulls are well-stuffed with the rubbish of schools,
> Ye boast your old *ballads* that classics ye call,
> Your *Homers*, your *Virgils*, your devil and all;
> True, ye know *Greek* enough to make any dog sick,
> Nor less are ye skill'd in the cant of *Old Nick*;
> But, how does it happen? Ye constantly prove
> Mere dunces indeed in the language of *Love*.[59]

Hyd yn oed mor gynnar â hyn, nid da gan Iolo y pedant sych a diddychymyg na allai werthfawrogi'r syniadau cyffrous a oedd yn cyniwair yn sgil yr Ymoleuo a Rhamantiaeth. I'r Iolo ifanc, roedd gan y mudiadau hyn neges llawer mwy gwefreiddiol i'w chynnig na dim a geid o fewn cynteddau Rhydychen a Chaer-grawnt.

Er mor Seisnig yr olwg oedd rhai o sefydliadau a chymdeithasau'r Bont-faen, camgymeriad fyddai tybio nad oedd parch i'r Gymraeg yn y Fro yn ystod ieuenctid Iolo. O ganlyniad i ddylanwad ysgubol ysgolion cylchynol Cymraeg Griffith Jones Llanddowror a thwf cyrddau Anghydffurfiol a Methodistaidd, Cymreigiwyd rhannau helaeth o'r ardal yn ystod ail hanner y ddeunawfed ganrif. Gwelwyd gwerth yn y gair printiedig. Ym 1770 sefydlodd Rhys Thomas o Lanymddyfri y wasg gyntaf yn sir Forgannwg yn y Bont-faen, gan gyhoeddi'r rhan gyntaf o eiriadur Saesneg–Cymraeg nodedig John Walters yno ym mis Ebrill. Broliai Iolo fod y Gymraeg 'ar ei mawr gynydd'[60] yn y Fro ac roedd ei hyder yn ei dyfodol yn heintus. Er mai Saesneg oedd iaith ei aelwyd a'r iaith a ddeuai hawsaf iddo wrth ysgrifennu, yn y Gymraeg yr ymserchai Iolo fwyaf. Honnodd iddo feistroli cerdd dafod trwy eistedd wrth draed Edward Williams, gwneuthurwr clociau o'r Middle Hill ym mhlwyf Llancarfan – 'a smart lettered man'[61] a ganfu'n fuan fod Iolo yn ddysgwr cyflym ac yn gynganeddwr greddfol. Hwyrach hefyd fod syniadau anuniongred yr Edward Williams hwn wedi gadael eu hôl ar y crwt ifanc. Dywedid ei fod yn coleddu'r 'damnable doctrine that a woman had no Immortal being but as a Bruit hath, and that Adam had a wife before Eve, which for her disobedience was turned a Devil'.[62]

Cydnabyddai Iolo hefyd ei ddyled fawr i rai o Anghydffurfwyr amlochrog a gweithgar Blaenau Morgannwg. Byddai wrth ei fodd yn anfon drafftiau o'r cerddi cynnar a gyfansoddodd yn y 'Fro bûr frâs'[63] at dri athro barddol – Lewis Hopkin, Siôn Bradford ac Edward Evan(s). Gŵr eithriadol o ddawnus oedd Lewis Hopkin, Hendre Ifan Goch, Llandyfodwg, crefftwr amryddawn dros ben ac un a allai droi ei law at unrhyw dasg. Ef, yn ôl Iolo, oedd ei 'Athraw godidog', ac yn ei farwnad iddo ym 1772 cyfeiriodd ato'n ddiolchgar fel 'ein Pencerdd gwâr cerdd-gar cu'.[64] Un o hoff arferion Iolo oedd ceisio arddel perthynas deuluol â phobl fel hyn drwy ddyfynnu o sgwrs honedig:

Lewys Hopcin yn clywed taw un o Langrallo oedd y mam a ofynnwys imi pwy'n oedd hi oddyno, a phwy'n oedd ei thâd ai mam, a chwedi gwedyd wrtho, 'nid rhyfedd', ebe fe, 'eich bod yn Brydydd ydd ych chwi fel minnau yn dyfod o un o ferched y Ty Talwyn. Gwyddwn er yn blentyn fod eich Tadcu yn berthyn i mi ond nis gwyddwn fel yn awr taw wyr Edward Matthews o Dŷ'n y Caeau oeddech chwi.[65]

Mae'n bosibl fod rhywfaint o wirionedd yn hyn, ond haws credu mai un arall o straeon rhamantus Iolo ydoedd. Beth bynnag am hynny, gwelir ôl dylanwad Lewis Hopkin yn amlwg iawn ar ddatblygiad Iolo fel bardd ac Anghydffurfiwr.

Gamaliel pwysig, os nad pwysicach, arall oedd Siôn (neu John) Bradford, gwehydd, pannwr, lliwydd ac, yn ôl Iolo, dyn a haeddai gael ei alw yn 'Bardic Antiquary'. Cyfeiriai Iolo ato fel un 'rhyfedd ei wybodaeth'.[66] Ac yntau'n byw yn y Betws, gwyddai Bradford fwy na neb am draddodiadau diwylliannol Tir Iarll. Fel hyrwyddwr egwyddorion yr Ymoleuo, câi flas ar ddadlau am werthoedd moesol a daliadau ysbrydol. Gwydrwr, saer coed, gwehydd, ffermwr a gweinidog abl Hen Dŷ Cwrdd Aberdâr oedd Edward Evan(s) ac un o ddisgyblion Lewis Hopkin. Enillodd Evans ei blwyf yn y Blaendir fel diwygiwr radical a bardd medrus tu hwnt.[67] Erbyn diwedd y 1780au roedd Iolo'n honni mai ef ac Evans oedd unig wir ddisgynyddion yr 'Ancient British Bards' a phan aeth ei gyfaill i 'gylç y gwynvyd',[68] chwedl William Owen Pughe, ym mis Mehefin 1798, dim ond Iolo oedd yn weddill. Honnai mai ef oedd 'y Bardd Olaf yn Ewrop'[69] ac mai ef yn unig a wyddai gyfrinach y canrifoedd coll. O ganlyniad i gyfarwyddyd ac esiampl y tri athro hyn, meistrolodd Iolo hanfodion y canu caeth a rhydd, a hefyd sut i feddwl yn annibynnol a chreadigol. Hyd yn oed cyn iddo ddathlu ei ben blwydd yn ugain oed, gallai gyfansoddi cerddi hudolus o ran eu ffurf a'u symlrwydd.

Tra oedd yr hyfforddiant hwn yn digwydd câi Iolo gyfle i ymarfer ei grefft yn yr eisteddfodau anffurfiol a gynhelid mewn tafarnau yn Llantrisant ac Aber-cwm-y-fuwch ym mhlwyf Llandyfodwg rhwng 1769 a 1771. Roedd hefyd wrth ei fodd yn cydgyfeddach â gwehyddion, hoelwyr, seiri coed, ffermwyr a bragwyr a fynychai dafarn yr Old Globe yng Nghaerdydd. Cymeriadau ffraeth a brith oedd y rhain. Fe'i hadwaenid ganddynt fel 'Iorwerth Gwilim' ac, yn ôl y sôn, nid oedd ei debyg am gyfansoddi penillion byrfyfyr. Canai'r gwerinwyr hyn glodydd ei gerddi, gan gynnwys yr englynion serch o'i eiddo a gyhoeddwyd yn yr *Eurgrawn Cymraeg* ym 1770, a buont hefyd yn ei gymell i wireddu ei freuddwyd o gyhoeddi blodeugerdd o'i farddoniaeth Gymraeg dan y teitl 'Blaendardd yr Awenŷdd'.[70] Ymhlith y beirdd gwlad hyn roedd Nedi Williams yn Gymreigiwr campus:

Fel fflam yw gwaith Trefflemin,
Peraidd iaith sy'n faith oi fin.[71]

Sut, felly, y datblygodd Iolo i fod yn arbenigwr ar yr iaith Gymraeg? Gan nad oedd yr ychydig sefydliadau dysg yng Nghymru (colegau diwinyddol ac academïau gan mwyaf) yn rhoi fawr o bris ar y Gymraeg, bu'n rhaid iddo ddibynnu ar ewyllys da a chefnogaeth geiriadurwyr rhan-amser yn ei gynefin. Roedd sawl aderyn brith ymhlith ieithyddion Cymru yn y ddeunawfed ganrif. Meddylier, er enghraifft, am Rowland Jones yn honni bod olion iaith Adda i'w canfod yn yr iaith Saesneg a leferid yng nghanol y ddeunawfed ganrif. Ond bu Iolo'n ddigon ffodus i fwrw prentisiaeth arderchog ym maes geiriau a thafodieithoedd wrth draed Thomas Richards, curad Llangrallo, a John Walters, rheithor Llandochau.[72] Er ei beiau, roedd gan yr eglwys sefydledig o hyd glerigwyr glew, a chyfrifid y ddau hyn ymhlith rheng flaen y llengarwyr a geisiai ddiogelu'r Gymraeg trwy adfer hen eiriau coll a thrwy ddyfeisio geiriau ac ymadroddion newydd. Âi Iolo'n rheolaidd i Langrallo i dderbyn 'luminous lessons and instructions'[73] gan Richards. Dywedodd hwnnw droeon wrth y saer maen ifanc fod y Gymraeg cystal os nad gwell nag unrhyw iaith arall yn Ewrop a bod dyletswydd arno i ymserchu ynddi ac i ddwyn perswâd ar wŷr bonheddig a'r werin-bobl i'w defnyddio. Rhefrai'r Morrisiaid ynghylch safon gwaith mawr Richards, *Antiquae Linguae Britannicae Thesaurus* (1753), sef ei eiriadur Saesneg–Cymraeg, ond roedd gan Iolo ddyled drom i'r hen gurad doeth a diwyd.

Am ryw reswm, ni chafodd John Walters ei haeddiant gennym. Nid oes unrhyw amheuaeth nad oedd y geiriadurwr hunanaddysgedig hwn yn un o Gymry mwyaf y cyfnod modern cynnar. Dyn eithriadol o ddiddorol ydoedd. Roedd ganddo bump o feibion. Aeth dau ohonynt yn fyfyrwyr i Goleg Iesu, Rhydychen, cyn cael eu penodi yn eu tro yn brifathrawon ysgol ramadeg y Bont-faen. Bu'r ddau, ynghyd â brawd arall, farw yn eu hugeiniau o'r dicáu. Er mawr ofid i Walters a'i wraig, dewisodd mab arall fyw fel meudwy mewn twlc o dŷ, a meddwl plentyn fu gan y pumed mab ar hyd ei oes.[74] Er gwaetha'r trallodion hyn, cyfrifid John Walters yn brif ieithydd a geiriadurwr y Gymru Gymraeg. Fel Thomas Richards, ni flinai ar ymffrostio yn hynafiaeth, helaethrwydd a cheinder y Gymraeg. Yn ei dyb ef, roedd ei famiaith yn llawn 'synau i gyfareddu'r enaid'[75] a hawdd credu bod rhyw urddas swynol yn perthyn i'w arddull lafar yn y pulpud. Ei gamp fwyaf fu cyhoeddi *An English–Welsh Dictionary* mewn pedair rhan ar ddeg yn y Bont-faen rhwng 1770 a 1783 ac wedi hynny mewn dwy gyfrol sylweddol yn Llundain. Heb os, bu'r cyhoeddiad hwn yn garreg filltir nodedig yn hanes Cymru. Syniai Iolo yn uchel iawn am ei athro. Ganddo ef y dysgodd rywfaint o Ladin a Ffrangeg yn ogystal ag am bwysigrwydd cynnal safonau ysgolheigaidd uchel. At hynny, hyd y gwyddys, Walters oedd yr unig un a feiddiai gywiro gwaith Iolo a'i roi yn ei le pan fyddai'n strancio. Fel hyn y disgrifiwyd y geiriadurwr gan un o'i ddisgyblion:

Gwr mawr o gorffolaeth, trymaidd yr olwg arno, ydoedd yr hen Walters – yn cerdded yn araf, gan edrych tua'r llawr, bob amser mewn dwys fyfyrdod. Yr oedd yn ddyn tra chaled, wrth bob hanes. Arferai ddisgyblaeth lem arswydol ar bawb a fyddent o dan ei lywodraeth.[76]

Cwynai Walters yn aml am hyfdra ac ystyfnigrwydd ei ddisgybl, a chwynai Iolo yntau fod ei athro ar brydiau yn 'fwy na gelyn imi'.[77] Serch hynny, diolch i'r tensiwn creadigol a fodolai rhyngddynt, llwyddodd y ddau i ddiogelu llawer iawn o hen eiriau ac i ddyfeisio myrdd o eiriau newydd. Ymhlith y geiriau a fathwyd ganddynt ceir *dyfeisgarwch, gwladgarwch, llenyddol, myfiaeth* a *teimladrwydd*, geiriau sydd, fel mae'n digwydd, yn gweddu i'r dim i gymeriad Iolo ei hun.[78] Mae'n werth nodi hefyd mai John Walters biau un o'r brawddegau hyfrytaf a luniwyd erioed gan ysgolhaig o Gymro: 'Gwir yw, y mae Dysg yn hogi ac yn awchu Dysg, ac y mae Doniau yn rhoi Doniau ar dân.' Pa ryfedd fod Iolo mor ddyledus iddo ac yn fodlon cyfaddef mai ef oedd 'the very best Critic in the Welsh language living'.[79]

Pan oedd yn 26 oed daeth tro ar fyd Iolo. Yn ystod haf 1773 penderfynodd hel ei bac a mentro'i lwc yn Llundain. Lawer blwyddyn yn ddiweddarach honnodd iddo adael y Fro oherwydd ei hiraeth ar ôl ei fam, a fu farw o'r dicáu yn 57 oed ym 1770.[80] Ond go brin y byddai wedi gohirio ei ymadawiad am dair blynedd ar ôl colli un a garai mor angerddol. Haws credu bod ei amgylchiadau economaidd wedi dirywio. Roedd ei dad wedi ffurfio cwmni teuluol o seiri meini i gwrdd ag anghenion ystadau bonheddig y Fro ac i weithio mewn eglwysi a mynwentydd. Ond er mor ddawnus oedd y pump Williams, nid oedd digon o waith i'w cynnal. Ysai Iolo am gael gweld y byd. 'I was always pushing forward',[81] meddai, a châi ei dad gryn drafferth i'w ffrwyno. Lawn cyn bwysiced oedd tuedd anffodus Iolo i godi gwrychyn pobl eraill. Er enghraifft, gwnaeth anghymwynas fawr â nifer helaeth o drigolion gogledd Cymru pan aeth yno ym mis Medi 1772 i gopïo llawysgrifau Cymraeg ac i hel tanysgrifwyr ar gyfer ei gyfrol arfaethedig 'Diddanwch y Cymru'.[82] Ni welodd y gyfrol olau dydd byth a sylweddolodd y tanysgrifwyr yn rhy hwyr yn y dydd fod y cnaf o Forgannwg wedi pocedu eu sylltau yn y modd mwyaf digywilydd cyn dianc i Lundain. Cwynai nifer o'i gymdogion hefyd ei fod yn gallu bod yn ddychrynllyd o gas a gwatwarus. Am ryw reswm cyfansoddodd Iolo englynion dychan i 'Wilim Gachadur o Drefflemin' (pwy bynnag oedd y truan hwnnw), gan ei wylltio ef a'i deulu trwy ei alw yn 'dwrch penfawr, cylfawr, cas'.[83]

Oherwydd ei ymddygiad a'i barodrwydd (fel Rousseau) i ddadlau â phawb, roedd Iolo'n prysur golli ewyllys da ei gymdogion. Gwaethygodd pethau pan ddygwyd achos sifil yn ei erbyn am ddyrnu gŵr o'r enw John Charles yn ystod ffrwgwd blin a gwaedlyd. Mynnodd Iolo iddo gael ei bryfocio'n enbyd, ond roedd yn amlwg ei fod yn euog. Fe'i gorchmynnwyd i dalu iawndal a chostau o hyd at £80, swm aruthrol fawr oedd ymhell y tu hwnt i'w gyrraedd.[84] Dychrynodd Iolo a'i gwadnu hi am Lundain, gan agor pennod gynhyrfus newydd yn ei hanes.

Cymysg fu ei ymateb i'r profiad dinesig. I ŵr ifanc a oedd wedi arfer byw mewn ardal wledig glòs lle'r oedd pawb yn adnabod ei gilydd yn dda, tipyn o agoriad llygad oedd cyrraedd prifddinas mor boblog a chosmopolitaidd. Y pryd hwnnw roedd un o bob deg o drigolion Lloegr a Chymru yn byw yn Llundain ac nid oedd ei thebyg am amrywiaeth o siopau, tafarnau, theatrau a gerddi pleser. I lawer o ymwelwyr, hi oedd y ddinas fwyaf atyniadol yn Ewrop, ond ymgorfforiad o Sodom a Gomora ydoedd i eraill. Wrth frasgamu'n egnïol drwy'r ddinas gloywai llygaid Iolo wrth weld y fath ddewis helaeth o lyfrau, cylchgronau a phapurau newydd dyddiol ac wythnosol. Rhyfeddai at bensaernïaeth odidog Llundain wrth gydweithio â seiri meini a cherflunwyr yn Piccadilly a Westminster. Ond ysbeidiol ar y gorau fu'r cyfleoedd i weithio ac oherwydd ei fod eisoes yn dioddef o'r fogfa roedd mwg a thawch y ddinas bron yn annioddefol. Er mwyn lleddfu'r boen troes Iolo at lodnwm, ond heb fynd yn gaeth, am y tro beth bynnag, i'r cyffur poblogaidd hwn a ddefnyddid yn helaeth iawn gan fawrion y deyrnas heb sôn am werinwyr cyffredin.[85] Ac am flwyddyn gron bu raid iddo geisio dygymod â sŵn, mwg a niwl y ddinas ddihenydd.

Casâi'r Cymro croendenau hefyd hiliaeth a snobyddiaeth Saeson anghynnes. Nid oedd disgwyl efallai i'w gyd-seiri meini yn Llundain gymryd at ei acen ryfedd a'i natur bigog. Wedi'r cyfan, un o bleserau gwerin-bobl uniaith Saesneg oedd difrïo'r 'rude and indigested Lumps'[86] a siaradai Gymraeg. Gwylltiai Iolo wrth glywed crechwen y 'vile debauched race of men'[87] y cydweithiai â hwy, a phurdan iddo oedd gorfod bod yng nghwmni'r fath watwarwyr 'hyll' a 'dreng'. Nid oedd ganddo ddim byd da i'w ddweud ychwaith am rai o lenorion hunandybus y brifddinas. Pan ddigwyddodd weld neb llai na'r enwog Samuel Johnson mewn siop lyfrau magodd ddigon o hyder i ofyn iddo pa un o dri llyfr gramadeg Saesneg y dylai ei brynu. Gan wfftio at y Cymro, atebodd Johnson y byddai unrhyw un ohonynt yn gwneud y tro ar gyfer Sioni fel ef. Ffromodd Iolo a phrynodd y tri llyfr, er na allai eu fforddio, ac o hynny ymlaen cyfeiriai at y geiriadurwr mawreddog fel bwystfil digywilydd.[88] Nid un i faddau bai oedd yr Iolo ifanc.

Gan nad oedd digon o waith i'w gynnal yn y brifddinas a chan fod Mr Peswch, chwedl Lewis Morris, yn ei lethu, symudodd ymlaen i swydd Gaint ymhen blwyddyn, gan obeithio y byddai awelon trefi glan y môr fel Sandwich a Faversham yn lleddfu'r fogfa ac yn gwella'i hwyliau. Bu'n ffodus i gael gwaith rheolaidd, ynghyd â chyfle i farddoni ac i gyhoeddi peth o'i gynnyrch Saesneg yn *The Town and Country Magazine* a'r *Kentish Gazette*. Daliai hefyd i fireinio'i wybodaeth eiriadurol a gramadegol trwy fodio campwaith Edward Lhuyd, *Archaeologia Britannica* (1707) a thyst i'w ymrwymiad i astudiaethau Cymraeg yw'r ffaith iddo drefnu bod ei dad yn anfon ei gopi o'r gyfrol (a oedd yn 353 o dudalennau mewn clawr lledr) yr holl ffordd o Drefflemin i'w ddiddanu ymhlith ei gyd-weithwyr anghyfiaith.[89]

Flynyddoedd yn ddiweddarach, talodd Iolo deyrnged hael i 'Llwyd, my old Master, whom I have been following, for many a long year, with cautious feet'.[90] Ond ei bryfocio a chwerthin am ei ben a wnâi trinwyr cerrig Caint. Hunllef i Iolo oedd bod yn eu plith:

> Y Saeson cochion cuchiog, – wff iddynt!
>   Hyll ydynt a llidiog;
> Hîl Rhonwen felen foliog,
> Dyna ddiawl! a'i ddannedd ôg.

> Ni feidr y Sais brwysglais brwnt,
> Na gwawd y tafawd na'r tant,
> Eithr aml twrf a chwrf a ch-nt
> Ymhlith meibion cochion Cent.[91]

Treuliodd Iolo ymron pedair blynedd yn ne-ddwyrain Lloegr, gan ddysgu cryn dipyn am y byd a'r betws a magu rhagfarnau cryfion. O ran ei ddatblygiad fel bardd a llenor, heb sôn am ei ddiddanwch personol, uchafbwynt ei brofiad Llundeinig oedd bod yng nghwmni aelodau o'r Gwyneddigion, criw o Ogleddwyr afieithus o frwd dros y Gymraeg, ei cherdd a'i chân, a ddeuai ynghyd gyda'r nos yn nhafarn 'Yr Wydd a'r Gridyll' ym Mynwent Pawl. 'Hir Oes i'r Gymraeg' oedd eu cadlef ac roedd Iolo uwchben ei ddigon yn eu plith. Wrth i'r cwrw lifo a'r mwg baco chwyrlïo, byddai'r Gwyneddigion yn tynnu coes ac yn blagardio'i gilydd, gan gellwair, cystadlu a sgarmesu hyd yr oriau mân.[92] Fel 'Iorwerth Morganwg' yr adwaenid Iolo yn y cyfarfodydd hyn a rhyfeddai'r aelodau at ddawn ddynwaredol a barn ddeifiol yr Hwntw hyderus. Un o hoff arferion yr aelodau Rabelaisaidd hyn oedd cyfnewid a llefaru caneuon masweddus. Ac yntau'n saer maen ac yn naddwr cerrig, roedd gan Iolo stôr o eiriau mwys i oglais ei gynulleidfa siofinistaidd. 'Myn Dyn da naddu mun deg', meddai, 'a gyrri arni garreg.'[93] 'Bwch ydyw iw ryw a'i rin' oedd ei ddisgrifiad o Siôn Ceiriog, bardd y Gymdeithas, ac un 'Marchaidd ymhlîth y merched'.[94] Nid oedd prinder testosteron yn y cyfarfodydd hyn a chenid penillion allan o 'Cân Morfydd i'r Gyllell Gig', cerdd gan Iolo a gyfansoddwyd ar gais Siôn Ceiriog, heb deimlo unrhyw chwithdod nac embaras:

Mae cyllell gîg odiaeth gan Owain, was cain,
A da gan y glanddyn ei dodi'n fy ngwain,
A mynych dan fedwen hyfrydwen dew frîg
Rhŷdd imi saig beraidd a'r flaen cyllell gîg.

Pob cyllell a genais rhaid mynych eu trîn
A'u hogi a cherrig iw cadw'n eu mîn,
A dau garreg ryfedd bob amser a drîg,
Ynghlŵm mewn côd euraid, a'r fôn cyllell gîg.

Mi ydwyf brydyddes, twysoges y serch,
A Morfydd a'm gelwir, lonn feinir, lân ferch;
Tra pharo'm awenydd i 'mhennydd a mhîg,
Mi ganaf yn ddïell y gyllell bêr gîg.[95]

Owain Myfyr (Owen Jones) oedd yr Owain uchod, mab fferm Tyddyn Tudur yn Llanfihangel Glyn Myfyr, sir Ddinbych.[96] Aeth i Lundain pan oedd yn llanc ifanc, gan fwrw prentisiaeth fel crwynwr yn dra llwyddiannus. Ni chafodd lawer o flas ar gwmni aelodau uchel-ael Cymdeithas y Cymmrodorion a rhoes gyfle i grefftwyr ac artisaniaid cyffredin i ymdaflu i ddiddanwch a rhialtwch mwy gwerinol drwy sefydlu Cymdeithas y Gwyneddigion ym 1770. Ef oedd Llywydd cyntaf y Gymdeithas. Gŵr ifanc 29 oed ydoedd ar y pryd ac, o ran pryd a gwedd, roedd yn wahanol iawn i'r masnachwr boliog a dra-lywodraethai ar aelodau'r Gymdeithas o'r 1790au ymlaen.

Ni fu neb yn fwy tadol a hawddgar wrth Iolo nag Owain Myfyr. Buddsoddodd yr Ifor Hael Sioraidd hwn yn helaeth iawn, o ran arian ac amser, yn ei 'anwyl gydwladwr godidog (Iorwerth Gwilim)'.[97] Daeth i'w ddeall yn well na neb yn y brifddinas (ac eithrio ei duedd i ffugio llawysgrifau) a dotiai ar ei orchestion geiriol a'i gynlluniau dyfeisgar. Gwyddai'n dda hefyd am ei chwit-chwatrwydd, ei dafod miniog a'i amharodrwydd i dderbyn unrhyw feirniadaeth. Ond, er gwaethaf gwendidau Iolo, teimlai Owain Myfyr reidrwydd i hyrwyddo ei waith fel trawsysgrifwr, bardd a llengarwr. Felly, caniataodd iddo ddarllen a chopïo ei gasgliad o gywyddau ac awdlau Dafydd ap Gwilym. Pe na bai wedi gwneud hynny, byddai hanes llenyddiaeth Gymraeg wedi bod yn wahanol iawn ac ni fyddai Syr John Morris-Jones ac eraill wedi colli cymaint o gwsg. Yn anfwriadol, agorwyd bocs Pandora a arweiniodd yn y pen draw at y ffugiadau barddol nodedig a dwyllodd ysgolheigion am ganrif a mwy wedi hynny. Daliodd Iolo i ohebu ag Owain Myfyr tra oedd yng Nghaint. Broliodd fod ganddo'r casgliad helaethaf o eiriau Cymraeg dan haul (hyd at naw mil, meddai ef) a'i fod yn dueddol i fod yn 'superfluously prolix on every subject'.[98] Fel y dengys ei lythyrau hynod ddifyr, daliai i barablu ar bob pwnc dan haul.

Tua diwedd 1776 penderfynodd Iolo ei fod yn bryd iddo fynd tua thref. Ar lawer ystyr, gollyngdod fu ffarwelio â'r 'Saeson trawsion trasur',[99] er iddo ddysgu tipyn am grefft y saer maen a'r adeiladydd tra oedd yn eu plith. Hiraethai am gwmni'r Gwyneddigion, yn enwedig Owain Myfyr, a chariai yn ei sgrepan doreth o emau llenyddol disglair a gopïwyd ganddo, heb sôn am gnwd o gerddi Cymraeg newydd a bugeilgerddi Saesneg. Er ei fod mor ymffrostgar ac ymfflamychol ag erioed, trwy ddarllen gweithiau athronwyr fel John Locke, David Hartley ac yn enwedig David Hume, daeth i adnabod y natur ddynol yn well ac i gydymdeimlo â'r rhai a loriwyd gan ormes, trais a rhyfel. Dysgodd fwy am 'gwlt y teimlad', am synwyrusrwydd a moesoldeb. Wylodd yn hidl wrth ddarllen nofel Henry Mackenzie, *The Man of Feeling* (1771) a chopïodd ddarnau helaeth am ddioddefaint caethweision allan o *Julia de Roubigné* (1777), trydedd nofel yr un awdur.[100] Cydymdeimlai fwyfwy â phobl orthrymedig, boed ddu neu wyn. Mewn awdl ('Ode to Benevolence') a gyhoeddodd dan y ffugenw 'Flimstoniensis' yn y *Kentish Gazette* ym 1776, cawn gipolwg ar ei deithi meddwl ar y pryd:

The Bard can feel. Touch'd by thy rankling smart,
Sore feel th'envenomed edge that rends thy bleeding heart.[101]

Roedd Iolo, fel arfer, yn gerddwr egnïol (cyfeiriai weithiau at ei deithiau fel 'painful marching'),[102] ond y tro hwn ymlwybrodd adref yn hamddenol, gan ddal ar y cyfle i syllu'n gegrwth ar rai o drysorau archaeolegol gorllewin Lloegr. Wedi rhyfeddu at odidowgrwydd yr olion 'derwyddol' yn Avebury (neu Fryn Silbury) yn Wiltshire, ni allai lai na gwatwar yr hynafiaethydd Henry Rowlands am fawrygu meini a chylchoedd cerrig 'truenus' sir Fôn yn ei gyfrol *Mona Antiqua Restaurata* (1723 a 1766):

A confused Mass of violations of history, audacious assertion, groundless conjecture, superstitious tradition, false etymology, and a shameful ignorance of the ancient Mss, and even the Language of Wales. A very considerable quantity of lies intermixed.[103]

Hawdd credu mai dyma pryd y sylweddolodd fod modd dweud stori am dderwyddiaeth mewn ffordd newydd a chyffrous trwy ei chysylltu â Morgannwg. Fe'i swynwyd gan ddelwedd ramantus y Bardd-Dderwydd, delwedd a rymuswyd gan gerdd rymus Thomas Gray, *The Bard* (1757) ac, yn ddiweddarach, gan ddarlun enwog Thomas Jones, Pencerrig, o hen fardd barfog trallodus, yn cydio'n dynn yn ei delyn yng nghadernid Eryri, ei gyd-feirdd yn gelain o'i gwmpas, a chylch o feini hirion ar ffurf Côr y Cewri yn y cefndir.[104] Gallai yn awr droi dŵr y ddysg dderwyddol i'w felin ei hun.

Wedi syllu ar ryfeddodau Avebury am gryn amser aeth yn ei flaen i Fryste a chael gwaith yno gan y cerflunydd enwog Henry Marsh. Tan ei gyfarwyddyd ef cafodd gyfle i naddu cofadail i goffáu'r dyngarwr nodedig John Kyrle (m. 1737), 'the Man of Ross', cofadail a osodwyd yn Eglwys y Santes Fair, y Rhosan ar Wy, yn swydd Henffordd. Tipyn o bluen yn het Iolo fu cael y comisiwn hwn.[105]

Roedd Nedi Williams, neu Iorwerth Morganwg, yn ddeg ar hugain oed pan ddychwelodd i Fro Morgannwg. Lawer blwyddyn yn ddiweddarach, pan oedd canu tribannau yn rhoi cryn bleser iddo, mynegodd ei obeithion:

> Caf gwrdd â'm hen gyfeillion,
> Caf rodio'r twyni gleision,
> Lle bûm yn chware'n blentyn bach,
> Caf fod yn iach fy nghalon.
>
> Er amled yw'm ochneidion,
> Wrth alw yn ôl hen gofion,
> Morgannwg wen a'm bwthyn bach –
> Gwna'r rhain fi'n iach fy nghalon.[106]

Hwyrach ei fod yn disgwyl cael croeso cynnes gan ei gymdogion 'mwyn', ond mae gan drigolion cefn gwlad gof hir am gamweddau a gyflawnwyd yn y gorffennol. Tasg anodd i'r saer maen llengar o Drefflemin fyddai cael digon o waith i'w gynnal, heb sôn am adfer ei enw da yn y gymdogaeth.

'Gorfod ymbalffast . . . a llawer o drafferth a gofalon'

B U'R DEUDDEG MLYNEDD RHWNG dychweliad y mab afradlon i'w henfro ym 1777 a'r Chwyldro Ffrengig yn gyfnod trobwyntiol yn ei hanes. Cafodd hyd i wraig a fyddai'n gymar oes iddo, magodd dri o blant, a'i gael ei hun, yn bennaf oherwydd ei fyrbwylltra, yn gorfod 'ymbalffast . . . a llawer o drafferth a gofalon'.[1] Drwy wastraffu etifeddiaeth ei wraig rhedodd i ddyled ac, yn y diwedd, bu raid iddo dreulio blwyddyn gron yng ngharchar Caerdydd. Gadawodd y profiad hwnnw ei ôl yn drwm arno. Cefnodd ar ei gyfeillion yn Llundain, ffarweliodd â'r eglwys sefydledig, dechreuodd chwifio baner Anghydffurfiaeth radical, a daeth i'r amlwg fel bardd llawryfol y blaid wleidyddol annibynnol ym Morgannwg. Hyd yn oed ym maes diwylliant, dechreuodd dynnu'n groes. Rhoes twf Rhamantiaeth gyfle iddo i ymestyn ffiniau ei ddychymyg trwy greu neu ffugio toreth o ddeunydd a oedd yn dathlu clod traddodiad llenyddol Morgannwg ar draul etifeddiaeth lenyddol Gwynedd. Honnai mai 'hoffder fy nghalon'[2] oedd y gweithgarwch hwn ac roedd yn arwydd pellach o'i awydd cryf i herio confensiwn ac i dynnu blewyn o drwyn y sawl a oedd yn credu mewn trefn.

Prif flaenoriaeth Iolo ar ôl dod adref oedd ennill bywoliaeth dda fel saer maen. Diolch i'w ddoniau gyda morthwyl a chŷn, ac yn bennaf oherwydd y cyfarwyddyd a gawsai gan benseiri a seiri meini yn Llundain a Bryste, roedd ganddo rywfaint o arian wrth gefn. Nid felly ei frodyr. Er mwyn gwella'u byd hwyliodd John a Miles i Jamaica ym 1778 ac ymunodd Thomas â hwy ym 1785. Mewn ymgais i dynnu sylw at ei alluoedd amryfal lluniodd Iolo hysbyseb printiedig a'i ddosbarthu drwy'r Fro.[3] Honnodd ei fod yn gallu trin cerrig a mynor, gosod cerrig simneiau yn eu lle, trin a chodi cerrig beddau, torri arysgrifau a llawer mwy. Gallai hefyd godi adeiladau, plastro waliau a'u gwyngalchu (ymhyfrydai'n fawr yn nhai gwyngalchog y Fro) a gelwid arno i atgyweirio hen dai a beudái ar ystadau bonheddig a ffermydd. Gan frolio ei fod yn hyddysg ym mhriodoleddau pob math o gerrig yn y sir, agorodd chwarel cerrig rhywiog yn ardal y Pîl ym 1780, ond ni chafodd fawr o hwyl ar ei gweithio. Er ei fod yn weithiwr cydwybodol ac effeithiol, ni châi ddigon o gyfleoedd i arddangos ei ddoniau, ac o bryd i'w gilydd teithiai dros Fôr Hafren i chwareli a gweithdai Dyfnaint a Chernyw i chwilio am ragor o waith.[4] Nid oedd hynny'n ormod o dreth arno oherwydd gwyddai fod manteision yn deillio o fod ar dramp: 'I possess a trade, and, in that, *independence.*'[5] Yn wahanol i denantiaid a gweision fferm ei gynefin, nid oedd Iolo yn gaeth i ewyllys a mympwy boneddigion.

Honnai Iolo wrth bawb a oedd yn fodlon gwrando fod gan seiri meini fwy o synnwyr cyffredin na barnwyr ac yn ei gerdd hwyliog 'Cân y Maensaer neu Y Maensaer Mwyn' molodd gymeriad, crefft a dawn y torrwr cerrig:

Mae'n ŵr sydd ar grefftwyr y byd yn ben,
A glanach cyfaill nid oes ar dwyn,
Ni ganwn glod iddo'r maensaer mwyn.[6]

Canmolwyd yn hael ei waith 'meistraidd'[7] yn saernïo cofeb i deulu Spencer yn Sain Tathan ac, fel y gwelsom, ef biau'r pen cerfiedig cywrain a welir o hyd ar fur tŷ yn Nhrefflemin gerllaw'r fan lle y safai ei ddyddyn cyn iddo fynd â'i ben iddo. Un o brif atyniadau'r Fro hyd heddiw ymhlith Iologarwyr yw'r cerrig beddau cywrain a'r cofebau eraill a naddwyd ganddo yn ei mynwentydd a'i heglwysi. Heb amheuaeth, roedd bri ar safon gwaith 'Ned William of Flimston' ac ni ellir llai nag edmygu proffesiynoldeb y cynllun a baratôdd ar gyfer codi estyniad i neuadd tref y Bont-faen i hwyluso gwaith swyddogion a rheithgorau Llysoedd y Sesiwn Fawr.[8] Yn ei ddull dihafal hefyd defnyddiai ei ddychymyg gwefreiddiol i godi proffil seiri meini. Hoffai adrodd hanes Richard a William Twrch, dau saer maen o'r ail ganrif ar bymtheg a oedd, meddai Iolo, yn ddisgynyddion i'r bardd Iorwerth Fynglwyd o Saint-y-brid. Syrthiodd y ddau mewn cariad â'r un ferch a chweryla mor daer o ganlyniad fel na ddywedodd y naill na'r llall air pellach wrth ei gilydd. Blinodd y ferch ar y ddau ohonynt ac ni wnaeth ddim â hwy wedi hynny. Aeth Richard i Lundain, gan weithio wrth draed cerflunydd medrus iawn o'r Eidal ac erbyn iddo ddychwelyd i'r Fro roedd ei frawd wedi marw. Daeth Richard yn enwog fel pensaer ac, yn ôl Iolo, fe'i cyflogwyd gan Syr Richard Bassett i adeiladu'r porth enwog ym Mewpyr.[9] Roedd gan Iolo hefyd gynlluniau uchelgeisiol i godi calon ei gyd-weithwyr. Bu'n ddigon rhyfygus i annog Thomas Mansel Talbot, perchennog Abaty Margam, i ddarparu gwaith i grefftwyr da trwy greu cymuned organig o dyddynnod a ffermydd bychain ar ei ystad a thrwy godi amgueddfa a llyfrgell ar adfeilion ei abaty lle y gellid diogelu llawysgrifau Cymraeg.[10] Gwaetha'r modd, ni ddaeth dim o'r cynlluniau cyffrous hyn a bu Iolo'n ystyried arallgyfeirio trwy geisio am swydd fel porthwyliwr yn Aberddawan, swydd a dalai tua £30 y flwyddyn ac a roddai iddo gyfle hefyd i dreulio mwy o oriau yn astudio'r gorffennol.[11]

Daliai i ddilyn ei ddiddordebau llenyddol ac i ddyfnhau ei wybodaeth leol. Un o'i gyfeillion pennaf ar ddiwedd y 1770au oedd Daniel Walters, ail fab John Walters a'i wraig. Treulient oriau lawer yn cerdded ar hyd glannau afon Ddawan ac yn cyfansoddi bugeilgerddi Saesneg.[12] Byddai ei frawd John hefyd yn porthi hyder Iolo: 'Sculptor, linguist, poet, antiquarian – which is your favourite title?'[13] Hoffai Iolo faldod fel hyn. Daeth i ddeall mwy hefyd am arwyddocâd llecynnau cyfrin i'r Cymry Cymraeg. Honnodd iddo hebrwng Evan Evans (Ieuan Fardd) i weld yr adfeilion yng Ngwernyclepa, Basaleg, ym 1779 i dalu gwrogaeth i Ifor Hael, prif noddwr Dafydd ap Gwilym, ac mai ar sail y profiad hwnnw y cyfansoddodd Ieuan y gadwyn enwog o englynion sy'n cychwyn fel hyn: 'Llys Ifor Hael – gwael yw'r gwedd – Yn garnau / Mewn gwerni mae'n gorwedd.'[14] Y flwyddyn ganlynol rhoes ei fryd ar gasglu enwau 500 o danysgrifwyr er mwyn iddo allu cyhoeddi cyfnodolyn misol o'r enw 'Dywenydd Morganwg', cyhoeddiad a fyddai'n gartref clyd i amrywiaeth o gerddi a thraethodau Cymraeg.[15] Ond ni ddaeth dim o'r bwriad, yn bennaf oherwydd prysurdeb gwaith.

Erbyn hyn, hefyd, roedd ei fywyd personol ar fin newid. Ar ôl dyheu am sawl 'gwiwlan angyles', a'u cwrso, syrthiodd dros ei ben a'i glustiau mewn cariad â Margaret neu 'Peggy' Roberts, merch i ffermwr o blwyf Llan-fair. Canodd nifer o gerddi serch angerddol i'w 'Euron hoff':

Mi'th gerais, bun lednais lon,
Â difrad serch i'm dwyfron;
Lliw'r od, fy ngwenlloer ydwyt,
Eiliw dydd, anwyled wyt;
O'm coeli, brwd yw'm calon
O'th draserch, y lwysferch lon.[16]

Pan fyddai ar grwydr yng ngorllewin Lloegr cadwai gudyn o'i gwallt ger ei wely ac anfonai becynnau o siwgr ati i felysu ei the.[17] 'My dearest dear, my Peggy, my love, my angel, what shall I call you? How shall I describe my love to you?',[18] meddai wrthi mewn llythyr nodweddiadol berlesmeiriol. Priodwyd y ddau yn eglwys Llan-fair ar 18 Gorffennaf 1781 gan ei athro, y Parchedig John Walters,[19] a gallwn fod yn gwbl sicr fod pob gair a lefarwyd gan y geiriadurwr cysáct hwnnw yn ystod y gwasanaeth yn gywir ac yn eglur. Ni chafodd Rees Roberts, tad Peggy, fyw i weld y briodas. Fe'i claddwyd dan dŵr eglwys Llan-fair ar 5 Mai 1780 ac Iolo biau'r arysgrif a geir ar ei fedd: 'Rees Robert ap Rees rested from his labours 4 May 1780 aged 72.'

Bu'r pâr yn byw ym mhentref Llan-fair am ddwy flynedd. Roedd Peggy Williams yn wraig lengar, synhwyrus a gwydn. Nid un i fynd dan draed ydoedd. Daeth i adnabod yr Iolo breuddwydiol a thymhestlog i'r dim, gan ddysgu pryd i'w faldodi a phryd i'w geryddu. Bu'n gefn iddo am bum mlynedd a deugain, a hebddi go brin y byddai Iolo wedi cyflawni cymaint na byw cyhyd. Erbyn mis Tachwedd 1781 roedd yr Iolo annibynnol ei fyd wedi sylweddoli bod pethau wedi newid a bod ganddo gyfrifoldebau priodasol newydd. Meddai wrth Owain Myfyr (a oedd yn ddibriod ar y pryd):

Ond nid tebyg iawn weithon y dof i Lundain i'm einioes, herwydd yr wyf wedi myned i'r byd esmwyth er diwedd mis Gorphenaf diweddaf, wedi clymu fy hun yn ddiogel wrth bost ym Morganwg. Yn fyr, yr wyf wedi priodi gwraig, un yw ynghylch tair blynedd ieuach nag yr wyf fi. Mi gefais gyda hi ddeg-erw ar hugain o dir treftadawl a dal bunt yr erw yn y flwyddyn, ag arno dŷ, ysgubor, beudy . . . Rhwng hyn a'r hyn a ynnillwyf ar fy nghrefft yr wyf yn gobeithio drwy Dduw nid rhaid im bellach ymadael a Morganwg i 'myw.[20]

Bu'n rhaid i Peggy gadw llygad barcud ar ei gŵr o'r cychwyn. Er ei fod yn

34 oed, nid oedd wedi aeddfedu yn emosiynol. Gan gryfed oedd ei chwantau rhywiol a'i awydd i blesio beirdd ifanc heriol roedd yn dal i gyfansoddi cerddi aflednais fel 'Canu'r Cryman', cân am forwyn a geisiodd atal ei meistr rhag 'mynd dan ei dillad', a 'Cân y Ferch a Gollwys ei Phais', cân am forwyn arall a gollodd ei morwyndod 'pan gollws hi'r bais'.[21] Roedd yn llawn hiwmor bachog a dim ond dyn a chanddo synnwyr digrifwch anghyffredin a fyddai wedi cofnodi ebychiadau fel 'Ach! ffach! ffi! ohi! dyna hi! och fi! ffi ffo! pw pw!' yn ei boclyfrau ('poclyfr' oedd ei air am bocedlyfr neu lyfr poced) a meddwl am gyhoeddi 'amryw bethau godidog' gan awduron lledrithiol fel 'Hen Geiliog', 'Twm Pen Berman' a 'Hen Wrach Eisingrug'.[22] Un o'i hoff ffug-gymeriadau oedd Will Tabwr, prydydd 'ysmala iawn' yn ystod oes Oliver Cromwell ac un o'i hynafiaid honedig:

> Iorwerth Morganwg, ab Iorwerth ab Thomas ab Gyttyn garpiog ab Will Tabwr ab Hywel Gorngam, ab Deio fardd y blawd, ab Ifor ben gwydd, ab Ianto lygadwyrdd, at Hittyn Bendew, ab Llywelyn folwag, ab Iolo drwy'r berth un o fastarddiaid Dafydd ab Gwilym o forfydd, ag felly drwy bymtheg llwyth Gwynedd hyd Gadwaladr Fendigaid, ac o hynny hyd Brutus ab Sylfus.[23]

Daliai Iorwerth Morganwg i estyn ffiniau ei ddychymyg, i ddatblygu ei feistrolaeth ar iaith a chynghanedd, i gael sbort ar ben prydyddion eraill ac i ddychanu ymhonwyr yr awen. Ond wrth i'w fywyd personol a'i fusnes ddechrau simsanu, tueddai fwyfwy i regi a melltithio pawb a phopeth.

Ac yntau eisoes mewn dyled, gobeithiai Iolo y byddai gwaddol ei wraig yn dwyn bendithion lawer. Ar farwolaeth Rees Roberts, tad Peggy, etifeddodd ei wraig fferm 28 erw ar Forfa Gwynllŵg ym mhlwyf Tredelerch yn sir Fynwy. Wedi iddo briodi, felly, roedd Iolo, am y tro cyntaf yn ei fywyd, yn gyfforddus iawn ei fyd. Rhwng y tir, y fferm ac arian y Robertsiaid, roedd yn werth oddeutu mil o bunnau.[24] Ond yn hytrach na thalu ei ddyledion, byw yn garcus a chyfrif ei fendithion, ymhen ychydig flynyddoedd byddai wedi gwastraffu'r etifeddiaeth. Rywsut neu'i gilydd, aeth pethau ar chwâl yn llwyr. Symudodd i Gaerdydd, gan roi ei fryd ar fod yn ddyn busnes llwyddiannus. 'I am a Jack of all trades',[25] meddai wrth Owain Myfyr, wrth iddo blannu ei fysedd mewn sawl brywes. Cymerodd odyn galch ar rent a phrynodd gert a dau geffyl i gario nwyddau. Prynodd hefyd slŵp 15 tunnell o'r enw *Lion* i'w gludo yn ôl ac ymlaen ar draws Môr Hafren, ynghyd â chwch bychan arall i gario offer. Ni chafodd lawer o hwyl arni – suddodd y *Lion* i waelod y môr – a methiant hefyd fu ei ymgais i redeg busnes ei frawd Thomas yn Wells.[26]

Ciliodd i Wynllŵg i ofalu am ei fferm ac i gwyno'i fyd. Wrth i'w ddyledion amlhau, suddai fwyfwy i bydew o iselder. Er iddo feio eraill am ei fethiant i reoli ei 'ymerodraeth' fach, arno ef ei hun, a neb arall, yr oedd y bai. Nid oedd ganddo ben busnes a threuliai ormod o amser yn ymgolli yng nghywyddau Beirdd yr Uchelwyr, yn mwydro'i ben â'r posibilrwydd o dyfu melonau a datys ar dir 'paradwysaidd' Morgannwg ac o fagu heidiau o frithyll ac eog yn ei hafonydd a'i nentydd byrlymus. Hyd yn oed ym myd caled a didostur masnach a busnes, daliai Iolo i adeiladu cestyll yn yr awyr. Ni wyddai ei wraig at bwy i droi. Roedd ganddi bellach ddwy ferch fach – Margaret (Peggy), a anwyd ym mis Gorffennaf 1782, ac Ann (Nancy), a anwyd ym mis Ionawr 1786 – i boeni amdanynt, heb sôn am ŵr diofal a byrbwyll. Suddai'r teulu'n ddyfnach i dlodi wrth i'r penteulu yntau suddo i gyflwr o anobaith:

Mae rhai'n cael y byd heb na phenyd na phoen,
Pob peth yn lwyddianus a hwylus eu hoen,
Myfi sydd yn dlawd yn y trallawd yn troi,
'Rwy'n nyfnder aflwyddiant pob ffyniant sy'n ffoi,
Gwnaed hynn im roi nghalon Ion tirion i ti,
A daw yn y diwedd amynedd i mi.[27]

Collodd credydwyr Iolo eu hamynedd yn llwyr ac erbyn gwanwyn 1786 roedd haid o fytheiaid yn ysgyrnygu eu dannedd wrth ei sodlau. Hwsmon y pac oedd John Walton, meddyg yn y Bont-faen a oedd wedi gweini i reidiau meddygol niferus Iolo dros y blynyddoedd. Nid oedd gan Iolo gyfeillion dylanwadol i eiriol ar ei ran gan ei fod wedi difenwi cynifer ohonynt. Dieithriodd bobl o bwys drwy lunio cerdd Saesneg yn canmol parodrwydd seiri meini i ymgynnull mewn tafarnau er mwyn dilorni mawrion y fro.[28] Ni allai gyd-dynnu ag eraill a chythruddai gymdogion trwy godi cynnen. Pwy a ŵyr pa densiynau a gelyniaethau a fodolai dan yr wyneb mewn plwyfi gwledig fel Trefflemin? Oherwydd ei natur dymhestlog, byddai Iolo'n dweud ei farn wrth bobl yn ddiflewyn ar dafod. Byddai'r rhai mwyaf di-glem yn cael eu cystwyo fel 'ffyliaid pengaledion sioldewion' neu fel 'tyrchod deudroediog dimhennydd'.[29] Dengys ei gyfeiriadau sarhaus at 'Nani gamp aflan o Forfa Gwaunllŵg' fod yn gas ganddo hen ferched, yn enwedig rhai cleberddus a dichellgar: 'Mae'n ffiaidd i'r olwg, mae'n amlwg i ni / mae Cythrael uffernol yn hollol yw hi.'[30] Un o'i gaseion pennaf oedd Gwenllian Lloyd, tafodwraig o Drefflemin a ddisgrifiwyd ganddo mewn cerdd ddychanol fel 'Brenhines clecceiod':

Mae'n gynnil ar gelwydd y diawl sy'n ei gwân,
Mae'n gyrru bob dydd y gymdogaeth ar dân,
Mae'n chwythu fflam uffern hyd uwchder y nenn,
Ni welir dan haul y fath gythraul a gwenn.[31]

Fe'i henllibiodd ymhellach trwy fanylu ar ei 'doniau' hi a'i merch Catti mewn darn hynod ddifyr sy'n ddrych i'r math o Gymraeg llafar a arferid ganddo y pryd hwnnw:

Bydded hyspys i bawb mewn tref a gwlad, Bonedd a chyffredin dieithr a chyssefin, Bod Ty Clecc newydd wedi ei agor ymhentref Trefflemin dan Arwydd y Cyrn ynghwts y Cŵn gerllaw i'r Eglwys yr hyn a wiria'r hen ddiareb po nesaf at yr Eglwys pellaf oddiwrth Dduw. Y Ty Clecc hyn a gedwir gan ddwy Baunes rhagorol a enwir Gweni'r Gleber ai merch Catti'r drebel, dwy feistres enwog ar y gelfyddyd foneddigaidd o Geccian. Dyma'r lle y geill pob hen wrach a holl hen wragedd Singryg y Sir glywed digon o chwedleu hen a newydd, canys fe wyr Gweni a Chatti'n ddigon lunio a gwneuthur chwedl newydd pan fynnon, ag nid oes neb yn y Byd a wyr lunio celwydd debyg iddynt. Am hynno pob un a garo chwedl, pob un a garo glecc, pob un a garo bratsian, pob un a garo chwilion i mewn i fatterion ei gymodogion, pob un a garo gelwydd, deuant i Drefflemin, a chant ddigon o bob un o'r petheu hynn.[32]

Gwylltiwyd Gwenllian a'i theulu mor arw fel yr ymosodwyd arno a'i gicio a'i guro'n ddidrugaredd. 'Fe ladda i ti nawr',[33] meddai Watkin, gŵr Gwenllian, a bu Iolo'n ffodus, nid am y tro cyntaf na'r olaf yn ei hanes, i ddianc heb ddim mwy na chleisiau poenus i'w atgoffa o'i ffolineb. Fel y dengys cynifer o'i lawysgrifau, roedd gan Iolo ragfarn yn erbyn merched dibriod a rhai uchel eu cloch. Câi bleser afiach hefyd yn llunio englynion ar gyfer hen wragedd ceryddgar:

Y senfawr Arthes ynfyd – a difiog
 A'th dafawd cynhenllyd,
 Gwell i mi golli 'mywyd
 Na chyda'th Ryw byw'n y Byd.[34]

Ni chlywyd unrhyw brotest yn y cyffiniau, felly, pan arestiwyd Iolo'r dyledwr, ar gais John Walton ac Evan Griffith o Ben-llin, a'i gyrchu i garchar Caerdydd ar 6 Awst 1786.[35] Roedd y ddau hyn, ac eraill, wedi blino ar addewidion gwag ac esgusodion tila Iolo. Yn y dyddiau hynny roedd gan gredydwyr hawl i gipio a charcharu dyledwr a mynnu ei fod yn aros dan glo hyd nes iddo dalu ei ddyledion. Dim ond tair ceiniog oedd gan Iolo yn ei boced a bu raid iddo ddioddef cael ei gaethiwo am flwyddyn gron. Eto i gyd, gan fod rheolau'r carchar yn bur llac, caniateid i berthnasau ymweld ag ef ac i gludo bwyd, diod, dillad, llyfrau a phapur i'w gell. Roedd Iolo'n arbennig o falch o gael papur a phensel gan ei fod yn awyddus i gwblhau un o'i hoff weithiau, 'Cyfrinach Beirdd Ynys Prydain',[36] ac i fireinio ei weledigaeth ynghylch derwyddiaeth a barddas. Bu ei wraig yn gysur mawr iddo. Deuai i'w weld mor aml ag y gallai, gan gysgu'r nos yn yr un gwely ag ef. Yno y cenhedlwyd eu hunig fab, Taliesin – enw cyfareddol i rywun fel Iolo – a anwyd ym mis Medi 1787. 'Pwy a wyr', meddai Iolo wrth William Owen Pughe ym mis Mawrth 1788, 'na fydd ef fyw i fod mor enwog a Thaliesin Ben Beirdd?'[37]

Byddai'r rhan fwyaf o garcharorion wedi bodloni ar y drefn a gwneud eu gorau glas i fod ar delerau da â cheidwad y carchar, Thomas Morgan. Ond nid un i blygu glin oedd Iolo. O'r cychwyn cyntaf heriodd awdurdod Morgan, gan brotestio'n huawdl yn erbyn gorfod talu tâl mynediad o hanner coron. Cafodd gosfa am ei hyfdra. Gwaethygodd pethau pan blediodd Iolo achos ei gyd-garcharorion trwy gyfansoddi baled ddychanol yn wfftio at y drefn gyfreithiol a'i rhagfarn yn erbyn troseddwyr tlawd. Dyma flas ohoni:

Come read my new Ballad and here you shall find
A list of poor Debtors in Cardiff confined,
Convicted of poverty, what a vile thing,
And doom'd by their Creditors shortly to swing.

Ned Williams a mason, whose case is not rare,
Stands indicted for build[ing] huge Castles in air,
And also for trespass, a scandalous crime,
On the grounds of Parnassus by scribbling a Rhime.

The next William Freme, one well known thro' the land,
As a Mason of note, but he built on the sand,
Hard blew the fierce tempest, high swell'd the rude stream,
And down came the building of poor William Freme.

The third Evan Smith, one unmindful of Pelf,
Convicted of proving a Rogue with himself.
We know that where sense and good nature prevail
These heineous offences well merit a Jail. . . .[38]

At hynny, paratôdd ddeiseb i'w chyflwyno gerbron Tŷ'r Cyffredin yn dadlennu gwendidau'r Deddfau Methdaliadau ac yn pledio hawliau dyledwyr cyffredin.[39] Teimlai ei fod ef ei hun wedi cael cam enbyd a bod ei sefyllfa lawn cynddrwg ag eiddo'r rhai a anfonwyd i Fae Botany i gyflawni penydwasanaeth: 'those who are exiled to the Antipodes doomed to traverse the unhospitable wilds of Botany bay . . . and . . . those still more severly condemned to swelter in the Torrid climes of Affrica to contend with Lions and Tygers'.[40]

Gan fod Iolo yn gymaint o ddraenen yn ystlys ceidwad y carchar ni châi unrhyw ffafrau ganddo. Dygwyd ei ffliwt oddi arno a'i wahardd rhag defnyddio morthwyl a chŷn. Aeth yn fflam dân rhyngddynt pan orfodwyd Peggy, a oedd yn dra beichiog ar y pryd, i adael y carchar rhag ofn iddi roi genedigaeth yn y fan a'r lle. Ceryddwyd Morgan mor hallt gan Iolo fel yr aeth yn ffrwgwd rhyngddynt. Gyda chymorth gwarchodwr arall, llusgwyd Iolo i'r ale a'i guro'n dost. Ymhen wythnos bu dial pellach pan drosglwyddwyd ef o gwmni dyledwyr sifil i gell oedd yn llawn troseddwyr peryglus a oedd yn disgwyl mynd i'r crocbren neu i Awstralia bell.[41] Yn y diwedd bu raid iddo anfon deiseb at George Hardinge ac Abel Moysey, prif farnwyr Llysoedd y Sesiwn Fawr, yn galw am ei ryddhau.[42] Cafodd ei ddymuniad tua diwedd mis Awst. Â'i grib wedi'i thorri, am y tro beth bynnag, cerddodd yn benisel adref at ei wraig.

Clwyfwyd Iolo i'r byw gan y profiad o fod dan glo am flwyddyn a melltithiodd ei gredydwyr yn ddidrugaredd. Lluniodd feddargraff ar gyfer ei nemesis John Walton:

> Here lies John Walton, one who plied
> The costly pill, grew rich and died;
> Enquire no more, for who can tell –
> Go search the registers of Hell.[43]

Teimlai gymysgedd o ddicter a chywilydd, ac ni ddywedodd air am ei brofiadau wrth ei gyfeillion yn Llundain. Pan ddaeth Owain Myfyr i wybod am bicil Iolo, ddwy flynedd ar ôl iddo fynd i'r carchar, teimlai'n chwith dros ben am na chafodd gyfle i fod yn gefn iddo: 'Be buaswn yn gwybod fod felly ar Iorwerth mi fuaswn [wedi] ei wneud yn rhydd.'[44] Ond er bod Iolo wedi cuddio'r gwir rhagddo, bu'n hir yn maddau i Owain Myfyr ac eraill am eu dihidrwydd honedig. Moriai mewn hunandosturi a chwerwder. A daliai ar bob cyfle i gondemnio unrhyw walch ymhlith y dosbarth canol proffesiynol a wnaethai gam ag ef. Lluniodd alarnad i'w chanu adeg marwolaeth cyfreithiwr llygadog o'r enw William Coleman, 'a notorious Pettifogging Attorney, who by arts well known to himself, amassed very great wealth, which enables him to break thro' all the Cobwebs of Law':

> Ask how he died the whistling elf,
> Alas! Will Coleman hang'd himself
>   On yonder blasted bough,
> The tale is doleful to relate,
> When howling dogs proclaimed his fate,
>   Hell joined the loud bow-wow.[45]

Ac yntau dan straen difrifol ac yn benderfynol o feio eraill am ei anffodion, hawdd deall pam y troes Iolo ei gefn ar sefydliadau y magwyd ef i'w parchu ac ar hen ffrindiau o Wynedd. Erbyn diwedd y 1780au roedd wedi troi at yr Anghydffurfwyr, arddel achosion radical fel gwrth-gaethwasiaeth a heddwch, ac ymwrthod â rhai o brif seiliau traddodiadau llenyddol y Cymry Cymraeg. Hyd yn oed cyn ei garchariad bu'n gwingo dan bwys ei gefndir tlodaidd a'i ddiffyg addysg ffurfiol, a daliai i gofio am sylwadau hiliol a diraddiol Samuel Johnson, heb sôn am snobyddiaeth boneddigion cyfoethog, myfyrwyr prifysgol a chlerigwyr. Ni allai blygu glin gerbron mawrion – 'I could not cringe to insolent wealth',[46] meddai – na dioddef offeiriaid meddw a ffroenuchel. Tân ar ei groen, hefyd, oedd barn sarhaus llenorion o Wynedd am werth y Wenhwyseg a thraddodiad llenyddol Morgannwg. Ond ar ôl bod dan glo am flwyddyn roedd Iolo bellach yn tasgu mellt i bob cyfeiriad.

Yr Eglwys Anglicanaidd oedd y sefydliad cyntaf i ddod dan ei lach. Er iddo gael ei fedyddio a'i briodi yn yr 'hen eglwys wiwlwys olau'[47] ac er ei fod yn dal i arddel ei ddyled i'w athrawon geiriadurol Thomas Richards a John Walters, dau glerigwr uchel eu parch, nid oedd gan Iolo ddim i'w ddweud o'i phlaid mwyach. 'Beth y mae hi yn ei wneuthur?', meddai, 'Beth a wnaeth hi erioed er pan a'i galwyd yn eglwys (neu'n hyttrach a'i llysenwyd felly) tuag at dannu gwybodaeth o'r gwirionedd? Dim yn y byd!'[48] Ni wyddom a oedd yn dal i fynychu gwasanaethau eglwysig ond y tebygrwydd yw ei fod, fel y gwnâi'r mwyafrif o blwyfolion, yn mynd i'r eglwys adeg prif wyliau'r calendr neu ar gyfer bedydd, priodas neu angladd. Ni ddaeth yr un eglwyswr i garchar Caerdydd i gynnal ei freichiau nac i gysuro ei wraig a'i blant. Cyfansoddodd gerddi Saesneg yn difrïo 'Parson Pot', 'Parson Gravelocks' a phob offeiriad llygadog a meddw a oedd yn fwrn ar gymdeithas.[49] Cwerylai'n aml ag offeiriaid lleol. Yng ngwanwyn 1786 fe'i chwipiwyd yn dost gan y Parchedig James Evans, ficer Maerun, a bu ond y dim iddo syrthio dan garnau ei geffyl.[50] Cynddeiriogwyd Iolo a chyfansoddodd gerdd ddychanol, i'w chanu ar y dôn 'The Devil and Bishop of Canterbury', yn cyhuddo Evans o bluo'i nyth ar draul ei blwyfolion ac o fod yn 'well tutor'd in every detestable art'.[51] Bu hyd yn oed yn fwy cignoeth yn 'Hymn to the Devil':

The God he piously adores
Is countless wealth and worldly stores.
That heav'n above he long has sold
For many a coffer stuff'd with gold.[52]

Un o'r dylanwadau pennaf ar Iolo yn hyn o beth oedd ei gyfaill Evan Evans (Ieuan Fardd), un o'r dynion mwyaf galluog, ac un o'r dewraf hefyd, yng Nghymru'r ddeunawfed ganrif. Ers y 1760au bu'r curad tlawd a thrallodus hwn yn llawdrwm iawn ar yr eglwys sefydledig yng Nghymru. Mewn llythyrau, llyfrau, llawysgrifau a cherddi, ymosodai'n ddidostur arni trwy ddinoethi ei diffygion. Ac yntau'n Gymro i'r carn, ef oedd prif elyn yr 'Esgyb-Eingl', y giwed anghymreig a benodai glerigwyr anghyfiaith i fywiolaethau cyfoethocaf yr eglwys, gan anwybyddu talentau ymgeiswyr Cymreig a Chymraeg. Am y rhan fwyaf o'i oes bu Ieuan Fardd ei hun cyn dloted a thrallodus â Job oherwydd rhagfarn ei benaethiaid. Mynegai ei gŵyn yn groyw ynghylch y 'bleiddiaid rheibus' a'r 'estroniaid gormesol' wrth ymlwybro, megis crwydryn garw ei wedd, o'r naill guradiaeth dlawd i'r llall.[53] Dibynnai fwyfwy ar ddiod feddwol, gan beri i Iolo gystwyo awdurdodau'r eglwys am beidio â chynnal yn anrhydeddus yr 'un tlottaf o'i alwedigaeth yn yr ynys'.[54] O ganlyniad, daeth Iolo i gredu bod esgobion Cymru, a llawer iawn o'u hoffeiriaid, yn ddylanwadau ffiaidd. Hawdd credu ei fod wedi trafod cynnwys yr awdl a anfonodd Ieuan Fardd at John Walters yn dannod ffaeleddau'r arweinwyr eglwysig a orfodwyd ar y Cymry:

> Gwae ni weis yssig, gan y Seison,
> Yn dwyn anobeithiau, bleiddiau blinion;
> Cyrchant i'r Llanau fegys lladron,
> Diffydd, gas, gybydd, gau Esgobion:
> Mae'n defaid giraid gwirion – yn trengu,
> A meddu eu cnu mae cenawon.[55]

Fel y dengys ei bapurau, gwyddai Iolo'n dda am yr anfadwaith a wnaed yn sir Fôn ym 1766 pan welodd Thomas Egerton, esgob Bangor, yn dda i benodi Thomas Bowles, hynafgwr di-Gymraeg, i ofalu am 500 o blwyfolion uniaith Gymraeg ym mhlwyfi Trefdraeth a Llangwyfan. Cododd y plwyfolion cynddeiriog fel un dyn i fynegi eu protest ac aed â'r Sais anghyfiaith gerbron ei well yn Llys y Bwâu yn Llundain. Edmygai Iolo ddewrder y Monwysion (peth prin iawn yn ei hanes) yn herio'r ymgais i ddefnyddio'r Eglwys fel offeryn i ddigymreigio Cymru.[56] Cofiai Iolo hefyd, mae'n siŵr, fod John Milton, un o'i arwyr, wedi dweud mai gorthrymwyr oedd penaethiaid y drefn eglwysig. Onid oedd y ffaith fod llawer o'r elw a gynhyrchid yn India'r Gorllewin yn cael ei ddefnyddio i gynnal eglwysi ym Mhrydain, fod rhai eglwyswyr blaenllaw yn berchen caethion, a bod ysbryd rhyfelgar yn fyw ac yn iach ymhlith archesgobion ac esgobion yn brawf o hynny?

Yn naturiol ddigon, felly, ymunodd Iolo â rhengoedd Anghydffurfwyr radical y sir, criw bychan ond llafar iawn. Ymddiddorai yn hanes y Piwritaniaid cynnar,[57] gan edmygu eu parodrwydd i ddioddef dros eu ffydd yn nyddiau'r 'Erlid Mawr' cyn 1689. Gwelai rinweddau mawr yn ffydd y Crynwyr, yn enwedig eu casineb at ryfel, a gofalodd fod llyfrau George Fox a William Penn yn cael lle amlwg ar ei silffoedd.[58] Darllenai weithiau rhesymegol Hume, Locke a Rousseau er mwyn hogi min ar ei ddehongliad o'r Ymoleuo,[59] gan fanteisio ar bob cyfle i frwydro yn erbyn anwybodaeth a rhagfarn. Taniwyd ei ddychymyg yn bennaf gan Siôn Bradford, y gwehydd a'r pannwr hynod o wybodus a dadleugar a oedd, fel y gwelsom, yn athro barddol ar Iolo. Cyfaddefodd Iolo fod 'Ieuan Tir Iarll', fel y'i galwai, wedi 'rhoddi ysgwydiad nerthol i fy marn drindodaidd i a chwedi peri anesmwythyd meddwl nid bychan immi'.[60] O ganlyniad cefnodd am byth ar Galfiniaeth.

Ers blynyddoedd cynnar y ddeunawfed ganrif bu carfanau gwrth-Galfinaidd yn prifio yn ne-orllewin Cymru, yn bennaf oherwydd dylanwad Thomas Perrot, pennaeth athrofa Anghydffurfiol Caerfyrddin. Gŵr rhyddfrydig oedd Perrot. Rhoddai bwys ar ryddid meddwl a rhyddid barn. Câi ei fyfyrwyr bob anogaeth i chwilio am y gwirionedd ac i feddwl yn annibynnol. Er mawr ofid i Galfiniaid selog, arweiniodd hyn at sefydlu'r eglwys Arminaidd gyntaf yng Nghymru yn Llwynrhydowen ym 1733. Ymhen pymtheg mlynedd roedd chwech o eglwysi Arminaidd wedi brigo yn yr ardal amaethyddol rhwng afonydd Aeron a Theifi. Achosodd y diddordeb newydd hwn mewn ewyllys rydd ofid mawr i Fethodistiaid Calfinaidd a oedd hefyd yn lluosogi dan ddylanwad pregethu grymus Daniel Rowland yn Llangeitho. Cyn pen dim bedyddiwyd yr ardal wrth-Galfinaidd hon yn 'Smotyn Du' ganddynt, oherwydd mai du, yn ôl pob sôn, oedd lliw y diafol.[61] Fel yr âi'r ganrif yn ei blaen, troes Arminiaeth yn Ariaeth, sef dysgeidiaeth a fynnai nad oedd Crist o'r un hanfod â Duw. Hybid y duedd hon gan ddau o gyfeillion pennaf Iolo, Dafydd Dafis a Josiah Rees.[62]

Un o gymeriadau mwyaf lliwgar godre Ceredigion oedd Dafydd Dafis, Castellhywel. Un mawr o ran corff a mawr o ran meddwl ydoedd, ac roedd gan Iolo feddwl uchel iawn ohono fel athro, bardd a phregethwr. Ac yntau'n Ariad wrth broffes, agorodd Dafis ysgol yng Nghastellhywel ym 1783 er mwyn trwytho myfyrwyr yn y clasuron a rhyddid barn. Heidiai myfyrwyr yno o bob rhan o'r wlad a gadawodd y pennaeth ei ôl ar feddwl pob un ohonynt. Er nad oedd Dafis yn ddigon anuniongred i gofleidio Undodiaeth, rhoes groeso tanbaid i egwyddorion y Chwyldro Ffrengig, gan beri i Iolo gynhesu fwyfwy ato. Un addfwyn a llawn digrifwch oedd Dafis ac yn un o'r llythyrau mwyaf teimladwy yng ngohebiaeth Iolo fe'i ceir yn ymddiheuro'n llaes oherwydd fod ei gath wedi cerdded dros ei lith cyn i'r inc sychu, gan adael ôl ei phawen arni.[63] Bachog iawn oedd ei ddull o roi Trindodwyr yn eu lle:

> Undod nid Trindod yr un-Duw – a ddeil
>   Addolwyr y gwir-Dduw;
>   Dwl, tra dall sy'n dal tri Duw,
>   Myn y doeth mai un yw Duw.[64]

Gwnaeth Iolo gymwynas â Dafis trwy gymryd ei fab hynaf, David Davis, mewn llaw pan ymgartrefodd hwnnw yng Nghastell-nedd a dod yn un o hoelion wyth y mudiad Undodaidd.

Un o gyffelyb fryd oedd Josiah Rees. Cadwai yntau ysgol enwog yn y Gelli-gron ym mhlwyf Llan-giwg, cyfansoddai emynau a cherddi, a gofalodd fod ei eglwys yng Ngellionnen yn tyfu i fod yn brif hyrwyddwr Undodiaeth yng ngorllewin Morgannwg. Yno, ym 1802, y sefydlwyd Cymdeithas Dwyfundodiaid Deheubarth Cymru, cymdeithas y bu Iolo'n golofn danbaid iddi weddill ei oes. Câi'r ffermwyr a'r crefftwyr a weithiai'n ddiwyd dros yr achos wrth-Drindodol ym Mlaenau Morgannwg le amlwg ym mytholeg Iolo. Cyfeiriai atynt fel 'Gwŷr Cwm y Felin' a honnai y gellid olrhain eu tras i ddyddiau'r Lolardiaid.[65]

O'r 1780au ymlaen ymdaflodd Iolo fwyfwy i ymgyrchoedd radical yr oes. Teimlai'n fwy cartrefol ymhlith y rhai oedd yn pledio hawliau sifil Anghydffurfwyr ac yn codi eu llais yn erbyn rhyfel, caethwasiaeth a thrais. Dim ond lleiafrif bychan iawn oedd yn fodlon gwneud hyn ac roedd yn gwbl nodweddiadol o Iolo ei fod yn brwydro dros y gwan, y gorthrymedig a'r diamddiffyn. Yn y cerddi Saesneg a luniai, ceir profion ddigon ei fod yn sefyll dros hawliau milwyr a llongwyr clwyfedig, caethion duon, addolwyr erlidiedig a dyledwyr diymgeledd.[66] A oedd unrhyw Gymro arall yn y cyfnod hwn yn taranu mor ddiflewyn ar dafod yn erbyn brenhinoedd rhyfelgar? Collai ddagrau wrth feddwl am ddioddefaint y gorthrymedig rai:

Where *Kings*, that *fiends incarnate* reign,
With human carnage load the plain;
For this his bosom heaves the sigh;
For this the tear streams from his eye.[67]

Trwy roi pris ar reswm, deall a meddylgarwch, ymgorfforai Iolo werthoedd gorau oes yr Ymoleuo.

Yn ystod haf 1789 cafodd Iolo gyfle i fynegi peth o'i ddigofaint yn gyhoeddus yn ystod is-etholiad ym Morgannwg. Bu cynnwrf mawr yn y sir, yn enwedig ymhlith mân foneddigion, rhydd-ddeiliaid a diwydianwyr, pan benderfynodd y pendefigion grymus Dug Beaufort, Arglwydd Mountstuart, Arglwydd Vernon ac Iarll Plymouth ymestyn eu hawdurdod trwy enwebu Thomas Windsor, capten yn y llynges a brawd Iarll Plymouth, i sefyll yn enw'r Torïaid yn erbyn ymgeisydd lleol ac uchel ei barch, Thomas Wyndham, etifedd ystad Llanmihangel yn y Fro a chynrychiolydd 'annibynwyr' y sir.[68] Camodd Iolo i'r adwy yn egnïol. Lluniodd lythyrau, dychangerddi a cherddi yn Gymraeg a Saesneg yn annog pleidleiswyr i nychu gobeithion dieithryn nad oedd yn berchen ar fodfedd o dir yn y sir nac yn arddel unrhyw berthynas â'i brodorion. Dan y ffugenw Christopher Crabstick, chwifiai ffon grabas yn wyneb y Torïaid pengaled, gan annog brogarwyr i ganu 'Wyndham for ever' ac i wireddu'r hen ddihareb 'Trech Gwlad nag Arglwydd'.[69] Mewn cyfnod pan nad oedd gan fawr neb hawl i fwrw pleidlais a phan ddisgwylid i werin-bobl ufuddhau i bendefigion, gormesol neu beidio, peth anghyffredin iawn oedd clywed rhywun fel Iolo yn seinio hen gadlef gyffrous. Diolch i'w ymgyrchu ef ac eraill, crëwyd y fath storm o brotest fel y cafodd y Torïaid lond bol o ofn. Diflannodd Capten Windsor ac etholwyd Wyndham yn ddiwrthwynebiad. Daliodd ei afael ar y sedd tan 1814. Fel hyn y dathlwyd 'Buddugoliaeth Rhyddid', cân i'w chanu ar y dôn 'Faint-hearted Fellow' neu 'Dorsetshire March', gan Iolo:

Rhyw Drawsion rhodresaidd, anweddaidd, yn wir,
Bob Awr fal y mynnent a farnent ein Sir
A buom rhy ddofaidd a bawaidd ein Byd,
I rheini fal Gweision yn gaethion i gyd,
Ond cawsom Waredwr, ein Gwladwr da 'i Glod,
A da iawn ar goedd yw i filoedd ei fod,

Daeth WYNDHAM i'n coledd, y rhyfedd Wr hael,
I'n Dydd mae'n Ddedwyddyd, a Gwynfyd ei gael.[70]

Ym maes gwleidyddiaeth, felly, tynnai Iolo yn groes yn reddfol, gan ddwyn i gof y cam a wnaed ac a wneid â'r 'Hen Frythoniaid'.

Yn ystod y cyfnod hwn hefyd cafwyd ymateb cyffelyb ganddo i rai o 'wirioneddau' honedig y byd llenyddol Cymraeg. Unwaith yn rhagor, gwrthododd blygu i gonfensiynau'r dydd, gan dynnu'n rhyfeddol o ddyfeisgar ar ei ddawn farddol a storïol a'i ddychymyg byw. Ei brif ysbrydoliaeth oedd Dafydd ap Gwilym. Rhyfeddai Iolo at ei feistrolaeth ar gerdd dafod ac at fiwsig rhythmau ac odlau ei gywyddau. Ond, er mor eithriadol oedd gwaith Dafydd ap Gwilym, tybiai Iolo fod ganddo yntau hefyd y gallu i efelychu dawn ei arwr a hyd yn oed ragori arni. Tua diwedd y 1770au dechreuodd gyfansoddi cywyddau a'u tadogi ar Dafydd ap Gwilym. Anfonodd bedwar ohonynt at Owain Myfyr ym 1779 er mwyn gweld a fyddai gan ei gyfaill ddigon o wybodaeth i amau dilysrwydd y cerddi a'i eirwiredd ei hun.[71] Heb y gallu a'r dysg i bwyso a mesur y cerddi, ni welod Owain Myfyr ôl bodiau Iolo arnynt. Oni bai am briodas Iolo a'r holl helyntion ariannol a ddaeth yn ei sgil, mae'n siŵr y byddai rhagor o gywyddau cyffelyb wedi cyrraedd Llundain. Ond ni châi Iolo bellach gymaint o amser i astudio'r 'hen fyfyriaeth' nac i ddynwared gwaith 'y melus eosfardd'.[72] Ofnai mai 'bêdd yr awen' oedd gwely priodas[73] a chan ei fod ar dramp byth a hefyd prin oedd y cyfleoedd i daflu rhagor o lwch i lygaid y Gwyneddigion. At hynny, ymbellhaodd oddi wrthynt pan garcharwyd ef yn haf 1786.

Ym mis Mawrth 1788, serch hynny, cafodd Iolo gyfle pellach i roi'r Cymry yn Llundain ar brawf. Gan ei fod wedi pwdu ag Owain Myfyr, y nesaf i gael ei dwyllo gan ei gastiau oedd y llenor a'r ieithydd William Owen Pughe neu, fel y'i gelwid gan ei gyfeillion, Gwilym Dawel. Brodor o Feirion oedd y gŵr swil ond hynod ddygn hwn ac un a wnaeth ddiwrnod da o waith dros Owain Myfyr trwy ddwyn y pen trymaf o'r baich o baratoi'r golygiad cyntaf o waith Dafydd ap Gwilym. Pan glywodd Iolo am fwriadau'r ddeuddyn, anfonodd at Pughe swrn o gywyddau yn enw Dafydd ap Gwilym. Er ei bod hi'n rhy hwyr i'w cynnwys yng nghorff y gyfrol, fe'u derbyniwyd yn llawen,[74] a phan gyhoeddwyd *Barddoniaeth Dafydd ab Gwilym* ym 1789 dyna lle'r oedd un ar bymtheg o gywyddau ffug Iolo – yn eu holl ogoniant – mewn atodiad yn dwyn yr enw 'Y Chwanegiad', ynghyd â dau arall yng nghorff y testun.[75] Dyma'r cynnyrch ffug cyntaf gan Iolo i ymddangos mewn print. Honnodd Iolo fod y gyfrol at ei gilydd yn dra gwallus,[76] ond ni fynegodd neb air o amheuaeth ynghylch dilysrwydd ei gerddi ffug ef gan fod cyflwr ysgolheictod yng Nghymru mor wachul ar y pryd. Erbyn hynny roedd y Cymry mwyaf hyddysg yng ngwaith y cywyddwyr, sef Richard Morris (m. 1779), Siôn Bradford (m. 1785) ac Ieuan Fardd (m. 1788), wedi marw ac yn gorfod bodloni ar drafod gwir awduraeth y cywyddau, ynghyd â'r llithriadau cystrawennol, yn nheyrnas nefoedd. Rhaid eu bod, fel ninnau, wedi rhyfeddu at wychder darn fel hwn allan o 'Y Cywydd Diweddaf a Gant y Bardd', y cywydd olaf i'w gyhoeddi yn y gyfrol:

> Darfu'r ieuengctyd dirfawr,
> O dewr fu 'nydd, darfu'n awr!
> Darfu'r pen a'r ymmenydd,
> Dial serch i'm dal y sydd:
> Bwriwyd awen o'm genau,
> Bu hir â chân i'm bywhau!
> Mae Ifor a'm cynghorawdd,
> Mae Nêst, oedd unwaith i'm nawdd;
> Mae dan wŷdd Morfudd fy myd,
> Gorwedd ynt oll mewn gweryd!
> A minnau'n drwm i'm einioes,
> Dan oer lwyth, yn dwyn hir loes![77]

A hawdd credu bod cryn dwt-dwtian wedi digwydd ymhlith y Methodistiaid a welsai ei gerdd 'Arwyrain y Celdy – Hyfrydwch bod efo Morfudd yno':

> O chaf wen, dan bren a brig,
> I geudod yn y goedwig,
> Llyna fardd trallon ei fin,
> Llew'r oes, yn dwyn lloer iesin;
> Lluyddwr, treisiwr traserch,
> Llyfwr gwefus melus merch:
> Teimlwr, a phalfalwr fydd
> Em wênawg dan y manwŷdd;

Teimlwr bol, gwibiol gwiwber,
Teimlwr coes bun eirioes bêr . . .[78]

Pwy yn ei iawn bwyll y dwthwn hwnnw fyddai wedi amau dilysrwydd y fath gerdd?

Dyma'r gyfrol a ddefnyddiwyd gan ysgolheigion y dyfodol am ganrif a hanner, ac mae'n ddiddorol nodi mai 'cywyddau Iolo' oedd y rhai mwyaf poblogaidd o ddigon ymhlith gwerinwyr diwylliedig y bedwaredd ganrif ar bymtheg. Anodd peidio â gwenu wrth feddwl bod neb llai na Syr John Morris-Jones, beirniad llenyddol mwyaf ei ddydd ar drothwy'r ugeinfed ganrif a gelyn mawr i Orsedd y Beirdd, wedi darllen rhai o gywyddau Iolo yn yr atodiad ar goedd gerbron sawl cenhedlaeth o'i fyfyrwyr a dyfynnu ohonynt yn ei gyfrol *A Welsh Grammar* (1913) heb amau eu dilysrwydd am funud.[79] Os cafwyd John Moi yn brin, nid felly Gardi ifanc 36 oed o'r enw Griffith John Williams, darlithydd yn y Gymraeg yng Ngholeg Prifysgol Cymru, Caerdydd. Gyda manylder fforensig syfrdanol, dangosodd Williams, mewn cyfrol a gyhoeddwyd ym 1926,[80] nad gwaith dilys Dafydd ap Gwilym oedd yr hyn a gyhoeddwyd yn 'Y Chwanegiad'. Roedd hwn yn gam bras ymlaen. Sylwodd ar gamgymeriadau gramadegol, ffurfiau ymadrodd a geiriau dieithr nad oeddynt yn perthyn o gwbl i'r Gymraeg yn ystod oes Dafydd ap Gwilym a phrofodd, y tu hwnt i bob dadl resymol, mai gwaith Iolo oeddynt. Testun gorfoledd (a gollyngdod) oedd hyn i Syr John Morris-Jones ac mewn rhagair anghynnes wrth-Ioloaidd i gyfrol G. J. Williams mynegodd ei fodlonrwydd fod 'y twyllwr wedi ei ddal'.[81]

Wedi hyn, dim ond dyn dewr, neu un ffôl, a fyddai wedi ceisio achub cam Iolo, ond dyna a wnaeth y cyfreithiwr, y bardd a'r archdderwydd Brinley Richards yn *Golwg Newydd ar Iolo Morganwg*, cyfrol a gyhoeddwyd ym 1979. Er nad oedd Richards yn academydd nac yn hyddysg yn llawysgrifau Iolo, teimlai reidrwydd i bwyso a mesur dilysrwydd y dystiolaeth yn ei erbyn o safbwynt twrnai. Peth rhyfygus, a dweud y lleiaf, oedd dwyn dulliau byd y gyfraith i faes ysgolheictod llenyddol. Eto i gyd, er mawr syndod, llygad-dynnwyd rhai dysgedigion (y gellid bod wedi disgwyl iddynt wybod yn well) gan ddadleuon annhebygol ac weithiau chwerthinllyd Richards, a da y disgrifiodd Gwyn Thomas ei ymdrechion i danseilio dadleuon Griffith John Williams fel 'hidlo gwybed a llyncu camel'.[82] Trwy drugaredd, nid oes unrhyw un hyd yma wedi llwyddo i wrthbrofi casgliadau Williams a go brin y gwnaiff neb yn y dyfodol ychwaith. Ef yw'r cawr yn y maes arbennig hwn o hyd.[83]

Pam, felly, y dewisodd Iolo gyfansoddi cywyddau o'i ben a'i bastwn ei hun a'u tadogi ar Dafydd ap Gwilym? Mae hwn yn gwestiwn sydd wedi profi'n benbleth i sawl ysgolhaig a rhaid cyfaddef bod y defnydd mynych ar ymadroddion megis 'meddwl gwyrdröedig', 'celwyddgi digywilydd' a'r 'hen ysfa i dwyllo', wrth drafod Iolo, wedi mynd yn dramgwydd erbyn hyn. Y peth cyntaf i'w ddweud yw bod ffugio traddodiadau llenyddol a hanesyddol yn rhan annatod, onid cymeradwy, o deithi meddwl y ddeunawfed ganrif.[84] Brithir y ganrif ag enghreifftiau o gopïo, efelychu, llên-ladrad, llurgunio a phalu celwyddau. Gwyddai Iolo yn dda am gampau rhai o'r prif ddrwgdybiedigion. Yn wir, wfftiai at rai ohonynt. Pan geisiodd y Sgotyn James Macpherson ddyrchafu bri y bardd lledrithiol Osian, chwarddodd Iolo am ei ben: 'Bravo, O! Bravo, O! Well said, mon!'[85] Roedd Iolo yn hyddysg iawn yng ngwaith Thomas Chatterton yn ogystal, er mai prin yw'r cyfeiriadau ato yn ei lawysgrifau, ac wrth grwydro strydoedd Bryste a Llundain gwelai gysgod y 'marvellous Boy' ar eu hen adeiladau a'u siopau llyfrau.[86] O gofio'r cyd-destun hwn, mae'n haws deall pam y credai Iolo y gallai yntau hefyd, trwy rym ei ddoniau barddol a chyfoeth ei ddychymyg, ymuno ag oriel yr efelychwyr mawr. Myn rhai mai dylanwad ei fam 'freuddwydiol' sydd i gyfrif am y ffugiadau cynnar.[87] Mae'n amhosibl profi neu wrthbrofi hyn, ond gan ei bod wedi marw ym 1770 go brin iddi gael dylanwad uniongyrchol ar allu ei mab hynaf i ffugio cywyddau. Deil eraill mai symptom o'i orddibyniaeth ar gyffuriau ydoedd.[88] Ond er i Iolo ddweud ei fod wedi cymryd lodnwm er pan oedd yn 26 oed, nid oes unrhyw dystiolaeth ei fod yn gaeth i'r cyffur hwnnw cyn o leiaf 1792. Ac nid oes unrhyw un wedi profi bod yfed lodnwm yn galluogi bardd i ddynwared arddull Dafydd ap Gwilym yn llwyddiannus.

Onid yw'r gwir reswm yn fwy uniongyrchol a syml, sef bod Iolo wedi ymdrwytho yng ngwaith Dafydd ap Gwilym ac wedi penderfynu bod ganddo ef hefyd y doniau technegol angenrheidiol, ynghyd â'r gallu i gynhyrchu cerddi newydd ysbrydoledig, i'w alluogi i chwyddo'r corpws o farddoniaeth? Fel y gwelsom eisoes, gallai fod yn walch diegwyddor a chyfrwys ar brydiau ac roedd yn ddigon parod i wneud tro sâl ag eraill. Ceir yr argraff droeon wrth ddarllen ei ohebiaeth ei fod yn mwynhau tywys Owain Myfyr gerfydd ei drwyn. Gan wybod nad oedd gan Lywydd y Gwyneddigion mo'r wybodaeth na'r craffter i ganfod y 'twyll', byddai'n ei bryfocio a'i wawdio o bryd i'w gilydd. 'Dafydd ap Gwilym is comparatively a modern, but who can copy after him? Not a man living',[89] meddai mewn llythyr coeglyd ato. Ni welodd Owain Myfyr y cliw. Dadlennol iawn yw'r sylw hwn gan Iolo hefyd: 'It is no difficult thing to manufacture very fine Poems, and impose them on the Public for works of great Antiquity.'[90] Roedd Iolo yn amlwg yn ymwybodol iawn o'r hyn yr oedd yn ei wneud. A hithau'n oes aur y ffugwyr, credai fod ganddo bob hawl i ddangos, dan gochl enw ei arwr, ei ddawn lenyddol ryfeddol ei hun. At hynny, fel yr awgrymodd Geraint Phillips, trwy 'ymgolli ym mhersona ei arwr, Dafydd ap Gwilym',[91] câi fodd i ddianc rhag anawsterau ei fywyd personol.

Megis dechrau roedd Iolo'r ffugiwr wrth fynd ati i ddynwared camp Dafydd ap Gwilym. Tystia toreth o ddeunydd a luniodd yn bennaf o ail hanner y 1780au ymlaen i'w awydd i ddathlu clod traddodiad llenyddol a hanesyddol Morgannwg ac i danseilio'r gred mai eiddo Gwynedd oedd popeth o werth yn Gymraeg. Gwyddai Iolo fod sir Forgannwg yn profi newidiadau economaidd rhyfeddol o gyffrous.[92] Hi oedd crud y Chwyldro Diwydiannol a chartref y ddwy dref ddiwydiannol fwyaf yng Nghymru, sef Merthyr Tudful ac Abertawe. A hithau'n profi bod ganddi gyfoeth o fwynau yn sail i'w moderniaeth, oni ellid profi hefyd fod gan sir mor freintiedig gyfoeth o hanes a thraddodiad i'w ddwyn i'r golau a'i ddiogelu? Credai Iolo'n ddiysgog fod gorffennol Morgannwg wedi ei esgeuluso'n ddirfawr a phenderfynodd gywiro hynny trwy deg a thrwy dwyll. Yn wir, ni chafodd y sir ladmerydd mwy eiddgar nag ef erioed. Yn ei dyb ef, safai Morgannwg uwchlaw pob sir arall yng Nghymru. Hi oedd y sir fwyaf llawen, amryliw a diddorol ac roedd mwynder ei thrigolion a phrydferthwch ei golygfeydd yn ddihareb.[93]

Ond beth am ei threftadaeth lenyddol? Onid oedd Gogleddwyr dysgedig fel Lewis Morris a Goronwy Owen wedi dweud bod hanes, llên a thafodiaith Morgannwg islaw sylw? Ymfflamychai Iolo wrth ddarllen eu sylwadau enllibus a chychwynnodd grwsâd yn erbyn 'Bost Bonglerfeirdd Gwynedd' a 'Deudneudiaeth' yn gyffredinol.[94] Cofiai am yr adegau pan fu rhai o'r Gwyneddigion yn ei wawdio'n gyhoeddus: 'when ever a Silurian expression dropt from me, it was often carped at, on the supposition that it was not pure Welsh'.[95] Casâi eu haerllugrwydd a'u traha. Roedd hefyd yn argyhoeddedig (er nad oedd sail i hynny) fod Gogleddwyr yn Llundain, gan gynnwys Owain Myfyr, wedi troi eu cefn arno yn ystod awr ei drallod yng ngharchar Caerdydd. Rhoes ei fryd yn awr ar gywiro'r cam drwy ychwanegu at y bwndeli anhrefnus o lawysgrifau a ffugiadau a oedd yn lluosogi'n gyflym yn ei ddyddyn llwm yn Nhrefflemin.

Fflach arall o athrylith gan Iolo fu ei ymgais i feddiannu Dafydd ap Gwilym a'i bortreadu fel bardd mwyaf Morgannwg. Hoffai adrodd hanes a gawsai, meddai ef, gan Morgan Llywelyn o Gastell-nedd a Siôn Bradford o'r Betws ynghylch dyddiau cynharaf tywysog y cywyddwyr.[96] Ymddengys mai plentyn llwyn a pherth oedd Dafydd. Fe'i ganwyd, yn fab i Gwilym Gam a'i gariad Ardudful, dan glawdd ar noson stormus o aeaf ym Morgannwg tra oeddynt yn ffoi o Geredigion. Ym Morgannwg y dysgodd ei gelfyddyd fel bardd, gan greu 'rhywiogaeth newydd o farddoniaeth, nid yn unig i'r Cymry, ond ir holl fyd'.[97] Gan i Dafydd dreulio bron y cyfan o'i oes yn byw ym Morgannwg roedd yn beth naturiol, felly, fod trawsysgrifau o'i waith wedi eu diogelu yn y sir a'u trosglwyddo i ddwylo Iolo. Naw wfft, felly, i Geredigion; yn ôl Iolo, un o 'adar' Morgannwg oedd bardd pennaf Cymru.

Ym Morgannwg hefyd, meddai Iolo, y ceid y gyfundrefn o fesurau cerdd dafod fwyaf awdurdodol ac anrhydeddus yng Nghymru. Treuliodd flynyddoedd lawer yn dadlau bod 'Dosbarth Morgannwg' yn hŷn o lawer na'r gyfundrefn fydryddol simsan a sefydlwyd gan y bardd Dafydd ab Edmwnd yn eisteddfod Caerfyrddin c.1451 ac mai eiddigedd yn unig a barai i Ogleddwyr ei chollfarnu a'i disgrifio fel 'Dosparth y Cŵn' a 'Dosparth y Moch'.[98] O 1785 ymlaen dechreuodd Iolo gyfansoddi traethodau ar 'Cadair Morgannwg' er mwyn cryfhau awdurdod beirdd a llenorion y sir. Brithir ei archif ag ysgrifau anorffenedig ar 'History of the Bards'.[99] Yn ei ddychymyg gallai weld hen feirdd Morgannwg yn gorymdeithio ar hyd mynyddoedd y Blaenau ac yn cynnal eisteddfodau lliwgar mewn mannau cysegredig. Nid anghofiodd yr hyn a welsai yn Avebury ym 1777 a thybiai fod mannau fel Dyffryn Golych ac Ystradowen yn fwy hudolus ac arwyddocaol na dim a geid yn sir Fôn. Gwnaeth ei orau glas i boblogeiddio'r syniad mai ym Morgannwg y diogelwyd dysg a thraddodiadau yr hen dderwyddiaeth farddol, ac erbyn 1789 credai mai ef ac Edward Evan(s) oedd unig wir etifeddion y penceirddiaid derwyddol. Petai wedi llwyddo i gyhoeddi ei hoff waith 'Cyfrinach y Beirdd' yn ystod ei oes, byddai wedi dyblu a threblu ei ddylanwad ar feddylfryd y Cymry, ond ni welodd y gyfrol ddifyr ac ecsentrig hon olau dydd tan 1829. Fel yr âi'n fwyfwy parod i glodfori traddodiad llenyddol Morgannwg, felly yr amrywiai ei arddulliau a'i hunaniaethau barddol. Troes ei fwthyn cyffredin yn ffatri i'r dychymyg a bu hynny'n falm i'w enaid yng nghanol trybini ei fywyd personol.

Cyn cloi'r bennod hon, rhaid gofyn pam roedd Iolo mor gyndyn i roi ei enw go-iawn wrth y cyfansoddiadau ffug byrlymus hyn. Ai dyma'r unig faes lle y cydymffurfiai â'i ddisgrifiad anghredadwy ohono ef ei hun fel 'naturally pensive and melancholy . . . sheepish booby'?[100] Saer maen cyffredin ydoedd wedi'r cyfan. Nid oedd yn enw cenedlaethol o bell ffordd ac nid oedd wedi llwyddo hyd yma i ennill unrhyw sylw cyhoeddus ym myd y gair printiedig. Haws, am y tro beth bynnag, oedd cuddio y tu ôl i ffugenwau. 'Ai ofn oedd?',[101] meddai eto wrth edrych yn ôl, sylw sy'n ategu'r argraff ohono yn y cyfnod hwn fel gŵr gorsensitif na allai oddef unrhyw feirniadaeth ar ei waith a'i ymddygiad. Peth hawdd oedd collfarnu a thwyllo'r Deudneudwyr yn breifat; mater arall oedd gwneud hynny 'yn wyneb haul llygad goleuni'. Am y tro, pwyll oedd piau hi ym mywyd cythryblus Iorwerth Morganwg.

Ond cyn i'r inc sychu bron ar y gyfrol *Barddoniaeth Dafydd ab Gwilym* syrthiodd carchar y Bastille ym Mharis a bu raid i Iolo ddeffro i arwyddocâd y digwyddiad syfrdanol hwnnw. Pa bryd, tybed, y daeth yn ymwybodol mai 'ffrwyth yr un cefndir diwylliannol â Jacobiniaeth' oedd y gyfrol ar Dafydd ap Gwilym a bod ganddi'r 'potensial i fod yn gyfrwng i fynegi rhai o ddelfrydau'r mudiad hwnnw'?[102]

Y Gweriniaethwr Bach

YM 1789 CODODD GWERIN-BOBL Ffrainc mewn gwrthryfel yn erbyn yr hen drefn, gan siglo bywyd gwleidyddol Ewrop i'w seiliau. Er bod haneswyr Ffrainc yn dal i ddadlau ynghylch achosion a chanlyniadau'r Chwyldro Ffrengig, mae pob un ohonynt yn unfryd unfarn mai hwn oedd y digwyddiad pwysicaf yn hanes Ewrop cyn y chwyldro yn Rwsia ym 1917. Byddai'n braf gwybod pa bryd a sut y clywodd Iolo hyfrydlais y chwyldro ond, yn rhyfedd iawn, nid yw'n cyfeirio yn ei lythyrau at y digwyddiadau cyffrous ym Mharis. Perthyn i'w gyfnod yn Llundain o 1791 ymlaen y mae ei sylw edmygus am y Ffrancwyr fel 'Glorious Champions of Liberty'.[1] Eto i gyd, anodd credu bod rhywun mor effro a blaengar ag Iolo heb glywed am eu gwrhydri yn bur gyflym. Wedi'r cyfan, roedd ei gyfaill George Cadogan Morgan – brodor o Ben-y-bont ar Ogwr, un o gyn-ddisgyblion Ysgol Ramadeg y Bont-faen a radical i'r carn – wedi profi'r wefr o fod yn dyst i gwymp carchar y Bastille ar 14 Gorffennaf.[2] Ymhen ychydig fisoedd byddai ewythr Morgan, yr enwog Ddr Richard Price, yn ffaglu tanau'r Chwyldro mewn pregeth ysgytiol o rymus a draddodwyd yn Llundain ar y pwnc 'Caru ein Gwlad'. 'Crynwch chwi ormeswyr y byd' oedd ei neges a chan fod Iolo eisoes yn gyfarwydd â'i gyfraniad i annibyniaeth America mae'n siŵr iddo lawenhau o weld un arall o gewri Morgannwg yn dathlu camp y Ffrancwyr.[3]

Ysgogodd y Chwyldro Ffrengig ddadleuon gwleidyddol cynhyrfus nid yn unig ymhlith pobl ddysgedig ond hefyd ymhlith gwerin-bobl ddi-dras a chymharol ddiaddysg. Roedd hwn yn gyfle euraid, felly, i Iolo wneud ei farc yn y byd llenyddol a gwleidyddol Saesneg. Ni allai, wrth reswm, arddel yn gyhoeddus ei gyfraniad 'gwreiddiol' i waith Dafydd ap Gwilym, dim mwy nag y gallai ei gyd-Gymry amau dilysrwydd ei syniadau 'creadigol' ef am dderwyddiaeth a barddas. Gwyddai fod ganddo ddoniau uwch na'r cyffredin a'i nod yn awr oedd cael ei gydnabod fel 'bardd y werin' (*labouring poet*), statws a fyddai'n caniatáu iddo dorsythu yng nghwmni beirdd fel yr amaethwr Robert Bloomfield, y llaethwraig Ann Yearsley, yr ysgythrwr William Blake a'r aradrwr Robert Burns.[4] Credai fod ganddo bethau pwysig i'w dweud wrth y di-Gymraeg ac roedd yn benderfynol o brofi ei deilyngdod.

Er mwyn creu delwedd ohono'i hun fel saer maen tlawd a hunanaddysgedig, gofalodd fod hunanbortread, wedi ei ysgrifennu yn y trydydd person ganddo ef ei hun, yn ymddangos dan yr enw 'J.D.' yn y *Gentleman's Magazine* ym 1789. Ymrithiai Iolo yn hwn fel un o'r 'Ancient British Bards', gŵr meudwyaidd, darllengar a chymedrol.[5] Nid dyna'r Iolo go-iawn, wrth gwrs, ond gwyddai y gallai'r fath bortread gryfhau ei ymgais i gasglu rhai cannoedd o danysgrifiadau a fyddai'n ei alluogi i gyhoeddi blodeugerdd o'r cerddi Saesneg a gyfansoddwyd ganddo bob yn dipyn er 1770. Ar ôl rhoi'r gorau i'w fwriad i alw'r gwaith yn 'Castles in the Air', ei obaith oedd y byddai pobl gefnog y Fro, ynghyd â gwŷr a gwragedd ariannog Caerfaddon a Bryste, yn fodlon talu pedwar swllt o flaendal am ddwy gyfrol arfaethedig 'Poems, Lyric and Pastoral' a phedwar swllt arall ar ôl eu derbyn.[6] Ac, fel abwyd, cyfieithodd i'r Saesneg gerdd gan Dafydd ap Gwilym a'i chyhoeddi dan y teitl *The Fair Pilgrim* yng Nghaerfaddon am chwe cheiniog y copi.[7] Rhaid ei bod wedi cael derbyniad da oherwydd roedd tri argraffiad o'r gerdd wedi ymddangos erbyn 1791. Ond sylweddolodd yn fuan nad oedd ganddo ddigon o danysgrifwyr i gynnal y fenter fawr. O ganlyniad, rhoes y gorau i'r syniad o gyhoeddi ei flodeugerdd yng Nghaerfaddon a throi ei olygon unwaith yn rhagor i gyfeiriad Llundain, pencadlys y byd cyhoeddi. Yno, yn ei ddisgwyl, roedd pum mlynedd mwyaf cynhyrfus ei fywyd.

Toc wedi iddo gyrraedd y brifddinas cyhoeddwyd gwaith a fyddai'n feibl i bob democrat, sef *Rights of Man* gan Tom Paine. Dyma'r gwaith a droes ddyn y filltir sgwâr yn ddinesydd byd. Syfrdanwyd Iolo gan wreiddioldeb a ffraethineb Paine, ei gred yn sofraniaeth y bobl a'i ddadl dros weriniaetholdeb. Llawenhâi fod gŵr o dras cyffredin wedi cyfansoddi ateb mor rymus i'r geidwadaeth farwol a gafwyd flwyddyn ynghynt yng ngwaith Edmund Burke ('bilious Burke',[8] chwedl Iolo), *Reflections on the French Revolution*. O hynny ymlaen, Paine fyddai arwr pennaf Iolo. Cyfeiriai ato fel 'fy hen gyfaill' a chredai fod gwerinwyr a oedd wedi darllen ei waith yn deffro i'w hawliau: 'Eyes, ears, in short all the mental senses of man are opening.'[9] Wrth gerdded yn egnïol ar hyd strydoedd Llundain, byddai Iolo yn moli iawnderau dyn, yn melltithio'r anghyfiawn a'r ariannog, yn plagio teyrngarwyr ac yn dynwared y Cocni 'cits'. Fe'i cyfrifai ei hun yn lladmerydd dros y 'lliaws fochaidd' a lluniai draethodau trawiadol yn dathlu hawl y dyn cyffredin i ddweud ei farn ac i fynnu llais yn nhrefn pethau:

> The Staymakers! Permit me Sir to harp a little on that word, in the true stile of Church and Kingists to reiterate over and over the, to them, detestable term of staymaker. Who could have imagined that a staymaker should have presumed to lay any claims to the Rights of Man, much less to inform the swinish multitude that they had such rights and to point them out as clear as the noses on their faces, or the sun of bright summers noon what those rights were, in what they consisted, how, why, and by whom they were deprived of those Rights. What right has a Staymaker, a cobbler, a Welsh mason, Ploughmen, milkmaids, etc. in short any mechanic, handicraftsman or one of any description amongst the said Swinish Multitude, to peer [into] the Arcanum Imperium, to acquaint themselves with those means by which the Trade and mystery of a King, or the Craft of a Priest is carried on. What impudence to think for themselves, to pretend to judge what was best for themselves and their fellow swine in general . . . In short how dare they talk of their own Rights, or in other king-detested words, the Rights of Man, when it is well known the said Rights are diametrically opposed to the Rights of Kings and utterly subversive of the Rights of Priests.[10]

Yn y dull beiddgar ac eironig hwn y dewisodd Iolo fynegi newydd-deb neges Tom Paine. Tybiai fod dyfodol iddo ef ei hun fel Tom Paine Cymru a phrynai lyfrau ar bob pwnc dan haul er mwyn hogi min ar ei feddwl.[11] Erbyn 1794 roedd ganddo dros ddau gant o lyfrau yn ei lety. Darllenai am ieithoedd a mytholegau yr India, y Cabala Iddewig, trawsfudiad eneidiau, y 'Theophilanthropia' a ddeilliai o Ffrainc, heb sôn am weithiau gwleidyddol radical, gan foldio'r syniadau mwyaf gwerthfawr yn ffwrn eirias ei brofiad ei hun. Darllenai gylchgronau fel yr *Annual Register*, y *Critical Review*, y *Gentleman's Magazine* a'r *Monthly Magazine* yn awchus, a châi flas bob amser ar *Old Moore's Almanack* ac almanaciau eraill. Daeth i adnabod rhychwant eang o bobl ddeallus a diddorol, yn eu plith feirdd a llenorion, pregethwyr ac athronwyr, heddychwyr a milflwyddwyr, democratiaid a Jacobiniaid. Pa Gymro Cymraeg arall yn y 1790au a adwaenai ac a edmygai'r canlynol: Tom Paine, Joseph Priestley, David Williams, Theophilus Lindsey, Horne Tooke, John Thelwall, Thomas Hardy, George Dyer, William Godwin, William Blake, Joseph Johnson, John Aikin, Anna Laetitia Barbauld, Mary Wollstonecraft, Samuel Taylor Coleridge, Robert Southey, Benjamin Flower, Gilbert Wakefield, Joseph Ritson, Thomas Spence, Daniel Isaac Eaton a llawer mwy? I lawer o'r rhain, roedd Iolo yn ffenomen. Ni welsant Gymro mor rhyfeddol erioed.

Yn naturiol ddigon, chwiliai Iolo am Gymry Cymraeg yn y ddinas a oedd yn frwd dros syniadau Tom Paine. Ond siomedig fu ymateb y Gwyneddigion. Ymhlith y rhan fwyaf ohonynt, gair brwnt oedd 'democratiaeth'. Er i'w gyfeillion pennaf Owain Myfyr a William Owen Pughe groesawu egwyddorion Paine yn eiddgar, nid oedd yr un o'r ddau yn wrthryfelwr wrth natur. A thuedd yr aelodau cyffredin oedd plygu i'r drefn ac yfed fel pysg. Roedd Iolo'n gyndyn iawn i gefnogi'r eisteddfodau a gynhelid dan nawdd y Gwyneddigion o 1789 ymlaen oherwydd bod y beirdd buddugol mor enbyd o deyrngar i frenin, gwlad ac eglwys. 'Rhyddid' oedd y testun a osodwyd ar gyfer prif gystadlaethau eisteddfod Llanelwy ym 1790 a thalodd Owain Myfyr am fedalau ysblennydd o waith Augustin Dupré, prif ysgythrwr enwog Gwerinlywodraeth Ffrainc o 1791 ymlaen.[12] Ond dau deyrngarwr rhonc a dau elyn i Tom Paine – Dafydd Ddu Eryri a Gwallter Mechain – a gipiodd y gwobrau. Bu Iolo'n tasgu mellt yn ei ddull dihafal pan glywodd hyn ac ochneidiai wrth ddarllen eu gwaith. Fwyfwy, felly, câi lawer mwy o ysbrydoliaeth yng nghwmni aelodau Cymdeithas y Caradogion, criw o Gymry tanllyd a roddai'r byd yn ei le yn nhafarn y Crindy ar nosweithiau Sadwrn. Yn y fan honno, lawer gwaith, bu'n traddodi areithiau ymfflamychol yn condemnio breningarwyr, rhyfelgarwyr a chynheliaid y fasnach gaethweision.[13]

Ei gyfaill pennaf yn y nyth ddiddig hon oedd David Samwell neu Dafydd Ddu Feddyg. Dyn eithriadol o ddiddorol oedd y llawfeddyg garw hwn. Ac yntau wedi hwylio'r moroedd a gweld rhyfeddodau, roedd ganddo stôr o chwedlau i'w hadrodd. Cyfareddwyd ef ac Iolo yn arbennig gan hanes y Madogwys, cenedl o Indiaid Cymraeg eu hiaith a oedd yn ddisgynyddion i'r Tywysog Madog ab Owain Gwynedd a hwyliodd draw i America yn y

ddeuddegfed ganrif.[14] Dros baned o de a joch o lodnwm, byddai'r ddau yn
trafod y posibilrwydd o ddarganfod y Brodyr Coll hyn ym mhellafoedd talaith
Missouri. Cyfansoddodd Samwell gerdd gyffrous o'r enw 'The Padouca Hunt'
a pharatôdd Iolo draethawd sylweddol yn cynnwys cruglwyth o dystiolaeth
lafar ac ysgrifenedig i brofi bod yr Indiaid gwynion yn bodoli.[15] Ei fwriad oedd
darllen ei lith gerbron aelodau o'r Gymdeithas Frenhinol neu Gymdeithas yr
Hynafiaethwyr, ond ni chyflawnodd ei uchelgais.

Ein tuedd heddiw yw chwerthin am ben Iolo a'i fath am lyncu'r chwedl
hon mor awchus, ond roedd Iolo yn ddigon hirben i weld bod oblygiadau
gwleidyddol pwysig yn perthyn iddi. Sylweddolodd y byddai unrhyw ymgais
i ddarganfod y Madogwys yn ddibynnol i raddau pell ar yr ymrafael a oedd
ar droed rhwng Prydain, America a Sbaen ynghylch pwysigrwydd strategol
Culfor Nootka ar arfordir Vancouver. Ysgrifennodd Iolo lythyr at William
Pitt, y Prif Weinidog, ar 4 Chwefror 1793 yn ei annog i gymodi â Sbaen
er mwyn hyrwyddo cysylltiadau masnachol gwerthfawr a hefyd er mwyn
hwyluso'r ffordd o Nootka i dalaith Mississippi lle'r oedd y Madogwys yn
byw:

> We should thus have all the Missourie and its branches, a communication, in
> a fine climate, between Canada and the South Sea, export the fine produce
> of that country, provisions etc. to China and other parts of the East Indies,
> an object that the Americans have much at heart, as appears by several of
> their late publications, and they will soon be in possession of it, if we cannot
> be before hand with them.[16]

Bu'n trafod pynciau fel hwn hyd yr oriau mân yng nghartref Samwell yn
Fetter Lane a hawdd dychmygu'r ddau yn pryfocio'i gilydd wrth fyfyrio
uwchben mapiau o Ogledd America neu wrth geisio mesur faint o grebwyll a
dychymyg a feddai'r Prif Weinidog.

Yn y cyfamser daliai Iolo i chwilio am danysgrifwyr i'w gyfrol arfaethedig.
Dotiai gwragedd bonheddig y brifddinas ar chwedlau'r dewin ffraeth ac
ecsentrig braidd o Forgannwg ac addawodd Mary Nicholl o Remenham
rwydo enwau ar ei ran. Er bod Iolo yn wawdlyd iawn o'r 'locust swarm
of ignorant pedants'[17] a ddysgai ym mhrifysgolion Rhydychen a Chaer-
grawnt roedd yn haws cael tanysgrifiad ganddynt hwy na chan gyfoethogion

Llundain. Canfu fod gwrth-Gymreictod yn dal yn fyw ac yn iach ar strydoedd y brifddinas. Nid oedd dim yn ei gythruddo mwy na chael ei drin fel baw gan bendefigion crintachlyd a swyddogion swrth. Un felly oedd John Carthew, clerc trwynsur yn y Trysorlys, a gaeodd y drws yn glep yn ei wyneb. Bu Iolo'n berwi am ddyddiau ar ôl profi'r fath 'galling superciliousness'.[18] Ar fater o egwyddor, hefyd, gwrthododd dderbyn tanysgrifiad oddi wrth William Bulgin, argraffwr blaenllaw ym Mryste, a phob un arall 'who villainously abet the slave trade'. Gwylltiodd Bulgin a bygwth 'Bastileiddio' trwyn Iolo â'i fysedd.[19] Cadarnhawyd safiad Iolo pan gyhoeddodd Tom Paine ail ran *Rights of Man* (1792), gan fynnu bod hawl gan y lleiaf un i fod yn rhan o'r 'byd gwleidyddol'. Onid oedd Duw wedi creu dyn yn rhydd a chyfartal? Hwb pellach hefyd i bob radical fu sefydlu Cymdeithas Gohebu Llundain (London Corresponding Society), cymdeithas wleidyddol a roes ei bryd ar ddeffro'r werin-bobl o'u trymgwsg.

Roedd gan Iolo yntau syniadau cyffrous ynghylch sut i ddeffro ei gyd-Gymry o'u 'hunglwyf', chwedl Thomas Roberts, Llwynrhudol.[20] Gan nad oedd ganddo ffydd yn eisteddfodau'r Gwyneddigion, credai fod angen sefydliad cenedlaethol a fyddai'n diogelu etifeddiaeth farddol y genedl ac yn hyrwyddo syniadau radical. Ymhell cyn 1792 bu'n gweithio ar gynllun a welodd olau dydd am y tro cyntaf dan yr enw 'Gorsedd Beirdd Ynys Prydain'. Ni wyddom fawr ddim am yr Orsedd gyntaf a gynhaliwyd ar Fryn y Briallu – safle godidog i foregodwyr a addolai'r haul – ar 21 Mehefin 1792, ac eithrio'r ffaith fod Iolo wedi urddo dyrnaid o feirdd o fewn cylch o gerrig mân yn ystod seremoni fer a'i fod wedi datgan ei awdl 'Ode on the Mythology of the Ancient British Bards' yn rymus.[21] Wedi iddo ddosbarthu mwy o wybodaeth i'r wasg am bwysigrwydd hanesyddol Coelbren y Beirdd, rhoddwyd mwy o gyhoeddusrwydd i'r ail Orsedd a oedd i'w chynnal yn yr un man (ac yn Saesneg unwaith eto) ar 22 Medi.

Iolo ei hun oedd prif ganolbwynt y seremonïau hyn ac mae'n gwbl amlwg fod swyddogaeth wleidyddol yn perthyn iddynt. Credai fod 'yr Awen' wedi ei freintio a bod 'Rhyddid' ei hun wedi ei ddewis i weithredu fel y prif dderwydd ac i urddo beirdd cymwys: 'Of Liberty possess'd', meddai, 'I felt my self a Man.'[22] Gyda chryn arddeliad byddai'n cyfarch 'Duwies Rhyddid', cyfaill pennaf dynolryw: 'Thee, Goddess, thee we hail! The world's eternal friend.'[23] Gwyddai fod cyfrifoldeb arbennig bellach arno ef a'i gyd-dderwyddon i hyrwyddo gwirionedd, heddwch a chyfiawnder. Ni châi un o'r rhai breintiedig hyn wisgo arfwisg na thrin y cledd a'u tasg hwy fyddai meithrin 'a noble spirit of Liberality, genuine morality, and Liberty'.[24] O ran ei chynhwysion, tipyn o lobsgows oedd Gorsedd y Beirdd, a digon teg oedd disgrifiad John Walters ohoni fel 'a made Dish'.[25] Sylwodd Walters hefyd fod dylanwad y Seiri Rhyddion i'w weld arni a theg cadw mewn cof mai o blith elfennau radical y gymdeithas y deuai'r rhai a wisgai fenig gwynion, ffedogau, cadwyni a thlysau y pryd hwnnw. Gwyddai Iolo i'r enwog Ddr Richard Price wasanaethu am gyfnod fel Prif Feistr cyfrinfa Pen-y-bont ar Ogwr. Pwysicach na hynny yw'r ffaith y gellir canfod delw ac ieithwedd y wladwriaeth Ffrengig newydd ar y gorseddau hyn[26] ac anodd peidio ag edmygu dull creadigol Iolo o gyplysu'r gorffennol, dychmygus neu beidio, â berw oes y chwyldroadau. Pa ffordd well o ddangos bod gwaed y Cymro gwlatgar yn dal yn dwym? At hynny, sicrhaodd Iolo fod ei orseddau'n cael sylw yn y wasg Saesneg: 'Iorwerth ab Gwilym', meddai David Samwell, 'made our Eisteddfod cut a figure in the Newspapers, and that is something.'[27]

Er na lwyddodd Iolo i gynnal mwy na phedair seremoni yn Llundain, gadawodd ei ehediadau gorseddol eu hôl yn drwm ar lawer o'i gyfeillion. Syrthiodd William Owen Pughe yn llwyr dan eu cyfaredd ac roedd rhannau cychwynnol ei gyfrol *The Heroic Elegies and Other Pieces of Llywarç Hen* (1792) yn hysbysebiad gwych dros dderwyddiaeth a derwyddon, radical neu beidio. Ond, er taered dadleuon Iolo, digon negyddol oedd ymateb beirdd y Gogledd. Dafydd Ddu Eryri oedd y prif amheuwr a chystal nodi hefyd iddo ymwrthod yn llwyr ag athrawiaethau 'Twm Paen'.[28] Disgrifiodd Edward Charles (Siamas Wynedd) Iolo fel 'un o'r dynionach mwya' diffrwyth yng ngyneddfau barddoniaeth a esgorodd merch arno erioed' ac wfftiodd at 'eich rheolau dewisedig chwi'ch hun'.[29] Gan gyfeirio'n benodol at 'Coelbren y Beirdd', bu Gwallter Mechain yn fwy carcus: 'whoever invented it, he was no fool'.[30]

Ym 1792 hefyd lluniodd Iolo gyfres ryfeddol o ysgrifau[31] ar ddeddfau a deddfwriaethau a ddangosai'n glir ei fod yn weriniaethwr a ymhyfrydai yn 'the glorious Revolutions of France and America'.[32] Yn rhyfedd iawn, ni roddwyd unrhyw sylw i'r ysgrifau dadlennol hyn. Maent yn dangos yn eglur fod Iolo o'r farn bellach mai llywodraeth weriniaethol oedd y drefn wleidyddol orau ac mai rhodd gan Dduw oedd sofraniaeth y bobl: 'The Will of the People is the True and Lawful Sovereign . . . The People once, the People forever.'[33] Eto i gyd, o leiaf yn ôl ein dehongliad modern ni, nid oedd Iolo yn ddemocrat llawn. Yn wahanol i arweinwyr Cymdeithas Gohebu Llundain, er enghraifft, ni chredai fod gan bawb hawl i fwrw pleidlais. Ar y naill law, dadleuai fod gan 'ddinasyddion gweithredol', sef gwŷr priod, gwŷr gweddw a hefyd wŷr dibriod a roesai wasanaeth cyhoeddus glew i'r wladwriaeth, hawl i bleidleisio mewn etholiad cyffredinol. Ar y llaw arall, nid oedd 'dinasyddion goddefol', sef gwŷr dibriod, yn gymwys i bleidleisio gan nad oeddynt yn buddsoddi yn nyfodol cymdeithas drwy genhedlu a magu plant. Meddai, heb wrido dim: 'Hanner dyn yw pob dyn diblant.'[34] Beth am ferched? Nid oedd ganddynt unrhyw rym gwleidyddol y pryd hwnnw: ni chaent fod yn aelod seneddol nac yn ustus heddwch, yn ddirprwy lifftenant nac yn siryf. Er bod Iolo wedi darllen cyfrol ddylanwadol y ffeminydd Mary Wollstonecraft, *Vindication of the Rights of Woman* (1792), yn ei gyfrif ei hun yn gyfaill i ferched o gyffelyb fryd fel Anna Laetitia Barbauld, Elizabeth Montagu, Catherine Macaulay a Hester Thrale, ac yn cydnabod yn llawen y byddent yn fwy o gaffaeliad i San Steffan na 'half the wooden headed peers in the Kingdom',[35] ni chredai (a dyna oedd barn y mwyafrif ar y pryd) fod gan ferched hawl i fod yn aelodau seneddol nac i fwrw pleidlais. Yn ei dyb ef, roedd llais merch, os oedd hi'n briod, yn ymhlyg yn llais ei gŵr. Yn nes ymlaen, serch hynny, newidiodd ei feddwl: 'why a female freeholder should have no suffrage in elections no good reason can be given'.[36] Rhaid gosod y tro pedol hwn yng nghyd-destun y ffaith na chaniatawyd i'r rhan fwyaf o ferched dros 30 oed fwrw pleidlais tan 1918 a bod deng mlynedd arall wedi mynd heibio cyn i bob merch gael pleidleisio dan yr un amodau â dynion. Gŵr o flaen ei oes, felly, oedd Iolo.

Yn ôl ei gynllun ef, byddai'r drefn lywodraethol newydd yn nwylo dau gorff. Y pwysicaf o'r ddau fyddai'r Senedd, sefydliad parhaol y disgwylid iddo fynegi llais a doethineb y bobl. Ar 21 Mawrth a 21 Medi – dyddiadau a oedd yn cyfateb i'r rhai a neilltuwyd gan Iolo ar gyfer Gorsedd y Beirdd – byddai pobl yn ymgynnull yn eu rhanbarthau i fwrw pleidlais gudd dros ymgeiswyr ar gyfer y Senedd etholedig hon. Cyngor Cenedlaethol fyddai enw'r ail sefydliad. Byddai'r Cyngor hwn yn cynnwys barnwyr profiadol y disgwylid iddynt fwrw llinyn mesur beirniadol dros ddrafftiau deddfwriaethol y Senedd. Er na châi ddeddfu, byddai gan y Cyngor hawl i ethol pennaeth y wlad, a elwid yn Arlywydd. O ganlyniad, meddai Iolo yn orfoleddus, ni fyddai raid i neb mwyach fyw dan lywodraeth frenhinol bwdr a gormesol na gorfod dioddef 'such villains as Henry the Eighth, knaves as Louis the Sixteenth, or Fools as many as we know'.[37] Trwy roi grym yn nwylo'r bobl, credai Iolo y gellid sicrhau mwy o degwch a chyfiawnder cymdeithasol. Yn llawn angerdd bob amser, brithai ei ysgrifau â chyfeiriadau miniog at 'rapacious wealth', 'immodest wealth' a 'rascal wealth'. Honnai fod cwmnïau mawrion megis Cwmni India'r Dwyrain a Chwmni Bae Hudson yn 'dad-ddyneiddio' gweithwyr a bod 'masnacheiddiwch' dilyffethair yn achosi tlodi affwysol.[38] Ar sawl ystyr, mae ei sylwadau am y bwlch enfawr rhwng y cyfoethog a'r tlawd yn dwyn i gof lawer o gŵynion pennaf Robert Owen ac, wedi hynny, y Siartwyr cynnar.

Mae'n syndod fod Iolo wedi llwyddo i gyflawni cymaint yn ystod y flwyddyn 1792 o gofio ei fod wedi dioddef cyfres o anhwylderau corfforol a meddyliol rhwng y gwanwyn a'r hydref. Trigai mewn llety oer a digysur. Treuliai oriau rhynllyd yno, yn darllen a chyfansoddi wrth olau cannwyll, heb fawr o fwyd a diod i'w gynnal. Ni wnaeth gymwynas â'i hunan ychwaith drwy benderfynu anturio i America i geisio darganfod y Brodyr Coll. Ffolineb oedd hyn a ffolineb mwy fyth oedd ceisio ymbaratoi trwy dreulio rhai wythnosau yn byw ar gynnyrch byd natur yn y meysydd a'r gelltydd o gwmpas y brifddinas. Ni wnaeth hynny ddim lles i'w beswch ac yn sgil pwl o waeledd nerfol syrthiodd i bydew o anobaith. Ofnai ei fod wedi cyrraedd stad o wallgofrwydd a bu ond y dim iddo efelychu Chatterton drwy wneud amdano'i hun.[39] Beunydd a byth, cwynai am ei fyd. Gwastraffodd ei arian prin trwy ymgymryd â chwrs o electrotherapi yn Soho a diolchai i Dduw am lodnwm fel lladdwr poen.[40] Ni wyddai ei wraig drallodus ble i droi. Gadawyd hi i fagu pedwar o blant bach ac i warchod tad bregus Iolo heb fawr ddim arian wrth gefn. Nid am y tro cyntaf na'r olaf edliwiodd i Iolo ei hunanoldeb, ei duedd anffodus i adeiladu cestyll yn yr awyr a'i ymddygiad annoeth ym maes gwleidyddiaeth. Nid y lleiaf o'i chŵynion oedd na châi hithau gyfle i ymarfer ei dawn fel bardd.[41] Ond ymesgusodi a wnaeth Iolo a dannod iddi ei amharodrwydd i weld mai er lles ei deulu y daethai i'r brifddinas. Wedi'r dwrdio, serch hynny, bu Iolo'n ddigon call i roi'r gorau i'r syniad o deithio i America, gan adael i'w gyd-deithiwr John Evans o Waunfawr wynebu holl dreialon y siwrnai cyn gorfod cyfaddef nad oedd y Madogwys yn bod wedi'r cyfan.

Yn ystod y cyfnod argyfyngus hwn yn ei hanes dibynnai Iolo yn drwm iawn ar haelioni chwedlonol Owain Myfyr a chyfeillgarwch y gŵr swil a diymhongar o Feirion, William Owen Pughe. Er y byddai Iolo ymhen amser yn bur feirniadol o orgraff ryfeddol Pughe a hefyd yn amau ei ddaliadau gwleidyddol o bryd i'w gilydd, câi groeso bob amser ar aelwyd ei gyfaill a'i wraig Sal yn 22 Penton Place, Pentonville. I'r cyfeiriad hwnnw yr âi gohebiaeth Iolo a llawer o'r tanysgrifiadau i'w gyfrol o farddoniaeth Saesneg. Roedd gan Pughe ddawn artistig arbennig ac efallai mai yno y paentiodd lun dyfrlliw hyfryd o Iolo yn ysgrifennu wrth ei ddesg. Erbyn diwedd 1792 roedd Iolo wedi cael llety yn nhŷ Hannah Cox yn 1 Star Court, Chancery Lane, ac er iddo godi ei gwrychyn o bryd i'w gilydd bu hi'n garedig iawn wrtho hyd nes iddo ddychwelyd i Forgannwg yn haf 1795.

Ym misoedd cynnar 1793 dychwelodd Iolo at y dasg flinderus o gasglu tanysgrifiadau. Dibynnai'n drwm ar gyfran o bob blaendal i gadw deupen y llinyn ynghyd. Ond ni wellodd ei hwyliau pan glywodd si fod rhai o'i danysgrifwyr ym Morgannwg yn credu ei fod wedi teithio i America ar ôl pocedu eu blaendal. Gwylltio a glafoerio a wnaeth hefyd pan flagardiwyd ef gan Peggy am gyfansoddi awdl o blaid Tom Paine ac am gyfeillachu â phobl a oedd yn bygwth diogelwch y deyrnas. Daliai Iolo i ofidio'n ddirfawr ynghylch lles ei blant – 'y bachod', fel y'u galwai – a gwireddwyd ei ofnau dyfnaf pan fu farw Elizabeth, ei ferch ieuengaf, yn dair blwydd oed, ddechrau Ebrill 1793. Yn eironig iawn, ychydig ddyddiau ynghynt roedd wedi cwblhau soned a gyfeiriai'n annwyl at ei bedwar plentyn ('Three smiling daughters and a lisping boy').[42] Gan lefain y glaw, cerddodd Iolo adref. Wedi cyrraedd a chael croeso llugoer, mynnodd godi corff y plentyn er mwyn cael gweld wyneb 'Lilla fach' am y tro olaf.[43] Yn gwbl ddrylliedig, cyfansoddodd 'fedd-bennill' i'w anwylyn:

Cyn oed i bechod lygru'th galon
Cyn profi'r byd ai holl ofalon,
Gwell Tad a'th ddug o bob Trueni
O'i gariad mawr i Fro'r goleuni;

Gwell Tad na'r hwn sydd ar y ddaear,
Ar d'ol yn wylo'n fawr ei alar.
Heb obaith diwedd iw alarnad
Ond yn yr awr a'i symmud attad.[44]

Ymhen tri mis, serch hynny, roedd yn corddi'r dyfroedd yn Llundain unwaith yn rhagor. Ni chollodd olwg ar ei deulu, ond mae'n amlwg fod radicaliaeth wleidyddol yn foddion byw iddo bellach.

Ymdaflodd unwaith eto i fywyd gwleidyddol y brifddinas. Tyfodd perthynas rhyngddo a David Williams, athronydd radical a anwyd yn Waunwaelod ar Fynydd Caerffili ac a ddaeth yn ffigur o bwys rhyngwladol ar gorn ei lyfr *Letters on Political Liberty* (1782). Ym mis Tachwedd 1792 gwahoddwyd Williams i Paris i gynorthwyo'r gwaith o lunio cyfansoddiad newydd. Ystyrid ef yn arwr gan Jacques-Pierre Brissot, arweinydd y Girondiaid a gweriniaethwr digymrodedd. Pluen yn het Iolo, felly, fu cael tanysgrifiad i'w gyfrol o law Brissot. Ac yn nhŷ Williams yn Llundain, meddai Iolo, y clywodd y Tywysog Talleyrand yn ynganu'r geiriau soniarus 'Ah! La Liberté!'[45] Mynychai Iolo dafarnau a chyfarfodydd lle y cenid caneuon chwyldroadol fel *Ça Ira* a'r *Marseillaise*. Codai hyn oll ofn ar ei wraig. 'For God sake', meddai, 'have nothing to say to them [Jacobiniaid] leste you should repente too late.'[46] Gair o rybudd amserol oedd hwn. Ers mis Chwefror 1793 bu Prydain a Ffrainc yn rhyfela yn erbyn ei gilydd a chrafangau'r llywodraeth yn ymestyn i gyfeiriad pob gweriniaethwr penboeth.

Ond nid oedd pob un o gyfeillion Iolo yn peryglu'r deyrnas, er mor annerbyniol eu crefydd. Yr Undodiaid oedd y rhain ac, yn naturiol ddigon, mynychai Iolo eu mam-eglwys hwy yn Stryd Essex, gan ddod i adnabod gwrth-Drindodwyr amlwg fel Theophilus Lindsey, Andrew Kippis a John Disney yn bur dda. Bu'n dda ganddo hefyd gael cwmni aelodau o'r mudiad 'Cyfeillion Heddwch' a oedd yn cynnwys pamffledwyr pigog fel Robert Robinson a Gilbert Wakefield. Ei ffefryn pennaf, serch hynny, oedd George Dyer, gŵr tebyg iawn i Iolo ar lawer cyfrif. Un ecsentrig iawn oedd Dyer. Gwisgai'n flêr, nid oedd amser yn cyfrif yn ei fywyd, anwesai lawysgrifau a llyfrau o bob math ac, fel y dengys ei lyfr *Complaints of the Poor People of England* (1793), cydymdeimlai'n fawr â gwerin-bobl ddifreintiedig. Nid oedd dim yn well gan Iolo nag yfed te yn ei gwmni a thrafod 'politics, republicanism, Jacobinisms,

Carmagnolism, sansculololisms, and a number of other wicked and trayterous isms against the peace of the lords, kingism and parsonism, their crowns and dignities'.[47] Pleser digymysg i Iolo oedd cael sgwrsio a dadlau â radicaliaid diddorol fel hyn. Ffurfiodd berthynas arbennig o agos hefyd â John Aikin, Undodwr blaenllaw a golygydd y *Monthly Magazine*. Dotiai Iolo ar ei chwaer Anna Laetitia Barbauld, gwraig ddeallus a oedd yn mwynhau 'the feast of reason and the flow of the soul'.[48] Diolch i'w chysylltiadau hi, ychwanegwyd llawer o enwau pwysig at restr tanysgrifwyr Iolo.

Buddiol i Iolo hefyd oedd y cysylltiad agos rhwng teulu Aikin a chylch Joseph Johnson, cyhoeddwr enwog a gadwai siop lyfrau brysur yn 72 Mynwent San Pawl. Arian byw o gymeriad oedd 'Honest Joe' ac am bedwar degawd bu'n gwbl allweddol i ffyniant y fasnach lyfrau yn Llundain. Ef oedd sefydlydd yr *Analytical Review* a chyhoeddwr cyntaf *Rights of Man*. Yn y gegin uwchlaw ei siop byddai llenorion fel Barbauld, Blake, Godwin, Paine a Wollstonecraft yn ymgasglu'n wythnosol i fwyta penfras, llysiau a phwdin reis, i yfed gwin ac i ddadlau'n ffyrnig.[49] Ymrwbiai Iolo ag enwogion fel hyn yn y siop a rhannai'r un diddordebau a dyheadau â hwy. Er nad yw'n crybwyll enw Blake yn ei bapurau, anodd credu na fu Iolo erioed yn ei gwmni. Llais Iolo sydd i'w glywed yng ngherdd Blake, 'The Voice of the Ancient Bard', yn ei gyfrol *Songs of Innocence and Experience* (1794), a hwyrach y gwyddai Iolo hefyd fod Blake, fel yntau, wedi gorfod rhoi'r gorau i sawl prosiect llenyddol oherwydd ei ffaeleddau personol a'i dlodi.

Yng nghwmni'r rhain ac eraill, codai Iolo ei lais yn erbyn y sefydliad eglwysig. Taranai yn erbyn yr arferiad 'mawrfalch, rhyfygus ac anghristnogol' o gyfeirio at benaethiaid eglwysig fel 'gwir barchedig dad yn Nuw' ac fel 'arglwydd esgob', a gwnâi sioe fawr o'u cyfarch fel 'Mr' hwn a'r llall.[50] Fe'i cythruddid yn aml gan rai o areithiau y gwrth-Drindodwyr yn Nhŷ'r Arglwyddi. Ei *bête noire* pennaf yn y cyswllt hwn oedd Samuel Horsley, esgob Tyddewi, a oedd, chwedl Iolo, 'yn ei berson gogoneddus ei hun, fal y dywedir am y diawl yn y *Bardd Cwsg*',[51] yn elyn digymrodedd i bob Undodwr.

Byddai Iolo yr un mor llawdrwm ar y 'Vile Britons' a bleidiai gaethwasiaeth. Dysgodd gryn dipyn am y fasnach ddieflig hon trwy wylio masnachwyr wrth eu gwaith ar afon Tafwys, trwy ddarllen llyfrau a chylchgronau a phori uwchben cerddi gan Cowper a Southey, a thrwy ddilyn ymgais William Wilberforce i berswadio aelodau o Dŷ'r Cyffredin i ddiddymu'r fasnach mewn caethion yn llwyr. Amcangyfrifir bod Prydain wedi cludo oddeutu tair miliwn a chwarter o Affricaniaid tlawd mewn gefynnau ar longau drewllyd ar draws yr Iwerydd yn y cyfnod hyd at 1807. Ystyrid y trueiniaid hyn yn bobl israddol, yn ddeunydd crai megis sach o datws neu geirch i'w prynu a'u gwerthu am y pris gorau. Er mwyn cwrdd â'r galw cynyddol am siwgr, coffi a siocled, fe'u rhoddid i weithio mewn planigfeydd mawrion dan haul crasboeth y Caribî. Er mawr ofid i Iolo, elwai ei frodyr ar y fasnach gywilyddus hon ar eu tiroedd yn Jamaica. Gan honni eu bod mor galon-galed â'r diafol, penderfynodd eu diarddel yn llwyr. Edmygai ddewrder a dyfalbarhad Wilberforce a phan gyhoeddwyd ei flodeugerdd gofalodd fod enw ei arwr, 'Humanity Wilberforce', wedi ei argraffu mewn llythrennau bras yn rhestr y tanysgrifwyr.[52] B'le bynnag yr âi Iolo, codai ei lais yn erbyn 'Britain's foul disgrace'.[53]

Yr un modd, taranai yn erbyn trais a rhyfel. Trwy ryfela yn gyson ac yn egnïol ar hyd y ddeunawfed ganrif, tyfodd Prydain yn rym ymerodrol cydnerth. Credai ei harweinwyr fod mynd i faes y gad, yn enwedig yn erbyn lluoedd Pabyddol, yn weithred gyfiawn a sanctaidd. Caent bob swcr gan eglwyswyr fel Gwallter Mechain a aeth mor bell â honni bod Duw wedi caniatáu i genhedloedd ryfela yn erbyn ei gilydd er mwyn 'puro'r byd o'i ormodedd trigolion'.[54] Ond mynnai Iolo fod pob rhyfel yn esgor ar drais ac yn achosi dinistr, dioddefaint a thlodi. Duw heddwch a chariad oedd Duw Iolo, a Thywysog Tangnefedd oedd Iesu Grist. Yn ei dyb ef, 'llofruddiaeth frenhinol' oedd rhyfel a cholbiai frenhinoedd trahaus am yrru gwerinwyr diniwed megis ŵyn i'r lladdfa. Heb feddwl dim am y canlyniadau posibl iddo ef ei hun a'i deulu, honnai fod dwylo'r brenin Siôr III – 'a murderous villain' – yn diferu o waed pobl ddiniwed.[55] Nid oedd yr un blewyn ar ei dafod pan lefarodd ei awdl rymus, 'Ode on Converting a Sword into a Pruning Hook', yng Nghylch yr Orsedd ym 1793:

Thou, *strength of Kings*, with aching breast,
I raise to Thee the mournful strain;
Thou shalt no more this earth molest,
Or quench in blood thy thirst again.
Come from rude *War*'s infernal storm,
And fill this hand in alter'd form,

To *prune the peach, reform the rose,*
Where in th'expanding bosom glows
With warmest ardours, ev'ry wish benign:
Mine is the day so long foretold
By Heaven's illumin'd Bards of old,
To feel the rage of Discord cease,
To join with Angels in the Songs of Peace,
That fill my kindred soul with energies divine.[56]

Er nad oedd yn heddychwr, edmygai Iolo safiad y Crynwyr a châi flas arbennig ar ddarllen gweithiau George Fox a William Penn, dynion nobl na allent gyfaddawdu ar ddim.

Hawdd y gallai Iolo fod wedi bodloni ar gwmni Gorseddogion, Undodiaid, Crynwyr ac ymgyrchwyr yn erbyn caethwasiaeth a rhyfel, ond roedd ganddo awydd hefyd i gyfeillachu â dynion beiddgar o gyffelyb dras.[57] Fe'u cafodd yn strydoedd cefn Llundain lle'r oedd atgasedd at y llywodraeth yn berwi drosodd. Yn eu plith roedd Thomas Spence, llyfrwerthwr pigog a groesawai Jacobiniaid, democratiaid, anffyddwyr a milflwyddwyr i'w siop, 'The Hive of Liberty', yn Holborn. Arferai anfon ei fab deuddeg mlwydd oed i werthu copïau o *Rights of Man* ar gân ar strydoedd y brifddinas.[58] Petai Taliesin, mab Iolo, wedi bod yn byw gyda'i dad ar y pryd, hawdd dychmygu y byddai yntau wedi ei ddefnyddio fel cennad ifanc dros ddaliadau gweriniaethol. Rhwng 1793 a 1795 cyhoeddodd Spence *One Penny Worth of Pig's Meat: Lessons for the Swinish Multitude,* cylchgrawn wythnosol deifiol a leisiai gasineb gwerin-bobl at ddibristod a snobyddiaeth Edmund Burke a'i frid.[59] Carcharwyd Spence droeon am ei hyfdra, ond nid un hawdd i'w ddistewi na'i drin mohono. Edmygai Iolo bobl ddewr a fyddai, drwy air a gweithred, yn glynu wrth eu hegwyddorion. Mor ddiweddar â 1802, pan oedd Iolo'n digwydd pasio carchar Amwythig lle'r oedd Spence yn swatio, cododd ei het i gydnabod aberth yr hen wariar.[60]

Radical tebyg iawn i Spence oedd Daniel Isaac Eaton, llyfrwerthwr di-ofn a roes wên ar wynebau radicaliaid fel Iolo trwy gyhoeddi pamffled wythnosol ffrwydrol o'r enw *Hog's Wash, or, A Salmagundy for Swine* ym 1793.[61] Un llawn mor llafar a diwyro oedd yr hynafiaethydd a'r gweriniaethwr Joseph Ritson. Byddai ef yn cyfarch Iolo ac eraill fel 'Citizen' ac yn dyddio ei lythyrau yn unol â chalendr chwyldroadwyr Ffrainc.[62] Fel Iolo, un siarp ei dafod a phleidiwr llysieuaeth oedd Ritson. Meddai Walter Scott amdano: 'As bitter as gall, and as sharp as a razor / And feeding on herbs as a Nebuchadnezzar.'[63] Enaid arall o gyffelyb fryd oedd y llyfrwerthwr a'r pamffledwr William Fox a dreuliai ei ddyddiau yn fflangellu rhyfelgarwyr digywilydd y byd.[64] I bobl barchus, dihirod peryglus oedd y rhain, ond teimlai Iolo'n gwbl gartrefol ymhlith dewrion o'r fath a oedd yn falch o ateb i'r enw 'Jacobin' a 'Gwastatwr'. Cydganai'r Hwntw hyderus gerddi bradwrus a phriddlyd â hwy. Milgwaith gwell ganddo oedd rhannu eu sêl dros ryddid na chardota am danysgrifiad ar garreg drws aristocratiaid crintachlyd.

Wedi hir ddisgwyl, cyhoeddwyd *Poems, Lyric and Pastoral* ar ffurf dwy gyfrol yn gynnar ym mis Ionawr 1794. Hwn oedd y cyhoeddiad sylweddol cyntaf i ymddangos dan ei enw ef yn unig. Llwyddodd Iolo i wasgu 101 o gerddi i'r cyfrolau hyn a llawenhâi yn y rhestr ysblennydd o 676 o danysgrifwyr a ymddangosodd ar dudalennau blaen y gyfrol gyntaf. Ymhlith y pendefigion a'r boneddigion (a'u gwragedd), yr offeiriaid a'r radicaliaid, yr awduron, y beirdd a'r llyfrwerthwyr ceid ecsotigion annisgwyl fel 'William Bowles, Generalissimo of the Creek Nation', 'Citoyen I. P. Brissot', 'Miss Anna Seward, Ofyddes ym mraint Beirdd Ynys Prydain' a 'General Washington'. Yn ôl un hanesydd, mae cynnwys y flodeugerdd yn 'strange and weird concoction',[65] dedfryd hallt braidd ar waith rhywun a wnaeth ei orau i gyrraedd safonau esthetig Shenstone, Collins a Thomson. Er ei bod yn wir fod gormod o'r bugeilgerddi yn cyfeirio at gymeriadau dieithr fel Strephon, Phillis a Dorinda yn hytrach na rhai Cymreig, mae'n amlwg fod Iolo yn awyddus i gael ei gydnabod fel bardd Saesneg ei iaith ac fel bardd dosbarth-gweithiol. Credai fod ganddo bob hawl i sefyll gyfysgwydd â Stephen Duck, Ann Yearsley a Robert Burns, ond mae'n gwbl amlwg i'r rhai sy'n gallu darllen ei gerddi yn y ddwy iaith fod y rhai Cymraeg yn rhagori o gryn dipyn. Mater o farn ydyw, ond mae ar ei orau yn y gyfrol gyntaf o'r *Poems* pan yw'n taro'r post i'r pared glywed, megis yn ei feddargraff i gydymaith hen ffasiwn (sef Iolo ei hun):

Here lies, beneath this verdant sod,
One that believ'd there was a *God*:
He ev'ry day the *Bible* read,
What fancies fill'd the fellow's head!

He *Pomp* detested, pity'd *Kings*,
And thought *high Titles* worthless things;
Thought *Beaus* and *Wits*, with huge pretence,
Had not one grain of common sense;
To grasp at *wealth* was not his rule;
He, surely, was an arrant fool;
And to the *Poor*, imprudent, gave
What wiser heads would strive to save . . .[66]

Yn ystod ei gyfnod yn Llundain manteisiodd ar ei gyfle i addasu a diweddaru cerddi ac i gyfansoddi deunydd radical newydd, gan gynnwys yr awdlau a lefarwyd ganddo yn seremonïau'r Orsedd. Y rhain yw'r cerddi mwyaf cynhyrfus. Rhethreg neu beidio, gwyddai Iolo sut i gynhyrfu caredigion yr Orsedd:

Now glancing o'er the rolls of HEAV'N,
I see, with transport see, the day,
When, from this world, OPPRESSION driv'n
With gnashing fangs flies far away,
Long-banish'd VIRTUE now returns;
BENEVOLENCE, thy fervor burns;
PEACE, dove-ey'd PEACE, with sunny smile,
High lifts her wand in BRITAIN's Isle.[67]

Lluniodd hefyd doreth o droednodiadau tanllyd – ei 'king-flogging notes',[68] chwedl ef – gan obeithio y byddai'r cyfan yn 'codi twrw', yn union fel y gwnaeth *Rights of Man*. Breuddwyd gwrach oedd hynny oherwydd, fel y cyfaddefodd ef ei hun, gallai'r cerddi a'r sylwebaeth fod wedi bod yn llawer mwy beiddgar ac eofn. Ond, fel y gwyddai'n well na neb, byddai hynny wedi effeithio ar ei allu i ymorol am danysgrifwyr. Edifarhaodd ganwaith hefyd am gytuno, dan bwysau trwm o du gwragedd teyrngarol, i ofyn i Dywysog Cymru am ganiatâd i gyflwyno'r gyfrol iddo ef. Gwyddai mai gwalch afradus ac anfoesol oedd etifedd y goron, ond gwyddai hefyd fod rhai o'i gyfeillion, David Williams ac Edward Jones yn eu plith, wedi dilyn y llwybr rhodresgar hwn er mwyn sicrhau gwerthiant da i'w llyfrau. Nid un i ymgreinio nac i brotestio ei deyrngarwch oedd Iolo a threuliodd oriau yn cyfansoddi drafftiau gwahanol o'i ragymadrodd arfaethedig i'r Tywysog. Gan wasgu ei ddannedd yn dynn, lluniodd rhai fersiynau hynod ffuantus a llednais.[69] Trwy drugaredd, wedi ailfeddwl penderfynodd eu rhoi o'r neilltu a chyfansoddi un llawer ysgafnach i'w gyflwyno i 'Mr Nobody'. Ni welodd yr un o'r fersiynau hyn olau dydd oherwydd, yn y diwedd, penderfynodd y byddai un frawddeg, swta braidd, i fynegi ei ddiolch am sêl bendith y Tywysog, yn gwneud y tro: 'These volumes are, by permission, and with the respect of gratitude, dedicated to his royal highness George Prince of Wales, by his most humble servant, Edward Williams.'[70]

Ni phlesiwyd Iolo gan eiriau'r adolygydd ar ei waith yn y *Critical Review*: 'Respect the public, speak sparingly of thyself, and despise not criticism.'[71] Ond ni fu'r gollfarn honno'n ddigon i'w rwystro rhag breuddwydio am gyhoeddi ail, trydydd a phedwerydd argraffiad. A chalondid mawr oedd gweld bod ei hen gyfaill Edward Jones (Ned Môn) wedi dyfynnu darnau o'r llyfr ar gyfreithiau anysgrifenedig y beirdd derwyddol yn ei gyfrol *Cyfreithiau Plwyf* (1794). Ond bellach, gan fod ei sêl dros ryddid a'i farn am ormes brenhinoedd, rhyfel a chaethwasiaeth i'w gweld mewn print, hawdd y gellid ei gyhuddo o fod yn elyn gwlad. Fe'i rhybuddiwyd gan Mary Nicholl o Remenham, un o'i danysgrifwyr mwyaf cefnogol, na fyddai croeso i Jacobin fel ef ar ei haelwyd mwyach. Wfftiodd Iolo ati a'i galw o hynny ymlaen yn 'Billingsgate bitch'.[72] Ond nid mor hawdd oedd cuddio rhag gweision y llywodraeth. Ofnai cyfeillion pennaf Iolo, heb sôn am ei wraig, ei fod yn gofyn am drwbwl. Roedd ysbïwyr William Pitt (neu 'Billy Pitt', chwedl Iolo) a llabystiaid John Reeves, sylfaenydd y Gymdeithas er Diogelu Rhyddid ac Eiddo rhag Gweriniaethwyr a Gwastatwyr, yn cerdded strydoedd Llundain, gan fygwth pob radical pybyr. Gan fod Iolo wedi cynnwys cyfeiriad dilornus iawn at Reeves yn ei ragymadrodd i'w lyfr,[73] roedd mewn sefyllfa beryglus. Yn sgil y 'Dyddiau Dychryn' yn Ffrainc ac yn enwedig ar ôl i'r rhyfel hirfaith yn erbyn Ffrainc ddechrau ym mis Chwefror 1793, dygwyd dwsinau o 'benboethiaid' honedig gerbron eu gwell a'u carcharu. Credai sawl un mai gŵr dichellgar oedd Iolo a gwyddom fod ganddo stôr helaeth ac amrywiol o ysgrifau a cherddi tanllyd, os nad bradwrus, yn ei lety a'u bod yn frith o gyfeiriadau at sansciwlotiaeth, y gilotîn a chrogi cyhoeddus. Ymhlith y *bricolage* difyr hwn ceir digon o brawf nad oedd Iolo'n credu bod torri pen brenin mor wrthun â hynny a hefyd ei fod o'r farn fod gilotîn y Ffrancwyr yn ddyfais hwylus dros ben. Dyma ddarn allan o'i draethawd gogleisiol 'An account of the Demophobia':

> The Demophobia is the most dreadful species of canine madness. It seems to have originated from a German Whelp, who bit a great number of those puppies that were about him. It affects the head in a very strong manner. Its infallibly characteristic symptom is a most unaccountable dread of the People. This disorder has been known in France where the only method of cure was found to be an amputation of the disordered member. Or the touch of an old English maiden, that has lately by means of a little paint and other fashionable arts imposed herself on the Publick for a young Lady, assuming the name of Miss Guillotine.[74]

Mynegodd mewn llawysgrif arall ei fwriad i gyhoeddi cenllif o ganeuon, dychangerddi a bwrlesgau am rai o'i gaseion. Yn eu plith roedd 'Dissertations on Duck-milking, with curious examples from Paddy O'Burke [Edmund Burke], Archi MacBlunder [Archibald MacDonald, y Twrnai Cyffredinol], etc. By a Wicked Welsh Bard', a hefyd 'a Push at the Pillars of Priestcraft, by Sampson Sansculotte-Citizen, with notes by Citizen Equality'.[75] Bwriadai gyflwyno'r ail gyhoeddiad i Syr John (neu Jack) Ketch, crogwr cyhoeddus yn ystod oes Siarl II a ymfalchïai yn ei allu i ddienyddio unrhyw ormeswr yn y modd mwyaf trwsgl a phoenus.[76] Doniol a herfeiddiol yw'r hysbyseb gwrth-frenhinol hwn:

> Royal antiquities or anecdotes of Kingism and Kingcraft. By Morgan ap Howel, ap Shenkin, ap Griffith, ap Llewelyn, ap Taffid, ap Owen ap Harry, ap Gronw, ap Tudor, ap Einion, ap Rhys, ap Owen Glendower, of the uninterrupted line of Cadwalader King of Wales and England and Scotland, and Ireland, and the Plains of Shinar, and the Tower of Babel, Antiquary to the Swinish Multitude, and let the people say Amen.[77]

Condemniai'r rhyfel gwaedlyd yn erbyn Ffrainc fel 'Bella! Horrid Bella' a dirmygai'r anthem 'God Save the King' trwy gyfeirio ati fel 'that old *War Song of British Savages*'.[78] Yng nghanol yr hiwmor a'r ddawn ddynwaredol ceid ganddo eiriau llym a deifiol am elynion ei gyd-wladwyr. Un o'i gaseion pennaf oedd Edward I, y brenin 'ffiaidd' a orchmynnodd lofruddio holl feirdd

Cymru, a'i arwr mwyaf yn y byd chwedlonol oedd Rhita Gawr, hen wron nobl a wnaeth gymwynas â'r byd trwy ladd brenhinoedd gorthrymus a gwneud cotiau cynnes allan o'u barfau. Yn ôl Iolo, Rhita oedd yr unig frenin erioed i'w groesawu yn nheyrnas nefoedd.[79]

Ond daeth dydd o brysur bwyso pan fradychwyd Iolo gan neb llai nag Edward Jones, y cerddor a'r hynafiaethydd o Feirion a ymhoffai yn y lle cyntaf yn yr enw 'Bardd y Tywysog' ac yna, wedi gorseddu Siôr IV ym 1820, yn yr enw 'Bardd y Brenin'. A defnyddio un o hoff ddisgrifiadau Iolo, 'rhyw lo o ddyn' oedd Jones. Er iddo ei urddo'n Ofydd yn yr Orsedd gyntaf ym mis Mehefin 1792, nid oedd gan Iolo fawr o olwg ar ddoniau cerddorol a daliadau ceidwadol yr hen lanc rhodresgar. Iddo ef, llyfwr tin oedd 'Humstrum' Jones. Pwdodd y telynor pan wrthododd Iolo ganiatáu iddo ganu 'God Save the King' yn yr Orsedd ac, o ganlyniad, bu'n gweithio'n gyfrwys yn ei erbyn.[80] Rywbryd ym mis Mai 1794 (y mis pan welodd y llywodraeth yn dda i atal hawl carcharor i *habeas corpus*) dygwyd Iolo gerbron y Prif Weinidog a rhai o aelodau'r Cyfrin Gyngor a'i holi'n fanwl ynghylch ei ddaliadau gwleidyddol. Mae'n rhaid ei fod wedi cael rhybudd fod brad ar gerdded oherwydd erbyn i weision y llywodraeth gyrraedd ei lety roedd wedi symud ei bapurau mwyaf tanllyd i fan diogel. Ymrithiodd gerbron y mawrion fel Cymro bach diniwed, tlawd ac ecsentrig, ac ni chafwyd unrhyw dystiolaeth gadarn yn y papurau a atafaelwyd i brofi mai bradwr ydoedd.[81] Wedi'r profiad ysgytiol hwn byddai Iolo'n dweud 'Duw a'n cadwo ni' bob tro y gwelai Edward Jones a brithir ei bapurau â disgrifiadau bychanus o'r telynor: 'Humstrum Jones may have some wit at his finger's ends, he may also, for aught I know have a trifle at the lower extremities of his carcase, but at the upper he certainly has not a single atom.'[82]

Wedi'r fath brofiad byddai rhai mwy pwyllog nag Iolo wedi ymddwyn yn fwy gochelgar yn ystod 'Teyrnasiad Braw' William Pitt. Ond un herfeiddiol oedd Iolo a chymaint oedd ei syched am sylw fel yr aeth i Garchar Newgate i ymweld â William Winterbotham, gweinidog gyda'r Bedyddwyr yn Plymouth a anfonwyd i'r ddalfa am bedair blynedd ym mis Tachwedd 1793 am fynegi yn y pulpud ei gydymdeimlad â gwerthoedd y Chwyldro Ffrengig. Wrth ymadael torrodd Iolo ei enw yn y llyfr ymwelwyr, gan ychwanegu'r geiriau 'Bard of Liberty' ato. Pan ddychwelodd eilwaith fe'i trowyd ymaith am ei

ryfyg blaenorol gan geidwad y carchar.[83] Gwylltiodd Iolo a chyfansoddodd
y gerdd 'Newgate Stanzas', yn null Horas, yn ei lety y noson honno. Ynddi
clywir llais y gweriniaethwr o Gymro yn glir fel cloch:

> Dear Liberty, thy sacred name
> O! Let me to the world proclaim
> Thy dauntless ardor sing;
> Known as thy son, nor Knaves of State,
> Nor Spies, I fear, nor placeman's hate,
> Nor Mobs of Church and King.

> No jails I dread, nor venal Court,
> And where belorded fools resort,
> I scare them with a frown;
> J. Reeves, and all his gang, defeat;
> And if a Tyrant king I meet,
> Clench fist and knock him down.[84]

Gwagymffrost efallai, ond o hynny ymlaen byddai'r olaf o feirdd derwyddol
cydnabyddedig Morgannwg yn ymhyfrydu'n fawr yn yr enw 'Bard of
Liberty'.[85] Roedd y gorffennol a'r presennol wedi dod yn un.

Ar strydoedd stwrllyd Llundain gwelai Iolo liaws o enghreifftiau o
ffyrnigrwydd y ciweidiau teyrngarol – y 'church and king mobs' bondigrybwyll
– a phentyrrai felltithion lu arnynt. Os oes coel ar ei air (cofier bod brafado yn
un o'i brif nodweddion), byddai'n mentro i'w canol a'u herio. Mewn llythyr
godidog at y Parchedig Hugh Jones, Lewisham, ddiwedd Mai 1794, taranodd
yn eu herbyn:

> All the whores and thieves of London are assembled about the fellow called
> [John] Reeves and his fiddlers and faddlers in a mighty band, bawling and
> squawling, like the songs of caterwauling, 'God-Save-the-King! Church and
> King for ever!' They press every one that passes by into this infernal service,
> crying to him, 'Blast your eyes, cry Church and King, damn your soul!' I
> jabber'd Welsh, squeaked out 'Church *sans* King', in as broken a manner as
> I could, and passed for a Dutchman with all but a Welshman or two, who
> laughed at me. I heartily wished that the great she bears of Russia had been
> amongst them roped and muzzled, surrounded by dancing dogs, learned pigs,

and periwigg'd monkeys, admired by all the Guelphs who attended, properly chained up in the tresses of some Belinda's hair. . . . They were egged on by parsons in abundance. I was afraid that the butchers who were parading the streets with their marrow bones and cleavers would have split my skull with one of them. They very frequently called out to the slavish mob: 'Down on your marrow bones, blast ye! And say God save the King'.[86]

Bron na ellid dweud ei fod yn chwennych merthyrdod yn ystod y cyfnod hwn: 'There is very warm blood in my heart, and every drop of it solemnly dedicated to the cause of Truth.'[87] Ond roedd yn haws i rywun llai adnabyddus fel ef ddygymod â chŵn bwystfilaidd John Reeves nag yr oedd i Anghydffurfwyr enwocaf Prydain. Suddodd calon Iolo pan glywodd fod ei gyfaill Joseph Priestley, Undodwr glew ac un o feddylwyr mawr yr oes, wedi ildio i bwysau erledigaeth greulon trwy ymfudo i America. Roedd Priestley wedi dylanwadu'n helaeth ar feddwl Iolo, yn enwedig ei agwedd at gysyniadau fel rheidiolaeth, rhinweddau moesol a chymwynasgarwch, pan oedd yn weinidog yn Nhŷ Cwrdd Gravel Pit yn Hackney ac ar ei gais ef y gwnaed Iolo yn aelod o Gymdeithas Athronyddol Llundain. Roedd Iolo ymhlith y rhai a ddaeth i'r cei yn haf 1794 i ddweud ffarwél wrth Priestley ac, mewn cerdd drawiadol, dymunodd yn dda iddo yn y Byd Newydd: 'Go to the realms where justice reigns anew.'[88]

Tua'r un adeg aeth un arall o'i gyfeillion i gaethiwed blin ym Mae Botany, sef Thomas Fyshe Palmer – un o bedwar o 'ferthyron' Undodaidd yr Alban a alltudiwyd i Awstralia. Roedd Palmer wedi cefnu ar eglwys Loegr pan syrthiodd dan gyfaredd Joseph Priestley ac aeth i'r Alban i weini i reidiau Undodiaid Dundee. Ond ym mis Awst 1793 fe'i dedfrydwyd i saith mlynedd o alltudiaeth am fradwriaeth honedig a'i gludo flwyddyn yn ddiweddarach ar fwrdd y *Surprise* i Fae Botany. 'Palmer I give thee a tear',[89] meddai Iolo, ac anfonodd ato gopi o'i *Poems, Lyric and Pastoral* yn y gobaith y byddai'n rhywfaint o gysur iddo. Ymhen amser derbyniodd Iolo lythyr hyfryd oddi wrth Palmer, llythyr a gludwyd ar hirdaith o dair mil ar ddeg o filltiroedd, yn mynegi ei ddiolch mwyaf diffuant.[90] Rhaid mai hwn oedd y llythyr mwyaf ingol a dderbyniodd Iolo erioed gan rywun nad oedd yn berthynas iddo ac nad oedd yn Gymro neu'n Gymraes. Deil yn un o brif drysorau archif Iolo yn y Llyfrgell Genedlaethol. Ond ni chyfarfu'r ddeuddyn erioed a bu farw Palmer o ddysentri ar ei daith adref ym mis Mehefin 1802.

Roedd Iolo yr un mor wargaled â'r 'merthyron Sgotaidd'. Ni cheisiodd guddio ei gasineb at y brenin. Mewn llythyr beiddgar (nas anfonwyd) at Siôr III (ni fyddai Iolo byth yn defnyddio'r geiriau 'Eich Mawrhydi'), fe'i condemniodd yn hallt am gynnal y rhyfel mwyaf gwaedlyd a welwyd erioed yn Ewrop os nad yn y byd ac am ganiatáu i hulpod garw orymdeithio drwy strydoedd Llundain i ddathlu buddugoliaethau milwrol heb feddwl dim am ddioddefaint gweddwon a phlant amddifad. Yn ei dyb ef, roedd y gyfundrefn wleidyddol a chrefyddol mor bechadurus o lygredig fel na allai lai na dyheu am sefydlu'r math o drefn wleidyddol a chymdeithasol a hyrwyddwyd gan y Gwastatwyr yng nghanol yr ail ganrif ar bymtheg. Prin y gallai ffrwyno'i dafod wrth fynegi ei ddicter ac ni wyddys am unrhyw Gymro yn ystod y blynyddoedd hyn a oedd yn fodlon dweud y caswir mor ddiflewyn ar dafod:

> Do you think Sir that I am or ever will be of this Religion. No Sir. I will remain a convert to the religion of that place, tho it be hell itself, where there are no Babylonian Kings, no antichristian priests, no Graces of Canterby (holinesses of Rome may be admitted for without holiness no one shall see the Lord), no right revd. fathers in God of human manufacture, no Grace bestowed, given, or conferred by a blasphemous earthly worm of a monarch, not even by Emperor of America – but surely the place where these are not to be found can never be hell. It is that place where St John tells us all are kings and priests – i.e. all are equal in the divine love and estimation. Of course this place may with the strictest propriety be called the Land of Levelling – and as thus described by an inspired writer it must be a heaven indeed. What a heaven where I shall no longer be trodden by Kings, Priests etc.[91]

Pa sawl Cymro mewn cyfnod o ryfel tyngedfennol yn erbyn Ffrainc a fyddai wedi mentro cyfeirio at frenin Lloegr fel 'a blasphemous earthly worm of a monarch'?

Tynnodd Iolo sylw ato'i hun hefyd drwy fynychu'r achosion llys enwog yn yr Old Bailey yn erbyn y tri radical dylanwadol Thomas Hardy, Horne Tooke a John Thelwall ym 1794. Nod y llywodraeth oedd tanseilio'r mudiad radical drwy gyhuddo ei arweinwyr o uchel frad a'u distewi am byth. Adwaenai Iolo y tri. Roedd Hardy yn ysgrifennydd gweithgar Cymdeithas Gohebu Llundain a Thelwall yn ddarlithydd ac yn ddychanwr o fri a wisgai het galed am ei ben i'w ddiogelu pan gâi ei bledu gan deyrngarwyr dig. Ieithegydd a radical oedd Tooke, un o hoelion wyth y Gymdeithas Gwybodaeth Gyfansoddiadol ac un o'r rhai a luniodd ddrafft o gyfansoddiad Cymdeithas Gohebu Llundain. Daeth Iolo i'w adnabod trwy ei gysylltiad â'r cyfrifydd enwog William Morgan, brodor o Ben-y-bont ar Ogwr a brawd y gweriniaethwr George Cadogan Morgan. Byddai Tooke, Paine, Thelwall ac eraill yn trafod eu cynlluniau gwleidyddol yn rheolaidd yn nhŷ moethus William Morgan yn Stamford Hill. Carcharwyd y tri gwron yn Nhŵr Llundain i ddechrau a'u symud wedi hynny i Garchar Newgate i ddisgwyl yr achosion llys. Roedd llawer iawn yn y fantol. Petai'r llywodraeth yn cario'r dydd, roedd hi'n debygol iawn y byddai'r tri amddiffynnydd yn cael eu crogi, eu diberfeddu a'u chwarteru. Curai calon Iolo yn gyflym bob tro y mynychai'r llys a mawr fu'r gorfoledd yng ngwersylloedd y radicaliaid pan gafwyd y tri, yn annibynnol ar ei gilydd, yn ddieuog.[92] Ceisiodd y llywodraeth dalu'r pwyth yn ôl trwy basio deddfau a oedd yn cyfyngu ar hawl pobl i ymgynnull mewn cyfarfodydd, ond, am y tro beth bynnag, nid oedd lle i ddigalonni. Gerbron 900 o bobl yn Nhafarn y Goron a'r Angor yn Llundain ar 4 Chwefror 1795, gwahoddwyd Iolo i ddatgan ei gerdd 'Trial by Jury, the Grand Palladium of British Liberty' yn gyhoeddus. Cafodd fonllef o gymeradwyaeth pan ddathlodd glod ac urddas rheithgorau dewr Prydain: 'Boast, Britain, thy Juries! Thy glory! Thy plan!'[93] Ni chawsai Iolo'r fath sylw cyhoeddus erioed o'r blaen ac roedd uwchben ei ddigon.

Tybid erbyn hyn fod 'Bard Williams' yn ŵr digon gwybodus a diddorol i daflu ei hatling i ganol trafodaethau dyfnddysg rhai o ddeallusion pennaf y brifddinas. Gwyddom bellach fod ei waith eisoes wedi dylanwadu ar syniadau Samuel Taylor Coleridge ac ar farddoniaeth Wordsworth.[94] Câi wahoddiad o bryd i'w gilydd i swpera gyda William Godwin, athronydd disglair, awdur *An Enquiry concerning Political Justice* (1793), gŵr Mary Wollstonecraft a thad Mary Shelley, awdur *Frankenstein*. Ymhlith y gwesteion eraill roedd y daearegwr Thomas Northmore, yr ysgolhaig beiblaidd Gilbert Wakefield, y dramodydd Thomas Holcroft a'r gweinidog Undodaidd John Disney. Yn eu cyfarfodydd byddai cryn 'drafod ar Dduw' o gwmpas y bwrdd yn ogystal ag ar faterion moesol, deallusol a gwleidyddol.[95] Ar brydiau, byddai ymddygiad Godwin yn siomi Iolo a chollodd ei dymer yn llwyr ar un achlysur pan welodd yr athronydd mawreddog yn dda i'w fychanu a'i ddilorni gerbron y gwesteion eraill. Mae'n fwy na thebyg hefyd fod anffyddiaeth Godwin wedi profi'n dramgwydd i Iolo. Wedi'r cyfan, dengys llawysgrifau Iolo ei fod yn fwy na pharod i gystwyo'i gyfaill Tom Paine am geisio tanseilio'r grefydd Gristnogol yn ei lyfr 'cableddus' *Age of Reason* (1794).[96] Hawdd credu i'r Cymro bach ystyfnig ddal ei dir yn erbyn Godwin a mynnu bod Duw yn hollalluog ac yn Dad i bawb. Ac o hynny ymlaen gwgai pan ddeuai ar draws anffyddwyr ac athronwyr dogmatig: 'O! I will not! I will not! be a philosopher.'[97]

Er bod y cyfleoedd i Iolo fynegi ei farn ar gynnydd a'i fod yn mwynhau sylw, annoeth ar y gorau fu ei gefnogaeth frwdfrydig ym 1795 i Richard Brothers, proffwyd rhyfedd a honnai mai ef oedd Tywysog yr Hebreaid a'i fod hefyd yn nai i'r Hollalluog.[98] Brodor o Newfoundland oedd Brothers. Bu'n gwasanaethu yn y Llynges Brydeinig cyn iddo ddechrau colli ei bwyll. Ym 1793 cyhoeddodd ei fod yn gennad i grefydd newydd a bod Duw yn datgelu ei ewyllys iddo trwy gyfrwng cyfres o weledigaethau. Dygai ei bamffledi deitlau brawychus fel *God's Awful Warning to a Giddy, Careless, Sinful World* a mentrodd broffwydo bod dyddiau olaf Siôr III gerllaw ac mai ef fyddai'n etifeddu'r goron. Tybiai'r mwyafrif ei fod yn wallgof, ond credai eraill ei fod yn ddigon peryglus i'w anfon i'r crocbren. Fe'i restiwyd, ei gyhuddo o frad a'i garcharu yn Newgate. Plediwyd ei achos gan yr ysgolhaig Nathaniel Brassey Halhed ac o ganlyniad fe'i trosglwyddwyd i seilam breifat yn Islington. Credai Iolo fod Brothers wedi cael ei dwyllo gan ddau dafleisydd o Ffrainc ac ysgrifennodd at William Pitt i ddweud hynny. Fe'i gwysiwyd i ymddangos gerbron y Prif Weinidog a chawsant drafodaeth faith a chyfeillgar ar y mater.[99] Eto i gyd, nid argyhoeddwyd Pitt ac ni ollyngwyd Brothers o'r seilam tan 1806.

Yn annisgwyl braidd, gwnaeth Iolo sioe ohono'i hun trwy gyfansoddi priodasgerdd – deg pennill tra anghofiadwy – i ddathlu priodas Siôr, Tywysog Cymru, a Caroline o Brunswick ar 8 Ebrill 1795. Nid serch at y pâr priodasol oedd ei gymhelliad. Cawsai ar ddeall gan rai o'i gyfeillion y câi wobr o hanner can gini gan y Tywysog am ei gymwynas. Gan ei fod mor dlawd â llygoden eglwys ar y pryd a'i deulu'n dlotach fyth, ni ellir ei feio am neidio at gyfle i flingo etifedd y goron, hyd yn oed os oedd hynny'n debygol o ddwyn anfri arno'i hun ymhlith gweriniaethwyr. Gwisgodd lifrai'r saer maen cyn cerdded yn dalsyth i Carlton House i gyflwyno'i 'epithalamium' i ryw was ysgornllyd wrth y drws. Aeth sawl diwrnod heibio cyn i Iolo dderbyn cildwrn o ddwy gini'n unig am ei drafferth.[100] Gwylltiodd yn lân a'r eironi yw fod cybyddiaeth Tywysog Cymru wedi dyfnhau ymlyniad Iolo wrth weriniaetholdeb.

Sut olwg oedd ar ei wraig a'i blant erbyn hyn? Pur druenus, yn ôl pob sôn. Teimlai Peggy'n hynod o rwystredig a chwerw ynghylch hunanoldeb ei gŵr a'i amharodrwydd i ddod adref. Mae'n anodd gweld bai arni. A hithau'n gorfod byw ar y nesaf beth i ddim, heb sôn am ysgwyddo'r baich o geisio gwerthu'r fferm yn Rhymni a fu'n gymaint o draul arnynt ac o rannu copïau o'i *Poems* ymhlith tanysgrifwyr lleol, fe'i dwrdiodd yn hallt am beidio â dychwelyd ar ôl cyhoeddi ei flodeugerdd. Edliwiodd yntau iddi ei thymer ddrwg a'i diffyg cydymdeimlad. Er mwyn Duw, oedd ei hateb stormus, dewch adref at eich plant: 'you are still bilding castels in the ayre which will fall and crush you under theyr ruings'.[101] Roedd Iolo yn awyddus i aros yn Llundain er mwyn treulio mwy o amser yn casglu gwybodaeth ar gyfer ei gyfrol arfaethedig 'History of the Bards' (cafodd rodd o ddeg gini oddi wrth y Gymdeithas Lenyddol Frenhinol i hwyluso'r dasg) ac i fwynhau cwmni radicaliaid o gyffelyb fryd. Ond roedd drwgdeimlad yn erbyn penboethiaid ar gynnydd ac, er ei les ei hun heb sôn am ei deulu, roedd yn hwyr bryd iddo fynd tua thref. Erbyn diwedd Mai 1795 roedd ei dad wedi marw, roedd rhan o'i dŷ tlawd a simsan wedi dymchwel, ac roedd Peggy a'r plant bach yn ymbil arno yn daerach nag erioed i ddychwelyd i'w gynefin.[102] Yn gynnar ym mis Mehefin, felly, trodd Iolo ei gefn ar Lundain, ond nid ar ei ddaliadau gweriniaethol:

I am still an honest Republican. I am whatever the foul Slanderous mouths of the believers in the Gospel according to St. Burke (which seems to be the Creed of Church-and-Kingism) may be pleased to call me. Democrate, Leveler, Jacobin, Sansculotte, or any thing that may be manufactured from the cream that swims on the surface of their malevolence, or from the black dregs at the bottom. I glory in all these titles. In my long avowed principles I will live, in them and for them I will die.[103]

PENNOD 5

Y Smotiau Duon

E R MAI DYN CANOL oed oedd Iolo pan ddychwelodd o Lundain, ni ellid honni ar unrhyw gyfrif fod ei waed wedi dechrau oeri. Yn un peth, roedd mor egnïol ag erioed ac yn dal i ymhyfrydu yn ei allu i gerdded i bobman er gwaethaf pyliau cas o wayw'r frest a'r gwynegon. Yn ystod y saith mlynedd rhwng 1795 a 1802 bu'n groser ac yn llyfrwerthwr, daliai i gynnal ei fusnes fel saer maen, fe'i cyflogwyd gan Owain Myfyr i'w gynorthwyo i baratoi *The Myvyrian Archaiology* (1801–07), sef un o gyhoeddiadau mwyaf dylanwadol y bedwaredd ganrif ar bymtheg, a hefyd i gydweithio â Gwallter Mechain fel casglwr gwybodaeth am gyflwr cymdeithasol ac economaidd de Cymru.[1] Trefnodd gyfres o seremonïau gorseddol, y rhai cyntaf i'w cynnal ar ddaear Cymru, a bu'n un o brif sefydlwyr Cymdeithas Dwyfundodiaid Deheubarth Cymru ym 1802. Ni allai dim ei rwystro rhag astudio'r 'hen ddifyrrwch' gyda'r nos. Daliai i ysgrifennu a chofnodi'n ddi-baid, teithiai'n amlach ac yn helaethach i rannau eraill o Gymru nag erioed o'r blaen, a daeth ei enw a'i weithgaredd yn hysbys i fwy o lawer o'i gyd-Gymry. Yn wahanol iawn i nifer o'i gyd-radicaliaid yn Llundain, ni chefnodd ar ei weriniaetholdeb ac ni cheisiodd gelu'r ffaith ei fod yn tynnu'n groes i farn y mwyafrif. Fe'i hystyrid yn ddyn peryglus tu hwnt gan gynheiliaid y drefn. 'Dau waeth yw Ned Wiliam na'r diawliaid',[2] meddai Dafydd Ddu Eryri, prif leisydd y garfan wrth-Iolo yn y Gogledd. Yn ôl Miss Blanche Lewis o Lanisien, tybiai holl deuluoedd bonheddig y Fro ei fod yn 'terrible Jacobin'[3] ac ofnai Richard Crawshay, y meistr haearn cyfoethocaf ym Merthyr Tudful, ei fod yn lledaenu brad lle bynnag yr âi.[4] Am ba hyd, tybed, y llwyddai i'w gadw ei hun o afael y gyfraith?

Wedi iddo gyrraedd adref, hawdd credu bod gan Peggy bethau hallt i'w dweud wrtho am esgeuluso ei deulu ac am ymddwyn mor anghyfrifol yn y brifddinas. Nid oedd yn awyddus i'w weld yn dychwelyd i Lundain ac ymddengys ei bod wedi cael ei ffordd gan mai dim ond am gyfnod byr iawn yn ystod mis Mawrth 1802 y bu Iolo yno. Ceisiodd ei hen gyfeillion ei berswadio lawer gwaith i rodio'r hen lwybrau. Un ohonynt oedd Evan Williams, y Strand, llyfrwerthwr llygadog y cyfeiriai Iolo ato fel 'Skin-flint Williams'. Cynigiodd hyd at 50 gini y flwyddyn i Iolo am olygu cylchgrawn Cymreig newydd o'r enw *Cambrian Register* ond, o bosibl oherwydd ymyrraeth ei wraig, gwrthod a wnaeth.[5] A phan geisiai Owain Myfyr a William Owen Pughe o dro i dro godi hiraeth arno am y dyddiau da yn Llundain a dweud bod croeso iddo o hyd yn y Crindy, ei atgoffa am ei dioddefaint hi a'r plant tra oedd ar drot yn Lloegr a wnâi Peggy. Hi hefyd a roes y farwol i syniad gwallgof Iolo, wedi iddo gyrraedd adref, o agor ysgol yng nghyffiniau Trefflemin lle y gallai roi ei blant ei hun, ymhlith eraill, ar ben y ffordd. Rhaid bod y tri phlentyn bach wedi dod i arfer â chlywed eu rhieni'n dadlau fel ci a chath ar yr aelwyd, yn bennaf ynghylch sut i gael deupen y llinyn ynghyd a sut i gadw allan o gyrraedd crafangau gweision ac ysbïwyr William Pitt. Yn y diwedd anfonodd Iolo ei blant i'r Eagle Academy, ysgol breifat Thomas Williams yn y Bont-faen. Yn ôl un disgrifiad o Williams, 'gŵr tal, teneu, unllygeidiog [ydoedd], yn ysgrifenu â'i law chwith; un o'r ysgolfeistri goreu a ddarfu erioed ysgwyd gwialen fedw'.[6] Yn ystod y blynyddoedd dan sylw rhedodd Iolo i ddyled yn aml, yn enwedig pan ddeuai rhyw aflwydd teuluol i'w ran. Bu raid iddo dalu costau sylweddol i lawfeddyg pan dorrodd Taliesin ei goes ym 1801.[7] Ar adegau felly dibynnai'n drwm ar haelioni Owain Myfyr neu ar ewyllys da y Gymdeithas Lenyddol yn Llundain.

Er mawr syndod i bawb – gelyn a chyfaill fel ei gilydd – heriodd Iolo y drefn yn gyhoeddus drwy agor siop lyfrau a masnach deg yn rhif 14 Stryd Fawr, y Bont-faen, ym mis Medi 1795. Mewn cyfnod pan oedd teimladau gwrth-Ffrengig yn dwysáu a'r mudiad gwrthgaethwasiaeth yn colli tir, mynnai Iolo ymfalchïo'n gyhoeddus ym mreiniau dyn. Rhaid ei fod wedi llwyddo i ddarbwyllo Peggy fod modd iddo ennill bywoliaeth yn nhref farchnad fyrlymus y Bont-faen er bod yr hinsawdd wleidyddol yn hynod anffafriol. Roedd yn hen gyfarwydd, wrth gwrs, â'r dref hon ac yn adnabod ei thrigolion yn dda. Adwaenai hefyd dirfeddianwyr, ffermwyr a chrefftwyr yr ardal, a chan fod

coets y Post Brenhinol yn teithio'n ddyddiol drwy'r dref er 1786 a Swyddfa
Bost i'w hagor ymhen blwyddyn roedd digon o sŵn a chyffro i'w clywed
yno.[8] Rhentiodd Iolo yr adeilad am £8 y flwyddyn oddi wrth yr hetiwr
Isaac Skynner.[9] Am y ddwy flynedd nesaf byddai Bardd Rhyddid Morgannwg
yn sefyll y tu ôl i gownter y siop fasnach deg gyntaf erioed i'w hagor yng
Nghymru:

> Come all to my shop, where good usage you'll find,
> Attendance at call in the manner most kind,
> All favours will meet with sincerest regard,
> Due thanks in return from Ned Williams the Bard.[10]

Buddsoddodd Iolo gyfran helaeth o'r breindal a gafodd o werthiant *Poems,
Lyric and Pastoral* trwy brynu amryw byd o ddiodydd a nwyddau i lenwi
silffoedd y siop.[11] Enillodd drwydded i werthu coffi, coco, te a siocled.[12] A
ninnau mor dueddol i gysylltu enw Iolo â'r cyffur lodnwm, anghofiwn mai
ei hoff ddiod, yn enwedig yn sgil ei waeledd nerfol ym 1792, oedd te. Ai ef,
tybed, oedd y Cymro cyntaf i lunio englyn i'r tebot?

> Rhodd ein Iôn tirion yw te, – mwyn addas,
>   Nas meddwant a'i yfe;
> Rhy awr bêr hwyr a bore,
> O'i weini'n lân yn ei le.[13]

Honnodd Elijah Waring nad oedd yn ddim iddo yfed hyd at ugain cwpanaid
o de ar un eisteddiad ac, yn ôl Morgan Williams, Merthyr: 'fe yfws y *tecil*
yn sych lawer gwaith'.[14] Prynai o Fryste stoc helaeth o wahanol fathau o de:
camomeil a marddanadl pêr oedd ei ffefrynnau personol. Gwerthai hefyd yn
ei siop gyrains, ffigys, rhesins, sinamon, cnau'r India, clofs, pupur, sinsir a
mwstard. O India'r Dwyrain, gan mwyaf, y deuai'r nwyddau hyn a dangosai
Iolo ei gasineb at bob math o felysfwyd o'r Caribî drwy hysbysebu fel hyn yn
ffenestr y siop: 'East India Sweets, uncontaminated with human gore.'[15]

> Here are currants and raisins, delicious French plumbs,
> The Christian free sugar from East India comes,
> And brought from where Truth is not yet in the bud,
> Rank Church-and-King sweets for the lovers of blood.[16]

Sylwodd Ben Franklin ar awydd anniwall Prydain Fawr farus i fod yn geffyl blaen yn y byd masnachol: 'Fondness for Conquest as a Warlike Nation, her Lust of Dominion as an Ambitious one, and her thirst for a gainful Monopoly as a commercial one.'[17] Peth sobreiddiol yw sylweddoli bod Prydain yn rheoli 200 miliwn o bobl, sef chwarter poblogaeth y byd, yn ystod y cyfnod hwn. Ffieiddiai Iolo lywodraeth Prydain am ymbesgi ar waed dynol ryw ac am dorri ei syched drwy lyfu dagrau gweddwon, plant amddifad a chaethweision dioddefus. Ac yntau ar ei ffordd adref o Lundain ar 15 Mehefin 1795 cafodd gyfle i fynychu darlith enwog Samuel Taylor Coleridge ar y pwnc hwnnw ar y cei ym Mryste. Yn wir, fe'i hysbrydolwyd ganddi. Er y gwyddai'n dda fod y rhan fwyaf o drigolion y Bont-faen, heb sôn am weddill Cymru, yn bleidiol i gaethwasiaeth, roedd yn fwy na pharod i roi pryd o dafod i bob cwsmer a geisiai amddiffyn 'that most horrid traffick in human blood'.[18] Pan fyddai rhai o'i gwsmeriaid yn edliw iddo'r ffaith fod ei frodyr yn elwa'n sylweddol ar lafur caethweision yn Jamaica, tystiai Iolo iddo eu diarddel ers tro byd. A phan geisiodd un o siopwyr Bryste ei berswadio i chwyddo'i enillion drwy symud i dref ffyniannus Abertawe, dywedodd na allai fyth ddygymod â'r 'slave-trading, war-whooping commerce' a gynhaliai'r 'Copperopolis' fawr honno.[19] 'O, Iolo! Iolo!'[20] oedd ymateb William Owen Pughe pan wrthododd Iolo ildio modfedd ar faterion moesegol. Lle bynnag yr âi, mynegai ei gasineb at gaethwasiaeth heb flewyn ar dafod. Mae'n gywilydd o beth nad oes ond un cyfeiriad (a hwnnw'n un dros ysgwydd) yn y gyfrol *Slave Wales* at gyfraniad Iolo i'r mudiad gwrthgaethwasiaeth yng Nghymru.[21] Os na chaiff Iolo barch gan ein haneswyr, pwy ddaw i'r adwy?

Mewn rhan arall o'r siop gwerthai Iolo hetiau a chapiau amlbwrpas, gan ddarparu 'capiau rhyddid' ar gyfer pleidwyr rhyddid a chyfiawnder cymdeithasol:

Here are hats of all sorts, good as ever were seen,
One guinea, one shilling, all prices between,
And fearless of spies and th'Informer's fell traps,
He'll soon become dealer in Liberty caps.[22]

Yno hefyd gellid prynu ffyn cerdded, ambarelau, bachau pysgota, bocsiau siafio, sisyrnau, raseli, persawrau a llu o eitemau eraill.[23] Pwysicach na'r rhain yng ngolwg Iolo oedd y myrdd o gylchgronau, gan gynnwys y *Cambridge Intelligencer* a'r *Critical Review*, a werthid ganddo. Gwegiai'r silffoedd dan bwysau almanaciau, beiblau, geiriaduron, gramadegau, llyfrau gweddi, llyfrau sillafu, cyfrifyddion parod, primlyfrau, pensiliau, creonau, seliau cochion ac, yn bwysicach na dim, lliaws o weithiau mwyaf grymus Tom Paine, Richard Price, Joseph Priestley, John Milton, Voltaire ac eraill.[24] Ymhlith y llyfrau mwyaf gogleisiol ar ei silffoedd, yn ôl Iolo ei hun, oedd 'Peter Pindar's book about the lice in the king's head – a damn good thing' ac 'A Book about Bonyparty and Tom Paine'.[25] Pa ryfedd fod nifer o bobl ddylanwadol y dref o'r farn mai cangen o Gymdeithas Gohebu Llundain oedd siop lyfrau Iolo Morganwg? Ymfalchïai yn ei gasgliad cyfoethog o eitemau:

Th' abettor of slav'ry, the Church-and-King Turk,
Here may be supplied with the quibbler of Burke.
Cowper's king-flogging Talk, how delightful the strain!
And for lovers of Truth, Rights of Man by Tom Paine.[26]

Rhaid bod galw heibio'r siop yn brofiad cofiadwy, yn enwedig pan fyddai Iolo ar ei fwyaf afieithus. Pan wysiwyd ef i roi tystiolaeth gerbron Llys y Sesiwn Fawr yn erbyn Ann Roberts, gwraig ddibriod gecrus o'r dref a gyhuddwyd o achosi difrod gwerth £200 i eiddo Jane Jenkins, roedd ei ddisgrifiadau mor lliwgar fel y dywedodd sawl un na chafwyd y fath hwyl erioed mewn llys barn.[27] Fe'i disgrifiai ei hun o dro i dro fel 'chwaldodwr' (*chatterbox*) ac fel 'a very wicked Welsh bard', a hawdd dychmygu iddo lwyddo i ddiddanu a ffromi llawer o'i gwsmeriaid drwy ymddwyn fel 'a consumed Sanculote' wrth drafod brenhinoedd, esgobion ac offeiriaid â hwy.[28] Cythruddai bileri'r gymdeithas drwy agor drysau'r siop ar ddiwrnodau ympryd, adegau pan ddisgwylid i ddinasyddion teyrngar dreulio'u hamser yn gweddïo dros luoedd arfog Prydain yn eu brwydr ddidostur yn erbyn Ffrainc. Ond ni allai Iolo feddwl am eiriol dros ryfelgarwyr a rhyfelwyr. O ganlyniad, fe'i cedwid dan wyliadwriaeth fanwl. Pan sylweddolodd fod dau ysbïwr o'r enw Rich a Martin yn ysu am gyfle i'w ddwyn gerbron ei well, penderfynodd dynnu blewyn o'u trwyn. Gosododd yn ffenestr flaen y siop lyfr yn dwyn y label trawiadol 'The Rights of Man'. Gwelodd Curtis y label, aeth i mewn i'r siop a holi Iolo faint oedd ei bris. Fel hyn y cofnodwyd gweddill yr ymgom gan ei gyfaill, y bardd Robert Southey:

'Five Shillings.' He threw down the money. 'This shall go to Billy Pitt', and he shook it in triumph at the bard. But when he opened the book, his countenance changed, and he exclaimed, 'Damn the rascal – the Bible, by God.'[29]

Nid oedd dim a roddai fwy o foddhad i Iolo na drysu cynlluniau ysbïwyr William Pitt.

Anodd gwybod pwy oedd ei gwsmeriaid gorau. A barnu yn ôl ei sylwadau am wahanol haenau o'r gymdeithas yn y Fro, mae'n amlwg ei fod yn cynhesu'n bennaf at ffermwyr bychain, crefftwyr a thyddynwyr, pobl ddiddan a diwylliedig, gweithwyr taclus a chymeriadau diddorol a oedd yn byw mewn tai cymen, gwyngalchog ym mhentrefi bach yr ardal. Teimlai llengarwyr Cymraeg y dref hefyd ddyletswydd i gynnal ei freichiau, yn enwedig beirdd a rannai'r freuddwyd Ioloaidd ynghylch dyfodol Gorsedd y Beirdd. Rhoddai Iolo groeso arbennig i wrth-Drindodwyr a alwai heibio o'r Blaendir neu'r Smotyn Du yn ne-orllewin Cymru a mantais fawr iddo oedd fod gan dref fyrlymus y Bont-faen fwy na digon o drigolion addysgedig, piniwnus a allai ddal pen rheswm ag ef. 'The Devil', meddai Iolo, 'is both God and Great King at Cowbridge.'[30] Câi gryn bleser yn tynnu coes neu'n condemnio'n hallt rai o'i gwsmeriaid mwy garw. Disgrifiodd rai o'i gymdogion fel 'epil brith y fall'[31] a lluniodd gerddi dychan hynod biwis yn difrïo potwyr y dref – y 'Cowbridge topers' – fel 'a glorious race of drinkers'.[32] Un o'r cymeriadau brith hyn oedd John Rosser, clochydd y plwyf:

Here lies interr'd upon his back
The carcase of old surly Jack,
Fe dyngwys lawer tra fu fyw
Myn crog, myn Cythraul, a myn Duw,
With many a curse and many a damn,
Da gwyddai'r Diawl ag ynteu pam,
But now he struts, a blustering blade,
Lle mae'r Iaith honno'n iaith y wlad![33]

A chan fod Iolo wedi pechu mor aml yn erbyn gwŷr proffesiynol y dref, prin y byddai'r epigram canlynol, a sawl un tebyg iddo, wedi apelio atynt: 'O ymddiried yr enaid i'r offeiriad, y corph i'r meddyg, a'r meddiant i'r cyfreithiwr, diwedd y tri bydd myned i ddiawl.'[34] Tybed a wyddai ei gymydog John Hooper fod Iolo wedi llunio ar ei ran hysbyseb ar gyfer dwy bregeth i'w traddodi ganddo: y naill ar y testun 'Baw i chwi! Baw yn eich dannedd' a'r llall ar 'Dodwch eich trwyn yn 'y nhin i'.[35] Ac yntau mor dueddol i fwrw sen ar bawb a phopeth, mae'n syndod fod Iolo wedi llwyddo i gynnal y fusnes am un mis ar hugain. Ond ar ôl iddo ffraeo â'i landlord Isaac Skynner ynghylch ei ddyledion cynyddol a'r cyfrifoldeb o gynnal a chadw'r adeilad, bu raid iddo gau'r drysau ym mis Mai 1797. Ar gais Skynner, atafaelwyd nwyddau gwerth deunaw gini yn iawn am y dyledion.[36] Unwaith eto roedd pocedi Iolo yn wag.

Gellid bod wedi disgwyl i rywun mor flaengar ag Iolo ymuno â'r garfan fach o awduron Cymraeg radical a oedd yn fodlon herio'r drefn trwy gyfieithu neu addasu deunydd Saesneg a'i gyhoeddi. Eisoes roedd *Y Cylchgrawn Cyn-mraeg*, cyfnodolyn byrhoedlog Morgan John Rhys, wedi dangos y ffordd. Gwyddai Iolo am gynlluniau Tomos Glyn Cothi, cafodd flas ar ddarllen *Ymborth ar Ddydd-Ympryd* (1795) gan William Richards, Lynn, a gwelodd yr angen i rywun fel Jac Glan-y-gors 'ysgrechian ynghymru' (chwedl William Jones, Llangadfan) trwy Gymreigio gwaith Tom Paine.[37] At hynny, roedd gwir angen ennill y blaen ar awduron ceidwadol fel Gwallter Mechain, Thomas Jones (Dinbych) a John Owen (Machynlleth). Ond ni welodd Iolo yn dda i gyfansoddi na chyfieithu deunydd radical yn Gymraeg.[38] Ai gorbrysurdeb neu ddiffyg hyder oedd i gyfrif am hyn? Neu'r ffaith fod yr esgid yn gwasgu a bod angen iddo ganolbwyntio ar y dasg o fwydo'i deulu.

Hyd yn oed pan oedd ei siop ar agor, bu'n rhaid i Iolo chwilio am ffyrdd eraill o ychwanegu at ei incwm. Yn ystod haf 1796 gwelodd hysbyseb gan y Royal Bath and West Agricultural Society yn gwahodd ceisiadau gan ymgeiswyr cymwys i archwilio cyflwr amaethyddol de Cymru, rhan o fenter fawr gyffrous a sefydlwyd gan y Bwrdd Amaeth, dan gyfarwyddyd ei lywydd Syr John Sinclair, i wella cyflwr amaethyddol y deyrnas.[39] Credai Iolo fod ei gymwysterau yn gweddu i'r dim ar gyfer y fath swydd. Yn un peth, roedd yn arddwr penigamp. Cadwai ardd lysiau a pherllan ffrwythlon dros ben yn

Nhrefflemin. Arbenigai ar dyfu afalau, llawer ohonynt ag enwau Cymraeg wedi'u bathu ganddo ef. Cyfrifid ef yn y 1780au yn ffermwr arbrofol a goleuedig ac roedd ganddo hefyd wybodaeth gyfewin fanwl am ddaeareg, daearyddiaeth ac arferion cymdeithasol de Cymru, yn enwedig sir Forgannwg, y sir fwyaf blaengar a ffyniannus yng Nghymru. Gan fod William Matthews, ysgrifennydd y Royal Bath and West Agricultural Society, yn barod i edrych yn ffafriol ar ei gais ac yn llawn anogaeth, daeth Iolo i gredu bod ganddo gyfle da i gipio'r swydd. Ym mis Mehefin gadawodd Peggy i ofalu am y siop er mwyn iddo yntau allu treulio chwe wythnos yn tramwyo drwy siroedd Morgannwg a Chaerfyrddin yn casglu stôr o wybodaeth fanwl am hinsawdd, tirwedd, priddoedd, cnydau, diwydiannau, gwrteithiau, ffrwythau, anifeiliaid a physgod eu plwyfi. Bu hyn yn sail i adroddiad rhagarweiniol eithriadol o fanwl a difyr, adroddiad a fyddai, yn nhyb Iolo, yn sicr o argyhoeddi'r Bwrdd Amaeth mai ef oedd y dyn gorau ar gyfer y dasg.[40] Yn wir, edrychai ymlaen yn eiddgar at ennill cyflog o £50 am chwe mis o waith.

Ond y gwir yw fod y drafft a baratowyd ganddo yn dioddef o ddau ddiffyg sylfaenol, sef natur wasgarog y gwaith a'i ragfarn wleidyddol ddi-alw-amdani. Ni cheisiodd Iolo gelu'r rhain o gwbl. Yn wir, cyfaddefodd yn yr adroddiad ei hun fod hel sgwarnogod yn ail natur iddo: 'I digress too much, but it is my wicked way and I cannot help it.'[41] Dichon y byddai'r pwysigion yn Llundain wedi maddau iddo am geryddu rhai o ffermwyr diog a di-glem sir Gaerfyrddin, ond brithwyd yr adroddiad hefyd â sylwadau gwleidyddol miniog, megis y condemniad ysgubol hwn o Samuel Horsley, esgob erlitgar Tyddewi: 'God made man in his own image, we are told; but why were we not cautioned by the same writers that the Devil made also at Abergwily a brute animal resembling man in his own image: the Bishop of St. Davids lives at Aber-gwily. I feel indignant!!!'[42] Hawdd dychmygu mwy nag un aelod o'r Bwrdd Amaeth yn bwldagu wrth ddarllen sylwadau o'r fath. Dychrynwyd Matthews gan amharodrwydd Iolo i lynu wrth y cyfarwyddyd a gawsai a lluniodd frawddeg sy'n disgrifio Iolo i'r dim: 'I perceive it is difficult for you to get through a sheet of writing without aiming a shaft at tyrants and priests.'[43] Mynnai Iolo ddweud y plaendra, costied a gostio. Nid yn annisgwyl, penderfynodd aelodau'r Bwrdd nad eu lle hwy oedd rhoi cyfle i'r gweriniaethwr bach i ledaenu ei syniadau bradwrus ym Morgannwg. Erbyn hynny roedd Richard

Crawshay wedi cael gair yng nghlust Syr John Sinclair. Ac yntau'n gynddeiriog erbyn hyn, credai Iolo mai 'mere humbug' oedd y Bwrdd Amaeth, 'a club of loggerheads' na fyddai byth yn dod i ddeall problemau amaethwyr Cymru.[44] Rhwbiwyd halen ar y briw pan gomisiynwyd neb llai na Gwallter Mechain, yr eglwyswr ceidwadol o Bowys a oedd, o ran gallu a gwybodaeth, yn ail gwael iawn i Iolo, i gyflawni'r gwaith. Yn wahanol i Iolo, wrth gwrs, gwyddai ef sut a phryd i wenieithu. Yn ffodus, penderfynodd Gwallter baratoi'r gyfrol gyntaf ar ogledd Cymru ac erbyn iddo droi ei sylw at y Deheudir roedd Owain Myfyr wedi ei berswadio i gyflogi Iolo fel amanuensis am dâl o £50. Dechreuodd Iolo ar ei 'agricultural ramble',[45] chwedl ef, ym 1802 a phan gyhoeddwyd *A General View of the Agricultural and Domestic Economy of South Wales*, mor ddiweddar â 1814, roedd stamp digamsyniol Iolo arno er bod Gwallter wedi nithio'i sylwadau mwyaf ymfflamychol.[46]

Nid fel siopwr yn unig y bu Iolo'n niwsans glân i'r awdurdodau. Ar ôl dychwelyd o Lundain penderfynodd gynnal cyfres reolaidd o orseddau yn yr iaith Gymraeg, gan roi enwau Cymraeg o'i ddyfais ei hun ar y dyddiadau a glustnodwyd ganddo ar eu cyfer: Alban Eilir (21 Mawrth), Alban Hefin (21 Mehefin), Alban Elfed (21 Medi) ac Alban Arthen (21 Rhagfyr). Nod Iolo oedd cynnal ac atgyfnerthu cerdd dafod drwy urddo a hyfforddi beirdd cymwys a rhoi llwyfan i egwyddorion radical yr oes.[47] Ei fwriad yn y lle cyntaf oedd cynnal y seremonïau hyn ar Stalling Down, ger y Bont-faen. Honnai mai Bryn Owain oedd yr enw cywir ar y man hwnnw a bod neb llai nag Owain Glyndŵr wedi amddiffyn ei wlad yno trwy frwydro am ddeunaw awr yn erbyn lluoedd y brenin. Ffrwyth dychymyg Iolo oedd hyn ac ni ellir profi y tu hwnt i amheuaeth i'r un Orsedd ddangos ei lliwiau yno yn ystod y 1790au.[48] Cafodd Iolo well hwyl arni mewn mannau fel Mynydd y Garth (Pentyrch), Mynydd y Fforest (uwchlaw Ystradowen) a Glynogwr rhwng 1795 a 1798.

Beirdd o anian radical a godai eu llais yn y gorseddau hyn, yn eu plith William Dafydd (Gwilym Glynogwr), Edward Williams (Iolo Fardd Glas), Edward Evan (Iorwerth Gwynfardd Morgannwg), Thomas Evans (Tomos Glyn Cothi) a William Moses (Gwilym Glan Taf). Y rhain oedd milwyr traed Iolo. Ufuddhaent iddo yn ddigwestiwn pan alwai arnynt i baratoi a datgan cerddi ar bynciau fel moesoldeb, rhyfel, heddwch a brawdgarwch. Taranai Iolo ei hun yn erbyn y frenhiniaeth a'r offeiriadaeth, gan ganu clodydd Rhita Gawr a hen lewion dewr y Cymry. Ar ben Mynydd y Garth ym 1797 mynegodd ei gasineb at hunan-dyb, rhagrith a thrachwant offeiriaid, ac yng Ngorsedd Glynogwr y flwyddyn ganlynol canodd ei gerdd 'Breiniau Dyn' mewn dull y byddai Tom Paine wedi ei gymeradwyo.[49] Honnodd fod rhyddid, megis 'llew rhuadwy mawr' yn seinio drwy'r gwledydd ac y byddai'r werin-bobl cyn bo hir yn llorio'r 'trawsion' ac yn sefydlu trefn gyfiawn o'r newydd ar sail breiniau dyn:

O pam frenhinoedd Byd
Y melwch cwyn cyd
Mewn poethder gwyn
Clywch orfoleddus gainc
Mae'r gwledydd oll fal Ffrainc
Yn rhoddi'r orsedd fainc
I Freiniau Dyn.[50]

Er bod yr awdurdodau'n gwylio'r gweithgarwch hwn ac yn bygwth archwilio papurau Iolo'n fanwl, roedd yr archdderwydd hirben eisoes wedi cuddio unrhyw ohebiaeth a phapurau a allai fod yn sail i achos yn ei erbyn. Roedd hyd yn oed yn ddigon hyderus i roi cynnig ar gynnal gorseddau yng ngogledd Cymru, talcen caled i bob un o edmygwyr 'Twm Paen'. Ar Fryn Dinorwig yn Hydref 1799 datganodd Iolo, yn ei ddull mwyaf soniarus, 'Cywydd Gorymbil ar Heddwch', cerdd ddeunaw pennill (cyfanswm o 282 o linellau) yn taranu yn erbyn rhyfelgarwch llywodraeth Prydain:

Rhyfel yn gawr sy'n rhwyfaw
Fal tonnau'r aig, fal draig draw;
O! Dduw, cylchynu'r ddaear
Mae ag anrhaith, yn faith fâr.[51]

Safai teyrngarwyr y Gogledd yn gegrwth o'i flaen a thalwyd y pwyth yn ôl pan ganodd Gutyn Peris, un o gywion Dafydd Ddu Eryri, gân deyrngarol yn dymuno hir oes a llwyddiant i'r brenin Siôr III, brenin y cyfeiriai Iolo ato'n aml fel y 'Crinwas gwaedgar'.[52] Dyma'r Cymry a gâi wefr wrth gyfarch Britannia a thrwy ganu clodydd Nelson. A'r rhyfel yn ei anterth, pa obaith oedd gan Iolo o osod ar dir cadarn y math hwn ar gonfensiwn neu ŵyl genedlaethol a fyddai'n ymgyrchu dros werthoedd llenyddol y Cymry a thros ddemocratiaeth?

Fel pe na bai hyn oll yn ddigon i dynnu sylw ato'i hun, daliai Iolo i arddel perthynas â hen gyfeillion radical. Siom o'r mwyaf iddo oedd cael ar ddeall fod enwogion fel Coleridge, Dyer, Southey a Wordsworth wedi cefnu ar radicaliaeth yn sgil y Dyddiau Dychryn yn Ffrainc, er i rai ohonynt barhau i edmygu safiad y Cymro a'i barodrwydd i barhau â'r frwydr. 'I am happy to find you retain your old pen', meddai George Dyer wrtho, 'and that you play off the rights of man so well.'[53] Bu mewn cysylltiad hefyd â John Thelwall, radical penboeth a oedd, yn nhyb William Pitt, y dyn mwyaf peryglus ym Mhrydain, ond a oedd bellach yn byw ar fferm yn Llyswen yn Nyffryn Gwy. Cynigiodd i Iolo wely a brecwast a digon o ddiod, meddai, i ddenu unrhyw fardd, athronydd a democrat gwerth ei halen.[54] Un arall a chanddo'r enw o gythruddo'r awdurdodau oedd John Owen, mab William Owen Pughe, a rhoes Iolo bob cymorth iddo pan geisiodd brynu tŷ yn ardal y Bont-faen ('to be Glamorganized',[55] chwedl Pughe). Gyda llawenydd mawr y clywodd y gŵr ifanc hyderus yn dweud 'The first year of the republic is fast approaching.'[56]

Nid oedd Iolo ychwaith am i'r Prif Weinidog ei anghofio. Brithir ei bapurau â sylwadau difrïol am 'Wil Pwll Uffern' a'i awydd anniwall i ladd ac anrheithio pobl ddiniwed. Ym mis Rhagfyr 1796 magodd ddigon o blwc i lunio llythyr hirfaith at Pitt yn ei ddwrdio'n hallt am godi trethi ar ddiod (yn enwedig te) a bwydydd a oedd yn rhan hanfodol o luniaeth feunyddiol teuluoedd tlawd.[57] Dywedodd ei fod ef ei hun a'i deulu'n ddibynnol ar ddŵr, te, llymru, llysiau o'r ardd a rhyw damaid o gig o bryd i'w gilydd. Gwyddai Iolo cystal â neb mai'r rhyfel yn erbyn Ffrainc oedd y drwg yn y caws. Er mwyn talu am y rhyfel bu raid i Pitt wario'n sylweddol iawn. Cododd y swm angenrheidiol o £8m ym 1793 i £26m ym 1795. Ceisiwyd datrys y broblem drwy fenthyg arian, ond erbyn 1796 roedd y ddyled genedlaethol wedi tyfu'n arswydus i £310m. Cystwywyd Pitt yn ddidrugaredd gan Iolo am ei 'blood-loving depravity' a gofynnodd iddo gwestiwn sydd wedi atsain drwy'r canrifoedd:

How is it, sir, that Christian powers are much more at war with each other, and always have been, than the Mahometan or any other governments? Why is there more infernality in countries professing the religion of the Prince of Peace than else-where?[58]

Ffieiddiai Iolo hefyd at ymgais Pitt, trwy gyfraith gwlad, i ddistewi llais pob radical. O fis Tachwedd 1795 ymlaen gellid dwyn achos o deyrnfradwriaeth yn erbyn unrhyw un a siaradai neu a gynllwyniai yn erbyn y llywodraeth. At hynny, gweithred anghyfreithlon o hynny ymlaen fyddai cynnal darlith neu ddadl ar bwnc gwleidyddol heb ganiatâd. Honnai Iolo fod erlidwyr cyflogedig Pitt lawn mor ddidrugaredd â milwyr Edward I, y brenin a'r 'bardicide' mwyaf ffiaidd a welwyd erioed ar wyneb daear.[59] Mewn llythyr treiddgar a theimladwy at y nofelydd Mary Barker ar 26 Mawrth 1798 ailfynegodd Iolo ei awydd i weld diwygiad gwleidyddol heddychlon ym Mhrydain, diwygiad a fyddai'n agor y ffordd at ddileu erledigaeth, rhyfel, caethwasiaeth a thrais.[60] Onid oedd hi'n bryd i bobl sylweddoli mai'r Prif Weinidog a'i gynffonwyr oedd y gelyn oddi mewn?

Will Pitt, Harry Dundas [and] their understrappers are the only real Jacobins that I know in this [kingdom]. They have introduced the terrorism by which Marat & Robespierre r[uled] for a while in France. They brand with this invidious term all that wish for peaceable, rational and morally-principled reform.[61]

Condemniai'r brenin Siôr III hefyd am ei ryfelgarwch. Câi hunllefau blin am y 'cigydd brenhinol' hwn a oedd yn 'lladd a llosgi'r ffordd y cerddo . . . noeth yw ei gledd ef yn erbyn pob cyfiawnder, pob gwirionedd, a phob tangnef[edd]'.[62]

Erbyn hyn hefyd nid oedd Iolo mor barod i ganu clodydd Tom Paine. Nid oes unrhyw amheuaeth na chlwyfwyd ef yn fawr gan waith dadleuol Paine, *Age of Reason*. 'Tom Paine . . . is a kind of Devil',[63] meddai, wrth ddadansoddi cynnwys ei waith:

[He has] loaded Christianity with all the absurdities of Popery and Church-and-Kingery, with all the superstitions and heathenisms of Rome and of Britain, and after painting it thus with the clumsy daub of priestcraft and

parsonic frippery, dressed it up in a harlot's Garb, he levels at it his shafts of
Malice. What he combats is for the most part I confess unable to stand before
the weapons of reason.[64]

Dechreuodd gyfieithu *Apology for the Bible* (1796), ateb Richard Watson, esgob
Llandaf, i ail ran *Age of Reason*, ond ni lwyddodd i'w orffen a'i gyhoeddi.[65]
Daliai Iolo i barchu Tom Paine, ond teimlai reidrwydd i wneud safiad fel
amddiffynnydd y ffydd Gristnogol: 'I am as much a republican as Tom Paine
and more of a leveler because I am so on the principles of Jesus Christ, a
sansculotte indeed in whom there is no guile.'[66]

Ni chollai gyfle ychwaith i daranu yn erbyn rhai o deuluoedd y Fro, yn
enwedig y meistri tir grymus a oedd yn atafaelu erwau lawer o dir ac yn
gorfodi teuluoedd tlawd i chwilio am amgenach safon byw yn America:

> There is a spirit, daringly false, abroad, that denies the most obvious Truths.
> It is of course necessary to be minutely particular on this occasion, as a feeble
> attempt to open the eyes of Government to see the ruin that, a most horridly
> corroding cancer, pushes out its baneful root in every quarter.[67]

Nid bod rhai o'r teuluoedd mwy sefydlog a pharchus o reidrwydd yn rhyngu
ei fodd ychwaith. Beth fyddai'r ymateb yn lleol tybed petai wedi datgelu ei
ddisgrifiadau preifat o'u nodweddion: 'Y Carniaid penchwiban, Y Bassediaid
trwynuchel, Y Twrbiliaid ffrostus, Y Matheuaid poethwylltion [teulu ei fam],
Y Manseliaid gwallgofus, Y Tomasiaid meddwon, Y Siencyniaid dichellgar, y
Rhaglaniaid chwaldodog a'r Spenceriaid ynfydion.'[68] Er mai rhyw ddifyrrwch
personol oedd sylwadau fel hyn, mae'n brawf pellach nad oedd Iolo yn un
hawdd ymwneud ag ef. Ni fyddai teuluoedd bonheddig ychwaith wedi
gwerthfawrogi ei sylwadau ym 1796 ar gyflwr tlodion y Fro ac ar gyflwr
gwarthus y tlotai: 'Parish work-houses have in the most places been hitherto
Jails rather than places of employment.'[69]

Uno mewn cwlwm Prydeinig gwladgarol a wnâi mwyafrif y Cymry ar
adegau tyngedfennol, megis pan laniodd llynges o Ffrainc ar Garreg Gwastad,
Abergwaun, ar 22 Chwefror 1797. Aeth ias o arswyd trwy'r deyrnas pan
ledodd y newyddion – 'fel tân gwyllt yn difa sofl',[70] chwedl un gweinidog yr
efengyl – fod y gelyn mawr wedi cyrraedd tir cysegredig Prydain. Ers dyddiau

cynnar Protestaniaeth cyflyrwyd y Cymry i gasáu'r Babyddiaeth a'r trais a oedd yn annatod glwm wrth 'Johnny Foreigner' a bu cryn gynnwrf yn ne Cymru am rai wythnosau. Gyda synnwyr trannoeth, gallwn weld mai ffars oedd y cyfan, digwyddiad comig braidd yn hytrach na bygythiad go-iawn. Roedd Iolo ymhlith yr ychydig rai i sylweddoli hynny. Tra oedd ei gyd-wladwyr yn gweddïo am waredigaeth rhag y Ffrancod gwaedlyd, ymlawenhâi 'Whimsical Ned' wrth weld cynifer o bobl dda sir Benfro yn cachu llond eu trywsusau ('Breeches, peticoats, shirts, shifts . . . have been most woefully defiled') yng ngŵydd 'llond gwniadur' o rapsgaliwns mwyaf di-glem Ffrainc.[71] Wrth drafod y digwyddiad yn hwyliog braf gyda William Owen Pughe, pryfociodd Iolo ei gyfaill ymhellach drwy ganmol dyfeisgarwch y gelyn a phwysleisio bod y gilotîn yn brawf ardderchog o hynny: 'We must allow that the French are before hand with us in the most useful arts and sciences – witness their invention and use of the guillotine.'[72]

Ond eithriad oedd Iolo yn hyn o beth. Mynnodd boneddigion a Methodistiaid Calfinaidd y de-orllewin wneud melin a phandy o'r glaniad. Ar 7 Medi dygwyd achos llys yn Hwlffordd yn erbyn dau ffermwr lleol. Ar sail tystiolaeth hynod o simsan o du rhai o'r Ffrancod, fe'u cyhuddwyd o roi swcr i'r 'banditti' gwaedlyd. Ond roedd y dystiolaeth a gyflwynwyd i'r llys mor druenus o wan fel y bu raid i'r barnwr, yn groes graen, eu gollwng yn rhydd. Cafwyd cofnod dirdynnol o'r achos a'i ganlyniadau gan y Bedyddiwr William Richards yn *Cwyn y Cystuddiedig a Griddfanau y Carcharorion Dieuog* (1797). Gwyddai Iolo y byddai raid i Anghydffurfwyr radical fel ef wynebu dialedd teyrngarwyr. Llifai gweithiau gwladgarol a senoffobig o'r wasg Gymraeg, yn eu plith *Diwygiad neu Ddinystr* (1798), llith ffyrnig yn erbyn Jacobiniaeth gan Gwallter Mechain, a *Gair yn ei Amser* (1798), portread unllygeidiog o 'greulonderau Ffrainc' gan Thomas Jones, Dinbych. Cynyddodd y teimladau gwrth-Ffrengig yn ddirfawr ac mae'n arwyddocaol na chynhaliwyd yr un seremoni o Orsedd y Beirdd rhwng 1799 a 1814.

Yna, yn gwbl ddirybudd, cyfansoddodd Iolo gerdd yn clodfori gwaith Troedfilwyr Gwirfoddol y Bont-faen, corfflu a sefydlwyd ym 1797 i amddiffyn, chwedl yr arwydd ar eu baner, 'Ein Duw, Ein Gwlad, Ein Brenin'.[73] Yn sgil yr ofnau a godwyd gan y glaniad yn sir Benfro, clywid y 'Ffeiffs a'r Drums yn roario'[74] ledled Cymru wrth i'r awdurdodau geisio atgyfnerthu'r arfordir drwy gryfhau rhengoedd y milisia ac annog mwy o wirfoddolwyr i ddod i'r adwy. Erbyn 1804 roedd oddeutu 380,000 o wirfoddolwyr ledled Prydain (torsythai neb llai na William Owen Pughe ymhlith gwirfoddolwyr Clerkenwell) yn awchu am gyfle i ddysgu gwers i luoedd Napoleon. Canai'r beirdd gerddi brwd yn canmol eu dewrder. Roedd hynny i'w ddisgwyl, ond prin fod neb wedi breuddwydio y byddai arweinydd Gorsedd Beirdd Ynys Prydain a draenen mor bigog yn ystlys lluoedd arfog Prydain yn cymeradwyo aberth y 'Glamorgan Volunteers'. Oddi ar hynny mae rhes hir o haneswyr wedi honni bod y gerdd hon yn brawf fod Iolo wedi cefnu'n llwyr ar ei werthoedd radical. Camsyniad yw hynny. O ddarllen y gerdd yn ofalus, ac yn ei chyd-destun, gwelir nad yw Iolo yn clodfori lluoedd arfog Prydain o gwbl. Yn wir, cyfeiria atynt fel 'Devils Incarnate . . . Infernals of the deepest black'. Dathlu clod dewrion lleol a wna oherwydd iddynt sefyll yn llinach hen arwyr fel Caradog, Ifor Bach a Morgan ap Hywel drwy amddiffyn glannau sanctaidd 'Gwladforgan':

> Un ac oll cyfoll cyfun
> Gyda nerth i gyd yn un.[75]

Un peth oedd diogelu cartref, câr a theulu, peth arall (cwbl ffiaidd) oedd parhau i dywallt gwaed trwy gynnal rhyfel diangen ar lwyfan rhyngwladol. Nid yw'r sawl sy'n casáu rhyfel o reidrwydd yn heddychwr.

Daliai Iolo i genhadu dros Undodiaeth, er bod yr hinsawdd wleidyddol yn anffafriol a gweision Pitt yn gwasgu'n dynnach nag erioed ar radicaliaid. Dywedodd wrth Theophilus Lindsey ei fod yn disgwyl byw i weld 'a glorious Unitarian church'[76] yng Nghymru. Mae'n werth pwysleisio unwaith eto fod Undodiaeth yn anghyfreithlon hyd at 1813. Dan amodau Deddf Goddefgarwch 1689 ni châi gwrth-Drindodwyr yr un rhyddid a'r un manteision ag Anghydffurfwyr eraill. Pobl esgymun oeddynt. At hynny, pan basiwyd Deddf Cabledd ym 1698 fe'u gwaharddwyd rhag dal swyddi cyhoeddus a'u rhwystro rhag manteisio ar hawliau cyfreithiol addolwyr eraill. Yn wir, dan y gyfraith gellid carcharu gwrth-Drindodwyr am hyd at dair blynedd am bledio'u ffydd yn gyhoeddus. Ceisiwyd unioni'r cam hwn trwy gyflwyno deiseb i'r Senedd ym 1792, ond fe'i gwrthodwyd yn ddiymdroi. O ganlyniad, câi gelynion Undodiaid dragwyddol heol i'w portreadu fel anffyddwyr neu fradwyr. Ni allai Iolo osgoi'r cysgod bygythiol hwn. Ymhlith ei wrthwynebwyr pennaf oedd esgobion Cymru, yn enwedig Samuel Horsley, esgob Tyddewi. Gwrth-Drindodwr anghymodlon oedd Horsley a pheth arswydus, meddai Iolo, oedd ei weld yn arwain 'tali-ho' yn erbyn Undodiaid ac yn annog ei fytheiaid i'w llarpio, gan osod 'palfau llygredigaeth ar bob peth . . . pob gwirionedd, pob cyfiawnder, a phob braint naturiawl i ddyn'.[77] Nid oedd ei olynwyr – George Murray a Thomas Burgess – fymryn mwy goddefgar.

Er bod gan esgobion rym gwleidyddol sylweddol, ar lawr gwlad y Methodistiaid Calfinaidd oedd yn peri'r drafferth fwyaf i'r Undodiaid. O 1738 ymlaen bu diwygwyr Methodistaidd wrthi'n ddyfal yn sefydlu seiadau yn y Fro. Ond ni chawsant lwyddiant mawr nes i Dafydd Jones, brodor o sir Gaerfyrddin, ymgartrefu yn Llan-gan ym 1767. Gŵr ifanc gweithgar oedd Jones ac, yn ôl y gair, roedd 'gwres yn ei ysbryd a min ar ei bregethau'.[78] Tyrrai addolwyr yn eiddgar i'w wasanaethau cymun misol a dechreuwyd crybwyll Llan-gan yn yr un gwynt â Llangeitho a'r Bala. 'Dawn Duw lond ei enaid oedd',[79] meddai Dewi Wyn o Eifion am Jones Llan-gan a buan y sylweddolodd Iolo ei fod yn gystadleuydd i'w ofni. Fel y gwelsom, ni allai Iolo ddygymod â 'Phlaid Calfin gerwin eu geiriau' a brithir ei bapurau â sylwadau difriol ar bwyslais afiach y 'Welsh Jumpers' ar lesmeirio, llefain a llamu wrth fynegi eu llawenydd ysbrydol ac ar eu tueedd i'w galw eu hunain yn 'bobl Dduw'.[80] I Iolo, roedd pen golau yn bwysicach na chalon ar dân. Casâi hefyd y ffaith fod arweinwyr y Methodistiaid yn siarsio eu dilynwyr i barchu brenin, gwlad ac eglwys ac i fod yn ufudd a thawel yng ngŵydd eu harweinwyr gwleidyddol. Credai hefyd eu bod yn lladd hen ysbryd llawen y Fro drwy eu hobsesiwn â phechod, cystudd ac arteithiau uffern. Pa ryfedd, felly, iddo ddisgrifio Methodistiaeth fel 'the greatest pest of all true religion'?[81]

Cafodd brofiad uniongyrchol o ysbryd erlitgar Methodistiaeth yng nghanol y 1790au. Ryw filltir o'r Bont-faen safai tŷ cwrdd Aberthin lle'r oedd cynulliad cymysg o Fethodistiaid, Annibynwyr, Sandemaniaid a Sabeliaid wedi cydaddoli ers sawl blwyddyn yn gymharol ddigynnwrf. Roedd rhai ohonynt yn ddynion hynod alluog a daeth Iolo i adnabod dau emynydd dawnus yn eu plith. Un o Bendeulwyn oedd Thomas William, ffermwr pruddglwyfus a gyfansoddodd emynau gloyw fel 'O'th flaen, O! Dduw, rwy'n dyfod' ac 'Adenydd fel c'lomen pe cawn'.[82] Ar ôl priodi ym 1790 symudodd i fferm Ffwl-y-mwn ym mhlwyf Pen-marc ac wedyn i fferm gerllaw Iolo yn Nhrefflemin. Saer a chowper oedd John Williams, Sain Tathan, wrth ei alwedigaeth a chofir amdano fel awdur emynau fel 'Pwy welaf o Edom yn dod' a 'Pa feddwl, pa 'madrodd, pa ddawn'.[83] Pwy a ŵyr na fu Iolo yn trafod emynyddiaeth â hwy? Wedi'r cyfan, dyma'r blynyddoedd pan adfywiwyd ei ddiddordeb mewn cerddoriaeth a chyn pen dim byddai'n dod i'r amlwg fel prif emynydd Undodiaid Cymru.

Sut bynnag, anesmwythodd Iolo pan ddatblygodd tyndra rhwng Methodistiaid ac Annibynwyr yng nghapel 'cymysg' Aberthin. Aeth pethau o chwith ym 1791 pan ddiarddelwyd Peter Williams gan y Methodistiaid Calfinaidd yn Sasiwn Llandeilo am fod ei esboniad o'r Beibl, meddid, yn sawru o Sabeliaeth.[84] Rhufeiniwr o'r drydedd ganrif oedd Sabelius a esgymunwyd am honni bod tri pherson y Drindod yn ddim byd mwy nag agweddau ar y Bod Dwyfol. Galwai Iolo y Sabeliaid yn 'Duwddyndodwyr'.[85] Mudlosgodd yr annifyrrwch tan 1797 pan ffrwydrodd y tensiynau i'r wyneb chwe mis ar ôl marwolaeth Peter Williams. Gwylltiodd David Davies, gweinidog efengylaidd Aberthin, a gwnaeth ei orau glas i erlid y gwrth-Drindodwyr o'r tŷ cwrdd. Ond pan gymerwyd llais yr eglwys cafwyd bod gan y Sabeliaid fwyafrif sylweddol. Galwodd y gwrth-Drindodwyr ar Davies i ymddiswyddo, ond ymgaledodd yn eu herbyn a'u melltithio o'r pulpud. 'Fe'u rhwygwn yn ddarnau', bloeddiodd un o'i gefnogwyr. Ceisiodd y Sabeliaid dalu'r pwyth yn ôl trwy gloi drysau'r eglwys a gwrthod caniatáu mynediad i'r pulpud i bregethwr Methodistaidd. Ond torrwyd y clo â morthwylion a rhuthrodd dilynwyr Davies i mewn yn fuddugoliaethus.[86] O ganlyniad, chwalwyd gobaith Iolo o sefydlu Aberthin yn un o ganolfannau pennaf gwrth-Drindodiaeth yn y Fro. Rhwbiwyd halen yn y briw pan ddaeth Thomas William yn weinidog ar dŷ cwrdd enwog Bethesda'r Fro, capel a godwyd rhwng Eglwys Brewys a Llanilltud Fawr. Erbyn hynny roedd yn ŵr cyfoethog a chanddo fferm sylweddol o hyd at 400 erw.[87] Credai Iolo mai trwy anghyfiawnder y llwyddodd William i gronni'r fath dir a bod ei ymddygiad yn nodweddiadol o raib hyrwyddwyr y grefydd ddiwygiadol:

> Tom wyt ym mhob ystyriaeth,
> Tom ffiaidd yw'th brydyddiaeth,
> Ac nid yw'r cyfan sy'n dy ben
> Ond tomen anwybodaeth.[88]

Gadawodd yr helyntion hyn flas cas yng ngheg Iolo, gan beri iddo chwerwi fwyfwy yn erbyn Methodistiaeth. Gwelir yn ei gasgliad helaeth o gerddi anghyhoeddedig ei ragfarn yn erbyn eu hantinomiaeth, eu balchder ysbrydol a'u rhaib. Yn 'Castles in the Air', fersiwn cynnar o *Poems, Lyric and Pastoral*, daw'r Methodist barus dan y lach:

> The Methodist Ranter that bawls in a tub,
> Most queerly distorting his face,
> Put money'n his Pocket, his Paunch fill with grub
> And he'll swear you're elected thro grace.[89]

Mae'n bosibl mai ar ôl gwylio ymateb y torfeydd i bregethu rhai fel Dafydd Jones, Llan-gan, y cyfansoddodd Iolo 'A Jumper's Hymn', cerdd sy'n condemnio'r 'wild rant, and pulpit thumping' a glywid gan epil 'that bloodthirsty Bigot, Jack Calvin'.[90] O na ellid, meddai, lunio crocbren digon grymus neu, yn well fyth, lafn gilotîn i dorri crib eu hefengylwyr:

> Ystyriwn Cawrfolerwyr a welir yn ein plith, sef y Pregethwyr Bolclawdd,
> Bloeddwyr torfreision a bwysant gymmaint â chrynfynydd. Pa raff? Pa
> grogwydden a gaem yn ddigon cryf at y gwaith?[91]

Mae ymateb Iolo i Fethodistiaeth Galfinaidd yn ein hatgoffa na chafodd y mudiad hwnnw groeso twymgalon gan bawb o bell ffordd. At hyn oll, roedd daliadau gwleidyddol Methodistiaid Calfinaidd yn wahanol iawn i eiddo Iolo. Honnai eu harweinwyr mai 'ynfydrwydd mawr' oedd tresmasu ar faes llywodraeth gwlad ac mai dyletswydd dinasyddion cyfrifol oedd mawrhau teyrnas Prydain, diolch am yr holl freintiau a gaent ac ymwrthod yn llwyr â syniadau penboeth chwyldrowyr Ffrainc.

Er gwaethaf y pwysau hyn, daliai Iolo i bleidio Undodiaeth yn gyhoeddus. Ei gyfaill pennaf erbyn hyn oedd Thomas Evans (Tomos Glyn Cothi), gwehydd o ran ei alwedigaeth ac un o'i Orseddogion mwyaf selog. Fe'i hordeiniwyd yn weinidog ar dŷ cwrdd Cwm Cothi, Brechfa, ar 11 Medi 1794. Hwn oedd y capel Undodaidd cyntaf yng Nghymru a phan aethpwyd ati i'w godi cerfiodd Iolo lechen o garreg ac arni'r geiriau 'I ni nid oes ond un Duw y Tad' a'i gosod uwchben y porth.[92] Dau enaid hoff cytûn oedd

Iolo a Tomos: dau grefftwr (saer maen a gwehydd), dau werinwr (Ned y Masiwn a Thwm Penpistyll), dau hyddysg yn y traddodiad barddol ac yn hanes 'ein Hen Wrolion ardderchawg',[93] chwedl Iolo, a dau weriniaethwr penboeth ('Bardd Rhyddid' a 'Priestley Bach'). Joseph Priestley oedd arwr mawr Tomos, cymaint felly fel y bedyddiwyd un o'i blant yn 'Joseph Priestley Evans'. Cyfieithodd rai o weithiau ei arwr a pheth o waith Theophilus Lindsey hefyd. Rhwng 1795 a 1796 daeth i amlygrwydd fel golygydd miniog y cylchgrawn radical chwarterol, *The Miscellaneous Repository or Y Drysorfa Gymmysgedig*. Gan fod hwn yn cynnwys deunydd mor ddadleuol o danbaid, ni welwyd mwy na thri rhifyn ohono. Ond câi Iolo a Tomos oriau o bleser yn ffermdy Penpistyll, ymhell o afael y gyfraith, yn canu'r *Marseillaise* a *Ça Ira*, yn lladd ar y 'Gwir Ddianrhydeddus William Pitt' ac yn breuddwydio am oes decach a dedwyddach. Aent ar eu gliniau'n aml i weddïo dros heddwch a chyfiawnder:

> O Dduw'r trugaredd a'r tosturi! Tosturia wrth gyflwr gresynus dy greaduriaid; achub ddyn rhag dinystr. O! attal ffyrnigrwydd y rhai sydd yn ymbesgi ar waed, gan ymhyfrydu i gamddefnyddio eu hawdurdod; a thraflyngcu tammaid y tlawd, a myned yn foethus ar lafur dy bobl; y rhai a wawdiant wrth ein blinfyd, ac a'n diystyrant yn ein trueni. O, cymmer ymaith y cleddyf dinystriol o'u dwylaw, a gwared y byd o dan orthrymder a gallu treiswyr![94]

Fel Iolo, un garw oedd Tomos Glyn Cothi ac ni allai pawb gynhesu ato. Wedi'r cyfan, cynrychioli barn lleiafrif bychan iawn a wnâi ef a'i fath ac yn sgil glaniad y Ffrancod yn Abergwaun roedd digon o deyrngarwyr yn barod i gipio'r cyfle i ddwyn gweriniaethwyr gerbron eu gwell a'u taflu i garchar. Roedd yr hinsawdd gwleidyddol wedi dwysáu'n ddifrifol. Yn sgil gwrthdystiadau llynges Prydain yn Spithead a Nore ym 1797 a therfysg gwaedlyd yn Iwerddon ym 1798, gohiriwyd yr hawl i *habeas corpus* rhwng mis Ebrill 1798 a mis Mawrth 1801. At hynny, roedd Deddfau Cyfuno 1799 a 1800 yn ergyd arall i ryddid yr unigolyn ac i'r undebau llafur. Serch hynny, sioc aruthrol i Tomos Glyn Cothi fu derbyn (gyda dau arall) wŷs i ymddangos gerbron Llys y Sesiwn Fawr yng Nghaerfyrddin yn hydref 1801 i ateb cyhuddiad iddo ganu cerdd Saesneg fradwrus yn ystod cwrw bach ym Mrechfa rai wythnosau ynghynt.[95]

Ymddengys fod y gerdd a ganwyd yn edrych ymlaen at y dydd pan fyddai gynau Ffrainc yn taranu ar draethau Prydain a'r brenin Siôr III ('vile George') yn gorfod ffoi am ei einioes:

> And when upon the British shore
> The thundering guns of France shall roar,
> Vile George shall trembling stand,
> > Or fly his native land,
> > Cry terror and appal,
> Dance Carmagnol, Dance Carmagnol.[96]

Dygwyd y cyhuddiad gan George Thomas, crydd lleol maleisus a oedd yn dal dig yn erbyn ei gyn-weinidog. Yn ôl pob tebyg, ffug-gyhuddiad oedd hwn. Anodd credu bod Tomos wedi canu cân Saesneg mewn ardal Gymraeg ei hiaith, yn enwedig gan fod ganddo stôr o ddeunydd llawn mor ffrwydrol yn ei famiaith. Dychrynwyd Tomos i'r fath raddau fel yr erfyniodd yn daer ar Iolo am gymorth. Ni wyddai ef a'i gyfeillion ble i droi: 'Yr ydym mewn diffyg o gyfarwyddyd pa fodd i fyned yn y blaen.'[97] Er mawr glod iddo, cerddodd Iolo bob cam i Frechfa deirgwaith yn ystod misoedd yr haf er mwyn casglu tystiolaeth a chysuro Tomos, ei wraig a'i naw plentyn. Bu'n croesholi'n fanwl rai a fu'n bresennol yn y cwrw bach, trefnodd apêl am gefnogaeth ariannol i'r teulu, a pharatôdd ddeiseb ar ran ei gyfaill.[98] Gydol yr haf, mynnai Tomos ei fod yn ddieuog.

Gwaetha'r modd, ond nid yn annisgwyl ychwaith, nid oedd gan y barnwr rithyn o gydymdeimlad ag Undodwr anystywallt. Brenhinwr i'r carn oedd George Hardinge, eglwyswr digymrodedd a gŵr a chanddo'r enw o fod yn fwy na pharod i ddamsang yn galed ar ddilynwyr Tom Paine a gweithwyr diwydiannol afreolus. Bedwar mis ynghynt roedd wedi anfon tri therfysgwr ifanc o Ferthyr i'r crocbren.[99] Yn eironig iawn, roedd Iolo yn adnabod Hardinge yn bur dda. Ato ef yr ysgrifennodd pan geisiodd gael ei draed yn rhydd yng ngharchar Caerdydd ym 1787. Gwyddai Hardinge yntau am weledigaeth dderwyddol a barddol Iolo a thanysgrifiodd am chwe chopi o'i *Poems* ym 1794. Ond o ran eu safbwyntiau gwleidyddol a chrefyddol, roedd y ddau am y pared â'i gilydd. Nid yn annisgwyl, ceryddwyd Tomos Glyn Cothi yn hallt gan Hardinge am beryglu'r deyrnas ac am geisio drygu enw brenin mor ddaionus â Siôr III. Gwingai Iolo wrth wrando ar y fath hurtrwydd. Dedfrydwyd Tomos i ddwy flynedd o garchar ac i'w roi i sefyll mewn rhigod cyhoeddus am awr gyfan ar ddau achlysur gwahanol. Gerbron gwylwyr syfrdan llusgwyd y cyntaf o weinidogion Undodaidd Cymru mewn cyffion trwy strydoedd Caerfyrddin i'r ddalfa. Tra oedd yno, syrthiodd oddi wrth ras unwaith yn rhagor drwy ddechrau carwriaeth â merch ifanc a oedd yn disgwyl cael ei halltudio i Awstralia. Oerodd y berthynas rhyngddo a'i wraig ac ni fu pethau cystal rhyngddo ac Iolo wedi hynny ychwaith. Disgrifiodd Iolo yr achos a'i ganlyniadau trist fel 'most lamentable'.[100]

Hyd yn oed cyn y ddedfryd roedd Iolo eisoes wedi penderfynu ei bod yn hen bryd i'r Undodiaid ddilyn esiampl enwadau eraill yng Nghymru drwy sefydlu cyfundrefn grefyddol a gweinyddol effeithlon a allai gynghori a swcro trueiniaid fel Tomos Glyn Cothi. Prin fod y carcharor penisel wedi gadael y llys nag y galwodd Iolo gyfarfod brys o brif hyrwyddwyr Undodiaeth yn y De a'u perswadio o'r angen hwn. Cydsyniodd y pymtheg a ddaeth ynghyd ac ymddiriedwyd y trefniadau i Iolo a Josiah Rees, hen gyfaill i Iolo ac un a oedd wedi llwyddo i droi cynulleidfa Gellionnen yng Nghwm Tawe i gyfeiriad Ariaeth ac Undodiaeth. Cyn bo hir byddai Iolo ei hun yn cryfhau gwrth-Drindodiaeth yn y 'Smotyn Du' drwy roi pob cymorth i'r cynulleidfaoedd erlidiedig. Dydd o lawen chwedl ym mywyd Iolo oedd 8 Hydref 1802 pan sefydlwyd Cymdeithas Dwyfundodiaid Deheubarth Cymru yng Ngellionnen, ger Pontardawe.[101] Rhoddwyd enw Josiah Rees ar ben rhestr yr aelodau cychwynnol ac ef hefyd a wahoddwyd i draddodi'r bregeth gyntaf yng nghyfarfod pregethu cyntaf y Gymdeithas yng Nghefncoedycymer ym mis Mehefin 1803. Ergyd dost i'r Undodiaid fu marwolaeth Rees ym mis Medi 1804. O hynny ymlaen, ôl syniadau Iolo sydd i'w canfod yn bennaf yng ngwaith y Gymdeithas ac ni fu erioed yn rhy swil i ddweud wrth ei gyd-aelodau mai ef oedd ei gwir bensaer. Ym Morgannwg ac yn ardal y Smotyn Du bu'n hynod weithgar o blaid gwrth-Drindodiaeth ac, fel y cynyddai'r preiddiau, chwyddai ei ymffrost. Byddai David Davis, mab Dafis Castellhywel ac ysgrifennydd y Gymdeithas, yn arfer cyfarch Iolo fel 'Ein Tad' a rhoddai hynny gryn fodlonrwydd iddo.

Roedd parodrwydd Iolo i gerdded milltiroedd hefyd o'r pwys mwyaf i dwf radicaliaeth. Mae'n werth cofio bod sawl un o gewri'r ddeunawfed ganrif yn gerddwyr profiadol. Meddylier pa mor felys o bryfoclyd fyddai'r sgwrs petai Ieuan Fardd, Williams Pantycelyn ac Iolo wedi digwydd cyfarfod â'i gilydd wrth dramwyo'r wlad yn y 1780au. Er mwyn casglu ffeithiau amrywiol, a chanfod a chopïo llawysgrifau o bob math, heb sôn am gael hyd i ddigon o waith i gynnal ei deulu, bu'n rhaid i Iolo roi prawf go egr ar ei esgidiau cerdded. Dyma sut y sefydlodd rwydwaith o radicaliaid ac y ceisiodd berswadio eraill o arwyddocâd egwyddorion y Chwyldro Ffrengig, o berthnasedd syniadau Tom Paine (ac eithrio ei farn wyrgam am Gristnogaeth yn ei lyfr dadleuol *Age of Reason*) ac o apêl ei weledigaeth farddol-dderwyddol. Er mwyn cyflawni cymaint ag y gallai codai Iolo cyn cŵn Caer, gan sicrhau bod ganddo bensel a phoclyfr wrth law. Daeth yn wyneb cyfarwydd i fforddolion eraill a manteisiai ar bob cyfle i sgwrsio â hwy ac i drosglwyddo'i syniadau. Synnai llawer ohonynt at ei egni fel cerddwr. Pan sylwodd fod un ffermwr mor anarferol o dew a byr ei anadl fel na allai gadw lan â hynafgwr asthmatig fel ef, meddai: 'The Devil it is! A poor abstemious water drinking Welsh Bard in the Gout! Who'd a thought it!'[102] Teimlai reidrwydd i nodi campau cerddwraig liwgar o'r enw Franki o'r Hâl, gwraig fechan dlawd o Gaerdydd a allai gerdded, yn ei meddwdod, o Gaerdydd i Fryste mewn deuddydd.[103] I Iolo, roedd teithio yn rhoi cyfle iddo i syllu, disgrifio a chofnodi. Fel y gwelsom, rhyfeddai at enghreifftiau o hirhoedledd wrth ddarllen cerrig beddau mewn mynwentydd ac nid peth hawdd oedd ei berswadio mai camgymeriad gan ryw saer maen oedd yr epigraff a honnai fod 'old Jenkins' ym mynwent Llan-maes wedi marw yn 180 oed.[104]

Gwyddom fod ganddo glust hynod fain at iaith, tafodiaith ac ymadroddion pobl gyffredin mewn gwahanol ardaloedd. Erbyn 1800 roedd ganddo gasgliad o ddeg mil o eiriau Cymraeg. Ac yntau rywdro yng Nghastell-nedd yn hydref 1802 gwelodd ddyn yn cario dwy gadair ar ei gefn. 'Pwy sy'n symmud? Pwy sy'n symmud?', gofynnai'r trigolion. Atebodd y dyn: 'Llelo ffwrch llances, mab Siôn Wiliam Siân o Eglwys Ilan, ag oedd yn crïo bara haidd yn y stên bridd; ŵyr Siencyn Dafydd y Plemmys; chwi wyddoch ei nabod ef o'r goreu.'[105] Ym 1797 daeth ar draws hen ŵr o Drenewydd yn Notais a oedd yn cofio'r difrod a achoswyd gan y pla yn y 1620au. Cofnododd Iolo yn ofalus iawn bob gair o'i enau.[106] Honnai'n aml ei fod yn glustiau i gyd ('all my ears open') pan glywai dafodiaith 'Gwaedcwn Gwent', 'Adar Morganwg', 'Brithiaid Brycheiniog',

'Cŵn Edeirnion', 'Moch Môn', 'Tylluanod Iâl' a 'Lladron Mowddwy' (ef biau'r llysenwau).[107]

Wrth gwrdd â chaseion fel boneddigion, masnachwyr, offeiriaid a rhai tebyg, ni allai Iolo frathu ei dafod. Gwyddai'n dda fod llawer o'r rhain yn troi eu trwynau arno ac yn ei gasáu nid yn unig am feirniadu'r drefn wleidyddol ac eglwysig ond hefyd am ei wrthwynebiad cyhoeddus i ymladd ceiliogod, cyfarth teirw a hela llwynogod. Nid un i ymdaeogi gerbron pwysigion mohono a phan fyddai golwg arbennig o guchiog arno camgymeriad fyddai amau ei air neu ei herio. Yn ei ddyddiadur yn haf 1802 cyfaddefodd mai un plaen ei dafod ydoedd a'i fod yn teimlo rheidrwydd i fwrw sen ar bobl anfoesol a gormesol:

> I am now and then a little irritated at what I observe passing in the World.
> Rascal, Scoundrel, Villain, Devil, are words that I am often under a severe
> necessity of using. By these names I have thousands and thousands and Tens
> of thousands of times called those that held the highest offices, and thus
> as often or oftener have I termed their diadem'd masters. I cannot help it.
> Truth imposes the task upon me.[108]

Fel y dengys ei lythyrau a'i bapurau cyfoethog, gallai alw ar lu o wirebau a dywediadau bras wrth ymgiprys â'i gaseion. 'Ynghrog y bo, yn dân y bo, yn uffern y bo' oedd un o'i ffefrynnau a phan fyddai ei gythreuldeb ar ei waethaf bloeddiai 'cont unwaith, cont ganwaith'.[109] Llai priddlyd, ond llawn mor effeithiol, oedd y pennill hwn:

> Bydd bawddyn yn fawddyn b'le bynnag y bytho,
> Bydd bawddyn yn fawddyn beth bynnag 'wneir iddo,
> Bydd bawddyn yn fawddyn nis caffo fe'i amcan,
> A bawddyn fydd bawddyn yn ôl cael y cyfan.[110]

Roedd rhywbeth yn ei wisg, ei lais a'i osgo a oedd yn codi gwrychyn eraill. 'How the Proud Salopians stare at me!',[111] meddai wrth nesáu at Gymru. Ceisiodd gael gwely dros nos mewn tafarn yng Ngelli-gaer ryw noson ym mis Mehefin 1802. Cymerodd y tafarnwr yn ei erbyn ar unwaith. 'Dammo chwi', meddai, 'dilyn tinau'r offeiriaid yr ydych chwi. Ni chewch chwi un gwely yma na the na dim arall.'[112] Rhaid bod Iolo wedi dweud rhywbeth pryfoclyd oherwydd fe'i rhegwyd yn fileinig, ei daflu i'r llawr a'i lusgo allan i'r ffordd fawr.

Trwy fod ar drot o hyd gallai Iolo hefyd gyfarfod â chyd-radicaliaid er mwyn trefnu gorseddau, cyhoeddiadau a chynlluniau ar gyfer y dyfodol. Un o'r rhai mwyaf diddorol oedd y menigwr a'r gwneuthurwr britshys o Gaerfyrddin a oedd o'r un enw â Tomos Glyn Cothi. Roedd y Thomas Evans hwn – Thomas Evans Bromsgrove, fel y'i gelwid – yn ŵr llafar iawn ei farn ymhlith y nythaid o weinidogion Arminaidd ac Undodaidd a drigai yn y dref honno yn swydd Gaerwrangon, llawer ohonynt o dras Gymreig. Dotiai Iolo ar ei gerdd 'Brittons born free' a balm i'w enaid oedd clywed bod Evans a'i gyfeillion yn dymuno 'iechyd da' iddo yn Gymraeg. Roedd y ffaith fod Evans wedi cael merch o'r Fro yn feichiog hefyd yn golygu ei fod yn ddyn i'w wylio'n ofalus.[113] Aderyn brith arall oedd Rees Evans, brawd Tomos Glyn Cothi. Perchennog ffatri wlân yn Nhonyrefail oedd hwn a mwynhâi Iolo ymryson ag ef wrth gerdded. Weithiau, âi Rees yn rhy bell wrth ei bryfocio. A hwythau'n ymlwybro ryw ddydd rhwng Trefflemin a Saint Hilari, collodd Iolo ei limpin pan ddigwyddodd Rees gyffelybu rheidiolaeth, un o athrawiaethau Joseph Priestley, i etholedigaeth, un o hanfodion Calfiniaeth. Gan daro'i ffon ar lawr, gwaeddodd Iolo: 'Y mae cymaint o wahaniaeth rhyngddynt ag y sydd rhwng Nefoedd ac Uffern. Mae un yn dechrau yn mhob drwg ac yn terfynu yn mhob poen; a'r llall yn dechrau yn mhob doethineb a daioni, ac yn terfynu yn mhob gwynfyd.'[114] Chwerthin yn ei lawes a wnaeth Rees, gan wybod na châi byth mo'r gair olaf gan Iolo.

Wrth ymlwybro o fan i fan yn ne Cymru sylwodd Iolo fod y wlad yn newid yn sylweddol o ran ei phryd a'i gwedd yn sgil diwydiannu a threfoli. Er nad oedd o raid yn elyniaethus i'r chwyldro diwydiannol, nid da ganddo'r ffaith fod gweithwyr cyffredin yn y diwydiannau haearn, glo a chopr (yn ddiarwybod iddynt) yn cynnal caethwasanaeth. Dyna pam y disgrifiodd Merthyr fel 'Llaw'r Diawl', Castell-nedd fel 'uffern' ac Abertawe fel 'y Pwll Di Waelod'.[115] Daliai i bryfocio Richard Crawshay trwy ofyn iddo ei benodi'n oruchwyliwr yn un o'i weithfeydd yn America. Ateb tra swta a gafodd.[116] Codai wrychyn y mawrion hefyd drwy ymfalchïo yn llwyddiant chwyldro'r caethion duon yn Haiti, brwydr am ryddid a arweiniodd at ddileu'r fasnach mewn caethion yn hemisffer y gorllewin. Sawl Cymro yn ei ddydd a fyddai

wedi mentro dweud: 'The blacks are soundly drubbing the white devils' . . .
llwyddiant iddynt.'[117]

Ddiwedd Mai 1802, ac yntau'n cael hoe ar ei daith adref o Lundain, bu
Iolo'n ei ddiddanu ei hun drwy ddychmygu sut y gellid gwneud cymwynas â'r
ddynoliaeth. Bu'n gwbl driw i'w ddaliadau. Dymunai weld sioe fawr lachar
yn cael ei chynnal yn Eglwys Gadeiriol Sant Pawl yng nghanol Llundain. Pe
crogid 300 o raffau o'i tho, meddai, gellid neilltuo dolen i bob un rhaff ar gyfer
yr haid mwyaf diffaith o frenhinoedd, pendefigion ac offeiriaid. Wedyn, trwy
glymu lamp wrth law pob un o'r gweilch hyn byddai'r nefoedd yn goleuo
wrth iddynt ollwng eu holaf chwyth, a mawr fyddai'r gorfoledd o wylio'r
fath 'Grand Illumination'.[118] Roedd y dymuniad hwn yn gwbl nodweddiadol
ohono. Chwedl David Davis o Gastell-nedd: 'Perish kings and emperors, but
let the Bard of Liberty live.'[119]

Tros Gymru'n Gwlad

A M RYW RESWM DAETH yn ffasiynol heddiw i honni nad oedd dim byd penodol Gymreig yn perthyn i syniadau gwleidyddol Iolo. Cam dybryd ag ef yw dweud hynny. Mae unrhyw un sy'n gyfarwydd â'i archif odidog yn gwybod bod ganddo stori wahanol i'w dweud am iaith, hanes a gwerthoedd 'Cenedl y Cymmry',[1] chwedl ef, ac am y dygn angen am sefydliadau cenedlaethol i gryfhau eu hymwybod â'u gorffennol a'u dyhead am y dyfodol. Sut gall neb ddarllen llythyrau ac ysgrifau Iolo heb weld ei fod yn ymwrthod â chenedlaetholdeb Brydeinig, yn wfftio at y syniad fod hanes y Cymry yn un ag eiddo'r Saeson ac yn mynnu bod mamiaith a moesau ei gyd-wladwyr yn anhraethol loywach na dim a geid ar draws y ffin? Yn wahanol i rai o gewri oes Victoria, nid Sais-addolwr oedd Iolo. Nid oedd ganddo ond y dirmyg mwyaf atynt. At hynny, roedd yn ddigon creadigol a hirben i weld y gallai dos o ailddiffinio ac o ailddyfeisio greu posibiliadau newydd yng Nghymru. Ei freuddwyd, fel y gwelsom, oedd hyrwyddo Cymru ar ei newydd wedd trwy gyfrwng llyfrgell genedlaethol, academi lenyddol ohebol, coleg rhyngwladol ei orwelion, canolfannau ymchwil a sefydliad gorseddol a fyddai'n cynnal y traddodiad derwyddol a barddol a gyfrifid, o leiaf gan Iolo, yn un o brif ogoniannau'r genedl. Rhaglen wleidyddol benodol Gymreig oedd hon ac enghraifft arall o asbri meddyliol Iolo wrth wisgo mantell saernïwr y genedl. 'I have as much Cimbric patriotism as any man living',[2] meddai wrth William Owen Pughe, a rhoes hynny ar brawf arbennig yn ystod y blynyddoedd rhwng 1795 a 1807. Dyma oes aur Iolo y rhamantydd a'r ffugiwr ac mae'n anodd peidio â rhyfeddu at ei allu creadigol a'i angerdd gwladgarol.

Rhaid ei fod yn gwybod bod talcen caled o'i flaen. Gwlad fechan ddiwladwriaeth oedd Cymru, a dihanes hefyd, o leiaf yn nhyb y Sais. Roedd ei phoblogaeth gyfan yn llai nag eiddo Llundain ac, yn ôl cyfrifiad 1801, dim ond tair o'i threfi – Abertawe, Caerfyrddin a Merthyr – oedd â rhagor na phum mil o bobl. Ni ellid beio Iolo am alw Caerdydd (1,870 o bobl) yn 'obscure and inconsiderable'.[3] Ystyrid Cymru gan lywodraethwyr y deyrnas yn endid israddol o fewn y Deyrnas Unedig a ffurfiwyd ym 1801. Nid oedd ganddi brifddinas na sefydliadau o fri, dim anthem genedlaethol i'w chanu, dim baner genedlaethol i'w chwifio na cherfluniau cyhoeddus i anrhydeddu ei harwyr. Heidiai hufen y genedl i Lundain. 'Pwy arhosai fyth yng Nghymru?',[4] meddai Edward Charles ac, yn niffyg sefydliadau addysgol uwch, gorfodid meibion disglair Cymru i chwilio am addysg yn Llundain, Rhydychen a Chaer-grawnt. Wfftiai Iolo at safonau isel y sawl a weithiai yn nhyrau ifori Lloegr a chythruddai guradon o Gymru a addysgwyd yn Rhydychen trwy gyfeirio atynt fel 'a loathsom swarm of the vilest bloodsucking insects that ever dishonoured the Creation'.[5] Gofid mawr arall Iolo oedd y ffaith fod trwch y Cymry ers dyddiau'r Tuduriaid wedi cael eu dysgu i gredu nad oedd ganddynt lais mewn byd ac eglwys ac mai cymwynas â hwy oedd caniatáu iddynt fod yn rhan (ddirmygedig) o 'undod' wleidyddol mor rymus â'r Deyrnas Unedig. Un o elynion pennaf Iolo oedd y Sgotyn trahaus John Pinkerton, gŵr a gredai mai barbariaid oedd y Cymry 'and will be for ever savages while a separate people'.[6] Cenid y diwn hon gan groniclwyr Cymraeg eu hiaith hefyd. Yn ôl William Williams, Llandygái, braint oedd cael bod yn 'un deyrnas, megis un genedl'.[7] Bod yn frawd bach tawel a dirwgnach i'r Sais oedd tynged y Cymro. Dyna oedd ei le. Dan y fath amgylchiadau, hawdd deall pam y dywedodd Iolo, mewn anobaith yn fwy na dim: 'Is not Wales conspicuously the least turbulent part of the British Dominions at this very day?'[8]

Arwydd arall o wendid cenedlaethol Cymru oedd bod ei hasedau economaidd yn nwylo cylch bychan, ond eithriadol o rymus, o dirfeddianwyr a diwydianwyr. Dyma'r 'Lefiathaniaid' estron bondigrybwyll a ddaethai'n rym trahaus ledled y wlad er 1660. Taranai Iolo yn erbyn y 'great unresiding proprietors'[9] hyn a oedd mor elyniaethus at y diwylliant Cymraeg. A hwythau'n gwbl ddibris o'r Gymraeg, cysyniad dieithr iddynt oedd *noblesse oblige*. 'How little', meddai Iolo, 'are the Welsh Nation or Welsh Literature indebted to the superior Classes of their Country.'[10] Llawn cynddrwg â'r 'pimps, panders, Whores, and Toad eaters'[11] alaethus hyn, meddai, oedd meistri haearn fel y teulu Crawshay o Ferthyr a ymgyfoethogai ar draul chwys a llafur gweithwyr cyffredin lleol a chaethion duon y Caribî. Ni ellid dibynnu ar y fath giwed hunanol i gynnig unrhyw fath o arweiniad moesol, heb sôn am genedlaethol, i bobl Cymru, a bu Iolo yn ddraenen bigog yn eu hystlys gydol ei oes.

Daeth y gwendidau cenedlaethol hyn yn fwyfwy amlwg i Iolo pan wahoddwyd ef gan Owain Myfyr i gyfrannu at epig o brosiect a ddaeth yn adnabyddus fel *The Myvyrian Archaiology of Wales*, gwaith a gyhoeddwyd mewn tair cyfrol enfawr (yn ymestyn i gyfanswm o 1,891 o dudalennau) rhwng 1801 a 1807.[12] Ac yntau'n sôn byth a hefyd yn y cyfnod hwn am ei 'Serch at fy Ngwlad a'm Cenedl',[13] teimlai Iolo ddyletswydd i gynorthwyo'i hen gyfaill a hefyd William Owen Pughe, y gŵr hynod ddiymhongar a wnaeth y rhan fwyaf o ddigon o'r gwaith golygu. Gwir fod gweithiau blaenorol fel *Some Specimens of the Poetry of the Ancient Welsh Bards* (1764), *Gorchestion Beirdd Cymru* (1773) a *The Musical and Poetical Relicks of the Welsh Bards* (1784 a 1794) wedi llenwi bylchau pwysig yn hanes llenyddiaeth Gymraeg, ond taflwyd y rhain i gyd i'r cysgod gan y *Myvyrian*. Nid bod y gwaith heb ei feiau. Sut y gallai fod, ac yntau mewn dwylo ysgolheigion digoleg mor anwadal eu safonau a mympwyol eu barn? Er enghraifft, ni chynhwyswyd Pedair Cainc y Mabinogi ynddo ac, fel y cawn weld, cafodd Iolo rwydd hynt i gynnwys toreth o'i ffugiadau gorau. Rhwng popeth, gwariodd Owain Myfyr hyd at bedair mil o bunnau ar y fenter hon, nawdd ariannol ar raddfa na welwyd erioed o'r blaen gan Gymro yn y byd cyhoeddi.[14]

Fel cennad a chopïydd y defnyddiwyd Iolo a chysegrodd fisoedd lawer i'r gwaith o fis Mai 1799 ymlaen. Gydag ugain punt oddi wrth ei noddwr i 'gynnal y draul', cerddodd trwy ddrycin a hindda yr holl ffordd i ogledd Cymru. Bu'r profiad o ymweld â llyfrgelloedd preifat Cymru ac o ddarganfod a chopïo trysorau llenyddol y genedl yn agoriad llygad iddo. Eisoes gwelsai ryfeddodau lawer mewn casgliadau pwysig yn Llundain a Rhydychen, ond roedd y cynhaeaf newydd hwn yn wefreiddiol, mor wefreiddiol yn wir nes iddo hysbysu Owain Myfyr ei fod wrthi'n darganfod 'the greatest curiosities that exist in Europe'.[15] Serennai ei lygaid pan welodd yn llyfrgell Hafod Uchdryd, cartref Thomas Johnes, gasgliadau gloyw o waith y Cynfeirdd a'r Gogynfeirdd, brutiau a bucheddau, gramadegau a thraethodau a llawer peth blasus arall. Eto i gyd, ni fu perchenogion rhai llyfrgelloedd yn hael eu croeso.

Caewyd drysau Hengwrt a Wynnstay yn ei erbyn a phrofodd deirgwaith y siom o ddeall bod teulu Gloddaeth oddi cartref. Bu 'kingophobia' Iolo,[16] chwedl William Owen Pughe, yn rhwystr iddo ar adegau. Cymerodd dau mor wahanol â Thomas Johnes, Hafod Uchdryd, a Twm o'r Nant – 'the wild old Welsh playwright'[17] (geiriau Iolo) – beth amser i gynhesu ato. Chwarae teg i Iolo, gwnaeth ymdrech lew i osgoi trafod gwleidyddiaeth â hwy, ond ymddengys fod offeiriaid eglwysig yn y Gogledd yn dal i gredu mai cynllwyn i ledaenu 'democratical stuff'[18] oedd prosiect y *Myvyrian*. Cadwai brenhinwyr lygad barcud ar 'the little republican bard', ond bwriodd yntau ymlaen â'i waith heb boeni dim amdanynt. Cyflawnodd wyrthiau trwy aberthu ei iechyd. Ar ôl treulio hyd at fis ym Mangor a Phlas Gwyn ym Môn yn ffureta, darllen a chopïo ar ei eistedd, chwyddodd ei goesau a'i draed o ganlyniad. Bu cryn duchan a rhegi o'r herwydd. Treuliodd bymtheg awr y dydd yn trawsysgrifio llawysgrifau Ieuan Fardd mewn tafarn ym Miwmares ac ni wnaeth ddim lles i'w lygaid trwy losgi'r gannwyll nos gyhyd. Fel cynifer o ramantwyr a chofiaduron ar gyfandir Ewrop, roedd yn gwbl argyhoeddedig fod achub, copïo, catalogio a chyhoeddi deunydd mor werthfawr â hwn o'r pwys mwyaf. Nid oedd yr un aberth yn ormod.

Ni wyddai neb ar y pryd y byddai Iolo yn defnyddio'r prosiect hwn i ddangos unwaith yn rhagor ei fod yn chwip o ffugiwr. Dangosodd ei ddoniau efelychiadol mewn amryfal ffyrdd. Cyhoeddwyd rhai o'i ffugiadau yn y *Myvyrian*: sleifiodd Iolo ddau gronicl ffug – 'Brut Aberpergwm' (traethawd a roes le amlwg i sir Forgannwg yn hanes Cymru rhwng y blynyddoedd 660 a 1196) a 'Brut Ieuan Brechfa' – a chyfres o drioedd i'r ail gyfrol cyn mynd yn ei flaen i 'gyfoethogi' y drydedd â 'Doethineb Cenedyl y Cymry', sef toreth o drioedd a diarhebion ffug.[19] Eto i gyd, dim ond cyfran fechan o hud a lledrith Iolo a ymddangosodd mewn print. Ceir digonedd o brawf yn ei bapurau anghyhoeddedig iddo fod wrthi dros rai blynyddoedd yn trwsio, yn ailwampio ac yn creu o'r newydd gnwd sylweddol o ffugiadau. Gwyddai yn nwfn ei galon na fyddai llawer, os dim, o'r gwaith hwn yn gweld golau dydd yn ystod ei oes ei hun, ond roedd ganddo ffyrdd eraill o ennill sylw. Ymosod ar ei feirniaid a'i gaseion oedd un ohonynt. Credai nifer o'i elynion ei fod wedi mynd yn ben mawr. Honnai mai dim ond ef a oedd yn llwyr ddeall cyfrinach y beirdd a chyfrinach y canrifoedd coll. 'Myfi Iolo Morganwg' oedd ei gadlef ac ni allai Dafydd Ddu Eryri ymhlith eraill ddioddef hyn: 'Mi Iolo Morganwg. Mi Iolo Morganwg. I.M.I.M. so on – ad infinitum.'[20] Mae'n arwyddocaol fod William Owen Pughe wedi tynnu ei lun ddwywaith (ym 1795 a 1805) a bod y Cyrnol William Henry Taynton, brodor o Gaint a ymgartrefodd yn y Bont-faen yn y cyfnod hwn cyn ymuno â'r fyddin, wedi paratoi amlinelliad cychwynnol o'i bortread enwog o Iolo oddeutu 1795–7. Nid un o wŷr y cysgodion oedd Iolo Morganwg.

Myfïol neu beidio, mae'n amlwg fod ganddo weledigaeth genedlaethol a oedd yn seiliedig ar ffaith a ffansi. Er bod anian yr ysgolhaig yn gryf ynddo, dibynnai hefyd ar fflachiadau trydanol y rhamantydd. Mae'n werth nodi mai 'gwreiddioldeb' oedd y gair a ddefnyddid gan eiriadurwyr yn nydd Iolo i ddisgrifio 'radicalness'. Tynnai Iolo'n groes i feddylfryd yr oes yng Nghymru mewn ymgais i gyfoethogi a bywiocáu ei bywyd cenedlaethol. Cyfeiriodd Elijah Waring at ei 'vivid fancy'[21] ac, yn aml iawn, byddai hynny'n cydredeg â syniadau meddylwyr praff yr Ymoleuo. Gwelir hyn yn amlwg iawn yn y stôr gyfoethog o ffugiadau a luniodd ar ffurf cerddi, traethodau, trioedd, deialogau a llythyrau. Nid oedd ball ar ddyfeisgarwch y llwynog cyfrwys hwn ac roedd yn benderfynol o ddangos bod gan genedl y Cymry orffennol mwy lliwgar a chyfoethog nag unrhyw wlad arall yn Ewrop.

Roedd Iolo yn dra ymwybodol ei fod yn byw mewn oes a roddai fri ar ffugio. Cyfeiriodd at 'the present age of forgery'[22] a gwyddai fod ganddo'r gallu i efelychu neu greu o'r newydd gorff o wybodaeth a fyddai'n cryfhau ymwybod y Cymry o'u gorffennol. Gwyddai hefyd nad oedd neb yng Nghymru yn ddigon hyddysg yn yr hen bethau i amau dilysrwydd ei honiadau. *Quid est veritas?* meddai'n aml wrth drwsio neu ailwampio tystiolaeth,[23] a byddai'n ei gyfiawnhau ei hun trwy dynnu sylw at y ffaith fod copïwyr ar hyd y canrifoedd wedi llenwi bylchau, twtio a chonsurio wrth baratoi testunau. Yn aml iawn byddai'n ffugio'n fwriadol er mwyn tynnu blewyn o drwyn Gogleddwyr. Fe'u cythruddai drwy fynnu mai sir Forgannwg oedd y dalaith bwysicaf, o ran hanes a llên, yng Nghymru gyfan. Onid ef ei hun oedd yr olaf o'r hen feirdd dysgedig ac onid 'Dosbarth Morgannwg' oedd y gyfundrefn o fesurau cerdd dafod fwyaf dibynadwy a welwyd erioed yng Nghymru? Taflai lwch i lygaid rhai ohonynt, yn eu plith Owain Myfyr ac Edward Jones, er mwyn dial arnynt neu eu sbeitio am ryw gam, gwir neu beidio, a wnaed ag ef. Pwy na wenai wrth ddarllen yr hanes amdano'n dysgu gwers i'r telynor mursennaidd Edward Jones, Bardd y Brenin? Fel y gwelsom eisoes, nid oedd gan Iolo fawr o olwg ar y Jones hwn ac ysai am gyfle i brofi mai llên-leidr digywilydd ydoedd. Aeth ati i ysgrifennu un ar ddeg o drioedd ffug ar ffurf hynafol ar ddalen felen dreuliedig, gan ofalu y byddai modd i Jones gael ei ddwylo arni. Felly y bu a chyn pen dim roedd y telynor wedi ei chyhoeddi fel darn o waith dilys yn *The Bardic Museum* (1802). Bu chwerthin mawr yn Nhrefflemin: 'I have at last fairly caught the gudgeon',[24] meddai Iolo'n orfoleddus. Mae'n werth cofio bod malais a diawledigrwydd wrth wraidd o leiaf rai o'i ffugiadau.

Wedi dweud hynny, camgymeriad fyddai tybio nad oedd ganddo amcanion mwy anrhydeddus na hynny. Syniai am Gymru fel cenedl a chanddi iaith, llên a hanes cyfoethog, arwyr nobl ac arferion cymdeithasol gwerthfawr: 'a Nation now exists and has from a very remote period existed, who use as their own a language . . . still retained and spoken by the Nation who call themselves Cimmeri'.[25] Pan ddychwelodd ar droed o Lundain ym 1802 cynhesodd drwyddo wrth ddynesu at ei famwlad:

> To say that my Soul brightens up at a sight of my native Country will be termed nationality, prejudice, weakness, silliness. But why so? What is a man that does not love that Country that is most peculiarly his own, and in that the spot that gave him birth.[26]

Nid unwaith na dwywaith y pwysleisiodd yn ei ysgrifau mai'r 'Cimmeri' neu'r 'Kymmry' oedd gwladychwyr cyntaf Prydain a bod ganddynt stori arbennig i'w dweud. Ni chafwyd y stori honno gan haneswyr unllygeidiog Cymru: 'The Taffy-land historians have hitherto been sad Dogs for the most part.'[27] Fe'u blagardiai am eu hymlyniad wrth chwedlau Sieffre o Fynwy, am eu hobsesiwn â Brutus a Joseff o Arimathea ac am roi llawer gormod o sylw i frenhinoedd a thywysogion rhyfelgar Lloegr. Dywedai bethau carlamus am rai ohonynt. Ni cheid yng ngwaith Henry Rowlands ar dderwyddiaeth, meddai, ond 'confused mass of violations of history' a dim ond ar ail ddarlleniad y câi ymchwilydd dyfal hyd i 'a few shrivel'd grains of historical truth' yn fersiwn Theophilus Jones o hanes sir Frycheiniog.[28] Ei gocyn hitio pennaf, serch hynny, oedd Lewis Morris, a oedd wedi ei gladdu mor bell yn ôl â 1765. Nid oedd hyd yn oed y meirw yn ddiogel pan oedd Iolo ar gefn ei geffyl ac nid oes raid chwilio ymhell yn ei bapurau am ddisgrifiadau sarhaus o'r Monwysyn amryddawn hwn a'i waith: 'arrogant predilections, inveterate prejudices, bold and lying assertions'.[29] Gan fod gwaith haneswyr Cymru mor affwysol wael, credai Iolo fod arno ddyletswydd i ddangos y ffordd. A'r man cychwyn oedd cydnabod arwahanrwydd Cymru o'r dechrau'n deg: 'A Nation now exists and has from a very remote period existed.'[30]

Cofiadur gwahanol iawn i'w ragflaenwyr oedd Iolo. Credai mai peth doeth oedd astudio'r gorffennol yng ngoleuni anghenion y presennol. Roedd gwersi moesegol pwysig i'w dysgu trwy wylio ymddygiad mawrion y deyrnas a dadansoddi eu daliadau: 'History . . . should be something better than a mere mass of annals. It should inform, illuminate and improve the mind.'[31] Anghymwynas fawr, felly, oedd rhoi unrhyw sylw i ryfelgarwyr a gormeswyr. Mwy dymunol o lawer oedd rhoi blaenoriaeth i'r sawl a fu'n cynnal dysg, cyfiawnder, heddwch a moesoldeb. Os oedd hyn yn golygu anwybyddu tystiolaeth neu ei ddehongli mewn modd catholig neu bleidiol, boed felly. Nodwedd bwysig arall ar waith Iolo fel hanesydd oedd ei barodrwydd i arfer 'y dychymyg Ioloaidd' drwy ychwanegu at y dystiolaeth, ailwampio neu lenwi bylchau yn ôl yr angen, a bywiocáu'r stori yn gyffredinol. Meddai ar ddawn greadigol ryfeddol, ac roedd yn fwy na pharod i'w harfer. Roedd yn llawdrwm iawn ar haneswyr diddychymyg a chyfyng eu gorwelion: 'those who never look up to the skies where the original, whose reflections or shadow they endeavour to grasp at, appear in the light of self-evidence'.[32] Pa les oedd gwadu rhamant y gorffennol? Onid oedd croniclwyr hanes gwledydd bychain ar gyfandir Ewrop yn cyfoethogi eu gwaith drwy lurgunio, ystumio a gwyrdroi tystiolaeth? Gwyddom fod sawl un tebyg i Iolo y pryd hwnnw yn gweddnewid cwrs hanes cenhedloedd dirmygedig yng nghanolbarth a dwyrain Ewrop. Ac nid oedd yr un ohonynt hwy yn eu hystyried eu hunain yn gelwyddwyr digywilydd.

Gwaetha'r modd, mae rhai ysgolheigion yn parhau i gasáu Iolo am lygru ffynonellau hanesyddol drwy ffugio deunydd. Ond rhaid cofio mai plentyn ei oes oedd Iolo. Saif yn llinach Macpherson, Chatterton ac Ireland, a gellid dadlau ei fod gan mil rhagorach a difyrrach na hwy. Ni ellir ei feio oherwydd nad oedd Cymru wedi magu digon o ysgolheigion praff a allai bwyso a mesur dilysrwydd ei waith. A pha hawl, beth bynnag, sydd gennym i'w gondemnio? Onid ydym yn byw mewn oes sy'n llawn gwybodaeth ffug ac sy'n methu'n lân â didoli'r gwir oddi wrth y gau? Os oes coel ar deitl cyfrol Seth Stephen-Davidowitz (byddai Iolo wedi dotio at yr enw), *Everybody Lies* (2017), chwarae plant bach oedd ffugiadau Iolo o'u cymharu â'r llygru di-ben-draw sy'n digwydd yn achos ffynonellau hanesyddol yn ein hoes ni. Caniateir i arlywyddion a gwleidyddion ddweud celwyddau yn gyhoeddus, camddefnyddir adnoddau'r Rhyngrwyd i gelu'r gwirionedd, manteisia llawer o fyfyrwyr ar bob cyfle i lên-ladrata a chanmolir nofelwyr hanesyddol am ehediadau ffansïol a fyddai wedi codi gwallt pen Iolo Morganwg. Y neb sy'n byw mewn tŷ gwydr, gocheled rhag taflu cerrig.

Gan na ellid adrodd hanes Cymru yn effeithiol heb gynnwys arwyr, gofalodd Iolo ei fod yn britho'i fersiwn o'r gorffennol â hanes byddin liwgar o bobl go-iawn, ffigurau mytholegol a chymeriadau lledrithiol. Roedd yr hinsawdd yn galw am ryfeddodau ac ni chafwyd Iolo yn brin. Llwyddodd i ddwyn ynghyd *dramatis personae* syfrdanol yn ei bortread o hanes ei wlad. Pan fentrodd y Cymry o'u cartref yn Neffrobani neu Wlad yr Haf i Brydain oddeutu 1500 CC, fe'u llywiwyd yn ddiogel i'r lan gan Hu Gadarn, arwr chwedlonol, heddychwr i'r carn ac amaethwr medrus a ddysgodd ei bobl sut i drin y tir yn effeithiol. Ar ei ddeheulaw roedd Prydain ab Aedd Mawr, arweinydd doeth, pleidiwr rhyddid barn ac un a sefydlodd lywodraeth dda ar yr ynys. Dyfnwal Moelmud oedd y trydydd arwr eneiniedig a llwyddodd ef i wasanaethu'r bobl trwy ofalu bod cyfraith eglur a theg yn blodeuo ledled y wlad. O ran crefydd, y gŵr allweddol oedd Brân Fendigaid, Cristion a sicrhaodd fod 'haul cyfiawnder' yn gwawrio dros Gymru. Ym myd barddas, gan y patriarch Tydain y cafwyd y brif ysbrydoliaeth, er mai Plennydd, Alawn a Gwron a ddangosodd yr asbri a'r dyfalbarhad angenrheidiol wrth ledu'r awen.[33] Sylwer nad oedd lle i Brutus a Joseff o Arimathea ym mhantheon Iolo o'r arloeswyr cynnar.

Roedd Iolo'n chwedleuwr penigamp a gallai'r brodyr Grimm fod wedi dysgu llawer ganddo. Adroddai chwedlau am y diafol, ellyllon, y cyhyraeth, ysbrydion a thylwyth teg ar aelwydydd y Fro.[34] Mae'n hawdd iawn ei ddychmygu'n dweud wrth wrandawr: 'A glywaist ti chwedl Taliesin?' neu 'A glywaist ti chwedl Morgrugyn?'[35] Cydiai ym mhob cyfle i dynnu sylw at rai o fawrion y gorffennol a oedd wedi ymlafnio, mewn ffordd gwbl wreiddiol, i amddiffyn eu cyd-wladwyr. Prin fod yr un ohonynt yn fwy gwrol a gwladgarol na'r cawr rhyfeddol Rhita Gawr, gŵr aruthrol fawr a wyddai'n well na neb sut i ddarostwng brenhinoedd gormesol Prydain. Ar ôl eu trechu a'u lladd ar faes y gad, byddai'n torri ymaith eu barfau ac yn eu gwisgo:

A Brenhinoedd yr holl wledydd eraill cylch ogylch a glywsant ac er dial sarhad y Brenhinoedd a ddifarfwyd, ymarfogi yn erbyn Rhitta gawr ai wyr a wnaethant, a thaer a glew y bu'r yml* ond Rhitta ai wyr yn ennill y maes yn bensych. 'Llyma'n maes helaeth a theg ninnau!' ebe Rhitta ai wyr. 'Llyma'r anifeiliaid a borasant fy maes', ebe Rhitta wrth y Brenhinoedd amhwyll yno, 'ac mi ai gyrrais hwy allan oll, ni chant bori fy maes i.' A gwedi hynny y cymmerwys Rhitta yr holl farfau hynny, ac a wnaethant o honynt ysgin helaeth o benn hyd sawdl.[36]

Roedd gan Iolo hefyd stôr ddihysbydd o straeon rhamantus am enwogion fel Arthur, Caradog, Cunedda, Taliesin, Talhaiarn, Iestyn ap Gwrgant, Ifor Hael, Dafydd ap Gwilym ac Owain Glyndŵr. Edmygai Glyndŵr – 'y mwyaf o'n mawrion'[37] – yn fawr a châi flas arbennig ar adrodd chwedl am un o'i anturiaethau ym Morgannwg. Gwyddai Iolo fod cefnogwyr Tywysog Cymru wedi gosod Syr Lawrens Berclos (Sir Laurence Berkerolles) a'i filwyr dan warchae yng nghastell Coety ac aeth ati i flodeuo'r digwyddiad drwy ddyfeisio hanesyn am Glyndŵr ac un o'i filwyr, yn rhith gwas, yn mynd i'r castell ac yn gofyn yn Ffrangeg am lety dros nos. Rhoddwyd pob croeso i'r ddau a chawsant aros yno am bedwar diwrnod, gan fwynhau lletygarwch di-ail. Cyn gadael, cydiodd Glyndŵr yn llaw Berclos a diolch o galon iddo am ei garedigrwydd. Yna, gollyngodd y gath o'r cwd. Trawyd y marchog yn fud ac ni chlywyd gair o'i enau byth mwy.[38]

Rhaid oedd mawrhau'r traddodiad barddol hefyd trwy 'greu' beirdd eithriadol o ddawnus. Nid oedd gan Iolo gywilydd o arddangos unwaith eto ei ddawn ddychmygol yn y maes hwn. Cyfansoddodd ddwsinau o gerddi rhydd, llawer ohonynt yn dribannau hyfryd, dan ei enw ei hun neu, fynychaf, wedi eu tadogi ar feirdd fel Ieuan Tir Iarll, Dafydd o'r Nant a Sioni'r Maeswn Dimai. Oddeutu 1799 dechreuodd gyfansoddi cyfres o gerddi serch a'u tadogi ar fardd rhithiol o'r enw Rhys Goch ap Rhicert, gŵr y mae ei enw i'w gael mewn cartiau achau yn unig ond a oedd, yn ôl Iolo, yn barddoni c.1140–

70 ac yn flaenllaw ymhlith ysgol o drwbadwriaid ym Morgannwg a ganai dan ddylanwad y Normaniaid.[39] Dichon fod Iolo wedi gobeithio cynnwys y cerddi yn un o gyfrolau'r *Myvyrian*, ond ni welodd y cerddi olau dydd yn ystod ei oes. Serch hynny, gofalodd ei fab fod ugain ohonynt yn ymddangos yn yr *Iolo Manuscripts* ym 1848. Un o'r prydferthaf oedd 'Cân i Yrru'r Wylan yn Llatai':

> Yr wylan deg ar fol gwaneg,
> Ymhlith distrych yr heli crych,
> Brenhines wen geirw môr Hafren
> A'th Deyrnas di – nawton gweilgi,
> Ymborth ydd wyd ar bysgodfwyd,
> Gwisgi meinwen wyd ar aden,
> Ac er mwyn hyn wyf yn d'ofyn:
> Dwg erof gân o'm oer gwynfan,
> At feindwf ferch yn deg annerch;
> Claf wyf am wen hoen ôd gaenen;
> Fe ddodes hon saeth im dwyfron,
> A'u dwyn ydd wyf gloesion irnwyf.
> Dywed wylan wrth liw'r ôd mân,
> Fy mod, wen gu, yn ei charu.
> Cyrch hyd ei chaer, bun oleuglaer,
> Â chân o'm pen, ei mawl, meinwen,
> Pei gwnawn arwest o'r pum gorchest
> Ni thraethwn fawl a fai moddawl,
> Na chanfed rhan clod bun eirian.
> Oni chaf hon tyr fy nghalon,
> Af i boeni dan wyddeli,
> Yno'n draphell, yng nghudd coedgell,
> Meinwar a fydd fy nihenydd.[40]

Dotiai darllenwyr ar y cyfansoddiadau ffug hyn a hyd yn oed mor ddiweddar â dechrau'r ugeinfed ganrif cawsant eirda cynnes iawn gan un o ysgolheigion pennaf Cymru. Yn ôl Syr Ifor Williams, ceid ynddynt 'ryw felyster ymadrodd, rhyw lithrigrwydd melodaidd a phertrwydd dychymyg'. Yn ei farn ystyriol ef, gellid eu cyfrif 'ymhlith prif orchestion ein cenedl'.[41] Byddai Iolo wedi cytuno'n llawen. Gadawyd i Griffith John Williams brofi'n derfynol ym

1919 mai'r dewin o Drefflemin a wnaeth Rhys Goch ap Rhicert yn fardd. Profodd ef y tu hwnt i bob amheuaeth nad oedd y fath fardd wedi cerdded daear Cymru erioed, ond ni allai yntau ychwaith lai nag edmygu mawredd dychymyg a dawn farddol y cyfansoddwr.[42]

Dyn geiriau oedd Iolo ac erbyn 1806 roedd ganddo fwy na 25,000 o eiriau Cymraeg yn ei gasgliad personol.[43] Cribai drwy hen lawysgrifau a llyfrau am eiriau, ac fel y gwelsom eisoes bathai eiriau newydd fesul dwsin. Pan luniodd ei fersiwn ef o 'Brut Aberpergwm' cynhwysodd gannoedd o eiriau o'i wneuthuriad ei hun.[44] Pwysicach o lawer oedd ei barodrwydd i gyflenwi anghenion y Gymraeg ar drothwy'r cyfnod modern. I Iolo mae'r diolch am eiriau fel *arbenigo, athroniaeth, arysgrif, blaenor, canolog, cyfarpar, cyfrol, cyfystyr, cyfundrefn, drewgi, gobennydd, gwarineb, ieitheg, pleidlais, trylwyr* a llawer iawn mwy. Pwy all beidio ag edmygu gŵr a oedd, er enghraifft, yn gallu llunio brawddeg yn cynnwys 116 o eiriau Cymraeg heb yr un ferf yn agos ati er mwyn dangos gallu'r iaith i fynegi brawddeg hirfaith? Ac ni allwn lai na thynnu het iddo am fathu geiriau mor ddychrynllyd â 'gogyflechtwynedigaetholion' ac 'anghyflechtwynedigaetholion' er mwyn dangos potensial y Gymraeg.[45] Roedd ei iaith feunyddiol ef ei hun yn rhywiog a lliwgar, yn llawn geiriau anghyffredin fel 'bermanwr' (person siaradus), 'bwlffyn' (lwmpyn tew a thwp) a 'penbwltyn' (un a yrrai bobl yn benben). Ac afraid pwysleisio unwaith yn rhagor nad oedd ei debyg am efelychu arddull beirdd a llenorion y gorffennol, ynghyd â nifer o'i gyfoeswyr hefyd.

Cyflawnodd Iolo waith pwysig ym maes tafodieithoedd Cymru yn ystod y cyfnod hwn. Unieithrwydd oedd y norm yng Nghymru ar droad y ddeunawfed ganrif ac nid oedd unrhyw berygl i ddyfodol y Gymraeg fel iaith lafar. Parhâi tafodieithoedd lleol i ffynnu. Roedd gan Iolo glust fain at acen, goslef a rhythm mynegiant ei gyd-wladwyr a honnodd ei fod wedi cerdded 'ar hyd ac ar draws fy ngwlad a'm holl glustiau'n egored, am holl synniadau yn eu llawn waith'[46] er mwyn casglu gwybodaeth ar y pwnc. Gwyddai pawb a ddeuai ar ei draws yn ystod ei amryfal deithiau mai 'Sowthyn' ydoedd. 'I am by my tongue known to be a S. Wn.',[47] meddai pan oedd yn y Bala ym 1799. Credai ysgolheigion y pryd hwnnw mai dim ond dwy dafodiaith a geid yng Nghymru, sef iaith y Gogledd ac iaith y De. Ar sail ei ymchwiliadau dyfal ef gwrthododd Iolo dderbyn y farn hon. Dadleuai ef fod pedair prif dafodiaith yn bodoli – y Wenhwyseg, y Ddyfedeg, y Bowyseg a'r Wyndodeg – a bod gan bob un ohonynt statws cyfartal.[48] Pan aeth Syr John Rhŷs ati ganrif yn ddiweddarach i ddosbarthu'r tafodieithoedd, daeth yntau i'r un casgliad. Hyd heddiw ystyrir gwaith Iolo yn y maes hwn yn dra arloesol.

Ei fan gwan oedd ei duedd i organmol nodweddion y Wenhwyseg ac i ddirmygu'r Wyndodeg. Hawdd deall pam. Fe'i clwyfwyd i'r byw gan sylwadau difrïol Goronwy Owen ac eraill am dafodiaith yr Hwntws. Mynnodd Owen mai 'uncouthest Gibberish' oedd Cymraeg llafar sir Forgannwg ac nad oedd dim i'w ennill o siarad a diogelu'r fath 'lediaith ffiaidd'.[49] Ni chafodd fyth faddeuant gan Iolo am y fath athrod. Yn wir, dwysaodd ei ymdrechion drosti. Fel y gwyddys, prif nodwedd y Wenhwyseg oedd y calediad a ddigwyddai yn y sillaf acennog. Er enghraifft, ceid *c* yn lle *g* ('dicon' nid 'digon'), *p* yn lle *b* ('gwpod' nid 'gwybod') a *t* yn lle *d* ('atrodd' nid 'adrodd'). Fel hyn y siaradai gwerinwyr Bro Morgannwg a hawdd eu dychmygu yn cyfeirio at yr Iolo tymherus fel un a oedd yn aml yn 'rhecu', 'dicio', 'bwcwth', 'cynddeirioci' ac 'ymarfoci'. Nododd Iolo ei hun hefyd fod *ae* ym Morgannwg yn cael ei ynganu yn /a/: 'gwir yw yr ydyn ni ym Morganwg yn seinio'r *e* fel *a*, ag yn dywedyd llawan, bachgan, bachgenas, cyfeillas etc. yn lle llawen, bachgen, bachgenes, cyfeilles etc.'[50] Gwyddai tipyn am ffiniau'r Wenhwyseg a byddai'n nodi'n fanwl yr ardaloedd a haeddai waith ymchwil pellach. Nodai hefyd, a chofier mai barn oddrychol oedd hon gan mwyaf, fod siaradwyr coethaf y Wenhwyseg i'w cael yn Aberdâr, Defynnog, Gelli-gaer, Blaenau Gwent, Basaleg, Llancarfan (wrth reswm!), Margam ac Ewias.[51] Gofidiai Iolo fod trigolion y Bont-faen a Llanilltud Fawr yn gweld gormod o werth yn yr iaith fain a châi hwyl fawr ar ben 'broken English' pobl 'mwngleraidd' Llanilltud trwy ddynwared eu gwirebau bras: 'Tis but zo zo, as the Devil zaid of his zupper, when he was eating turd. Well done my cock, as the Devil zaid to old Harry [Harri VIII].'[52]

Os oedd tafodieithoedd yn werth eu hachub, felly hefyd y traddodiad cerddorol ac yn enwedig alawon gwerin. O ran diogelu gorffennol cerddorol gogledd Cymru, ni wnaeth neb fwy na'r telynor brith Edward Jones. Yn wir, haedda Bardd y Brenin rywfaint o glod am wrthod derbyn honiadau a dychmygion Iolo ynghylch derwyddiaeth a barddas yn ystod y 1790au. Nid oedd bai arno am geisio diogelu enw da ei olygiad newydd a diwygiedig o

Musical and Poetical Relicks of the Welsh Bards (1794). O ganlyniad, pwdodd Iolo a phenderfynodd dorri ei gŵys ei hun yn ystod y blynyddoedd rhwng 1795 a 1805 trwy gopïo a chofnodi, ychwanegu at alawon gwerin Cymru, yn enwedig rhai a hanai o'r De, a chyfansoddi rhai o'r newydd.[53] Ac wrth wneud, ni chollodd yr un cyfle i ddilorni 'Mr Humstrum' a'r traddodiad o ganu ar y tannau yn y Gogledd: ' the same dull chant, which to say the best that can [be] said of it, is nothing better than a tolerable drone to the harp'.[54] Fe'i hysbrydolwyd hefyd gan waith cyffelyb a gyflawnwyd yn yr Alban gan yr athrylithgar Robert Burns. Darllenai Iolo ganeuon Burns yn aml yn ystod y cyfnod hwn, gan nodi rhai pethau a oedd yn gyffredin rhyngddynt: 'Burns usually composed while walking in the open air.'[55] At hynny, edmygai lafur radicaliaid fel Joseph Ritson a wnaeth ddiwrnod rhagorol o waith yn achub caneuon gwerinwyr o isel dras yn Lloegr.[56] Ymdaflodd Iolo i'r un math o waith. Ef oedd y cyntaf i gasglu a chofnodi caneuon llafar gwerin-bobl Cymru yn systematig, cymwynas arall i'w hychwanegu at y rhychwant eang o astudiaethau a aeth â'i fryd yn ystod y cyfnod hwn.

Rhaid cofio nad oedd Iolo yn gerddor hyfforddedig o fath yn y byd. Amatur brwd ydoedd, ond meddai ar glust fain a llais canu cryf, fel y gallai'r Gwyneddigion a charcharorion Caerdydd dystio. Cymharol amrwd oedd ei grap ar nodiant cerddorol ac ni chofnododd arwydd amser na bariau cerddorol ar ei gopïau o'r alawon. At hynny, yn wahanol i Edward Jones, a oedd yn gofnodwr cymen a thaclus, ni thrafferthodd i osod trefn ar ei waith. Er ei ddiwydrwydd mawr, cofnodwr anniben iawn ydoedd. Serch hynny, ceir 88 o alawon gwerin yn ei archif, llawer ohonynt mewn poclyfr yn dwyn y teitl 'Casgledydd Penn Ffordd', ac eraill yn ddernynnau briw a gwasgaredig.[57] Yn eu plith gwelir ffefrynnau fel 'Hob y dyri dando', 'Cainc y Cathreiwr', 'Y Ferch o'r Scerr' a 'Haw, haw, Brithi i'r Buarth. Cainc yr Odryddes'. Ni allai Iolo yn ei fyw â gwrthsefyll y demtasiwn o adael ôl ei law ar rai caneuon. Er enghraifft, mae'n weddol sicr iddo drwsio'r hen gân serch enwog 'Bugeilio'r Gwenith Gwyn', a genid ar yr alaw 'Pebyll Penon', a'i thadogi ar Wil Hopcyn o Langynwyd (m. 1741), y bardd gwerinol a dorrodd ei galon (medd traddodiad di-sail) oherwydd i'w gariad Ann Thomas ('Y Ferch o Gefn Ydfa') orfod priodi'r gŵr bonheddig cefnog Anthony Maddocks. Dyma bennill cyntaf fersiwn Iolo:

Mi sydd fachgen ieuanc ffôl,
Yn byw yn ôl fy ffansi,
Myfi'n bugeilio'r gwenith gwyn,
Ac arall yn ei fedi.
Pam na ddeui ar fy ôl,
Ryw ddydd yn ôl ei gilydd,
Gwaith rwy'n dy weld y feinir fach,
Yn lanach, lanach beunydd.[58]

Roedd yn gwbl nodweddiadol o Iolo i ddisgrifio Wil Hopcyn, y plastrwr
tai di-sôn-amdano, fel 'awdur y caniadau serch melusaf ag a glywyd erioed
o fin dyn yng Nghymru'.[59] Petai gwobrau i'w cael am lunio broliant i waith
bardd neu gerddor, byddai Iolo wedi ennill ffortiwn. Ef hefyd fu'n gyfrifol am
ailwampio 'Fanny blooming fair', cerdd gan Dafydd Nicolas o Aberpergwm a
ddaeth yn eithriadol o boblogaidd dan y teitl 'Ffanni Blodau'r Ffair' yn ystod
oes Victoria ar ôl i Maria Jane Williams ei chyhoeddi yn *Ancient National Airs of
Gwent and Morganwg* (1844). Ni ddylai beri unrhyw syndod ei fod wedi gweld
yr angen i gofnodi'r trysorau hyn cyn i dwf diwydiant a threfoli eu dileu am
byth. Yn ddi-os haedda ei le fel un o gynheiliaid y gân yng Nghymru.

Testun balchder i Iolo oedd tuedd chwedlonol ei gyd-wladwyr i 'lefaru'n
ddiarhebol'.[60] Er mwyn profi rhagoriaeth y Cymry yn hyn o beth aeth ati fel dyn
wedi ei feddiannu i gasglu a bathu dwsinau, os nad cannoedd, o ddiarhebion,
dywediadau a thrioedd Cymraeg, gyda'r bwriad o'u cyhoeddi yn y *Myvyrian*.
Felly y bu, a chafodd y pleser o weld rhagor o'i ffugiadau mewn print yn yr
ail a'r drydedd gyfrol. Honnai iddo gribinio llawer o'r rhain o hen lawysgrifau
llychlyd ym Morgannwg yn ogystal â phwyso ar dystiolaeth lafar gwroniaid
fel Thomas Llywelyn o Regoes, Ystradyfodwg, 'yr hen Saffin' o Ben-y-bont
ar Ogwr, a'r 'hen Gyrys o Iâl', gŵr na wyddys fawr ddim amdano ac eithrio
ei fod yn gasglwr diarhebion ac yn cael yr enw yng Ngwynedd o fod yn
ddoeth.[61] Un o ffefrynnau Iolo oedd Rhys Pen Geldin, gŵr miniog ei dafod
a meistr ar lefaru'n ddiarhebol. Yn ôl Iolo, trigai ym mhlwyf Pendeulwyn
ar ddechrau'r ddeunawfed ganrif, ond ni wyddys dim byd arall amdano. Y
tebyg yw ei fod yn un o gymeriadau lledrithiol Iolo. Beth bynnag am hynny,
trysorai Iolo ei ffraethebion, efallai oherwydd mai ei rai ef ei hun oeddynt. 'Pa
fodd Rhys y mae dy lygaid cyn belled yn dy ben', meddai rhyw gyfreithiwr

cecrus wrtho. Daeth yr ateb fel bollt: 'Gwaith Duw syr, Gwaith Duw, o'i fawr drugaredd tuag attaf, fal nas gallai'r cyfreithwyr a'u gwinedd ellyllaidd yn hawdd eu pigo allan.'[62]

Ym Morgannwg roedd llefaru'n ddiarhebol a dysgu ymadroddion ar y cof wedi cydio'n arbennig yn sgil poblogrwydd dywediadau 'Catwg Ddoeth', un arall o ffugiadau athrylithgar Iolo. Yn wyrthiol o ddeheuig, llwyddodd i greu'r cymeriad hwn trwy gyfuno dau berson gwahanol, sef Cato, awdur *Cynghoreu Catwn* (gwaith Lladin a droswyd i'r Gymraeg) a Chatwg neu Gadog Sant, cyn mynd yn ei flaen i dadogi ar y Catwg newydd hwn gorff sylweddol o ddoethineb a gyhoeddwyd yn nhrydedd gyfrol y *Myvyrian*.[63] Credai fod gwir angen achub y trysorau hyn rhag 'llwngc anghof'[64] er mwyn i awduron cyfoes (Gogleddwyr, gan mwyaf) ddechrau arfer cynildeb: 'awduron trwsgl, y rhain, megis cynifer crogwr ai gebystr, ydynt yn estyn gwddf y Gymraeg yn druenus, ac yn gywilyddus o anghyfiawn. Cymraeg anghymreigaidd!! Wfft ei anferthed!'[65] Hwn, wedi'r cyfan, oedd y cyfnod pan oedd William Owen Pughe yn cyflwyno i'r byd eiriau hynafol a brawddegau rhwysgfawr sy'n dal i godi arswyd heddiw.

Un o hoff gyfryngau Iolo oedd trioedd o bob math. Brithir ei archif ag enghreifftiau hanesyddol a ffuglennol ohonynt dan benawdau fel Trioedd Ynys Prydain, Trioedd Braint a Defod, Trioedd Doethineb, Trioedd Cyfarwyddyd, Trioedd Barddas a Thrioedd Ach a Bonedd.[66] Hwyrach y dylid nodi yma mai 'Triodd' a ddywedai ef, yn unol ag arfer y Wenhwyseg. Beth bynnag am hynny, fe'u defnyddiai fel dull o ddyfnhau ymwybyddiaeth y Cymry Cymraeg o'u dyletswyddau i'w cenedl a'u hiaith:

Tri pheth y dylai Cymry eu car o flaen dim: Cenedl y Cymry, Moesau'r Cymry ac Iaith y Cymry.
Tri pheth y sydd o Genedl y Cymry yn oreuon o'u rhyw yn y byd: Barddas, Rhaith a Cherdd dant.[67]

Ni flinai Iolo ar ddathlu clod y Gymraeg – 'Mawr yw cyflawnder y Gymraeg, aml tu hwnt i bob iaith arall yn Ewrop yn ei geiriau, hardd, nerthol, a chynhwysfawr yn ei hymadroddion'[68] – a thelynegai'n gyson ynghylch ei phurdeb a chyfoeth ei geiriau. Gwyddai fod trioedd gwirebol yn un o arfau pennaf y Gymraeg a thrwy addasu hen drioedd a llunio rhai newydd llwyddodd i adlewyrchu ysbryd heriol y Chwyldro Ffrengig. Nid trwy ddamwain y gwelir geiriau megis 'braint', 'brawdoliaeth' a 'cydraddoldeb' yn y trioedd a gyhoeddwyd yn nhrydedd gyfrol y *Myvyrian*. Ymhlith rhinweddau diamheuol y Gymraeg, fel y dangosai'r trioedd, oedd ei gallu i symud gyda'r oes ac i ddweud pethau ysgytiol. Yr un pryd, meddai Iolo, cryfder pennaf y Gymraeg oedd ei gwydnwch ar hyd y canrifoedd.

Yn y trioedd ffuglennol hefyd y gwelwn gliriaf ragfarn Iolo yn erbyn y Saeson. Fel y gwelsom eisoes, ni allai ddioddef Saeson ffroenuchel a'u hawydd i reoli pawb a phopeth. Yn ei dyb ef, hwy oedd y bobl leiaf moesol a heddychlon yn y byd:

> Tri pheth goreu po leiaf o honynt yng Nghymry: Tlodi, Pechod, a Sais.
>
> Tri pheth y sy'n ymborth ar waed: Chwannen, Rhyfelwr cyflog, a Sais.
>
> Tri pheth nid oes daw arnynt: clap y felin, bwmbwr y môr, a chelwydd Sais.
>
> Tri pheth a gar fy nghalon eu gweled: Mêl ar fy mrechdan, wyneb merch a garaf, a Chebystr am wddwg Sais.[69]

Dyma Iolo ar ei fwyaf ymfflamychol. Ar yr adegau pan fyddai'n cynhyrfu fel hyn, dywedai bethau carlamus am 'blant Alis, a phlant Alis y Biswail'.[70] Ac yntau wedi dioddef dirmyg Saeson cynifer o weithiau, ceisiodd droi'r byrddau arnynt trwy ddadlau bod y dystiolaeth yn dangos bod gwerin-bobl Cymru yn fwy nobl a moesgar a diwylliedig na hwy. Concro'r byd, ymestyn yr Ymerodraeth, ymgyfoethogi ar draul eraill, dyna oedd diléit Saeson a dyna pam y cyfrifid hwy yn farbariaid. Cododd y Cymry uwchlaw hyn, gan ddilyn llwybr gwareiddiedig a roddai bris uchel ar foesoldeb, dysg, crefydd a heddwch.[71] Eu hunig wendid oedd eu marweidd-dra gwleidyddol ac nid arnynt hwy yr oedd y bai am hynny ychwaith. Ni allai Iolo faddau i'r Saeson am adael eu hôl mor drwm ar feddylfryd politicaidd y Cymry. Archelyn pennaf y genedl oedd Edward I am mai ef a ddechreuodd y broses o droi'r Cymry yn daeogion trwy greu 'an ignoble species of loyalty which may be with a degree of truth termed the servility of an entirely broken spirit'.[72] Drwg arall yn y caws oedd y cymal iaith yn Neddf Uno 1536, cymal a fu'n ergyd dost i statws a ffyniant yr iaith Gymraeg. Ni wyddom a oedd Iolo yn gyfarwydd â gwaith Herder a Fichte, prif ladmeryddion y syniad fod iaith gynhenid yn diffinio ac yn harddu cenedl, ond nid oedd yr un o'i gyd-Gymry mor daer ag ef o blaid hawl y Gymraeg i ffynnu. Heb flewyn ar ei dafod, dywedodd yn ei ragymadrodd trawiadol i'r *Myvyrian* fod llywodraeth Lloegr wedi penderfynu nad oedd hi'n beth diogel na phriodol i'r iaith Gymraeg fyw ac mai gorau po gyntaf y diddymid hi yn llwyr.[73] Roedd hwn yn ddatganiad syfrdanol. Nid oedd yr un Cymro o'r blaen wedi mentro yn gyhoeddus i feirniadu'r drefn wleidyddol a sefydlwyd gan y Tuduriaid. Pa ryfedd, felly, fod Iolo yn cael ei ystyried yn ddyn mor beryglus?[74] Fwyfwy, tybiai'r rheini a roddai eu ffydd yn ddigwestiwn yn y rhai a ddaliai awenau awdurdod fod lle i ofni syniadau 'mad Ned'.

Bu'r cyfnod hwn o brysurdeb anhygoel yn dreth ar iechyd Iolo. Talodd yn ddrud am fynnu cerdded i bobman: 'in spite of my lame foot, in spite of my asthma, in spite of my villainous cough that struggles to get loose, I persist in walking'.[75] Dioddefai o'r glunwst a'r gwynegon, y fogfa, pennau tost a'r bendro, canu yn y glust a nifer o fân anhwylderau eraill. Ar brydiau ni allai orwedd yn esmwyth yn ei wely oherwydd y boen yn ei frest a gwingfeydd yn ei gefn. Cysgai yn ysbeidiol mewn cadair, gan dreulio oriau'r nos yn darllen ac yn yfed sudd danadl poethion, mêl gloyw a the licris. Fe'i llethid o bryd i'w gilydd gan y felan ac ar yr adegau hynny cyfansoddai arysgrifau i'w gosod ar ei fedd neu fersiynau o 'Cywydd marwnad Iolo Morganwg'.[76] Meddai wrth Owain Myfyr: 'Wildernesses of cares and perplexities, seas of troubles, summerless years of storms, have been my portion in this life.'[77] Fel y gwelsom eisoes, dibynnai'n drwm ar lodnwm i leddfu poen ac ni allwn wadu'r posibilrwydd fod y cyffur hwn wedi porthi ei ddychymyg wrth lunio'i ffugiadau a pheri iddo ryng-gysylltu delweddau mewn modd cyffrous. 'You depend too much on opium, foxglove, etc.',[78] meddai'r athronydd David Williams wrtho.

Dan yr amgylchiadau, nid yw'n syndod ychwaith ei fod yn cael pyliau o wylltio a fflamio. Rywsut ni allai fyw heb gynnen. Ar droad y ganrif aeth pethau'n ddrwg iawn rhyngddo ac Owain Myfyr. Blinodd ei noddwr ar ei benchwibandod a'i anniolchgarwch, gymaint felly fel y torrodd ei addewid i dalu pensiwn o £50 y flwyddyn iddo. Ac yntau wedi dioddef colledion ariannol difrifol gyda'i fusnes ym 1802, ni allai Owain Myfyr wisgo mantell Ifor Hael mor rhwydd o hynny ymlaen. Credai Iolo fod ei gyfaill wedi ei fradychu ac fe'i cynddeiriogwyd ymhellach pan glywodd ei fod yn ei amau o fod yn ffugiwr llenyddol digywilydd a bod y cywyddau yn y 'Chwanegiad' yn brawf o hynny.[79] Clwyfwyd Iolo i'r byw a daeth eu cyfeillgarwch i ben yn derfynol ym 1806. Pan dderbyniodd lythyr oddi wrth Owain Myfyr ar 11 Mawrth 1806, fflamiodd yn syth: 'Gwaetha celwydd, celwydd coch. Rhyfedd! Rhyfedd! Rhyfedd! Rhyfedd!'[80] Heb flewyn ar dafod, condemniodd y gŵr a fu ar un adeg 'heb ei gyffelyb yn y byd':[81]

> Pwy felly'n fwy nag Owain Myfyr
> A'i ddichell mawr a'i gelwydd câs.[82]

Ni fu cymodi wedi hynny a hyd yn oed wedi marwolaeth Owain Myfyr ym mis Medi 1814 daliai Iolo i'w felltithio. At hynny, dywedodd lawer o bethau cas am William Owen Pughe, cyfaill llariaidd a gochelgar a haeddai fwy o barch gan Ned o Drefflemin na chael ei ddilorni am gynhyrchu gwaith 'bongleraidd'.

Cyfaddefai Iolo o dro i dro fod ganddo lawer gormod o heyrn yn y tân 'a llawer un ohonynt yn llosgi'n ulw'.[83] Gan ei fod wedi casglu a chopïo cymaint o ddeunydd yn ystod y cyfnod hwn, heb sôn am yr holl bapurau a oedd ganddo eisoes, câi gryn anhawster wrth geisio rhoi trefn ar y pentyrrau o lawysgrifau a llyfrau a daenwyd blith draphlith ar draws ei ystafell waith yn ei fwthyn di-lun. Erfyniodd Robert Southey arno i roi cymaint ag y gallai ar gof a chadw trwy gyhoeddi ei waith.[84] Ond casglwr a chopïwr oedd Iolo. Fel llawer un a oedd yn ddibynnol ar opiwm, fe'i hamgylchynai ei hun â drafftiau anghyflawn neu ddigyswllt a'i chael hi'n anodd, os nad yn amhosibl, i gwblhau darn o waith a bodloni arno. Weithiau, pan oedd wedi blino'n lân, byddai'n cawlio drwy amau dilysrwydd rhai o'i ffugiadau ef ei hun. Credai William Owen Pughe fod Iolo yn gymaint o berffeithydd fel na allai orffen dim na gollwng dim o'i ddwylo. Roedd rhywfaint o wirionedd yn hynny, ond ni ddylem anwybyddu'r posibilrwydd fod y blerwch yn bwydo creadigrwydd Iolo ac yn ei gymell i weld cysylltiadau cyffrous na fyddai meidrolion taclus yn gallu eu gweld. Yn ôl astudiaeth a wnaed yn ddiweddar, honnir (ar sail tystiolaeth bur fregus, rhaid cyfaddef) fod y rheini sy'n anniben yn eu gwaith ac yn astudio yng nghanol pentyrrau aflêr o bapurau nid yn unig yn fwy tebygol o ymwrthod â chonfensiwn ond hefyd o ddangos dychymyg a chregarwch anghyffredin.[85] Un felly oedd Iolo. Byddai'n cyfeirio at ei lawysgrifau fel 'fy mhlant' a dywedodd ryw dro yr hoffai i'w deulu, pan fyddai farw, eu gosod wrth ei ymyl mewn arch anferth a threfnu bod chwe cheffyl cydnerth yn llusgo'r cyfan i'w fedd.[86]

Er ei fod wrth ei fodd yn astudio'r gorffennol, dyn modern oedd Iolo. Roedd yn ddigon hirben i weld na fyddai gan Gymru unrhyw ddyfodol fel cenedl heb sefydliadau cenedlaethol grymus. Hebddynt, byddai'r Gymraeg a'i thafodieithoedd, ei hanes, ei cherdd a'i chân, a'i harferion gwerin yn marw o ddiffyg cynhaliaeth ac ewyllys i fyw. A 'poor little Wales' fyddai Cymru byth mwy. Roedd Iolo'n ffyddiog fod y rhod yn troi ac y gallai Cymru efelychu ei chymheiriaid Celtaidd drwy ymdaflu i'r dasg o greu sefydliadau a fyddai'n meithrin dyfodol cenedlaethol. Gwlad ddynamig oedd Cymru ar drothwy'r bedwaredd ganrif ar bymtheg. Hi oedd yn arwain y chwyldro diwydiannol, roedd y byd cyhoeddi yn ffynnu (erbyn 1826, blwyddyn marwolaeth Iolo, roedd o leiaf un argraffty ym mhob tref o bwys yng Nghymru), gallai dros hanner miliwn o bobl siarad Cymraeg ac roedd cryfder cynyddol Anghydffurfiaeth a Methodistiaeth yn amlwg i bawb. Yn wir, roedd yr hyn a gyflawnwyd yn ystod ail hanner y ddeunawfed ganrif yn bwrw i'r cysgod berfformiad gwledydd yn Ewrop a oedd yn fwy o ran eu maint a'u poblogaeth.[87] Gwyddai Iolo y byddai hyn oll yn allweddol o ran meithrin hunaniaeth newydd a hefyd o ran newid seicoleg y Cymry. Ond gwyddai hefyd y byddai angen strwythur cenedlaethol cydnerth i ddiogelu etifeddiaeth y gorffennol ac i addysgu ac ysbrydoli cenedlaethau'r dyfodol.

Rhan eithriadol bwysig o'i weledigaeth, fel y gwyddom, oedd gweld llyfrgell genedlaethol yng Nghymru, sefydliad a fyddai'n meithrin safonau ysgolheigaidd, yn diogelu ei waith ef ei hun ac yn gartref parhaol i'r holl drysorau gwerthfawr a oedd y pryd hwnnw yn dal mewn dwylo preifat. Roedd wedi sylweddoli na ellid ymddiried y dasg o achub gwaddol diwylliannol y genedl i deuluoedd bonheddig diofal Cymru. Onid oedd teulu Hengwrt yn rhoi tragwyddol heol i lygod mawr ddifetha llawysgrifau Cymraeg gwerthfawr? Sut yn y byd y caniatawyd i gyfrol o lawysgrifau a oedd yn cynnwys cywyddau Dafydd ap Gwilym gael ei gwerthu am rôt mewn ocsiwn?[88] Yn ei ragymadrodd deifiol i'r *Myvyrian* honnodd fod boneddigion Cymru wedi colli eu '*amor patriae*', eu bod yn ystyried y Gymraeg yn iaith gwbl ddiwerth ac nad oeddynt mwyach yn fodlon croesawu llyfrgarwyr a llengarwyr ar eu haelwydydd.[89] Iddynt hwy, roedd 'diwyllio' yn golygu 'Seisnigo'. Ceid prawf diymwad o brif flaenoriaeth y Sais yn yr *Encyclopaedia Britannica* lle y disgrifid yr iaith Saesneg fel 'the language of a great and powerful nation'.[90] Dychrynwyd Iolo yn ddirfawr gan ddiofalwch sarhaus tirfeddianwyr cyfoethog a hyn oedd wrth wraidd ei ddymuniad i weld llyfrgell genedlaethol yng Nghymru. Mewn nodyn diddyddiad a ysgrifennodd ar gefn cyhoeddiad yn ymwneud â'r loteri cenedlaethol, dywedodd: 'National Library, when founded in Wales, I will give my MSS to it with an injunction that permission be given in the library to copy any thing, but not out of it.'[91] Mae'n amlwg fod tynged ei archif ei hun yn pwyso'n drwm ar ei feddwl ac y byddai gan ei fab Taliesin ran bwysig i'w chwarae yn y dasg o olygu a diogelu ei waith cyn ei drosglwyddo i'r sefydliad newydd y breuddwydiai amdano.

Gwelir Iolo y gweledydd hefyd yn ei awydd i sefydlu timau o ymchwilwyr i weithio ar y cyd ar brosiectau llenyddol a hanesyddol sylweddol, sef y math o waith a gyflawnir heddiw gan Ganolfan Uwchefrydiau Cymreig a Cheltaidd Prifysgol Cymru. Er enghraifft, ym mis Ebrill 1800 mynegodd ei fwriad i drefnu prosiect cenedlaethol yn ymwneud â hanes lleol. Y nod oedd cyflogi un person ym mhob sir yng Nghymru i gasglu geiriau, diarhebion, nodweddion tafodieithol, hanesion a chwedlau diddorol. Gwnaeth ei orau i berswadio Cymdeithas y Gwyneddigion i gynnig gwobr o bum neu ddeg gini am bob casgliad sirol llwyddiannus, ond llugoer iawn fu'r ymateb.[92] Ni ddigalonnodd Iolo a dengys ei bapurau fod pob math o syniadau yn berwi yn ei ben ynghylch sut i boblogeiddio hanes ei sir a'i wlad. Ym 1807 honnodd yr hynafiaethydd Benjamin Malkin mai Iolo oedd pennaf hanesydd Cymru: 'profound and sagacious in every thing curious relating to the customs, manners, and history, of his native principality'.[93] Byddai Iolo wedi amenio hynny'n frwd ond gwyddai o'r gorau, ac yntau'n drigain oed erbyn hynny, na allai wireddu rhai o'i freuddwydion mwyaf uchelgeisiol ar ei ben ei hun. Ymhlith ei brosiectau arfaethedig oedd cynllun ar gyfer 'a Complete and Superb History' o sir Forgannwg, lle y byddai ef yn arwain tîm o ymchwilwyr, yn cynnwys clasurwr, hanesydd, naturiaethwr a dyluniwr, i'w noddi gan frodorion y sir.[94] Mwy uchelgeisiol fyth oedd ei brosbectws ar gyfer cyhoeddi 'A New History of Wales' ar ffurf chwe chyfrol swmpus.[95] Er na ddaeth dim o'r bwriadau da hyn, mae'n werth nodi – er mwyn dangos pa mor flaengar oedd cynlluniau Iolo – na chafwyd cyfresi amlgyfrol safonol ar hanes Morgannwg a hanes Cymru hyd nes i Syr Glanmor Williams, impresario arall o Forgannwg, weld yr un angen ac, yn bwysicach na hynny, ddwyn y maen i'r wal dros ganrif a hanner yn ddiweddarach.

Roedd Iolo o flaen ei oes hefyd o safbwynt cryfhau statws y Gymraeg a diogelu diwylliant gwerin Cymru. Gwelsom eisoes ei fod yn ymddiddori'n fawr yn nhraddodiadau gwerinol ei wlad ac yn gofidio bod dihidrwydd boneddigion a phiwritaniaeth gul y mudiad Methodistaidd yn bygwth eu dyfodol. Er mwyn gwrthweithio hyn gwyntyllodd y syniad o sefydlu academi ohebol, ar lun yr *Académie des Inscriptions et Belles-Lettres*, a fyddai'n dwyn ynghyd arbenigwyr ar iaith, barddoniaeth, hanes a thraddodiadau gwerinol ac yn eu cymell i gasglu popeth oedd yn berthnasol i ddiwylliant gwerin y bobl.[96] Byddai ei gasgliad sylweddol a chyfoethog ef wedi bod yn sail i waith yr academi. Hwyrach mai fersiwn cynnar o'r Academi Gymreig neu Amgueddfa Werin Cymru, sefydliad a godwyd ym 1946 nid nepell o'i gartref, a oedd ganddo mewn golwg, ond unwaith eto ni chafwyd cefnogaeth i'w weledigaeth.

Pe na bai hyn oll yn ddigon, breuddwydiai Iolo hefyd am weld coleg neu golegau ar ddaear Cymru. O'r dwyrain y deuai ei ysbrydoliaeth, yn enwedig y gwaith a gyflawnwyd gan yr ieithydd Syr William Jones neu 'Oriental Jones', fel y'i gelwid. Mewn anerchiad trawiadol i'r Gymdeithas Asiaidd yng Nghalcutta ym 1786 gwnaeth Jones ddatganiad syfrdanol ynghylch y berthynas hanesyddol rhwng Sansgrit, Lladin, Groeg a'r ieithoedd Germanaidd.[97] Hwn oedd y datganiad cyhoeddus cyntaf ar egwyddorion sylfaenol ieitheg gymharol fodern. Swynwyd Iolo, ymhlith eraill, gan ddamcaniaeth 'tad ieitheg fodern' ac yn enwedig gan y modd y llwyddodd i egluro esblygiad ieithoedd a'r dolenni cyswllt rhyngddynt. Dysgodd ganddo arwyddocâd dysgeidiaeth yr Hindu ('our sister nation'[98]) a'r berthynas rhwng Sansgrit, mam yr ieithoedd traddodiadol, a'r Gymraeg. I Iolo, roedd syniadau Syr William Jones megis chwa o awyr iach wedi'r niwl a daenwyd gan rai o ieithyddion blaenorol Cymru. Anobeithiai Iolo, er enghraifft, wrth ddarllen llyfrau gorffwyll Rowland Jones ('blind and wildly rambling imagination, like those of Rowland Jones, of insane notoriety'[99]) a'i honiadau, ymhlith pethau eraill, fod iaith gyntefig dyn wedi datblygu o wreiddeiriau unsill a bod pob iaith arall wedi ei ffurfio o gyfansoddeiriau o'r gwreiddeiriau hyn. Wfftiodd Iolo at y ffwlbri hwn gan gredu, pe sefydlid coleg yng Nghymru, y gellid trwytho pobl ifanc yng ngwerthoedd gorau yr Ymoleuo (dysg, rhesymeg, moesoldeb, cyfiawnder a heddwch). Yn ddelfrydol, coleg ar lun a delw syniadau'r dwyrain fyddai orau, ond ofnai y gofalai rhyfelgwn Prydain na châi sefydliad o'r fath fyth ddyfnder daear yng Nghymru:

> A College has lately been Instituted at Calcutta for the acquisition, and study of the Ancient Indias, and other Asiatic Languages; where will Such an establishment appear in Europe for the study of the Ancient Languages of Europe? Never! For money, and money only, is the great object of acquisition. Pluto the God of Riches is adored by one half of the Christian World (Blasphemously So nicknamed) and Mars the God of War by the other.[100]

Erys un sefydliad arall a oedd yn nes at galon Iolo na dim, sef Gorsedd Beirdd Ynys Prydain, yr unig gorff cenedlaethol yn ei bortffolio i'w sefydlu yn ei ddydd. Fel y gwelsom, hwn oedd gwaith ffugiannol enwocaf Iolo a'r mwyaf dylanwadol hefyd yn y tymor hir. Gobeithiai Iolo y byddai'r Orsedd yn tyfu i fod yn garreg sylfaen i hunaniaeth y Cymry ac yn ymgymryd â'r dasg o oruchwylio pob agwedd ar fywyd cenedlaethol Cymru. Fe'i creodd, meddai, oherwydd ei 'serch at fy Ngwlad a'm Cenedl'[101] ac oherwydd ei fod yn awyddus iddi fod yn gonglfaen i ffyniant diwylliannol a gwleidyddol Cymru. Ond sefydliad ar ei brifiant ydoedd yn ystod oes Iolo. Urdd neu dribiwnlys ar gyfer ei gyfeillion ydoedd yn y lle cyntaf ac nid oes unrhyw le i gredu iddo gipio dychymyg y Cymry cyn y 1850au. Nid oedd fawr o rwysg yn perthyn i'r cynulliadau bychain anhrefnus ar Fryn y Briallu ac ar fryniau Morgannwg. Cylch o gerrig mân oedd y man cyfarfod arferol, gyda charreg fwy sylweddol yn y canol ar gyfer Maen yr Orsedd. Câi ymgeiswyr eu derbyn i un o dair urdd dderwyddol mewn seremonïau a gynhelid 'yn wyneb haul llygad goleuni'. Defnyddid cleddyf bychan yn ystod y seremonïau a chlymid rhubanau glas, gwyn a gwyrdd am freichiau'r rhai a gâi eu hurddo. Nid oedd y fath beth â gwisgoedd llachar, dawns flodau, blodeuged a chorn hirlas, corn gwlad a thelyn i'w cael yr adeg honno. Eto i gyd, roedd Iolo'n awyddus i

Darlun o Iolo Morganwg wrth ei waith gan William Owen Pughe. Dyfrlliw, 1798.

Llun trwy ganiatâd Llyfrgell Genedlaethol Cymru.

Eglwys Llancarfan lle y bedyddiwyd Iolo Morganwg ar 13 Mawrth 1747.

Llun trwy ganiatâd Ann Ffrancon.

Eglwys Trefflemin. Claddwyd gweddillion Iolo Morganwg yn llawr yr eglwys ar ôl ei farwolaeth ar 18 Rhagfyr 1826.

Llun trwy ganiatâd Ann Ffrancon.

Darlun arall o Iolo Morganwg gan William Owen Pughe *c.* 1805.

Llun trwy ganiatâd Llyfrgell Genedlaethol Cymru.

Y geiriadurwr a'r arlunydd William Owen Pughe (1759-1835).

Llun trwy ganiatâd Llyfrgell Genedlaethol Cymru.

OWAIN JONES, MYFYR.

'Dyn heb ei gyffelyb yn y byd': Owen Jones (Owain Myfyr) (1741-1814).

Llun trwy ganiatâd Llyfrgell Genedlaethol Cymru.

Cofeb gan Iolo Morganwg i Anthony Jones, Llanilltud Fawr, wedi ei llofnodi 'E. Williams, Cowbridge', yn Eglwys Illtud Sant, Llanilltud Fawr, c. 1800.

Llun trwy ganiatâd Llyfrgell Genedlaethol Cymru.

Un o hoff fotiffau Iolo Morganwg ar gerrig beddau Bro Morgannwg.

Llun trwy ganiatâd Canolfan Uwchefrydiau Cymreig a Cheltaidd Prifysgol Cymru.

Cofeb gan Iolo Morganwg i Thomas Morgan (1737-1813), gweinidog Undodaidd Blaen-gwrach, yng nghapel Gellionnen.

Llun trwy ganiatâd Gwenno Ffrancon.

Arysgrif gan Iolo Morganwg i John a
Mary Davies ar fur Eglwys San Pedr,
ger Sili, ym Mro Morgannwg.
Trwy ganiatâd Ann Ffrancon.

Map o dref fechan Llanilltud Fawr
gan Iolo Morganwg, *c.* 1800.
Trwy ganiatâd Llyfrgell Genedlaethol Cymru

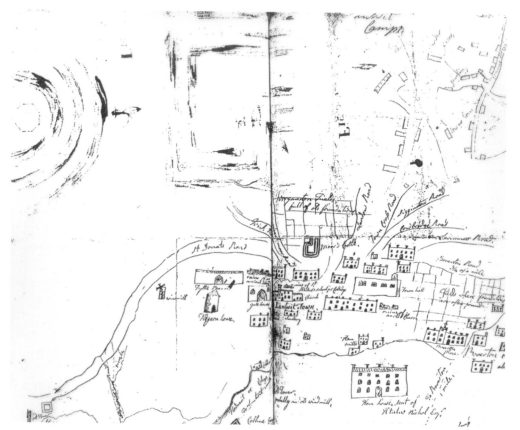

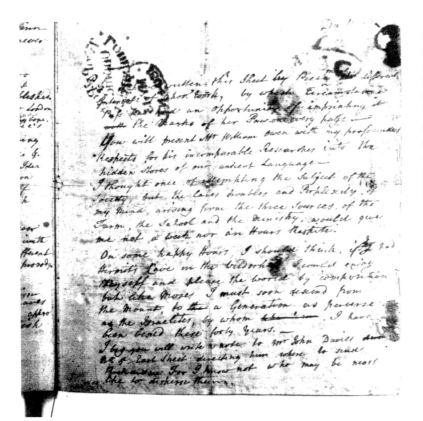

Llythyr a anfonwyd gan David Davis (Dafydd Dafis), Castellhywel, at Iolo Morganwg, 5 Mai 1804. Gellir gweld ôl pawen ei gath arno.

Llun trwy ganiatâd Llyfrgell Genedlaethol Cymru.

Pan oedd papur yn brin, byddai Iolo Morganwg yn ysgrifennu llythyrau ar unrhyw ddarn o bapur ac yn ei lenwi i'r ymylon.

Llun trwy ganiatâd Llyfrgell Genedlaethol Cymru.

Darlun dychmygol gan William Owen Pughe o Orsedd Beirdd Ynys Prydain.

Llun trwy ganiatâd Llyfrgell Genedlaethol Cymru.

Un o lythyrau olaf Iolo Morganwg. Fe'i anfonwyd at ryw weinidog anhysbys ar 29 Hydref 1826.

Llun trwy ganiatâd Llyfrgell Genedlaethol Cymru.

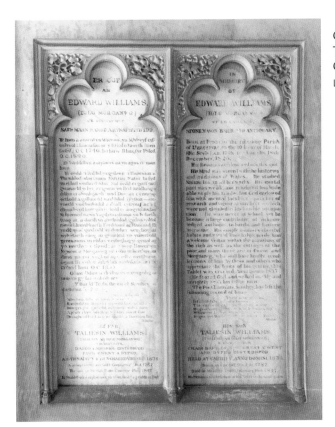

Cofeb i Iolo Morganwg a'i fab Taliesin a godwyd ym 1855 gan Caroline, Iarlles Dwn-rhefn.

Llun trwy ganiatâd Ann Ffrancon.

Iolo Morganwg yn ei henaint. Ysgythriad gan Robert Cruikshank ar sail braslun gan Elijah Waring.

Llun trwy ganiatâd Llyfrgell Genedlaethol Cymru.

Portread o Iolo Morganwg gan William Morgan Williams (Ap Caledfryn) ym 1898.

Llun trwy ganiatâd Llyfrgell Genedlaethol Cymru.

Edward Williams,
gor-or-or ŵyr Iolo
Morganwg, yn
edmygu Cadair
Iolo Morganwg
yn Llyfrgell
Genedlaethol Cymru.

Llun trwy ganiatâd
Canolfan Uwchefrydiau
Cymreig a Cheltaidd
Prifysgol Cymru.

Cofeb i Iolo
Morganwg gan
John Meirion Morris
ac Ieuan Rees
yng Nghanolfan
Uwchefrydiau
Cymreig a Cheltaidd
Prifysgol Cymru.

Llun trwy ganiatâd
Canolfan Uwchefrydiau
Cymreig a Cheltaidd
Prifysgol Cymru.

weld ei basiant yn esblygu. Gwelir ei weledigaeth gychwynnol mewn pennod gyffrous o'i eiddo a gyhoeddwyd dan y teitl 'Barddas' yn *The Heroic Elegies of Llywarçh Hen* (1792), traethawd a oedd yn berfformiad ynddo'i hun. Lledodd ei syniadau am farddas a derwyddiaeth fel tân gwyllt yn Llundain a ffaglwyd y tân ymhellach gan gynnwys *Poems, Lyric and Pastoral* (1794). Yn y gyfrol hon cyfeiriodd at y nod cyfrin / | \, sef enw'r Duwdod, enw na allai neb ei ynganu gan ei fod mor ddwyfol. Tadogodd ar y pelydrau hyn dri gair allweddol – Cariad, Cyfiawnder a Gwirionedd – geiriau a oedd yn gwbl ganolog i'w broffes a'i yrfa fel derwydd radical. Elfen ganolog arall oedd 'Coelbren y Beirdd', yr wyddor ffug y byddai'r beirdd a'r derwyddon yn ei cherfio ar ffrâm bren a elwid yn beithynen. Fwyfwy, clywid y Gorseddogion yn defnyddio ymadroddion fel 'Y Gwir yn erbyn y Byd', 'Calon wrth Galon' a 'Duw a phob Daioni' wrth boblogeiddio'r maniffesto Ioloaidd. Wedi'r cyfan, un o'u dyletswyddau pennaf oedd 'athrawiaethu' neu 'addysgu' pobl yng nghyfrinion y gyfundrefn orseddol a'u cymell i barchu pasiant cyfoethog a roddai bwys ar ddysg farddol, gwybodaeth ddiwinyddol a breiniau dyn.[102]

Cynhelid y cynulliadau gorseddol hyn yn enw 'Cadair' neu dalaith arbennig – Cadair Tir Iarll, Cadair Morgannwg, Cadair Gwynedd, Cadair Deheubarth a Chadair Powys – a chyfansoddodd Iolo gyfoeth o ddeunydd ffug yn adrodd hanes a tharddiad y cadeiriau hyn a'u swyddogaeth yng ngweithgareddau eisteddfodol a gorseddol yr hen benceirddiaid. Gyda threigl amser gwelodd y byddai'n fuddiol i glymu'r Orsedd wrth y traddodiad eisteddfodol. Y drafferth oedd fod eisteddfodau'r Gwyneddigion, fel y'u gelwid, yn cael eu cynnal yn y Gogledd ac nid oedd gan Iolo fawr o olwg ar y meddwi, y twyllo a'r ffraeo a ddigwyddai ynddynt bob blwyddyn. At hynny, tueddai deinosoriaid gwleidyddol fel Gwallter Mechain a Dafydd Ddu Eryri i gipio'r prif wobrau a thaflu eu cysgod marwol dros y gweithgareddau. Roedd hyn hefyd yn destun gofid i William Jones, Llangadfan, Jacobin pybyr a fynnai ei bod yn hen bryd agor drysau'r eisteddfod i feirdd y De: 'mae'n resyn ymddieithrio oddiwrth yr hen frodyr o Ddeheubarth'.[103] Ers y 1770au cynnar, ymhell cyn i eisteddfodau'r Gwyneddigion ddod i'r amlwg, bu Iolo yn breuddwydio am droi'r eisteddfodau a gynhelid ym Morgannwg ar gyfer beirdd ifainc yn ganolfannau i amrywiaeth o weithgareddau llenyddol. Mwy na hynny, rhoddai sylw manwl i'r gwaith o brofi mai Morgannwg oedd prif ganolbwynt y traddodiad eisteddfodol. Onid oedd beirdd y dalaith wedi cyfarfod yn rheolaidd ar y Twmpath Diwlith ar fynydd Margam neu ym mhlas rhamantus y Bewpyr i gynnal eu cyfarfodydd barddol?[104] Ac onid oedd cyfrifoldeb arbennig arno ef, Iolo Morganwg BBD (Bardd wrth Fraint a Defod Beirdd Ynys Prydain) a'r *guru* pennaf ('Pontifex Maximus'[105]) yng Nghylch yr Orsedd, i ddangos y gallai'r Eisteddfod unwaith yn rhagor chwarae rhan bwysig yn natblygiad cenedl y Cymry? Dim ond disgwyl ei gyfle yr oedd.

Honnodd Simon Brooks yn ddiweddar mewn cyfrol ar fethiant cenedlatholdeb Cymraeg 'na chafodd Iolo Morganwg fawr o ddylanwad ar drywydd syniadol y bedwaredd ganrif ar bymtheg'.[106] Rhaid bod Homer yn hepian pan luniodd y frawddeg anghredadwy honno. Mae unrhyw un sy'n gyfarwydd â chynnyrch y wasg Gymraeg yn ystod oes Victoria yn gwybod yn iawn fod ôl bysedd Iolo i'w ganfod ym mhobman.[107] Diolch i'w fab Taliesin ab Iolo, ei edmygydd mawr John Williams (Ab Ithel), ei gofianwyr cynharaf Elijah Waring a T. D. Thomas, heb sôn am ddylanwad yr ail argraffiad swmpus o *The Myvyrian Archaiology of Wales* ym 1870, bu enw a syniadau Iolo yn bwnc trafod rheolaidd yn y wasg wythnosol a chyfnodol. A fyddai ysgolhaig mor fawr â Syr John Morris-Jones wedi trafferthu i geisio tanseilio hygrededd Gorsedd y Beirdd trwy ymosod mor ffyrnig ar 'faldordd gorffwyll' ei charedigion petai dylanwad syniadau Iolo yn druenus o fach?[108] Ac a fyddai marchog lliwgar a checrus arall, Syr T. Marchant Williams – yr enwog 'Acid Drop' – wedi trafferthu, ar dudalennau *The Nationalist*, i amddiffyn enw da Iolo trwy wawdio 'the smirching touch of ungrateful and insolent pedants'?[109] Yn wir, un o nodweddion mwyaf gogleisiol Iolo oedd ei allu i lefaru'n huawdl ac i bryfocio darllenwyr o'r tu hwnt i'w fedd. Rhodder y gair olaf i Griffith John Williams: 'Ni chyhoeddwyd llyfr trwy'r ganrif a fyddai'n ymwneuthur â llên neu â hanes Cymru heb fod yr hanesydd yn rhoddi sylw arbennig i'r hyn a ddaethai trwy lawysgrifau Iolo.'[110] Nid heb achos da y cyfrifir Iolo Morganwg yn un o dadau'r mudiad cenedlaethol modern.

Cyfaill i'r Tlawd a'r Gorthrymedig

Roedd y teithwyr a gyrhaeddodd y Bont-faen ar y goets o Lundain yn hwyr brynhawn Iau 23 Ionawr 1806 yn llawn cyffro. Roedd ganddynt newyddion o bwys i'w hadrodd: roedd y Prif Weinidog, William Pitt, wedi marw yn gynnar y bore hwnnw, ac yntau'n dal yn ŵr cymharol ifanc 46 mlwydd oed. Gydol y noson honno clywyd pyliau o chwerthin creulon mewn tyddyn distadl yn Nhrefflemin wrth i Iolo geisio dychmygu'r arteithiau haeddiannol roedd Wil Pwll Uffern yn eu profi yn nheyrnas y diafol. Wedi'r cyfan, dyma'r gŵr a fu'n gyfrifol am y rhyfel hir a chostus yn erbyn Ffrainc. Roedd Iolo yn argyhoeddedig na fyddai gweithredoedd 'anghenfilaidd' Napoleon wedi digwydd pe na bai Pitt a'i gynffonwyr wedi mynd i ryfel yn erbyn Ffrainc. Ac yntau wedi dioddef fel Undodwr a radical, ni allai Iolo faddau iddo am yr erlid arswydus a fu ar Anghydffurfwyr a radicaliaid a hefyd am y trethi gormesol a oedd yn peri i werin-bobl felltithio ei enw. Yn ei ddull coeglyd dihafal lluniodd Iolo y 'Pandemonian Bulletin', llythyr dychmygol oddi wrth Satan (Beelzebub) ei hun yn diolch am wasanaeth dieflig Pitt ac yn cysuro'i ddilynwyr drwy addo y deuai sawl William Pitt arall i wneud mwy o lanast cyn bo hir:

> Jan 22d. year of our Reign 5800. This day arrived at our Pallace our most illustrious friend and compeer William Pitt whose services to us in the world of human nature has been great beyond any thing ever hitherto known. He propagated and diffused our purest principles with the greatest success, and especially so in the so much by us hated Christian part of that world which we now behold with rapture in flames lighted up by him, streaming which

he has given to flow in a high deluge. But our great enemy above who has for so many ages been ruling us with his rod of iron sent one of his assassins to despatch him in the moment of his enjoyment of the high career of glory, wherein he was proceeding with the greatest rapidity. All our Crowned friends in that world mournful[ly] join in the bitterest lamentation for the sudden departure of our own highly beloved and most illustrious friend. But we wish them not to despair for phoenix-like out of his ashes will arise another and not one only but many William Pitts. In the mean time we are preparing for his reception in all the numberless of our extensive empire, and orders have been issued for public rejoicing, and that on this solemn and grand occasion the most magnificent bonfires be lighted up. We have also prescribed the appropriate toast amongst others next to our own Royal person is to be given all the Kings of the Christian world. And may success attend them and their politics. Given at our Royal Pallace of Pandemonium the day and date above written. By order of his Infernall Majesty Belzebub.[1]

Pa ryfedd fod Iolo bob amser yn cael blas ar ddarllen gwaith y Bardd Cwsg?

Hwyrach fod Iolo wedi ystyried tranc Pitt yn rhagarwydd o ddyddiau gwell i ddod. Ac, yn wir, daeth haul ar fryn pan basiwyd dwy ddeddf seneddol bwysig, y naill ym 1807 a'r llall ym 1813, y bu'n ymgyrchu drostynt ers blynyddoedd lawer. Ymwnâi'r gyntaf â thynged caethion duon. Am bedwar y bore, 24 Chwefror 1807, wedi oriau o ddadlau brwd ar lawr Tŷ'r Cyffredin, pleidleisiodd yr aelodau seneddol, o 283 pleidlais yn erbyn 16, o blaid dileu'r fasnach mewn caethweision yn Ymerodraeth Prydain. Ni fu llafur William Wilberforce − 'Great Wilberforce', chwedl Iolo − yn ofer wedi'r cyfan a chododd yr aelodau fel un dyn i roi bonllef o gymeradwyaeth i bensaer y fuddugoliaeth fawr.[2] Llifodd dagrau o lawenydd i lawr gruddiau Wilberforce a bu'n ddigon haelfrydig i gydnabod mai un ymhlith llawer oedd ef. Eto i gyd, dim ond yn ddiweddar iawn y daethom i werthfawrogi cyfraniad pobl dduon eu hunain i'r ymgyrch yn erbyn y fasnach ddieflig mewn caethion. Mewn unrhyw drafodaeth ar y pwnc hwn, anghymwynas fawr fyddai peidio ag enwi ymgyrchwyr fel Olaudah Equiano, Ottobah Cugoano, Ignatius Sancho a Mary Prince, ymhlith eraill.[3] Ni thâl i ni ychwaith guddio'r ffaith fod oddeutu 767,000 o Affricaniaid wedi eu trawsgludo i gaethiwed mewn llongau o Brydain yn ystod y ddau ddegawd, rhwng 1789 a 1807, pryd y cynhaliwyd yr ymgyrch wleidyddol i ddwyn y fasnach mewn caethion i ben. Nododd Iolo fanylion y ddeddf yn ei boclyfr cyn mynd ati i ddathlu'r achlysur drwy gyfansoddi emyn, ar y mesur 87.87.D, sef 'Cân Rhyddhad y Caethion':

Hir yng ngwledydd poethion Affrig
  Bu'n cydfrodyr dan yr iau;
Daeth yr amser gwynfydedig
  O law'r gelyn i'w rhyddhau;
Duw sy'n gweithio'n Ynys Prydain
  Drostynt o'i diriondeb rhad,
Gwaith a'u cynnull dan ei adain,
  A'u diogela'n nhir eu gwlad.

Masnach dyn! Ei gorff a'i enaid
  Meibion trachwant mwy ni chânt;
Cyn bo hir dan ddial tanbaid
  O bob tir diflannu wnant;
Dydd i agor drws pob carchar,
  Dryllio'r gadwyn, torri'r iau,
Dydd i sychu dagrau galar,
  Dydd ein Duw sy'n ymneshau.[4]

Gwyddai rhai hefyd fod Iolo ei hun wedi chwarae ei ran yn y frwydr dros hawliau pobl dduon. 'Allow me', meddai David Davis, yr Undodwr o Gastell-nedd, 'to congratulate you most heartily on the abolition of the nefarious traffic in human flesh, which has, for ages, been the great national sin of Britain.'[5] Credai Davis fod diddymu'r ddeddf anfad hon yn fwy teilwng o goffadwriaeth nag unrhyw un o fuddugoliaethau Arglwydd Nelson ar dir a môr. Gan ei fod ef ei hun yn arfer cyfeirio at Nelson fel y 'Cawrlofrudd a'r Morleidr Mawr',[6] rhaid fod Iolo wedi amenio hynny. Hyd yn oed yn ystod y rhyfel yn erbyn Ffrainc bu'n taranu'n gyson yn erbyn ffieidd-dra caethwasanaeth. Er enghraifft, ym 1804 cyfansoddodd gerdd, dan y teitl 'Dinistr y Llongau Caethglud', yn adrodd hanes tymestl a ddrylliodd ddeugain o longau oddi ar arfordir Sbaen tra oeddynt ar eu ffordd o Brydain i Affrica i gipio ugain mil o bobl dduon yn gaethion. Gwaedai ei galon fawr dros y trueiniaid hyn a diolchodd i Dduw o waelod calon am ddymchwel y 'llynges uffernawl':

Lladrata dynion! Hyll eu swydd,
  Daeth arnynt aflwydd cyflawn;
Duw'n rhoddi llawer mil yn rhydd,
  O law'r gorthrymydd creulon.[7]

Mater hynod sensitif iddo, serch hynny, oedd cysylltiad ei frodyr â chaethwasiaeth. Gwyddai fod y tri ohonynt wedi elwa'n uniongyrchol ar ddioddefaint caethweision ar eu hystadau yn Jamaica. O ganlyniad i'w llafur hwy y cawsant eu tai crand a'u planigfeydd helaeth, heb sôn am y llyffetheiriau a'r gwialennau a oedd ganddynt i gosbi a chaethiwo eu gweithwyr. Gwyddom fod Miles yn cyd-fyw â merch ddu a dengys ewyllys Thomas Williams ei fod yn arddel dau blentyn siawns a aned i gaethferch.[8] Honnai Iolo wrth eraill ei fod wedi ceryddu'r tri brawd droeon am gynnal y fath fasnach ddieflig a'i fod wedi gwrthod derbyn yr un geiniog ganddynt oherwydd fod hynny'n groes i'w ddaliadau Cristnogol ac yn siŵr o ddwyn melltith y negro gorthrymedig ar ei ben ef ei hun a'i blant. Yn ôl Elijah Waring, roedd Iolo yn gwbl ddiwyro ynghylch moesoldeb caethwasiaeth – pechod marwol ydoedd a staen annileadwy ar gydwybod pawb a oedd yn gysylltiedig â hi.[9] Tybiai Thomas Stephens, un o feirniaid llymaf Iolo yn ystod oes Victoria, mai yn ei wrthwynebiad i'r fasnach mewn caethion y gwelir safonau moesol Iolo ar eu gorau. Dotiai Stephens at ei agwedd ddiwyro tuag at gaethwasanaeth. 'Pris gwaed ydyw', meddai Iolo, 'gwerth genedigaeth-fraint dynolryw ydyw.'[10] Ond mae'n anodd gwybod a oedd ei ddwylo yn gwbl lân. Honnai ei frodyr iddynt anfon sawl swm o arian ato ond na chawsant air o ddiolch na chydnabyddiaeth ganddo. Ni ellir profi'r honiad a gwyddom nad oedd gan y brodyr yr enw o fod yn dystion geirwir. Efallai fod gwraig Iolo wedi derbyn peth arian tra oedd ef yn Llundain a heb ddatgelu dim wrtho. Ond go brin y byddai hi wedi meiddio gwneud hynny, a hithau'n gwybod yn iawn, pe deuai Iolo i wybod, y collai ei limpin yn llwyr ac y byddai'n edliw'r twyll iddi weddill ei hoes. Haws credu bod Iolo yn dweud y gwir pan ddywedodd y byddai'n well ganddo farw o newyn na derbyn ffrwyth llygredig y fasnach mewn caethion. Pan gynigiwyd blwydd-dâl o £50 am oes iddo gan ei frodyr, gwrthododd ei dderbyn hyd nes y byddent yn rhyddhau pob caethwas ar eu hystadau ac yn cynnig yr un swm i bob un ohonynt hwy.

Yna, daeth tro annisgwyl ar fyd a roes brawf ar unplygrwydd Iolo. Bu farw ei frawd John ym mis Rhagfyr 1803.[11] Erbyn mis Ebrill roedd llythyr wedi cyrraedd oddi wrth James Robbins, cyfreithiwr y brawd, yn dweud bod John wedi gadael swm o £100 yr un i Iolo ac i'w blant yn ei ewyllys. Ond heriwyd amodau'r ewyllys gan Ann, gweddw John, a rhoddwyd y mater o'r neilltu am rai blynyddoedd. Ond daliai Iolo i deimlo'n gryf ynghylch ymddygiad ei frawd a bu'n ystyried hwylio o Fryste i Jamaica er mwyn rhyddhau'r hanner cant o gaethweision a gawsai eu meddiannu ganddo ac ysbrydoli eraill i ollwng eu trueiniaid hwythau o'u 'long miseries and captivity'.[12] Breuddwyd gwrach arall gan Iolo, mae'n siŵr, oedd hwn, ond mae'n glod iddo ei fod o leiaf yn meddwl am y cannoedd o filoedd o gaethion duon a oedd yn dal i ddioddef yn y Caribî. Tybiai Wilberforce, Thomas Clarkson ac eraill y byddai rhyddhau'r caethion ar unwaith yn achosi anhrefn a thrais. Pwyll oedd piau hi, yn eu tyb hwy. Nid oedd Iolo mor garcus ac, fel pleidiwr y chwyldro yn Haiti rhwng 1791 a 1804, credai fod yr ymgyrch i ddileu caethwasiaeth gam wrth gam yn sarhad ar y caethion. Bu'r oedi'n anfaddeuol a phan gyrhaeddodd William Knibb, gweinidog gyda'r Bedyddwyr, ynys Jamaica ym 1824 gwylltiodd wrth weld cyflwr y caethion: 'The cursed blast of slavery has, like a pestilence, withered almost every moral bloom.'[13] Ni ddilewyd caethwasiaeth yn llwyr gan y Senedd tan 1833 ac erbyn hynny roedd Iolo wedi hen farw.

Ond beth am ewyllys ei frawd John? Ym 1814 symudodd ei weddw Ann a'i hail ŵr John Duncan i Loegr, gan ymgartrefu yng Nghaerfaddon, tref a oedd yn agos iawn at galon Iolo. Gan fod deddf 1807 wedi dileu'r fasnach mewn caethion a'i ddau frawd afradlon arall, Thomas a Miles, wedi marw yn y cyfamser, y naill ym 1807 a'r llall ym 1810, teimlai Iolo fod ganddo bob hawl i wneud cais am ei gyfran ef a'i blant o gymynroddion ei frawd John. Ac yntau'n dal yn druenus o dlawd, roedd yn awyddus i wella byd ei blant ac i glirio ei ddyledion niferus. Gwyddai, wrth gwrs, y byddai ei feirniaid yn ei gyhuddo o elwa yn anuniongyrchol ar ffrwyth caethwasiaeth, ond gallai ef hefyd ddadlau, yn sgil deddf 1807, fod y sefyllfa wleidyddol bellach wedi newid yn llwyr. Cyn pen blwyddyn, hefyd, byddai tiroedd ei frodyr yn gwbl rydd o gaethion. Eto i gyd, nid heb rywfaint o wewyr meddwl y gofynnodd i Alfred Estlin, cyfreithiwr ym Mryste a mab i'w gyfaill John Prior Estlin, gweinidog Undodaidd amlycaf Bryste, weithredu ar ei ran.[14] Gweithiodd hwnnw'n ddiwyd drosto er mwyn sicrhau bod y teulu bach tlawd yn Nhrefflemin yn cael ei haeddiant. Ond ni allai Iolo ymatal rhag ymyrryd. Ysgrifennodd lythyrau bygythiol at John Duncan a'i dwrnai cyfrwys Luke Evill (enw tra phriodol). Meddai am Duncan wrth ei fab Taliesin: 'He is what a Londoner would call a gallows knave and worthy of nothing better than a Tyburn tippet.'[15] Yn y diwedd, ildiodd Duncan ac, ar 15 Chwefror 1815, derbyniodd Iolo a'i dri phlentyn siec o £146. 10s. 0d. yr un, sef eu cyfran hwy (gan gynnwys llog) o gymynrodd John Williams.[16] Bu'r swm annisgwyl hwn yn gymorth i Iolo aildoi ei dŷ, i dalu ei ddyledion ac i sicrhau ei bod yn llawer haws iddo ef a'i wraig gadw'r blaidd o'r drws, am y tro beth bynnag. Ym 1816 manteisiodd ei fab Taliesin ar gyfle i sefydlu Ysgol Fasnachol yn Stryd y Bont, Merthyr Tudful, ac agorodd ei ddwy ferch, Margaret ac Ann, siop ddillad yng Nghefncribwr, ger Pen-y-bont ar Ogwr. Hyfryd dros ben yw disgrifiad Iolo o'r ddwy ferch wrthi'n brysur a'u mam yn gwylio popeth: 'like Jack Jobbernote's cat, [she] sits in the chimney corner and swears'.[17] Rhaid bod Iolo hefyd yn treulio peth o'i amser yn yr adeilad oherwydd ym mis Mai 1817 cafodd drwydded i gynnal cyfarfodydd Undodaidd yno.[18]

Ar 21 Gorffennaf 1813 pasiwyd yr ail ddeddf a drawsnewidiodd fywyd Iolo, sef Deddf y Drindod neu, fel y'i gelwid ar y pryd, 'mesur Mr William Smith'.[19] Diwygiwr gwleidyddol egnïol oedd Smith, un o gyfeillion pennaf Wilberforce ac apostol goddefgarwch enwog yn ei ddydd. Cofir amdano hefyd fel tad-cu Florence Nightingale. Fel y gwelsom, hyd at 1813 gellid erlyn a charcharu Undodiaid am wadu Trindodiaeth neu am arddel syniadau radical. Ym 1799 carcharwyd Gilbert Wakefield, un o arwyr pennaf Iolo, am athrod bradwrus. I'r ddalfa hefyd yr aeth Benjamin Flower, golygydd y *Cambridge Intelligencer*, papur radical a gâi le amlwg ar silffoedd darllen Iolo. Gwyddom hefyd am y driniaeth greulon a ddioddefwyd gan Tomos Glyn Cothi yn ystod ac ar ôl ei garchariad yng Nghaerfyrddin, ac ni châi Iolo ychwaith lonydd i daenu athrawiaethau gwrth-Drindodaidd. Er na ddygwyd unrhyw achos yn ei erbyn, bu raid iddo droedio'n ofalus. Hiraethai am ddyddiau cynhyrfus y 1790au cynnar a dygai'r rheini i gof drwy gopïo a diwygio rhai o'r caneuon a'r cerddi a luniwyd ganddo y pryd hwnnw, gan gynnwys 'Carmen secular, or the Jubilant Song' a 'the Newgate Stanzas'.[20] Nid oedd maddeuant i'w gael i'r rhai a wadai eu radicaliaeth. Pan glywodd ym 1813 fod y bardd a alwodd ar un adeg yn 'Unrivalled Southey' wedi derbyn swydd bardd llawryfol y brenin fe'i cystwyodd yn llym: 'He is gone to the devil.'[21] Daliai i obeithio y deuai cyfle i gyhoeddi fersiwn diwygiedig o *Poems, Lyric and Pastoral*. O bawb ymhlith Undodiaid Cymru, felly, Iolo oedd y mwyaf ymwybodol o arwyddocâd Deddf y Drindod. Fel hyn y mynegodd ei lawenydd yn ei boclyfr: 'The Royal assent was given to the Toleration Act July the 21st. 1813, on which day Unitarians became Freemen in their Native Land; on which day men of sincerity and of tender consciences were admitted as honest men to the Rights and Privileges of loyal subjects.'[22] Roedd hwn yn drobwynt pwysig. O hyn ymlaen gallai Undodiaeth Gymreig ddechrau magu pobl ddiwylliedig ac ymroddgar yn wyneb haul a llygad goleuni. Byddai hanes crefydd yng Nghymru wedi bod yn dlotach o lawer, a llai diddorol, heb gyfraniad rhai fel Iolo, Tomos Glyn Cothi, Gwilym Marles, George Eyre Evans, David Ivon Jones a D. Jacob Davies.

O'r cychwyn, serch hynny, mudiad a apeliai i'r lleiafrif oedd Undodiaeth. Ni wnaeth unrhyw ymdrech i ddenu'r torfeydd a hyd yn oed mor ddiweddar â 1851, blwyddyn y Cyfrifiad Crefydd cyntaf, dim ond 27 achos Undodaidd a geid yng Nghymru. Yr enwocaf o'r rhain, a'r unig enghraifft yn y byd o ffyniant mewn ardal wledig, oedd y nythaid o gynulleidfaoedd a geid yng ngodre sir Aberteifi rhwng Ciliau Aeron, Llandysul a Llanbedr Pont Steffan. Er mai mewn trefi a dinasoedd y ffynnai eglwysi Undodaidd fel arfer, yn yr ardaloedd gwledig hyn yn y de-orllewin, ymhlith ffermwyr a chrefftwyr, y brigodd y gymuned gyntaf o addolwyr gwrth-Drindodaidd, a fedyddiwyd gan Fethodistiaid Calfinaidd dicllon yn 'Smotyn Du'.[23] Ardal fywiog, effro ei meddwl, oedd hon, a chartref y wasg gyntaf i'w sefydlu ar ddaear Cymru, sef yn Nhrerhedyn ym 1718.

Llwynrhydowen oedd mam eglwys y gwrth-Drindodwyr, ond erbyn dechrau'r bedwaredd ganrif ar bymtheg nid oedd Arminiaeth nac Ariaeth yn bodloni rhai o aelodau mwyaf deallus a mentrus y fro. Mynnent fod eu harweinydd yn y Llwyn, yr Ariad Dafydd Dafis, yn cerdded yn rhy araf ar hyd llwybr rhyddid meddwl. Un o'r dylanwadau pennaf arnynt oedd Charles Lloyd, Coedlannau Fawr, gweinidog Undodaidd dysgedig a gŵr hynod gecrus. Fe'i disgrifiwyd yn gofiadwy iawn fel 'a man of wonderful ability, bad temper, jealous to a degree, and always in hot water of his own boiling'.[24] Un go debyg, fel y gwelsom, oedd Iolo ei hun. Ar anogaeth Lloyd, sefydlwyd yr eglwys Undodaidd gyntaf yng Nghymru ym Mhantydefaid ac un arall yn ddiweddarach yn y flwyddyn yng Nghapel y Groes. Ciliodd yr Undodiaid hyn – tua 140 i gyd – o Lwynrhydowen gyda sêl bendith 'yr hen Ddafis'. 'Ymadewch mewn tangneddyf', meddai, 'a Duw Hollalluog a'ch bendithio.'[25] Roedd bys Iolo hefyd yn y brywes. Cerddodd bob cam i'r ardal i osod carreg ac arni'r adnod 'I ni nid oes ond un Duw, y Tad' uwchben drws tŷ cwrdd Pantydefaid ac un arall yn ei chwaer eglwys yng Nghapel y Groes.[26] Neilltuodd Iolo le cynnes iawn yn ei galon i Undodiaid y fro honno a chyfrifai David Jenkin Rees o Lloyd Jack yn Nyffryn Aeron, ffermwr goleuedig, Undodwr pybyr a chymwynaswr hael, ymhlith ei arwyr pennaf. Loes calon iddo oedd clywed am ei farwolaeth, yn 57 oed, ym 1817.[27]

Eto i gyd, nid y trigolion gwledig hyn oedd pennaf cyfeillion Iolo ym mlynyddoedd cynnar y bedwaredd ganrif ar bymtheg. Yn y trefi a'r ardaloedd diwydiannol y daeth o hyd i eneidiau hoff cytûn. Trawsnewidiwyd bywyd economaidd de Cymru yn y cyfnod hwn gan dwf sylweddol yn y boblogaeth, buddsoddiadau helaeth mewn haearn, glo a chopr, a datblygiadau trefol. Cynyddodd poblogaeth sir Forgannwg o 74,189 ym 1801 i 107,263 erbyn 1821 ac ymddangosodd cymunedau gweithfaol cydnerth yn Abertawe, Castell-nedd a Merthyr Tudful. Er bod Iolo yn bur feirniadol o rai o effeithiau amgylcheddol a chymdeithasol y turio mawr am fwynau, deallai pam roedd y chwyldro hwn ar gerdded ac roedd yn obeithiol y gallai'r diwydianwyr, y gwyddonwyr, y technolegwyr a'r masnachwyr oedd yn gyrru pethau yn eu blaen ddefnyddio eu cyfoeth a'u dyfeisiadau i wella byd y tlawd a'r anghenus. Ymddiddorai'n fawr yng nghyfansoddiad haearn, glo, copr, plwm, manganîs, alabastr a thywodfaen, a gwyddai fod gan ffatrïoedd gwlân, cwmnïau argraffu a siopau llyfrau ran bwysig i'w chwarae yn y Gymru newydd.[28] O ganlyniad, treuliai lawer o'i amser yn gohebu ac yn cyfeillachu â diwydianwyr, masnachwyr a gwyddonwyr, yn enwedig y rhai oedd yn hyrwyddo syniadau anuniongred a radical.

Bu Iolo â'i lygad ar Gwm Tawe ers tro. Fe'i temtiwyd droeon i ymgartrefu yn nhref a phorthladd bywiog Abertawe, 'Copperopolis' byd-enwog a chartref i lu o beirianwyr, diwydianwyr a fferyllwyr galluog. Eisoes roedd ganddi'r enw o fod yn 'dref ddeallus' lle'r oedd pobl ddyfeisgar ac anturus yn sefydlu busnesau llwyddiannus, banciau niferus a gweisg ffyniannus.[29] Rhaid ei bod yn dref

atyniadol i ddenu enwogion fel Walter Savage Landor a Dr Thomas Bowdler.
Yn ôl Gwallter Mechain, roedd eglwysi o bob lliw a llun i'w cael yn y dref:
'mosque is the only fabric wanted to complete the Swansea pantheon'.[30] Dyma
fan geni y *Cambrian* (1804), y papur newydd Saesneg cyntaf i ymddangos yng
Nghymru ac un y porai Iolo yn gyson ynddo. Ymhen deng mlynedd, ym mis
Ionawr 1814, gwelodd *Seren Gomer*, y papur newydd Cymraeg cyntaf, olau
dydd yn y dref. Joseph Harris (Gomer) oedd golygydd y fenter wythnosol hon
a chafodd lythyr o anogaeth gan Iolo yn ei siarsio i wylio 'rhag iddi [y *Seren*]
lithro dan gwmmwl anwiredd'.[31] Gwyddai Iolo'n dda fod y Bedyddiwr Harris
yn elyn tost i'r Undodiaid ac i radicaliaid fel Tom Paine. Bu raid i Harris
ail-lansio'r papur yn gyhoeddiad pythefnosol ym 1818 ac ymhen blwyddyn
byddai'n gwerthu hyd at ddwy fil o gopïau bob pythefnos.[32] Yn Abertawe yn
yr un flwyddyn hefyd y cyhoeddodd Iolo bamffled gwleidyddol heriol *Vox
Populi Vox Dei! or, Edwards for Ever!* i gefnogi cais John Edwards, Rheola,
cynrychiolydd rhydd-ddeiliaid y sir a safodd yn etholiad sir Forgannwg yn
erbyn carfan a chanddynt 'honorless Titles and meritless names'.[33] Rhoes Iolo
ei ffydd yng ngrym rheswm, gwirionedd a chyfiawnder:

The days are now dawning, bright Reason shall reign,
And Justice this world shall revisit again;
Hastening on are the times when with lenient command
Pure Intellect only shall rule ev'ry land;
When Truth shall prevail in its glorious increase,
Its mandates of Reason all ending in peace.
False honour shall die, that most hateful deceiver;
We'll rejoice in her fall, and sing EDWARDS FOR EVER![34]

Gwelid Iolo yn cerdded ar hyd Cwm Tawe yn aml. Sylwai ar dai cymen
y gweithwyr copr a'r modd yr oedd Abertawe yn 'cerdded allan yn gyflym' i
gwrdd â thref newydd Treforys.[35] Un o'i hoff lecynnau oedd capel Gellionnen,
uwchlaw Pontardawe, lle y bu syniadau rhyddfrydig yn ffynnu ers dyddiau
codi'r tŷ cwrdd cyntaf gan Annibynwyr ym 1692.[36] Chwaraeodd Josiah Rees,
Gelli-gron, ran allweddol yn lledaeniad Arminiaeth ac Ariaeth o'r 1760au
ymlaen ac ym 1801 codwyd eglwys newydd helaethach i ddarparu ar gyfer to
newydd o Undodiaid deallus. Siomwyd Iolo gan farwolaeth Josiah Rees ym

1804, ond daeth yn ffrind i dri o'i feibion mwyaf disglair, Owen, Richard a Thomas. I fyd llyfrau yr aeth Owen, gan fwrw prentisiaeth fel llyfrwerthwr ym Mryste cyn dod yn bartner yng nghwmni cyhoeddi enwog Longmans yn Llundain. Sefydlodd berthynas ffrwythlon iawn â Thomas Norton Longman: cyhoeddodd 90 o deitlau ym 1800 yn unig, gan gynnwys gweithiau Wordsworth a Coleridge. Dysgodd Iolo lawer gan yr hen lanc diwylliedig hwn ac mae'r ffaith fod dros 300 o bobl wedi mynychu ei angladd ym 1837 yn tystio i'r parch a hawliai gan awduron enwocaf y deyrnas.[37] Un cadarn ac annibynnol ei farn oedd Richard Rees, cyhoeddwr medrus yn Llundain a Plymouth, ac un a wnaeth ei orau glas, heb fawr o lwyddiant, i berswadio Iolo i gynorthwyo ei gynlluniau cyhoeddi.[38]

Ond tystiai pawb a'i hadwaenai mai'r trydydd mab, Thomas Rees, oedd y brawd galluocaf. Gwnaeth ef ei enw yn Llundain fel diwinydd, hanesydd a chyfieithydd ac elwodd Iolo yn sylweddol ar ei gysylltiadau academaidd a chrefyddol yno. Bu'n gyswllt parod hefyd rhwng y Cymro a'i hen gyfeillion anuniongred:

Do you see Dr Aikin and his family, Mrs Barbauld, Dr Lindsay, Dr A[braham] Rees, Mr T[owill] Rutt, etc.? Why did I forget lazy George Dyer? If you do see them, and when you do, do me the favour of presenting my respects, with warm and grateful remembrance of the favours and kindnesses that I have experienced from them.[39]

Gwasanaethodd Thomas Rees fel aelod o'r Bwrdd Presbyteraidd o 1813 ymlaen ac fe'i penodwyd yn ysgrifennydd ym 1825. Ni allai'r un ysgolhaig ddal cannwyll iddo fel arbenigwr ar hanes gwrth-Drindodiaeth a bu canmol mawr ar ei gyfieithiad o'r 'Racovian Catechism' o'r Lladin i'r Saesneg ym 1818.[40] Gohebai Iolo yn gyson ag ef a chafodd gryn bleser yn ei gynorthwyo gyda chynnwys ei gyfrol hardd ar dde Cymru a gyhoeddwyd fel rhan o'r gyfres *The Beauties of England and Wales* (1815).

Serch hynny, nid Reesiaid Gellionnen a wnaeth yr argraff fwyaf ar Iolo. Rees arall oedd hwnnw, sef Abraham Rees, Ariad eithriadol o beniog a fagwyd yn Llanbryn-mair ond a dreuliodd y rhan fwyaf o'i oes yn byw yn Llundain. Colosws o ysgolhaig oedd y Rees hwn ac mae'r prinder sôn amdano yn ein llyfrau hanes yn anghymwynas fawr ag ef. Fe'i cyfrifid yn arbenigwr rhyngwladol ar feysydd mor astrus ac amrywiol â geometreg sfferig, horoleg, hydrostateg, seryddiaeth a llawer o bynciau tebyg.[41] Apeliai Ariaeth ato, ymhyfrydai yn athrawiaethau Richard Price a byddai'n swpera'n aml â William Godwin. Cefnogai egwyddorion y Chwyldro Ffrengig a phan gynhaliodd Cymdeithas Chwyldro Llundain ei chinio dathlu ar 4 Tachwedd 1789, Abraham Rees oedd yr unig 'chwyldrowr' o Gymro yn eu plith.[42] Ar sail ei ailolygiad meistraidd o *Cyclopaedia* Ephraim Chambers, gwaith a gyhoeddwyd mewn pedair cyfrol ym 1781–6, fe'i hetholwyd yn gymrawd y Gymdeithas Frenhinol. Aeth yn ei flaen i olygu cywaith aruthrol fawr o'r enw *The New Cyclopaedia or, Universal Dictionary of the Arts and Sciences* (1802–20), cyhoeddiad a oedd yn cynnwys 45 cyfrol drwchus. Yn ôl y gwybodusion, roedd cystal pob blewyn â'r *Encyclopaedia Britannica*. Porai Iolo yn awchus-gyson yn 'Rees's Cyclopaedia' a chanai glodydd y golygydd wrth bawb.[43]

Roedd ehangder dysg a gallu'r dynion hyn yn rhyfeddol a hawdd deall pam roedd Iolo yn mwynhau eu cwmni a'u gwaith. Hoffai bobl heriol ac anuniongred a byddai, mae'n siŵr, wedi dewis awr o ddadlau gyda'r Reesiaid uchod o flaen diwrnod o weddi a chân yng nghwmni'r 'danbaid fendigaid Ann [Griffiths]'. Edrychai ymlaen hefyd at gwmnïaeth gwrth-Drindodwyr a Chrynwyr yng Nghastell-nedd, tref fywiog arall lle'r oedd atyniadau rhamantaidd a diwydiannol yn cyd-gyffwrdd. Cyswllt pennaf Iolo yn y dref oedd David Davis, un o feibion yr enwog Dafydd Dafis, Castellhywel. Agorodd ef ysgol breifat yn ei dŷ yn y Parêd ym mis Gorffennaf 1800 lle y câi bechgyn o gefndir cysurus addysg ryddfrydig am 25 gini y flwyddyn. Yn ogystal â dysgu Groeg a Lladin, fe'u trwythid yn y grefft o gadw llyfrau a chadw cyfrifon, mesur tir a thrigonometreg. Er mawr syndod i bawb, byddai Davis hefyd yn rhoi gwersi ar 'rymoedd mecanyddol' ac yn defnyddio offer gwyddonol soffistigedig, gan gynnwys peiriant oedd yn dadelfennu dŵr.[44] Cyfareddwyd Iolo gan y fath faes llafur blaengar ac roedd Davis yntau yn addoli 'Bard Williams'. Cynigiwyd swydd fel athro cynorthwyol yn yr academi i Taliesin, mab Iolo, ym 1813 a threuliodd flwyddyn hapus ymhlith y disgyblion. Ond oerodd y berthynas rhwng y pennaeth a'r prentis. Dyn od oedd Davis ar lawer cyfrif a gwyddom ei fod yn graddol golli ei bwyll. A chan fod Taliesin yn fachgen tra sensitif mae'n bosibl fod y ddau wedi cytuno i wahanu ar ôl rhyw gamddealltwriaeth neu eiriau croes.[45] Mynnai Taliesin,

serch hynny, mai cyfres o anhwylderau ac ymddygiad afreolus y bechgyn a
barodd iddo roi'r gorau i'w swydd.[46] Bu hyn yn siom i Iolo gan fod ganddo
feddwl uchel o ddoniau Dafydd Dafis Castellhywel a'i fab.

Ymddiddorai Iolo yn fawr hefyd ym mywyd a gwaith Crynwyr Castell-
nedd. Fel y gwelsom, casâi ryfel a thrais â chas cyflawn. Nid heddychwr
mohono, ond gwyrai'n aml at ddaliadau'r Crynwyr, gan edmygu eu safiad fel
cenhadon hedd. Gan fod y rhyfelwr Pitt wedi marw, a'r heldrin â Ffrainc yn
parhau, credai Iolo fod yr amser yn briodol i bwyso ar Napoleon i sylweddoli
mai trwy gyflafareddu a chymodi y gellid adfer heddwch. Rywbryd ym
1805 lluniodd ddrafft o lythyr ato, 'in the character of a Quaker', yn ymbil
arno i greu Cyngres o Genhedloedd i ddatrys pob anghydfod a rhyfel
ac i sicrhau bod cyfiawnder, goddefgarwch a masnach rydd yn teyrnasu.
'This', meddai'n ddwys o fawreddog, 'to be Napoleon's plan of peace.'[47]
Mae'n bur debyg nad anfonwyd y llythyr pryfoclyd, os nad bradwrus, hwn,
a bu raid i Iolo fodloni ar gwmni pobl o gyffelyb fryd yn ei fam sir. Y
Crynwyr oedd y rheini. Yn ystod y rhyfel roedd nifer o ddiwydianwyr a
masnachwyr o Loegr a gredai yn y 'goleuni mewnol' wedi ymgartrefu yng
Nghastell-nedd. Y pwysicaf oedd y teulu Price o Gernyw. Ym 1799 daeth
Peter Price a'i wraig Anna (née Tregelles) i fyw yng Nghwmyfelin ger yr
abaty, gan adfywio'r diwydiant haearn yno a defnyddio cyfran helaeth o'u
cyfoeth i sefydlu ysgolion a chynorthwyo'r tlawd. Ni chynhyrchent ddim
at ddibenion rhyfelgar. Peth cwbl groes i'w dysgeidiaeth oedd trais, tywallt
gwaed a rhyfel, a siarsient wleidyddion o bob gwlad i guro'u cleddyfau yn
sychau a'u gwaywffyn yn bladuriau.[48]

Eu mab hwy oedd yr enwog Joseph Tregelles Price, gŵr ifanc gwylaidd
a'i disgrifiodd ei hun mewn llythyr at Iolo fel 'a sober, well meaning Quaker'
ac a ddaeth yn gyfarwyddwr ar waith haearn Neath Abbey, yn ymgyrchwr
diflino yn erbyn caethwasiaeth ac yn ddyngarwr o fri.[49] Y Price nodedig hwn
oedd Llywydd cyntaf y Gymdeithas Heddwch ac ni wnaeth neb eiriol yn
groywach nag ef ar i'r awdurdodau arbed bywyd Dic Penderyn, merthyr
enwocaf y dosbarth gweithiol yng Nghymru, ym 1831. I Iolo, braint oedd
cael ei adnabod. Ym 1814 ymunodd Elijah Waring, Crynwr a anwyd yn
swydd Hampshire, â'r gymuned fach hon ac ef, wrth gwrs, fyddai maes o law
yn gofiannydd cyntaf Iolo.[50] Trigai Waring ym Mhlasyfelin lle y ganwyd ei

ferch, yr emynyddes Anna Letitia Waring. Mwynhâi Iolo gwmni'r Cyfeillion
'dioffeiriaid' hyn,[51] fel y'u galwai, er nad oedd yn Grynwr nac yn heddychwr.
Edmygai yn arbennig ddewrder Evan Rees, mab i werthwr nwyddau haearn
yng Nghastell-nedd, a benodwyd yn ysgrifennydd y Gymdeithas Heddwch
a sefydlwyd yn Llundain, diolch i haelioni Joseph Tregelles Price a William
Allen. Ei syniad ef oedd y cylchgrawn dylanwadol *Herald of Peace* a thair
blynedd cyn iddo farw, yn ddyn ifanc 30 mlwydd oed, cyhoeddodd *Sketches of
the Horrors of War* (1818), ei gyfieithiad o bortread dirdynnol Eugene Labaume
o'r ymgyrch filwrol waedlyd yn Rwsia.[52] Mewn oes a oedd wedi colli golwg
bron yn llwyr ar egwyddorion heddwch, balm i enaid Iolo oedd cael sgwrsio a
dadlau yng nghwmni'r bobl ddewr a blaengar hyn. Pleser pur i Elijah Waring
oedd gwrando ar Iolo yn mynd trwy ei bethau, yn enwedig pan fyddai'r *genus
irritabile* yn cydio ynddo: 'his lightnings, however, startled without blasting;
they were often vivid, but never malignant'.[53]

Beth am ei gysylltiadau â diwydianwyr a deallusion yn y Fro? Daliai Iolo
i barchu'r traddodiad Anghydffurfiol a fodolai yn y Betws a Phen-y-bont
ar Ogwr. Un o'r achosion enwocaf yno oedd capel y Betws lle bu Rees
(neu Rice) Price, tad Richard Price, yn weinidog llwyddiannus dros ben.[54]
Un o Ben-y-bont oedd yr ystadegydd William Morgan, nai Richard Price,
arbenigwr ar egwyddorion yswirio ac un a etholwyd yn gymrawd y Gymdeithas
Frenhinol. Bu Morgan yn gefn mawr i Iolo yn Llundain yn ystod y 1790au
cynnar trwy ei gyflwyno i radicaliaid a gwrth-Drindodwyr dylanwadol.[55]
Gohebai Iolo â rhai o aelodau lliwgar y teulu Bedford, Bedyddwyr selog o
Birmingham a sefydlodd weithfeydd haearn yng Nghefncribwr. Undodwr
oedd Thomas Bedford, y brawd ieuengaf, a gofalodd Iolo ei fod yn ymdaflu'n
egnïol i weithgarwch gwrth-Drindodaidd.[56] Cyfaill agos arall oedd Robert
Dare, Lletyganol, ger Pen-y-bont ar Ogwr, llysieuwr, llyfrbryf ac Annibynnwr
radical. Brodor o Ddyfnaint ydoedd a pherchennog ffatri wlân. Roedd wrth ei
fodd yn croesawu pobl ddysgedig a dadleugar ar ei aelwyd a'u cymell i drafod
pynciau astrus fel ewyllys rydd, etholedigaeth, tynghedfen, rheidrwydd a
rhyddid barn.[57] Dau o'i ffefrynnau oedd Iolo a Richard Llewellyn, arbenigwr
ar ddysg ddwyreiniol, ymresymwr grymus a gelyn peryglus i bob Jacobin
ac Undodwr. Yn aml iawn syllai gweddill y cwmni yn gegrwth ar y ddau
ladmerydd huawdl hyn yn ymryson. Tynnai Dare arnynt, gan beri i Iolo,

chwedl un o'i gofianwyr, ddangos ei 'gracrwydd' pan fynegodd Llewellyn amheuaeth ynghylch bodolaeth y diafol:

> . . . a question was started respecting the personality of Satan, a dogma stoutly maintained by Mr Llewellyn, and impugned by the Bard. Mr Dare, who was himself a shrewd theologian, with a large spice of humour in his kindly character, managed to draw out the Bard, with great effect, in this controversy, till the contrast between his vehemence, and his opponent's calm self-possession, became intensely amusing.[58]

Cyndyn oedd Iolo, fodd bynnag, i fentro'n aml i Gaerdydd. Pencadlys Torïaeth ydoedd a'i fasnachwyr yn frwd o blaid caethwasanaeth. Yno hefyd, wrth gwrs, y treuliasai flwyddyn gron hynod ddiflas yn y ddalfa pan oedd ond prin ddeugain oed. Ond rhaid oedd mynd yno o bryd i'w gilydd i gefnogi ymdrechion y ffyddloniaid. John Hodder Moggridge oedd yr Undodwr mwyaf dylanwadol yn y cylch, ond mae yntau, gwaetha'r modd, yn un arall o'r dynion anghofiedig yn ein llyfrau hanes ac yn ofer y chwilir am ei enw yn *Y Bywgraffiadur Cymreig*. Trigai'r masnachwr hirben a chyfoethog hwn yn Llanrumney Hall, ystad bur helaeth ar lannau afon Rhymni ar gyrion Caerdydd. Chwig praff ydoedd, yn llawn cydymdeimlad â'r tlawd a'r anghenus ac yn awyddus bob amser i roi ei ddelw bersonol ar gynlluniau elusennol a chymunedol. Ef, er enghraifft, oedd yn gyfrifol am yr arbrawf cymdeithasol a arweiniodd at sefydlu cymunedau newydd yng Nghoed-duon ac Ynys-ddu yn sir Fynwy. Gwyddai'n dda am ferw cymdeithasol y cyfnod a tharanai'n rymus yn y *Cambrian* yn erbyn trethi uchel a'r beichiau cynyddol ar bobl ddifreintiedig.[59] Gohebai Iolo ag ef a châi groeso cynnes ar ei aelwyd lle bu'r ddau yn ystyried sut i fagu rhwydwaith o gapeli Undodaidd yn y de-ddwyrain ac i leddfu beichiau'r tlawd.[60]

Er bod bro'r amaethwr a'r bugail yn agos iawn at galon Iolo, nid oedd yn anghymeradwyo'r datblygiadau diwydiannol cyflym a oedd yn trawsnewid blaendir Morgannwg. O ganlyniad i'w waith ymchwil dros Gwallter Mechain, sylweddolodd na fyddai cynefin teulu ei fam yn parhau i fod yn wlad o fynyddoedd, gweundiroedd a dyffrynnoedd gwyrddlas. Yn sgil darganfod gwythiennau o haearn a glo na cheid mo'u rhagorach yn unman, gwyddai y byddai profiadau gweithwyr deheudir Cymru yn newid am byth. Roedd tref stwrllyd Merthyr Tudful yn prifio'n syfrdanol o gyflym. Treblodd ei phoblogaeth i 22,083 rhwng 1801 a 1831, yn bennaf oherwydd fod ei phedair 'ymerodraeth haearn' – Cyfarthfa, Dowlais, Plymouth a Phenydarren – yn cynnig gwaith a chyflog amgenach nag a geid yng nghefn gwlad. Dywedodd Iolo ei hun fod y cyfoeth adnoddau yn yr ardal honno yn 'ddi-ben-draw'.[61] Tybiai Gwallter Mechain (Gogleddwr graddedig o Gaer-grawnt) mai uffern ar y ddaear ('an emblem of hell upon earth') oedd Merthyr,[62] ond roedd ymateb Iolo yn fwy synhwyrus. Mae'n wir ei fod yn casáu meistri haearn gormesol fel Richard Crawshay – 'an old iron shopkeeper [who] by purchasing from thieves . . . amassed an infamous fortune'[63] – ac mae'n anodd credu y byddai wedi cymeradwyo barn Gwallter Mechain yn *General View of the Agriculture and Domestic Economy of South Wales* (1814): 'Ill-founded reflections sometimes imply that Wales is robbed of its wealth by strangers: this does not apply to Mr. [Richard] Crawshay.'[64] Ond, i Iolo, tref hynod ddiddorol oedd Merthyr. Wrth gerdded yno sylwai ar ganlyniadau'r broses o ddifwyno a hagru dyffrynnoedd coediog a llechweddau glas. Sylweddolodd fod y ddraenen wen yn blaguro'n gynt yn yr ardal oherwydd y gwres a gynhyrchid gan y gweithfeydd haearn enfawr a phoenai ynghylch dyfodol cnydau fel barlys a cheirch, heb sôn am afalau, mwyar duon a llus, yn y fath amgylchedd.[65] Ac ni allai lai na rhyfeddu at fflamau y ffwrneisiau gwynias, grym y peiriannau a dygnwch y gweithwyr.

At hynny, roedd yr awen yn fyw ac yn iach ym Merthyr. Tref y beirdd, y baledwyr a'r cerddorion ydoedd a, diolch i'r cymdeithasau 'Cymreigyddawl', ffynnai'r bywyd eisteddfodol a'r cythraul cystadleuol yno.[66] Apeliai ei hanes crefyddol a derwyddol hefyd at ddychymyg ffrwythlon Iolo. Nid oedd prinder capeli Anghydffurfiol yn y 'Gomora' newydd hon a, thrwy gyfrwng ei berthynas â Christopher James, siopwr, masnachwr gwin ac Undodwr cadarn, ac yn bennaf yn sgil cymynrodd ei frawd John, llwyddodd Iolo i sefydlu Taliesin yn brifathro ar ysgol 'fathemategol a masnachol' yn y dref ym 1816. Dros y blynyddoedd cafodd Taliesin yr enw o fod yn feistr caled a daeth y defnydd a wnaeth o'r wialen fedw yn y dosbarth yn rhan o chwedloniaeth Merthyr.[67]

Ond y brif atynfa i Iolo ym Merthyr oedd gweithgarwch Cymdeithas Athronyddol Cyfarthfa, cymdeithas a sefydlwyd ym mis Rhagfyr 1807 er mwyn hybu gwyddoniaeth, technoleg a syniadau athronyddol blaengar.[68]

Fersiwn Cymreig ydoedd o'r Gymdeithas Loerig a sefydlwyd yn Birmingham gan ddyfeiswyr, gwyddonwyr a delfrydwyr chwilfrydig fel Erasmus Darwin, James Watt a Joseph Priestley.[69] Cafwyd hyd i drigain o aelodau cychwynnol a oedd yn fodlon talu tanysgrifiad blynyddol o gini ac i ddod ynghyd i ddal pen rheswm â'i gilydd yn y Dynevor Arms. Bu'r buddsoddiad hwn yn ddigon i'w galluogi i brynu ysbienddrych, dau glob, microsgop, planetariwm, planedur (*orrery*) a thelesgop cyhydeddol. Ni allwn ddeall Iolo yn llawn heb gofio ei fod yn byw mewn oes a ddisgrifiwyd gan Richard Holmes fel 'The Age of Wonder'. Os oedd Iolo ei hun yn rhyfeddod, gallai yntau hefyd ryfeddu at y byd o'i gwmpas. Ymddiddorai'n fawr yn y byd gwyddonol newydd a châi flas arbennig ar ddarllen gweithiau Herschel, Linnaeus, Newton a Priestley. Camgymeriad fyddai tybio bod Rhamantiaeth, o reidrwydd, yn elyn i wyddoniaeth. Un o ganlyniadau pennaf yr Ymoleuo oedd diddordeb newydd mewn dyfeisiadau a gwybodaeth wyddonol, ac roedd y diddordeb cyffrous hwn mewn seryddiaeth, mathemateg a chemeg ymhlith deallusion Merthyr yn apelio'n bendant at Iolo.

Un o'i gyfeillion oedd Watkin George, athrylith o ddyn a adeiladodd beiriant dŵr a oedd yn ddigon grymus i weithio pedair ffwrnais.[70] Ni allai Iolo lai na rhyfeddu ychwaith at allu Benjamin Saunders, mowldiwr yng ngwaith haearn Cyfarthfa, i saernïo cwadrant, mesurydd dŵr a thermomedr.[71] Ac yntau'n ddyn a weithiodd drwy ei oes â'i ddwylo, nid yw'n syndod ei fod mor barod i glodfori pobl fel hyn. Gorau oll hefyd os oeddynt yn hoffi hwyl a chellwair, yn arddel syniadau gweriniaethol, yn darllen gweithiau Tom Paine ac yn pori yn y *Cambridge Intelligencer*. Gwyddom fod nifer o 'hen weriniaethwyr cydnerth' yn perthyn i Gymdeithas Athronyddol Cyfarthfa a bod yr Arminiaid, yr Ariaid a'r Undodiaid yn eu plith yn hogi min ar feddwl y lleill.[72] Bu dadl boeth un tro rhwng Iolo, Tomos Glyn Cothi, Tomas Evans (Twm Evan Tiler) ac eraill ynghylch pynciau mor wahanol ag ewyllys rydd, Napoleon a William Cobbett.[73] Gwnaeth y 'luminaries of learning' hyn ym Merthyr argraff fawr ar yr hynafiaethydd Benjamin Malkin a gellir bod yn bur sicr fod Iolo wedi ei gyflwyno i John a William, meibion disglair Morgan Williams (m. 1796) o Benyrheolgerrig, a oedd yn deall gwerth y wyddoniaeth newydd ac yn rhagredegwyr i'r Siartiaid. Pan lansiwyd *Udgorn Cymru*, papur newydd Cymraeg y Siartwyr, ym 1840 roedd ei gynnwys yn dwyn i gof weledigaeth unigryw Iolo ac ym 1882 ategwyd hynny gan Morgan Williams, mab William Williams, mewn ysgrif loyw yn *The Red Dragon* ar ddylanwad sylweddol Iolo ar radicaliaid a deallusion Merthyr.[74]

Trwy sefydlu'r rhwydweithiau hyn sicrhaodd Iolo fod ganddo lais dylanwadol iawn yn nhwf Undodiaeth yn ne Cymru. Hoffai gael ei gydnabod yn gyhoeddus fel 'Tad' y mudiad a'i fardd swyddogol. Cydiai ym mhob cyfle i ymosod ar 'the insolence of modern Parsoncraft'[75] ac i feirniadu llacrwydd moesol Eglwys Loegr. Er enghraifft, bu'n wawdlyd iawn o'r paratoadau a wnaed yn Sain Tathan i ddathlu Gŵyl y Pasg ym 1807:

Friday, preaching, praying, and singing Hymns – so far so good.
Saturday evening's preparations, a great lubberly Show-man performing Monkey tricks on the slack wire, juggling tricks, Punch and the Devil. Drinking, wenching etc. on the same stage: what the night before was used as the Temple of God is converted into a Synagogue of Satan. What concord hath Christ with Belial![76]

Ei lais ef oedd uchaf bob amser yng nghyfarfodydd Cymdeithas Dwyfundodiaid Deheubarth Cymru. Ni châi neb lonydd ganddo. Blagardiai weinidogion am eu syrthni a byddai byth a hefyd yn cynnig diwygiadau i'r drefn weinyddol. Cofnodai ei awgrymiadau yn ogystal â phob penderfyniad mewn adroddiadau a ymddangosai bob blwyddyn yn y *Monthly Repository*, cylchgrawn swyddogol Undodiaeth dan olygyddiaeth Robert Aspland. Hyd yn oed ymhlith ei gyfeillion gwrth-Drindodaidd, un anodd ei drin oedd Iolo. Nid oedd byth yn fodlon ar ddim. Cwynai fod 'annhrefn gwyllt ac annoethineb amryfus'[77] yn rhwystro twf Undodiaeth a dadleuai'n rymus o blaid sefydlu gweinidogaeth deithiol. Collai ei dymer pan fyddai gelynion yn honni na cheid 'dim whithrin o'r Efengyl'[78] yn eu daliadau ac er mwyn profi hynny sefydlodd Gymdeithas y Bereaid yn ardal Pen-y-bont ar Ogwr gyda'r bwriad o annog pobl o bob oedran i ymgynnull yn fisol i drafod yr ysgrythur ac i fynegi barn.[79] Gwasgodd yn daer ar benteuluoedd i ddarllen darnau ar amaethyddiaeth, garddwriaeth, meddygaeth a'r gyfraith yn uchel yng ngŵydd eu plant. At hynny, trefnodd deithiau cenhadol gan ddau gennad profiadol, James Lyons a Richard Wright, y naill ym 1808 a 1811 a'r llall ym 1816. Cerddodd Wright dros 800 milltir trwy'r deheubarth er mwyn lledu'r gair a

chael yn Iolo dywysydd eithriadol o wybodus ac egnïol. Ganddo ef y cafwyd
y disgrifiad gorau sydd gennym o'r Bardd Rhyddid amryddawn:

> Though we had not met before, we knew each other by character, and
> he now came twenty miles [i Gastell-nedd] to meet me. He was old, and
> subject to a complaint which had prevented his being able to sleep in a bed,
> or to rest in a horizontal posture, for many years. He was a good poet and
> mineralogist, and possessed a great deal of genius and information. He had
> no small degree of eccentricity; his feelings were remarkably independent;
> and he was enthususiastically fond of liberty. He appeared to be universally
> respected. He travelled with me from place to place about a week, and I was
> much entertained by his conversation.[80]

Breuddwydiai Iolo hefyd am sefydlu academi neu goleg diwinyddol ar
gyfer darpar weinidogion Undodaidd ym Morgannwg, i'w leoli naill ai yn
Abertawe, Castell-nedd neu Ben-y-bont ar Ogwr. Credai fod yr academi
Bresbyteraidd yng Nghaerfyrddin 'wedi ymdywyllu yn erchyll'[81] dan arweiniad
ei phennaeth Calfinaidd David Peter a'i bod yn hen bryd i Undodiaid gael
nyth gysurus ar gyfer eu cywion addawol hwy. 'I have warmth enough in
this cause',[82] meddai wrth Thomas Belsham, pennaeth eglwys Stryd Essex yn
Llundain, a phwysodd yn daer ar John James, brodor o Langeler, cynnyrch
academi Castellhywel a chyn-weinidog Pantydefaid, i'w gynorthwyo. 'Wele
hai at y gwaith', meddai Iolo wrtho ym mis Medi 1814: 'Mesen fach a dŷf
yn dderwen fawr ymhen amser, ond heb blannu'r fesen, ni ellir fyth cael y
dderwen. Hai! Plannwch y fesen!'[83] Paratôdd Iolo gynlluniau manwl ar gyfer
yr adeilad arfaethedig, gan ofalu ei fod yn cynnwys ystafell gyffredin, ystafell
hyfforddi, capel, cegin, llofftydd, tŷ ar gyfer y prif diwtor, ystafelloedd ar gyfer
metron, a hyd yn oed lawnt fowlio. Ni ddaeth dim o'r cynllun, ond unwaith
eto roedd Iolo wedi dangos bod ganddo weledigaeth ar gyfer y dyfodol.

Daliai Iolo i fireinio mytholeg 'Gwŷr Cwm y Felin' ac i gymell aelodau i
ymfalchïo yn nysg, defodau a hanes y mudiad. Lluniodd ysgrifau diwinyddol
treiddgar ar bynciau fel 'Undod Dwyfol', 'Aberth Crist', 'Gobaith y Tlodion'
ac 'Iesu Grist yn Ddyn'. Cyfieithodd sawl darn o waith o eiddo Undodiaid
Lloegr ac yn y rhagair i un ohonynt fe'i disgrifiodd ei hun fel 'Gweinidog y
Fflangell'.[84] Nid oedd neb yn fwy parod i ymosod ar Drindodwyr o Wynedd:
'Budredd tommenllyd yw Iaith y llyfr hwn' oedd ei ddisgrifiad o gerdd hirfaith

enwog Dafydd Ionawr, *Cywydd y Drindod*, a chollodd ei limpin yn llwyr wrth ddarllen ei honiad na welwyd yr un arwrgerdd Gristnogol ers dyddiau'r Dyneiddwyr: 'What ignorance! What is Tasso, Vida, Wesley, Blackmore, Cowley, and MILTON?'[85] Ceryddai bob Undodwr oedd yn meiddio 'Gwyneddigo' neu 'farbareiddio' eu gwaith ac anobeithiai'n aml ynghylch y 'mochyneidd-dra cywilyddus' a welid yn arddull llawer o lyfrau Cymraeg a gyhoeddwyd yn 'yr oes ddiymgais hon'.[86] Petaent yn darllen clasuron y Gymraeg, meddai, buan y diflannai 'the grossest anglicisms' o'u gwaith.[87]

Ond gorchest bennaf Iolo, o ran ei gyfraniad i dwf Undodiaeth yng Nghymru, oedd ei waith fel emynydd. O holl emynwyr Cymru, Iolo yw'r mwyaf toreithiog ei gynnyrch. Rhwng 1802 a 1826 cyfansoddodd oddeutu tair mil o emynau, ynghyd â thua 300 o donau.[88] Arferai ddweud iddo gael mwy o bleser yn cyfansoddi emynau na dim arall. I bob Undodwr selog am dros gant o flynyddoedd, Iolo oedd y gwir 'Bêr Ganiedydd'. Gwaetha'r modd, bu beirniaid o anian Galfinaidd yn bur llawdrwm ar ei waith, gan ddisgrifio ei emynau fel pethau 'oer', 'di-sbonc' a 'diemosiwn', heb aros am eiliad i ystyried beth oedd ei fwriad. Y tebyg yw fod eu rhagfarn wedi codi o'r ffaith i Iolo fod yn ddigon rhyfygus i ddisgrifio Williams Pantycelyn fel 'a hymn carpenter', crefftwr tila a oedd yn dueddol i gymysgu 'gair dyrchafedig a niwlach drewllyd' wrth lunio'i 'hobby-horsical sing-sing'.[89] 'Y mae llawer iawn yn eu hoffi', meddai am emynau Pantycelyn, 'llawer iawn yn ymarfer â hwy, ond nid wyf fi ymhlith y rhai hynny.'[90] Erbyn i Iolo ddweud pethau fel hyn, diolch i'r drefn, roedd Pantycelyn yn ddiogel yn ei fedd. Ond cam ag Iolo yw beirniadu arddull a chynnwys ei emynau ef. Undodwr, nid *enthusiast*, ydoedd. Nid oedd dwyster profiad yn bwysig iddo. Y pen oedd yn cyfrif, nid y galon: 'ni chânt ddim yn fy ngwaith a debyga'n y mesur lleiaf i'r cyfryw ynfydrwydd gaugrefyddgar a bloeddio *Bryn Calfaria*'.[91] Addysgu, goleuo, esbonio – dyna oedd nod Iolo. Gwir ei fod yn dueddol i ddrysu'r darllenydd ar brydiau trwy ddefnyddio hen eiriau ansathredig a chlymherciog, ond at ei gilydd ceisiai efelychu dull 'y dysgedig fardd'[92] Edmwnd Prys. Gwelir ôl y salmau cân yn eglur iawn ar ei emynau ac mae'n arwyddocaol ei fod yn cyfeirio at ei benillion fel salmau ac emynau. Nid un, felly, i addurno emyn â delweddau lliwgar a blodeuog mohono ac mae'r ffaith iddo gyfansoddi ei emynau yn nhafodiaith y Wenhwyseg yn dangos ar gyfer pa ddarllenwyr a chantorion y'i bwriadwyd. Emynydd cymdeithasol oedd Iolo, gŵr â'i draed yn gadarn ar y ddaear a'i ofal yn fawr am y gwan a'r diymgeledd.

Roedd tinc llais y diwygiwr cymdeithasol i'w glywed bob amser yng ngwaith Iolo. Lluniai emynau ar 'Pwysigrwydd Rheswm', 'Goleuni Gair Duw', 'Cydwybod', 'Gwirionedd' a 'Cyfrifoldeb'. Taranai yn erbyn anghyfiawnder, gan ymuniaethu â chaethweision tlawd a merthyron dewr. Fe'i gwelir ar ei ymfflamychol orau yn ei ragymadrodd i'w flodeugerdd o emynau ym 1812:

Yr wyf, er pan gyrhaeddais oedran deall ag ymbwyll, wedi dwyn fy nhystiolaeth, gair ag ysgrifen, yn erbyn carn-lofruddiaeth rhyfel; yn erbyn mawrion y byd hwn a dderchefant eu gorseddfeinciau yng nghanol ffrydiau gwaed eu cyd-ddynion; ag nid llai yn erbyn y rhai a geir yn gelwyddog yn eu chwanegiadau at eiriau Duw'r gwirionedd. A chan godi'm llais yn uchel yn y cyfryw dystiolaethau, boed immi ymbarhau oni chanwyf yn iach i'r byd hwn.[93]

Os oedd Iolo yn gallu ei dweud hi, roedd hefyd yn gallu taro tant naturiol a didwyll. Ni ellid dyfynnu rhagorach emyn o'i eiddo na 'Bore teg o haf':

Fe ddaeth y bore'n hyfryd iawn,
A'i oriau'n llawn diddanwch;
I ti bo'r mawl, ein tirion Dâd!
Am hyn o'th rad hawddgarwch.

Mae'r haul yn gweini'r hafaidd wres,
Ag oriau'r Tês yn dawel;
Pob peth o'n cylch yn gwenu cawn,
A llariaidd iawn yr awel.

Fe aeth y gauaf heibio'n llwyr,
Gwaharddwyd ffwyr ei wyntoedd;
Mae'r blodau'n awr yn harddu'r byd,
Bob man ar hyd ein tiroedd.

Y dyddiau blin nid ydynt mwy,
Pell ydynt hwy o'n golwg;
Rhoist bethau gwell, ein uchel Dâd!
Ar hyd ein gwlad yn amlwg.

O gwelwn mor rhyfeddol yw
Gwaith mawr ein Duw trugarog;
Ar frys i'n gwared o bob gwae,
Pob awr y mae'n alluog.

Gan dywallt arnom wlith y nef,
Ei haelder ef ni dderfydd;
Boed iddo'r gân, boed iddo'r clod,
Yn waith pob tafod beunydd.[94]

Dywedodd ei gofiannydd T. D. Thomas fod yr hen bobl yn dweud wrtho pan oedd yn grwt y byddai Iolo yn arfer canu salmau yn ddi-baid yn ei gadair am flynyddoedd.[95] Hoffai Gwilym Marles adrodd stori am fam i deulu bach tlawd a gâi gysur arbennig trwy ddarllen drosodd a throsodd emyn Iolo, 'Pwy, lle chwiliaf eitha'r bydoedd / A gaf imi'n gysur byw?'[96] Da y dywedodd W. Rhys Nicholas (os braidd yn nawddoglyd): 'ar ei orau gall daro tant sy'n llawn melyster a defosiwn'.[97]

Dim ond un flodeugerdd o emynau Iolo a gyhoeddwyd yn ystod ei oes, sef *Salmau yr Eglwys yn yr Anialwch* (1812), cyfrol a ailargraffwyd ym 1827. Yna, ymddangosodd ail gyfrol o'i salmau ym 1834 a'r ddwy gyfrol gyda'i gilydd ym 1857. Canwyd ei emynau gan gynulleidfaoedd Undodaidd trwy gydol y bedwaredd ganrif ar bymtheg ac mor ddiweddar â 1896 ceid 137 o'i emynau yn eu llyfr emynau, *Perlau Moliant*. Hoffai Iolo dorsythu fel prif emynydd yr Undodiaid a bu'n gyndyn iawn i ganmol gwaith neb arall. Digiodd yn arw pan gyhoeddodd Tomos Glyn Cothi gasgliad o emynau dan y teitl *Cyfansoddiad o Hymnau* ym 1811, flwyddyn cyn i flodeugerdd Iolo ymddangos. Ni fuasai llawer o Gymraeg rhyngddynt wedi i Tomos Glyn Cothi gael ei gyhuddo o odineb a rhaid bod Iolo hefyd wedi amau doethineb Undodiaid Hen Dŷ Cwrdd Aberdâr yn ei benodi'n weinidog arnynt ym 1811. Wfftiai at safon rhai o gyfieithiadau Tomos, gan ychwanegu ebychiadau a sylwadau difrïol fel 'ffaeledd ha ha!' a 'camsyniad!!!' ar ymyl dalennau ei gopïau ef ei hun.[98] Ar ben hynny, cyhuddodd ei hen gyfaill o ddwyn peth o'i waith a'i gyhoeddi dan ei enw ei hun. Yn ôl Iolo, flwyddyn cyn i'w flodeugerdd ymddangos, roedd wedi cylchredeg pedair llawysgrif o'i emynau ymhlith arweinwyr yr Undodiaid a gofyn am eu barn. Honnodd fod un o'r rhain wedi ei fradychu trwy eu dangos i Tomos a bod hwnnw wedi dwyn llinellau cyfan o'i waith yn y modd mwyaf digywilydd. O hynny ymlaen cyfeiriai Iolo at emynau ei gyn-gyfaill fel 'Hymnau y Rhew Mawr'.[99] Ym 1820 aeth mor bell â honni bod Tomos yn anffyddiwr peryglus.[100] Trueni i Iolo droi yn erbyn yr hen wariar a bod gweinidogion Anghydffurfiol yn ystod oes Victoria wedi gwneud anghymwynas bellach ag ef trwy ei fychanu 'am na wyddai yr *hic, haec, hoc*, sydd mor bwysig yn eu golwg hwy'.[101]

Gellid dadlau mai prif gyfraniad Iolo i enw da yr Undodiaid oedd ei waith dyngarol. Un o'r pethau mwyaf trawiadol amdano yn y cyfnod hwn oedd ei awydd i fod yn gyfaill i'r gorthrymedig a'r tlawd. Dro ar ôl tro gwelir y gair 'dyngarwch' yn ei bapurau a thynnai sylw at anghyfiawnderau trwy ysgrifennu llythyrau llym ac weithiau enllibus at unigolion neu i'r wasg. Soniai byth a hefyd am 'pure justice and benevolence'[102] wrth geisio atgoffa cyfoethogion o'u dyletswydd i ofalu am y tlawd a'r gwan. Weithiau gwnâi hyn drwy wawdio pobl ddychrynllyd o gefnog. Un o'r rheini oedd Catherine Tylney-Long, gwraig a etifeddodd diroedd helaeth iawn yn ne Lloegr ac a briododd William Wellesley-Pole, nai Dug Wellington, ym 1812. Cyfansoddodd Iolo gerdd ddychanol yn null caneuon bwrlésg y 1790au i'w chanu ar yr alaw 'old Daddy Cut-purse, My Grandmother's noddle, Mr Thingumbob's Nose, or all of them together' i gyfeiliant 'a Kentish Band of rough Music consisting of squawling cats, squealing Pigs, howling dogs, braying asses, and scolding wives':

Miss Tilney Long! Thrice wealthy maid!
Great heiress of some wretch who said
   'I'll have it right or wrong'
Well-shear'd from many a shivering back,
The golden fleeces fill thy sack,
   O rare! Miss Tilney-Long!

Thee thus we praise, thus rather brand,
The richest wench in all our Land.
   And Strike the roaring Gong! (gong! gong! gong! gong! gong!)
To slaves of wealth dwell on thy fame,
'All laud and praise unto thy name!'
   'O great Miss Tilney Long.'

Let verse in strain bombastic soar,
And puff her gold from shore to shore,
   To charm a stupid throng;
Let Mobs of Broad Saint Giles's bawl
In brogue Hibernian, One and all!
   Hurrah! Miss Tilney Long!!!
   Gong! gong! gong! gong! gong![103]

Llai llwyddiannus, a llai difyr o ran hynny, oedd rhai o'i gerddi cystwyol yn Gymraeg. Penyd i unrhyw ddarllenydd fyddai gorfod darllen 'Cywydd Gwŷr y Moch, neu hanes y Mochyn Mawr', cyfieithiad Iolo o gerdd gan William Cowper yn ymosod ar ragrith, balchder a thrachwant bydol-ddoethion goludog.[104] Mae'n gwbl amlwg fod casineb Iolo at rai porthiannus gymaint yn fwy mewn cyfnod pan na allai llawer o bobl dlawd fforddio prynu torth o fara. Blynyddoedd adfydus tu hwnt oedd y rheini rhwng 1795 a 1820 o ganlyniad i dwf y boblogaeth, effeithiau economaidd y rhyfel yn erbyn Ffrainc, cyfres o gynaeafau gwael, cynnydd ariannol sylweddol mewn rhenti, trethi a'r degwm, ymddygiad trahaus ysweiniaid absennol a'u stiwardiaid, a chau'r tiroedd comin. Bu cryn derfysgu a chedwid milwyr a'r milisia ar flaenau eu traed. Ymateb Iolo oedd ceryddu gwleidyddion am eu dihidrwydd. Ym mis Mawrth 1815 ysgrifennodd at Nicholas Vansittart, Canghellor y Trysorlys, yn galw arno i gynyddu'n sylweddol ar y dreth a godid ar gyfoethogion a gadwai eu hystadau ym Mhrydain tra oeddynt yn byw yn Ffrainc neu yn yr Iseldiroedd. Yn ôl ei amcangyfrif ef, gallai hynny, ynghyd â chodiad yn y dreth stamp, godi swm o hyd at filiwn o bunnau ychwanegol y gellid ei ddefnyddio i leddfu beichiau'r anghenus.[105]

Ac yntau'n ddyn tlawd a oedd wedi gweld tlodi a dioddefaint ar ei deithiau trwy Gymru ac yn ninasoedd mawr Lloegr, cydymdeimlai Iolo â'r rhai oedd yn gorfod ymladd am friwsion. Brithir ei bapurau â diarhebion fel 'byw o'r llaw i'r genau' a 'byw ar y geiniog'.[106] Heb gymorth ariannol Owain Myfyr, fe'i câi hi'n anodd iawn dal y ddeupen ynghyd. Ni allai weithio oriau hir fel saer maen mwyach a brwydrai'n feunyddiol yn erbyn effeithiau'r fogfa a'r gwynegon. Mae'n rhaid bod golwg wael arno erbyn y cyfnod hwn gan i Samariad trugarog o'r enw Llewellyn Traherne o Goedrhiglan a Saint Hilari sylweddoli na fyddai Iolo yn byw yn hir heb gefnogaeth ariannol. Sefydlodd gronfa i'w gynorthwyo gan berswadio deg ar hugain o ewyllyswyr da i gyfrannu gini neu hanner gini y pen bob blwyddyn. Cyndyn iawn fu Iolo i dderbyn y fath 'gardod' – 'my independent spirit was a little wounded' – ond yn y diwedd plygodd yn raslon, gan ddiolch yn hael i'r rhai a fu'n gefn iddo.[107]

Er ei bod hi'n fain arno, roedd Iolo yn gymwynaswr da. Nid âi o'r naill ochr heibio pan welai gardotyn. Deuai cymdogion ato i ymorol am rai o'r llysiau a'r perlysiau llesol a dyfai yn ei ardd. Gwyddent ei fod hefyd yn gallu ailosod esgyrn a gwaedu cleifion. Nid oedd ei hafal fel dehonglwr meddyginiaethau Meddygon Myddfai ac ni fyddai byth heb gyflenwad o Dr James's Powders, Bateman's Pectoral Drops a'r hen ffefryn Daffy's Elixir i'w rhannu ymhlith cleifion. 'Benevolence be thou my guide'[108] oedd ei arwyddair wrth ymhél â'r trallodus eu byd. Ceir gan ei gofiannydd Waring ac eraill hanesyn a ddaeth yn rhan o chwedloniaeth ei fywyd. Wedi taith hir i sir Aberteifi cafodd le i aros dros nos mewn tafarn glyd. Ac yntau'n ei gynhesu ei hun o flaen y tân, daeth pedler tlawd a lluddedig i mewn i ofyn am lety. Nid oedd ganddo'r un geiniog yn ei boced i dalu'r tafarnwr, ond cynigiodd becyn o nwyddau yn iawn am hynny. Gwrthododd y tafarnwr swrth. Gwylltiodd Iolo ac er nad oedd ganddo ond swllt i dalu am ei lety ei hun mynnodd roi hwnnw i'r pedler ac, ar ôl blagardio'r tafarnwr yn ei ddull dihafal ('Ddihiryn! A elwi dy hun yn ddyn!'), brasgamodd allan a cherdded milltiroedd lawer drwy'r nos nes cyrraedd tŷ un o'i gyfeillion a chael lloches.[109] Er bod Elijah Waring yn dueddol i gredu ac i ailadrodd straeon Iolo fel pader person, mae'r stori hon am y 'swllt ardderchog' yn gwbl gyson â'r darlun a geir ohono gan eraill, gan gynnwys George Dyer, Robert Southey a Benjamin Malkin.

Câi gweddwon, milwyr a morwyr anabl, a phobl ddall a diymgeledd achos i'w ganmol yn aml oherwydd ei barodrwydd i lunio deisebau ar eu rhan a'u hanfon at elusennau priodol yn Llundain neu Fryste. Pan losgwyd i'r llawr dŷ ac ysgubor John Nicholas, ffermwr o Saint Hilari a chanddo wraig a phump o blant, ar 30 Ionawr 1816, trefnodd Iolo ddeiseb yn apelio am gefnogaeth ariannol.[110] Bedair blynedd yn ddiweddarach ceisiodd bigo cydwybod William Crawshay drwy ofyn iddo ei gynorthwyo i gynnal breichiau Richard Lewis, dyn tlawd o Ben-y-bont ar Ogwr oedd yn awyddus i ddwyn achos yn erbyn tenant ystyfnig a oedd yn ei rwystro rhag cael ei ddwylo ar ddarn o dir ym mhlwyf Abergwili yn sir Gaerfyrddin a adawyd iddo gan ei frawd.[111] Go brin i'w gais gael croeso yng nghastell moethus Cyfarthfa.

Gan ei fod wedi mynychu llysoedd barn ers blynyddoedd a sylwi'n fanwl ar ymddygiad barnwyr, bargyfreithwyr a thwrneiod, ar ymateb rheithgorau i eiriau diffinyddion a thystion, ar y diffyg parch at y Gymraeg (cytunai'n llwyr â darlun gwawdlyd Jac Glan-y-gors o'r ffars a ddigwyddai'n aml yn Llysoedd y 'Sesiwn Fawr') ac ar y driniaeth greulon a gâi radicaliaid a therfysgwyr, roedd Iolo'n fwy na pharod i eiriol ar ran gwerin-bobl. Nid da ganddo y dedfrydau arswydus a osodwyd ar drueiniaid ac ymfalchïai yn y ffaith na fu erioed ar gyfyl unrhyw ddienyddiad cyhoeddus. Ym 1813 gwnaeth ei orau glas i achub bywyd William Morgan, llafurwr ifanc o Lantrisant a ddedfrydwyd i farwolaeth am ladrata pum swllt ar hugain o dafarn yn Nhonyrefail. Cerddodd Iolo filltiroedd, yn union fel y gwnaethai yn achos Tomos Glyn Cothi ym 1801, er mwyn casglu enwau pwysigion i'w cynnwys mewn deiseb. Erbyn 6 Hydref roedd ganddo 136 o lofnodion. Perswadiodd John Wood, twrnai yng Nghaerdydd, i ofalu bod un o'i glercod yn ysgrifennu copi destlus o'r ddogfen yn erfyn ar y Rhaglyw Dywysog i orchymyn bod Morgan i'w drawsgludo yn hytrach na'i grogi. Er mawr ryddhad i Iolo, llwyddodd yr apêl.[112]

Bwgan mawr y cyfnod hwn oedd tlodi. Chwedl Syr Tom Tell Truth yn anterliwt Twm o'r Nant, *Tri Chryfion Byd*: 'A sŵn diawledig ydyw sôn am dlodi.'[113] O ganlyniad i argyfwng economaidd yr oes credai ustusiaid heddwch a goruchwylwyr Deddf y Tlodion fod crwydriaid di-waith yn faich ariannol ac yn niwsans glân. Hawdd deall pam. Yn achos plwyf Trefflemin, er enghraifft, roedd coffrau'r plwyf yn ddibynnol ar gyfraniad wyth trethdalwr yn unig. Erbyn 1817–18, pan oedd costau gweinyddu Deddf y Tlodion ar eu hanterth, nid oedd gan swyddogion lleol fawr ddim wrth gefn. Felly, ceisient gael gwared ar bobl ddieithr o'u plwyfi cyn gynted â phosibl. Ceryddodd Iolo ustusiaid heddwch y Bont-faen am ddefnyddio pob ystryw dan haul er mwyn osgoi gorfod ysgwyddo'r beichiau ariannol a ddeilliai o dlodi'r oes.[114] Cwynodd am y driniaeth a gawsai William Williams, labrwr tlawd o Drefflemin a chanddo dyaid o blant. Ni allai weithio oherwydd ffelwm ar ei fys bawd, ond gwrthododd goruchwylwyr y tlodion dalu'r un geiniog iddo am ei fod, yn eu tyb hwy, yn berffaith abl i weithio.[115]

Gwelir tosturi a dicter Iolo ar eu gorau, o bosibl, yn ei ymateb i'r driniaeth a roddid i ferched gan weision y gyfraith. Plediodd achos o leiaf ddwy ferch ifanc dlawd. Alice Johns oedd y gyntaf, merch i golier o Lantrisant a gyflogwyd gan Ann Evan, Goodwell, Trefflemin, ac wedyn ar fferm William Vaughan, Llaneleu. Erbyn iddi gyrraedd ei phen blwydd yn 21 oed roedd bron yn ddall a gorfu iddi wneud cais am gymorth ariannol oddi wrth y plwyf. Fe'i dygwyd yn ôl i Drefflemin, lle cafodd ei cham-drin yn greulon gan oruchwylwyr y tlodion. Cythruddwyd Iolo gan y fath ymddygiad: 'The parishes are almost every where by their oppression driving the poor into madness.'[116] Trugarhaodd Iolo hefyd wrth Catherine Thomas (Cati Caerffili), merch a anwyd yng Nghaerffili i rieni o Drefflemin. Bu farw ei rhieni pan oedd hi'n ferch ifanc ac er mwyn ennill ychydig sylltau bu Cati yn gwerthu ei chorff ac yn lladrata bwyd ac arian. Cafodd waith mewn ffatri wlân, ond collodd ei swydd ar ôl cael ei dal yn dwyn gwlân. Treuliodd chwe mis dan glo ac, yn ôl Iolo, 'her confinement in jail amongst very wicked characters of her own sex, like a millstone about her neck, sank her'.[117] Gwrthododd swyddogion plwyf Trefflemin wneud dim drosti ac ofnai Iolo fod goruchwyliwr y tlodion, a sawl ffermwr, yn dyheu am ei gweld yn hongian ar grocbren. Plediodd ef ei hachos yn daer. Onid oedd wedi dioddef magwraeth ddigariad? Onid oedd, er gwaethaf ei hamgylchiadau, wedi dysgu darllen Cymraeg a Saesneg? Llwyddodd Iolo i gael lle iddi mewn sefydliad elusennol yn Llundain, gan obeithio, mae'n siŵr, y dilynai'r llwybr cul o hynny ymlaen. Gwaetha'r modd, syrthiodd Cati oddi wrth ras ymhen fawr o dro ac ni wyddom beth ddaeth ohoni yn y diwedd.[118]

Er gwaetha'r cymwynasau hyn, nid oedd Iolo'n sant o bell ffordd. Parhâi i fod yn *persona non grata* ymhlith rhai o'i gyd-blwyfolion oherwydd ei duedd i chwythu bygythion a chelanedd. Ym mis Mawrth 1813 cystwyodd rai o'i gymdogion am ddamsang ar y llysiau a'r perlysiau a blannodd yn ei ardd yn yr hydref. Cythruddwyd un ohonynt, David Jenkin, ac meddai wrtho Iolo: 'Dodwch eich trwyn yn y nhin i, mi wna hynn sawl gwaith ag y mynno i.' Ymosododd Jenkin arno, gan ei guro'n arw ar ei ben a'i ystlys.[119] Mae'n arwyddocaol na ddaeth yr un o'r rhai a oedd yn gwylio'r ffrwgwd, gan gynnwys cwnstabl y plwyf, ymlaen i gynorthwyo Iolo. Dygodd achos yn erbyn Jenkin ac Evan Simmonds yn y Llys Chwarter, ond roedd yn dal i ddisgwyl gwrandawiad bum mlynedd yn ddiweddarach. Pa ryfedd ei fod yn casáu byd y gyfraith?

Er bod Iolo yn ŵr cynhennus wrth natur ac yn gallu bod mor bigog â llwyn drain, roedd ganddo galon dyner. 'Blest with a heart benevolent and kind',[120] meddai ei ferch Margaret (Peggy) amdano. Dywedodd Iolo ei hun lawer gwaith mai ei nod mewn bywyd oedd bod yn gymwynaswr da ac mai dyna, yn y bôn, a'i symbylai: 'No idea can be more grievous to me than that of quitting this life without having been in some degree the benefactor of mankind.'[121] Gwyddom oll am ei ehediadau ffansïol ac am ei duedd i fod yn ymffrostgar, yn feiddgar ac yn hunanol. Llai cyfarwydd o gryn dipyn yw ei gyfraniad fel dyngarwr ac fel cyfaill gwiw i'r gorthrymedig rai, boed ddu neu wyn. Ar sail tystiolaeth y bennod hon, pwy a wadai nad dyma un o'i ragoriaethau pennaf.

PENNOD 8

Asio'r Eisteddfod a'r Orsedd

Y̶R ESGOB THOMAS BURGESS MA, DD, FRS, FAS, FRSL v Edward Williams (Iolo Morganwg) BBD. Ar bapur ymddengys yr ornest hon rhwng esgob dysgedig a saer maen hunanaddysgedig yn gwbl unochrog. Ond beth yw graddau prifysgol ac anrhydeddau cyhoeddus o'u cymharu â chyfrwystra cynhenid, dychymyg byw a gallu tactegol? Gwelwyd y doniau hyn ar eu gorau ym mis Gorffennaf 1819 pan lwyddodd yr Undodwr beiddgar ac arweinydd Gorsedd Beirdd Ynys Prydain i gael y llaw uchaf ar bennaeth yr esgobaeth fwyaf yng Nghymru trwy uno'r Eisteddfod a'r Orsedd am y tro cyntaf erioed. Ni ellir dweud ai bwriad gwreiddiol Iolo oedd disodli'r Eisteddfod neu ei chysylltu'n barhaol â'r Orsedd, ond beth bynnag oedd ganddo mewn golwg mae lle i ddadlau mai gŵyl fawr Caerfyrddin oedd ei *annus mirabilis*.

Dechreuodd y saga ryfeddol hon pan wahoddwyd Iolo gan Thomas Burgess ar 27 Awst 1818 i ymuno â nifer o ewyllyswyr da oedd yn bwriadu ymgynnull yng Nghaerfyrddin ar 28 Hydref i drafod dros ginio y posibilrwydd o sefydlu cymdeithas newydd o'r enw The Cambrian Society ac i drefnu rhaglen waith ar ei chyfer.[1] Am ryw reswm – dihidrwydd o bosibl (gwyddai Iolo mai cymdeithas eglwysig oedd gan yr esgob mewn golwg) – nid atebodd y llythyr. Bu raid i Thomas Beynon, archddiacon Ceredigion, ei atgoffa o'r gwahoddiad a'i ddarbwyllo bod hwn yn gyfle euraid iddo wireddu sawl hen freuddwyd.[2] O glywed hyn, ni allai Iolo wrthod bod yn dyst i 'noble exertions'[3] yr esgob o blaid llenyddiaeth Gymraeg. Yn wir, gymaint oedd ei chwilfrydedd a'i awydd i wneud argraff fel y prynodd gôt las newydd a gwasgod bwff. Pan welodd Elijah Waring ei gyfaill yn ei ddillad crand yn cerdded trwy Gastell-nedd ar ei ffordd i Gaerfyrddin ni allai beidio â thynnu ei goes.[4] Ni welwyd Iolo yn fwy trwsiadus na hyn erioed.

Beth, felly, oedd wedi peri i Esgob Tyddewi, prif gynrychiolydd y gyfundrefn eglwysig yn ne Cymru, wahodd Undodwr tanllyd fel Iolo i'w gynghori? Un o'r 'Esgyb Eingl' bondigrybwyll oedd Thomas Burgess. Roedd yn 47 mlwydd oed pan gysegrwyd ef yn Esgob Tyddewi ar 17 Gorffennaf 1803 a châi'r enw o fod yn ddyn eithriadol o ddysgedig a darllengar. Nid oedd ganddo unrhyw uchelgais mawr a byddai wedi bod yn ddigon bodlon bod yn rheithor mewn ardal dawel yng nghefn gwlad Lloegr ar hyd ei oes. Yn groes graen, felly, y daeth i dde Cymru. Bu mor annoeth â chyfeirio at ei esgobaeth newydd fel un 'dadfeiliedig' ond, yn groes i bob disgwyl, arhosodd yn ei swydd am ddwy flynedd ar hugain.[5] Nid aderyn ar adain, fel ei ragflaenwyr, oedd yr esgob hwn. Roedd rhywbeth digon hoffus yn ei gylch ac roedd ganddo wên angylaidd. Yn ôl un o ddiwtoriaid tywysog Cymru: 'Of all the sweet things I can think of, there is nothing quite equal to Burgess's smile.'[6]

Ond ni allai hyd yn oed wên angylaidd guddio'r ffaith nad oedd gan y Sais dymunol hwn y cymwysterau angenrheidiol ar gyfer y swydd uchaf ei pharch yn ne-orllewin Cymru lle'r oedd naw o bob deg yn siarad Cymraeg. Gwir ei fod yn feistr ar Ladin, Groeg a Hebraeg, ond adeg ei benodiad ni fedrai air o Gymraeg ac ni wnaeth fawr o ymdrech i'w dysgu ychwaith, er bod eglwysyddiaeth dan warchae o du Methodistiaeth ac Anghydffurfiaeth. Er i Gwallter Mechain fynnu bod Burgess, yn y bôn, yn Gymro twymgalon,[7] un o'i weithredoedd cyntaf fu sefydlu 'Cymdeithas er Lledaenu Gwybodaeth Gristnogol ac Undeb Eglwysig' yn ei esgobaeth. Rhan annatod o genhadaeth y Gymdeithas honno oedd sefydlu ysgolion Saesneg eu hiaith, er gwaethaf y ffaith fod Burgess yn gwybod mai anghymreictod ei hoffeiriaid oedd yn rhannol gyfrifol am dwf y 'sgismatigiaid'. 'The Welsh language', meddai, 'is with the Sectaries a powerful means of seduction from the church.'[8] O bryd i'w gilydd, pan roddai gynnig ar draddodi'r fendith yn Gymraeg, achosai gryn embaras i'w offeiriaid Cymraeg eu hiaith. Gan na allai ynganu'r gair 'deall' yn gywir, clywai ei wrandawyr ef yn cyfeirio at 'Tangnefedd Dduw, yr hwn sydd uwchlaw pob dial'.[9] Pa ryfedd fod y fam eglwys yn colli tir.

Rhaid bod calon Burgess wedi suddo pan dorrodd y Methodistiaid Calfinaidd y cwlwm eglwysig yn derfynol ym 1811, ac, o fewn dwy flynedd, daeth gofid pellach pan gyfreithlonwyd Undodiaeth, gan roi cyfle i fugeiliaid y Smotyn Du yn ei esgobaeth ac *agents provocateurs* fel Iolo i herio grym y drefn eglwysig. 'Let Union and Uniformity be our watchword',[10] meddai Burgess wrth ymosod ar wrth-Drindodwyr mewn cyfres o bamffledi dysgedig a dadleuol o 1813 ymlaen. Honnai fod Eglwys Loegr ac Undodiaeth yn '*littera littoribus contraria*',[11] sef mor wahanol i'w gilydd ag y mae nos a dydd neu Dduw a'r diafol. Gelyn i Gristnogaeth oedd Undodiaeth a galwodd am adfer yr hen drefn drwy ddiddymu deddf 1813 yn llwyr. Hereticiaid oedd Iolo a'i fath a bygythiad dwys i'r gyfundrefn sifil ac eglwysig. Wrth reswm, nid fel hynny y gwelai Iolo bethau. Iddo ef, 'a system of idiotism, of madness or of villainy'[12] oedd Anglicaniaeth a'i ddyletswydd ef a'i gyd-Undodiaid oedd amddiffyn eu ffydd a'u heglwysi:

> Thus, my Lord Bishop, have I had a humble and very Subordinate hand
> in the building up of these Unitarian Churches. I look at them with
> complacency, with a high degree of satisfaction and pleasure, and clearly see
> that the Gates of Hell, even should your Lord Bishopship sit as Supreme
> Judge in those Gates, will never prevail against Them.[13]

Onid oedd Burgess yn ymwybodol o weithgarwch gwleidyddol Iolo? Gan fod gan wrth-Drindodwyr hawl bellach i addoli a gweithredu, roedd Iolo eisoes wedi dal ar y cyfle i gynnal gorseddau o'r newydd. Ym mis Mai 1814 gyrrwyd Napoleon i alltudiaeth ar ynys Elba, noddfa wych i hen lwynog cyfrwys, a dechreuwyd trafod amodau heddwch yn Ewrop. Ym mis Gorffennaf ymddangosodd hysbyseb yn *Seren Gomer* yn datgan y bwriad i gynnal Gorsedd ar y 'Maen Chwŷf' ym Mhontypridd ymhen mis. Nodwyd mai yn nhafarn y New Inn y byddid yn ymgynnull ar 1 Awst ac yno yr urddwyd Thomas Williams (Gwilym Morganwg), brodor o blwyf Llanddeti yn sir Frycheiniog, tafarnwr diddan ac un o ddisgyblion ffyddlonaf Iolo. Yn briodol iawn, 'Adferiad Heddwch' oedd y testun a osodwyd i'r beirdd. 'Cyrhaeddwyd hawddgar Heddwch',[14] meddai Gwilym Morganwg, ond ni allai 'Shôn Chwareu Teg' anghofio'r modd y sathrwyd breiniau dyn dan draed:

> 'Does neb ddadleua'n awr,
> Dros Ryddid hardd ei gwawr,
> Ow! Nag oes ûn.[15]

Eto i gyd, rhaid bod Iolo wedi cael hwyl arni oherwydd ar 21 Rhagfyr daeth yno drachefn, er mawr ryddhad i Gwilym Morganwg a oedd yn ofni mai 'tra thrwstan a fyddwn i fyned trwy'r gorchwyl heb eich gwyddfod'.[16] Roedd y derwyddon yn cael ail wynt a'r milisia yn gorfod bod yn effro i weithgarwch ymwahanwyr a gweriniaethwyr a oedd, yn ôl y sôn, yn defnyddio barddas i hyrwyddo'u daliadau.

Cafwyd prawf pellach nad oedd Iolo wedi colli ei lais gwleidyddol. Y matebodd yn ffyrnig pan welodd fod gohebydd o'r enw 'Gwladwr' wedi honni yn y *Cambrian* fod yr egwyddorion rhyddfrydol a leisiwyd gan John Edwards, ffefryn Iolo, yn etholiad 1818 yn sawru'n gryf o chwyldro a Jacobiniaeth 'and such as has deluged France with blood'.[17] Cyfansoddodd bamffled grymus yn dwyn y teitl *Vox Populi Vox Dei!*, ymadrodd a ddefnyddiwyd gan y bardd Alcuin mewn llythyr at Siarlymaen *c.*700 ac a fabwysiadwyd gan ddiwygwyr Chwigaidd yn ystod y ddeunawfed ganrif. Mynnodd mai llais Duw oedd llais pobl Morgannwg:

We will no longer be controlled by the domineering of unconstitutional claims, assumptions, and influences. *Vox populi vox Dei* is an ancient Adage, a very good one, and, I believe but very little, if any thing short of the Truth.[18]

Ychydig wythnosau cyn i Burgess anfon ei wahoddiad at Iolo roedd yr hen radical o Drefflemin yn dweud wrth Lant Carpenter, un o Undodiaid mwyaf blaenllaw Caerdydd, mai cabledd oedd cyfarch eglwyswyr fel 'Revd, Lord Bishop, Right Revd, Most Revd, His Holiness, His Grace, etc.'[19] A neges ei gân 'Glamorgan Triumphant, or Edwards for ever!' oedd fod dyddiau pendefigion trahaus ac esgobion erlitgar yn dirwyn i ben:

The days are now dawning, bright reason shall reign,
And justice this world shall revisit again;
The time hastens on when with lenient command
Pure intellect only shall rule ev'ry land;
When truth shall prevail in its glorious increase
Like nature's true tendencies, ending in peace;
False honor shall die, that most hateful deceiver,
We'll rejoice in her fall, and sing 'Edwards for ever'.[20]

Geiriau heriol oedd y rhain ac mae'n amhosibl credu nad oedd Thomas Burgess a'i gynghorwyr yn ymwybodol fod Iolo yn dal i gorddi'r dyfroedd. Rhaid, felly, fod y garfan honno a elwid yn 'hen offeiriaid llengar' wedi perswadio Burgess mai hen ŵr pryfoclyd ond cymharol ddiddylanwad oedd Iolo'r gwleidydd ond bod ei arbenigedd a'i enwogrwydd yn y maes llenyddol, yn enwedig yn hanes eisteddfodau, yn gwbl anhepgor i'r ymgyrch i sefydlu 'Cymdeithas Gymroaidd'.[21] O ganlyniad i'w gyfraniad allweddol i'r *Myvyrian Archaiology of Wales*, daethpwyd i gredu ei fod yn gwybod mwy am hanes a llenyddiaeth Cymru na neb arall. Ac roedd hynny'n berffaith wir. Droeon cyfeirid ato yn y wasg ac mewn llythyrau fel 'the great Iolo Morganwg' a 'the venerable Bard of Glamorgan'. Gwir y dywedodd Thomas Beynon, archddiacon Ceredigion a Siôn-pob-swydd i Burgess, fod gan Iolo 'more knowledge relating to Welsh antiquities etc. than probably any one now alive'.[22] Bron na ddywedwn fod ganddo statws freiniol yn ne Cymru. Ac roedd ei ben yn dal i ferwi o syniadau.

Carfan eithriadol o ddifyr a gweithgar oedd yr offeiriaid hyn ac aethant ati â'u holl egni i wneud iawn am ddiffygion Burgess ym maes diwylliant Cymraeg. Ymddiddorent yn y Gymraeg, ei hanes a'i llenyddiaeth, ac roeddynt yn benderfynol o Gymreigio'r Eglwys. Daliai tri ohonynt swyddi eglwysig ym Mhowys. Adwaenid Gwallter Mechain fel 'the sage of Manafon', plwyf lle y bu'n gweinidogaethu er 1807, a hoffai feithrin y persona hwnnw trwy gribo i lawes gwŷr mawr a defnyddio Saesneg chwyddedig yn eu gŵydd.[23] Ond er gwaethaf ei ymdrechion, offeiriad gwlad fu Gwallter gydol ei oes. Eto i gyd, fel y gwyddai pob beirniad ledled Cymru, roedd yn eisteddfodwr brwd ac yn gystadleuydd heb ei ail. O'i blaid hefyd oedd y ffaith ei fod yn cyd-dynnu'n weddol dda ag Iolo. Ficer plwyf Ceri ym Maldwyn oedd John Jenkins (Ifor Ceri), gŵr diymhongar a weithiai'n hynod ddiwyd yn y dirgel. Cerddoriaeth oedd ei faes ef a threuliai bob awr hamdden yn casglu alawon gwerin a thonau.[24] Ficer plwyfi Casgob a Heyope yn sir Faesyfed oedd W. J. Rees, hen lanc di-wên, cydwybodol a gweithgar.[25] Ond Cardi o dras oedd y prif gatalydd. Penodwyd David Rowlands (Dewi Brefi), brodor o Landdewibrefi, yn gurad Carno a Llanwnnog ym 1808. Ddwy flynedd yn ddiweddarach hwyliodd i Newfoundland i fod yn genhadwr. Dysgodd Ffrangeg ac Eidaleg cyn cael ei daro'n wael gan y dicáu. Dychwelodd i Faldwyn ym 1817 a mynd ati i godi brwdfrydedd dros 'adfer barddas yn ne Cymru'.[26] Pan aeth yr Esgob Burgess i Geri ym mis Awst 1818 i ddadorchuddio cofeb i Gerallt Gymro aeth Dewi Brefi, Gwallter Mechain a W. J. Rees ati i'w oleuo ynghylch cyfoeth y traddodiad llenyddol Cymraeg ac o'r angen i sefydlu cymdeithas ddiwylliannol i'w ddiogelu. Plannwyd y syniad yn llwyddiannus a gadawyd i Burgess gredu mai ei blentyn ef oedd y Cambrian Society arfaethedig.[27] Gyda Dewi Brefi yn ysgrifennydd y gymdeithas, roedd yr argoelion yn dda.

Pam y penderfynodd Iolo dderbyn gwahoddiad Burgess? Wedi'r cyfan, roedd mwy na digon ganddo i'w wneud. Gorffen 'Cyfrinach y Beirdd' a 'History of the Bards' oedd ei brif flaenoriaeth o hyd, ond roedd hefyd wedi addo ysgrifennu hanes teulu Dwnrhefn, gan roi bri o'r newydd iddynt drwy honni bod Brân Fendigaid a'i fab Caradog wedi byw yno ac mai hwy, yng nghwmni Illtud Sant, a fu'n gyfrifol am ddwyn Cristnogaeth i mewn i Brydain. Naw wfft, felly, i'r chwedl 'Seisnig' am Joseff o Arimathea. Yn ôl Iolo, roedd Dwnrhefn yn dir sanctaidd.[28] Ac yntau mor eithriadol o brysur ac mor elyniaethus tuag at esgobion, yn enwedig 'the fattest and most paunchy Bishops',[29] gallai yn hawdd fod wedi gwrthod cais Burgess. Ond roedd cynifer o'i hen freuddwydion llenyddol heb eu cyflawni a dyfodol yr Eisteddfod a Gorsedd y Beirdd yn dal yn y fantol. At hynny, nid oedd dim i'w golli o weld sut oedd y gwynt yn chwythu mewn cylchoedd eglwysig.

Er bod Iolo yn 71 oed ac yn dioddef yn enbyd o'r gwynegon, rhaid oedd mynd. Ni châi gyfle fel hyn eto. Mynnodd gerdded yr holl ffordd o Gefncribwr i Abergwili lle y byddai'n westai arbennig ym mhlas yr esgob, y plas a ddisgrifiwyd ganddo ym 1796 fel 'this grovelingly great place'.[30] Ar ôl cyrraedd ar 27 Hydref fe'i croesawyd yn gynnes gan Thomas Burgess ac wedi i Iolo ryfeddu at faint a chynnwys ei lyfrgell bu'r esgob mor annoeth â chaniatáu iddo fanteisio'n llawn arni. Ganol nos deffrowyd pob gwas a morwyn yn y plas gan sŵn rhywun yn cerdded yn ôl ac ymlaen lawr staer. Mentrodd rhai ohonynt allan o'u llofftydd a chael mai Iolo oedd yr 'ysbryd' aflonydd, gyda chap nos am ei ben, llyfr yn y naill law a channwyll yn y llall.[31] I garwr llyfrau fel yntau, bu'r cyfle i ddarllen cyfrolau mor ddeniadol trwy'r nos yn ormod o demtasiwn.

Cynhaliwyd y cyfarfod cyntaf drannoeth yn y Llew Gwyn, Caerfyrddin. Etholwyd Arglwydd Dinefwr yn Llywydd a'r Esgob Burgess yn Gadeirydd.

Ac eithrio Iolo, eglwyswyr da eu byd oedd pob aelod o'r pwyllgor. Nid bod hynny'n poeni dim ar Iolo nac yn peri iddo fynd i'w gragen. Ar ôl trafodaeth gychwynnol trefnwyd y byddai wyth aelod (pum offeiriad eglwysig, yr Esgob Burgess, Thomas Bowdler ac Iolo) yn ailymgynnull drannoeth ym mhlas yr esgob i lunio rhaglen waith ar gyfer y gymdeithas newydd-anedig. Dengys y glasbrint a baratowyd mai llais Iolo oedd uchaf yn y trafodaethau. Ganddo ef, ac ef yn unig, y cafwyd gweledigaeth ynghylch y dyfodol. Penderfynwyd fel a ganlyn. Byddai'r Gymdeithas newydd yn trefnu ac yn noddi eisteddfod daleithiol fawr i'w chynnal yng Nghaerfyrddin yn haf 1819. Dylid codi arian i alluogi'r Gymdeithas i baratoi catalog cynhwysfawr o'r holl lawysgrifau Cymraeg mewn llyfrgelloedd preifat a chyhoeddus yng Nghymru, Lloegr a'r Cyfandir. Y cam nesaf fyddai penodi ysgolhaig profiadol a chymwys i ymweld â'r llyfrgelloedd, trawsysgrifio'r deunydd a'i osod yn yr Amgueddfa Brydeinig, a threfnu i gyhoeddi rhai o'r llawysgrifau. Yn nesaf, peth doeth fyddai cyflogi Iolo i dreulio peth amser yng Nghaerfyrddin i arolygu'r gwaith o argraffu cyhoeddiadau'r Gymdeithas ac i hyfforddi myfyrwyr ifanc ym maes barddoniaeth a rhyddiaith Gymraeg. Dylid ar bob cyfrif gyhoeddi prosbectws Iolo o'i gynllun arfaethedig i gyhoeddi chwe chyfrol ar hanes Cymru. Ac yn olaf, dymunol fyddai casglu'r holl lyfrau printiedig Cymraeg a'u cadw'n ddiogel yn llyfrgell Cymdeithas y Cymmrodorion yn Ysgol Gray's Inn Lane yn Llundain. Ôl llaw Iolo sydd ar hyn oll ac mae'r cynllun yn dyst i'w allu chwedlonol i swyno eraill ac i gael ei ffordd ei hun. Pa mor ymarferol ydoedd sy'n gwestiwn arall. Am ba hyd y byddai Iolo byw ac i ba raddau y gellid dibynnu arno i ddwyn y gwaith i ben yn llwyddiannus? Er mwyn symud pethau yn eu blaen sefydlwyd gweithgor o bymtheg aelod (ond nid Iolo) i weithredu'r rhaglen uchelgeisiol hon.[32]

Nid eisteddfodau undydd oedd gan yr arloeswyr hyn mewn golwg ac yn sicr nid rhai i'w cynnal mewn tafarnau. Y nod oedd cadw cystadleuwyr a beirniaid ar waith am dri neu bedwar diwrnod gerbron cynulleidfaoedd sylweddol mewn neuadd neu gastell. Gwahoddwyd Iolo i fod yn un o bedwar beirniad ac, yn ôl Eliezer Williams, ficer Caerfyrddin, treuliodd haf 1819 yn edliw diglemdod ei gyd-feirniaid: 'Iolo Morganwg complains immeasurably of all the productions. He says that they are "horridly incorrect"; that they betray a want of both invention and taste; and that he hopes no premium will be awarded to any of them.'[33] Meistr caled oedd Iolo, yn enwedig wrth fantoli gwaith Deudneudwyr, a hawdd credu bod gweddill yr 'umpires' (fel y cyfeiriai Ifor Ceri atynt) yn crynu yn eu hesgidiau wrth feddwl am geisio dal pen rheswm ag ef.

Yng ngwesty'r Llwyn Iorwg yng Nghaerfyrddin ar 8–9 Gorffennaf 1819 y penderfynwyd cynnal yr eisteddfod gyntaf dan liwiau'r Cambrian Society. Hon fyddai'r eisteddfod fwyaf i'w chynnal yng Nghymru erioed a mawr oedd y disgwyl amdani. Rhoddwyd cryn gyhoeddusrwydd i'r ŵyl a gwerthwyd tocynnau rif y gwlith. Unwaith eto mynnodd Iolo gerdded yr holl ffordd i Gaerfyrddin i fod yn dyst i'r holl ddigwyddiadau. Yn y gorffennol bu'n llawdrwm iawn ar y 'Sirgaerians': un tro fe'u galwodd 'the most uncivilized people in Wales'.[34] Ond gwyddai hefyd fod gan dref Caerfyrddin ei hatyniadau. Hi oedd y dref fwyaf yn y de-orllewin ac roedd bri arbennig ar ei hysgol ramadeg, ei hacademi Anghydffurfiol, ei llyfrgelloedd, ei gweisg a'i theatrau. Gellid gweld a phrynu mwy o lyfrau yno nag yn unrhyw dref arall yng Nghymru. Clywid llais anffyddiaeth, sansciwlotiaeth a brad yn ei thafarnau niferus, yn enwedig adeg etholiad. Bu sgarmesu ar ei strydoedd adeg etholiadau 1796, 1802 a 1812 wrth i'r 'Gleision' a'r 'Cochion' ddod wyneb yn wyneb â'i gilydd.[35] Nid oedd Iolo wedi anghofio mai yno y cawsai Tomos Glyn Cothi ei ddedfrydu i ddwy flynedd o garchar a'i osod mewn rhigod i ddioddef cywilydd cyhoeddus. Cydymdeimlai hefyd â'r trueiniaid hynny a gâi eu dedfrydu i farwolaeth o bryd i'w gilydd; gan fod y crocbren ar Fryn Babel, Pensarn, ryw filltir o'r dref, byddent yn gorfod wynebu crechwen a chasineb y dorf wrth gerdded i'w tranc.

Nid da gan Iolo ychwaith y Calfineiddio a oedd yn digwydd yn hanes academi enwog y dref. Ar un adeg câi efrydwyr Undodaidd ifainc loches yno ond, diolch i ragfarn ei phennaeth David Peter, dim ond Calfiniaid a gâi groeso yno mwyach. Honnodd Iolo fod 'Prifysgol Caerfyrddin' wedi colli ei ffordd 'ac oni ellir sefydlu rhywbeth yn well o lawer na honno, nid oes ini well gobaith nac i weled y tywyllwch dudew yn ymdannu dros ein gwlad.'[36] Y cwestiwn mawr ymhlith pawb a oedd yn ei adnabod oedd: a fyddai'r Undodwr tanbaid a'r beirniad cignoeth yn trin pawb yn yr eisteddfod yn deg ac yn gwrtais? A faint o bobl, tybed, a wyddai ei fod yn bwriadu cynnal seremoni orseddol ar ddiwrnod olaf yr eisteddfod? Dim ond y dethol rai, yn ôl pob tebyg, a dderbyniodd gopi o'i Sgrôl Cyhoeddi oddeutu Tachwedd/Rhagfyr 1818, a gallwn fod yn sicr y bu cryn drafod yn eu plith hwy wrth i'r diwrnod mawr ddynesu. Wedi'r cyfan, roedd yr Esgob Burgess wedi pwysleisio o'r cychwyn mai sefydliad eglwysig oedd yr Eisteddfod i fod.

Fore Iau, 8 Gorffennaf, daeth tyrfa gref ynghyd – hyd at dri chant o bobl 'sylweddol' y sir – i fwynhau'r arlwy. Yn absenoldeb Arglwydd Dinefwr, llywyddwyd y gweithgareddau gan yr Esgob Burgess. Wedi anerchiad byr a di-fflach ganddo ef, galwyd ar Iolo Morganwg i draddodi araith. Roedd Iolo eisoes wedi hawlio sylw'r gynulleidfa gyfan drwy hercian yn araf i mewn i'r neuadd yn pwyso ar fraich y bardd ifanc Daniel Evans (Daniel Ddu o Geredigion).[37] Tybid ar y pryd mai Daniel Ddu oedd bardd mwyaf addawol Cymru, ond, fel y dengys cynnwys ei gyfrol *Gwinllan y Bardd* (1831), camgymeriad oedd hwnnw (pa fardd o werth a fyddai wedi dweud mewn awdl farwnad i'w hen athro mai 'bore fwyd i bryf ydyw'?[38]). Sut bynnag, hwn oedd y cyfle cyntaf i lawer o grachach y dref a'r cyffiniau i werthfawrogi doniau areithiol y 'Glamorgan Bard' chwedlonol. Gwnaeth yr hen ŵr yn fawr o'i gyfle. Yn ei Saesneg gorau, pwysleisiodd hunaniaeth lenyddol y Cymry, statws breintiedig yr iaith Gymraeg a safle unigryw tref Caerfyrddin yn nhwf y traddodiad eisteddfodol. Yno, fe'u hatgoffodd, y cynhaliwyd eisteddfod fawr lwyddiannus *c.*1451, dan nawdd Gruffudd ap Nicolas, yn nyddiau euraid Beirdd yr Uchelwyr, a'r nod yn awr oedd adfer diddordeb mewn cerdd dafod ac ymfalchïo yn y ffaith fod yr iaith Gymraeg yn dal yn fyw:

Poetry has been the original vehicle of knowledge amongst all nations. It has been the incipiency of Literature at an early period of the World. The Cymmry (Kimmeri) became civilized by the moral, sentimental, and instructive songs of their civilized compact. The remains of their ancient and druidical learning are to this very day amongst us, and exhibit such high attainments of genuine wisdom as cannot be generally found amongst the nations of the world. Poetry has preserved to us our original language to this day, and in all its pristine purity, at a period when a dark cloud had involved us in a winter light of ignorance. Caermarthen had the highly merited honour of being as it were a morning star preceding the dawn of a glorious Morning that soon afterwards appeared. Some clouds have since appeared, but again at Caermarthen the sky clears up, we see the clouds beginning to disperse, and we hope that a glorious summers day of Bardic and of every other description of Literature, morality, virtue and Religion will ensure the views and intentions of this Cambrian Society under the high patronage of our present worthy Lord Bishop of St. Davids, with the concurrence of the Nobility and Gentry of our Country, are all directed to those purposes. And where is the man who wishes to be considered a lover of his Country that would not wish, and to the utmost exert himself to secure, the success of this Institution.[39]

Cafodd Iolo fonllef o gymeradwyaeth. Ni chlywsai pobl barchus y de-orllewin ddim byd tebyg o'r blaen ac ni allai hyd yn oed amheuwyr pennaf Iolo lai na rhyfeddu at y llifeiriant geiriau, yr angerdd a'r taerineb. O safbwynt Iolo, chwarae plant bach oedd annerch eisteddfodau'r dafarn o'i gymharu â hyn. Ni chafodd gynulleidfa mor werthfawrogol er y diwrnod cofiadwy hwnnw ym mis Chwefror 1795 pan ganodd 'Trial by Jury' gerbron cefnogwyr Hardy, Thelwall a Tooke mewn tafarn yn Llundain. Wedi i'r dorf ymdawelu galwyd ar nifer o feirdd, gan gynnwys Iolo, i draddodi cyfres o englynion. Cyn i'r di-Gymraeg gael cyfle i hepian gwahoddwyd pedwar telynor i ganu 'amryw dônau peraidd'.[40]

Yna trowyd at faterion mwy difrifol, sef y cystadlu. Gwahoddwyd pedwar o feirniaid i fwrw llinyn mesur dros waith y beirdd a'r llenorion: Iolo ei hun, Eliezer Williams, ficer Caerfyrddin, Robert Davies (Bardd Nantglyn) a Dewi Silin. Dim ond dau ddwsin o feirdd oedd yn bresennol ac nid oedd yr un Gogleddwr yn eu mysg. Ac eithrio'r darlleniadau, Saesneg a glywid o'r llwyfan. Byddai hynny wedi plesio Gwallter Mechain yn fawr a hefyd y rheini a gredai mai gorau po gyntaf y diflannai'r iaith Gymraeg. Gwyddom fod Gwallter yn gystadleuwr proffesiynol bron ac yng Nghaerfyrddin nid digon iddo oedd ennill un brif wobr lenyddol: enillodd dair. Ym marn pawb, ef oedd arwr yr eisteddfod a phan enillodd gystadleuaeth yr englyn cafwyd 'dylif o orfoledd cymeradwyol'.[41] Felly y bu hefyd pan wobrwywyd ef gan Fardd Nantglyn am awdl ar farwolaeth 'y godidog flaenawr milwraidd', Syr Thomas Picton. Er bod cnwd o farwnadau i goffáu marwolaeth Picton 'ym mrwydr waedlyd Waterlw' ym 1815 eisoes wedi eu cyhoeddi, barnwyd bod angen rhagor eto ym 1819.[42] Gwyddom erbyn heddiw mai mochyn o ddyn oedd Picton. Tra oedd yn llywodraethwr Trinidad bu'r merchetwr a'r meddwyn hwn yn arteithio merch o'r enw Luisa Calderón yn y dull mwyaf ffiaidd. Cyfaddefodd neb llai na Dug Wellington mai 'a rough, foul-mouthed devil' ydoedd.[43] Nid oedd gan Iolo ddim i'w ddweud o'i blaid ychwaith nac o blaid rhai o linellau anobeithiol Gwallter Mechain yn ei awdl farwnad iddo:

Dur ei gleddau ae trwy goluddion, –
A'i floedd, *bŵ* ydoedd i bob oedion,
Draw hwy gilient rhag dewr ei galon
Bloeddient – ban welent boen ei alon,
'*Wele Ner bywiogter, Bicton*' – '*rhedwch,
O na ddeuwch i'w 'winedd ëon!*'[44]

Serch hynny, ymddiriedwyd y ddefod o gadeirio'r bardd buddugol i Iolo. Clymodd ruban glas am fraich dde ei gyfaill ac yna, er mawr syndod i bawb, clymodd ruban gwyn wrth fraich dde yr Esgob Burgess. Eisteddodd hwnnw'n gegrwth dawel wrth iddo sylweddoli ei fod bellach yn aelod o Orsedd Beirdd Ynys Prydain. Dehonglwyd y weithred hon gan Joseph 'Gomer' Harris yn *Seren Gomer* fel ymgais gan Iolo i godi uwchlaw unrhyw wahaniaethau crefyddol:

Gweled *Esgob Tyddewi* yn cael ei urddo gan hen *Ymneillduwr* oedd olygfa mil mwy hyfryd gan goleddwyr cariad ac ewyllys da cyffredin, a gwrthwynebwyr rhagfarn a phleidgarwch, na phe gwelsid Arch-esgob Caergaint, yn ei holl wisgoedd a'i rwysg prif-esgobawl, yn cyflawni yr un gorchwyl.[45]

Haws credu mai gweld ei gyfle a wnaeth Iolo i ddal yr esgob yn ei rwyd trwy gysylltu ei enw â charfan o feirdd a derwyddon radical a oedd yn nes o lawer at egwyddorion Joseph Priestley a Tom Paine na chynheiliaid y drefn wleidyddol a chrefyddol. Enghraifft ydoedd o'i ddireidi a'i gyfrwystra. Yna gwahoddwyd Gwallter Mechain i ddatgan ei awdl foliant i Syr Thomas Picton cyn i ddau delynor ganu'r alaw gwynfannus 'Morfa Rhuddlan'.[46]

Os oedd gwladgarwch Prydeinig Gwallter Mechain yn flinder i Iolo, roedd gwaeth i ddod. Tybiwyd mai priodol fyddai nodi marwolaeth y Frenhines Charlotte, a fuasai farw ar 17 Tachwedd 1818, drwy wahodd y beirdd i gyfansoddi awdl farwnad iddi. Roedd y werin datws yn hoff iawn o Charlotte ac yn cydymdeimlo'n fawr â hi nid yn unig oherwydd iddi fod yn briod â'r brenin gorffwyll Siôr III am 57 mlynedd a 70 niwrnod ond hefyd am iddi genhedlu a magu pymtheg plentyn. Er nad oedd Charlotte yr harddaf o wragedd, roedd ganddi natur ddymunol ac ymddiddorai yn arbennig mewn celf, cerddoriaeth a llysieueg. Roedd digon o ddeunydd, felly, ar gael ar gyfer unrhyw fardd da. Gwaetha'r modd, yn ôl y farn gyffredinol, nid oedd enillydd y gystadleuaeth, sef Griffith Williams (Gutyn Peris), chwarelwr o Lanberis, yn fardd da. Eto i gyd, gwelodd y beirniad Eliezer Williams rywfaint o rinwedd yn ei awdl ac fe'i darllenodd yn uchel yng ngŵydd cynulleidfa oedd yn prysur golli diddordeb, a neb yn fwy nag Iolo ei hun. Gwyddai fod Gutyn Peris yn un o brif gywion Dafydd Ddu Eryri ac nid oedd ganddo fawr o olwg ar ei syniadau na'i waith.[47]

Wedi cryn ddylyfu gên symudwyd ymlaen at yr adran ryddiaith. Iolo oedd y beirniad ar gyfer traethawd ar gymeriad penodol a manteision cymharol mesurau barddol siroedd Caerfyrddin a Morgannwg. Nid oes angen dyfalu pwy oedd wedi dewis y pwnc hwn nac ychwaith pwy fyddai enillydd y gystadleuaeth. Am y trydydd tro yn yr eisteddfod, cipiwyd y wobr gan Gwallter Mechain. Dengys ei draethawd iddo fod yn lladmerydd ffyddlon i syniadau Iolo ynghylch teilyngdod 'Dosbarth Morgannwg' ac roedd yr hybarch feirniad yn falch iawn o wobrwyo gwaith a oedd yn hysbyseb mor ardderchog dros ei ddeongliadau ef.[48] Daeth y miri eisteddfodol i ben am bedwar ar ôl gwobrwyo'r Parchedig John Jones, Llanfair-is-gaer, am draethawd solet ar iaith a dysgeidiaeth y Brythoniaid dan lywodraeth y Rhufeiniaid.

Gorchestion Gwallter Mechain oedd y prif destun trafod dros amser te. Fel y'i disgrifiwyd gan Bedwyr Lewis Jones, roedd yn 'un o'r cystadleuwyr peryclaf a'r mwyaf stimrwg'[49] a welwyd erioed yng Nghymru. Eto i gyd, tila iawn oedd safon ei waith, er nad yw hynny wedi profi'n rhwystr erioed i lwyddiant yn y byd eisteddfodol. Ac erbyn 9 Gorffennaf 1819 roedd ganddo wobrau gwerth £36 5s. 0d. yn ei god. Bu bron i Dafydd Ddu Eryri lewygu yn y fan a'r lle pan glywodd hyn. Ofnai fod Gwallter yn gywilyddus o farus: 'Iro Hwch â Bloneg',[50] meddai, wrth weld yr offeiriad cefnog a dichellgar hwn yn sefyll yn ffordd beirdd ifanc addawol. Un eiddigeddus oedd Dafydd Ddu Eryri, wrth gwrs, a dywedodd Gutyn Peris y byddai bob amser yn gwarafun iddo ennill mewn eisteddfod. Sut bynnag, daliai Gwallter Mechain i gystadlu ac nid oedd Cymro balchach yn y byd nag ef pan ddaeth yr arlunydd Hugh

Hughes i Fanafon i dynnu ei lun, yn eistedd mewn cadair eisteddfodol ac yn gwisgo medal y Cymmrodorion, ym 1825–6.[51]

Yn unol â naws Seisnig y gweithgareddau yn eisteddfod Caerfyrddin, diddanwyd y 'best people' yn ystod cinio mawreddog y nos gan y Royal Bath Harmonic Society, dan arweiniad y Parchedig John Bowen, brodor o Abertawe ac un o'r tanysgrifwyr i *Poems, Lyric and Pastoral*. Go brin i Iolo wastraffu coron yn gwrando ar y cantorion hyn yn canu caneuon megis 'Glorious Apollo', 'When Wearied Wretches' ac 'Oh! Nanny!', heb sôn am 'God Save the King' ar ddiwedd y noson. Yn ôl *Seren Gomer*, 'ni chafwyd y fath wledd beroriaethol, ysgatfydd, erioed o'r blaen yn y Dywysogaeth'.[52] Chwedl Hywel Teifi Edwards: 'Ym 1819, yn yr eisteddfod bwysig gyntaf a gynhaliwyd yn y bedwaredd ganrif ar bymtheg, rhoddwyd i'r Gymraeg ddelwedd iaith echdoe, a bu'n gaeth i'r ddelwedd honno am weddill y ganrif.'[53]

Diwrnod mawr i'r telynorion oedd dydd Gwener, 9 Gorffennaf. Bu petruso mawr ymlaen llaw ynghylch caniatáu i delynorion a chrythorion gael y fath sylw. Wedi'r cyfan, cysylltid y delyn y pryd hwnnw â diwylliant y dafarn, sef meddwi, rhegi, dawnsio ac ymladd. Dywedwyd ar y pryd nad oedd rhai offeiriaid wedi clywed sŵn telyn erioed. Er mwyn tawelu unrhyw ofnau, dewiswyd Edward Jones, Bardd y Brenin, a hen elyn i Iolo (erbyn hyn cyfeiriai ato fel 'yr Hen Daro Tant'[54]), i feirniadu'r gystadleuaeth. Digon anwastad oedd y safon a honnwyd bod cymaint o wahaniaeth rhwng y telynor gorau a'r gwaethaf 'â phe buasai y naill yn tynu tanau peraidd telyn â'i fysedd, a'r llall yn curo rhaffau ystlys llong â throsol'.[55] Thomas Blayney, telynor Iarll Powys, oedd y buddugwr ac fe'i gwobrwywyd â thelyn arian fechan. Anodd credu bod Iolo wedi aros i wrando drwy'r dydd. Onid oedd gan dref Caerfyrddin siopau llyfrau dengar?

Drannoeth, ar y Sadwrn olaf, y daeth awr fawr Iolo, pan gynhaliwyd seremoni'r Orsedd yng ngardd y gwesty. Daeth wyth o feirdd ynghyd a dewiswyd Iolo i weinyddu'r ddefod a Gwilym Morganwg i gludo'r cleddyf. Gellir gweld yr union gleddyf hwn yng nghasgliad Amgueddfa Werin Cymru yn Sain Ffagan. Urddwyd sawl bardd newydd, yn eu plith Ifor Ceri, ficer Ceri, ac Eos Bele (Elizabeth Jones), bardd o'r Trawsgoed ger y Trallwng, a manteisiodd Iolo ar y cyfle i'w hatgoffa bod disgwyl iddynt fod yn genhadon dros wirionedd, heddwch a rhyddid. Cythruddwyd yr Esgob Burgess gan ymddygiad Iolo a chan ieithwedd y defodau i'r fath raddau fel y ceisiodd darfu arnynt a'u dirwyn i ben. Wfftiodd Iolo ato a bwrw yn ei flaen. Unwaith eto sylweddolodd Burgess fod y Bardd Rhyddid wedi cael y gorau arno a'i fod wedi taflu cysgodion tywyll dros yr ŵyl. Trowyd eisteddfod y bwriadwyd iddi fod yn 'sefydliad offeiriadol' yn hysbyseb dros iawnderau dyn ac ieithwedd gweriniaeth Ffrainc.[56] Roedd cwpan llawenydd y gweriniaethwr bach yn llawn i'r ymylon.

Nid mater dibwys oedd hyn. Roedd hen fwganod yn dal i beri blinder i gynheiliaid y drefn. 'These are anxious and stirring times',[57] meddai Eliezer Williams, a buan y gwireddwyd ei ofnau. Ar 16 Awst 1819 daeth 60 mil o bobl gyffredin ynghyd yn St Peter's Field, Manceinion, i drafod diwygio'r Senedd dan arweiniad eu harwr Henry Hunt. Yn gwbl ddirybudd ymosododd y cafalri arnynt ac ymhen cwta ugain munud lladdwyd deunaw o brotestwyr diniwed ac anafwyd 654, gan gynnwys 19 o Gymry.[58] Hon oedd cyflafan enwog 'Peterloo', anfadwaith a arweiniodd at gyhoeddi argraffiadau newydd o waith Tom Paine ac a ddylanwadodd yn drwm ar weithgarwch gweriniaethwyr tanbaid fel Richard Carlile, golygydd y *Republican*. Pa ryfedd fod y Cambrian Society byth a hefyd yn ei gweld ei hun fel rhan o'r sefydliad gwladol a chrefyddol mewn cyfnod 'when rebellion is proclaimed aloud as the only public virtue, and loyalty is openly denounced as a pestilent evil'.[59]

Yn y cyd-destun hwn hawdd deall pam yr ysgrifennodd Thomas Burgess at ei gyfaill Edward 'Celtic' Davies, rheithor Llandeilo Ferwallt ym Mro Gŵyr, yn cwyno'n arw am ymddygiad Iolo yn seremoni'r Orsedd yng Nghaerfyrddin. Roedd Davies yn un o elynion pennaf Iolo ac yn un o'r rhai cyntaf i godi amheuaeth ynghylch dilysrwydd ei waith. Mewn cyfrolau fel *Celtic Researches* (1804) a *The Mythology and Rites of the British Druids* (1809), honnodd fod Iolo yn palu celwyddau ac mai ei brif fwriad oedd hyrwyddo iawnderau dyn. Ffiloreg, meddai, oedd y syniad fod yr hen dderwyddon a'r beirdd wedi pleidio heddwch a chydraddoldeb: 'I do not recollect to have seen this doctrine, in its full extent, promulgated by any code before a certain period of the French Revolution.'[60] Yn nhyb Iolo, 'Smatter-dasher' anwybodus a maleisus oedd Davies a gwyddai ei fod eisoes wedi cyhoeddi yn ei gyfrolau liaws o'i drioedd ffug gorau.[61] Ni allai ddweud hynny ar goedd, wrth gwrs, ond nid oedd yn debygol o faddau i Geltigydd a oedd yn gyfaill i

George Hardinge a Theophilus Jones, dau elyn arall. Beth bynnag am hynny, dengys llythyr Burgess at Davies fod y seremoni orseddol wedi gadael craith bur ddofn: 'If you had been there, we should, probably, have escaped the nonsence of the Bardic degrees on Saturday . . . which had some considerable improprieties in it (to say the least of it).'[62] Cytunodd Davies fod Iolo yn ddyn peryglus a'i fod wedi drygu enw da y Cambrian Society. Galwodd ar yr esgob i gyhoeddi pamffled yn dweud yn eglur iawn nad oedd gan y Cambrian Society unrhyw gysylltiad â Gorsedd y Beirdd.[63] Ni wnaeth Burgess hynny, ond llwyddodd i berswadio trefnyddion yr eisteddfod daleithiol ganlynol yn Wrecsam i wahardd unrhyw seremoni orseddol. Ceisiodd Gwallter Mechain berswadio'r Gorseddogion mai glaw trwm oedd y rheswm am hyn, ond prin fod neb yn ei gredu. Roedd yn haws gan Iolo dderbyn y gair o rybudd a gawsai gan ei fab ynghylch cymhellion Burgess: 'He is more your enemy than friend.'[64]

Nid dyna ddiwedd y stori. Er bod Iolo yn fodlon iawn ar ei waith yn uno'r Eisteddfod a'r Orsedd mewn glân briodas gan fod hynny'n gosod cynsail ar gyfer y dyfodol, roedd ei berthynas â'r esgob a'r offeiriaid llengar bellach yn sigledig iawn. Yn un peth bu cryn oedi cyn iddo dderbyn ei ddeg gini am ei waith fel beirniad a phum gini i gwrdd â'i dreuliau. Yna, cododd helynt blin ynghylch tynged casgliad o lawysgrifau Cymraeg a llyfrau prin o'i eiddo a fenthyciwyd gan Esgob Burgess tra oedd yn eisteddfod Caerfyrddin ym mis Gorffennaf 1819. Gofynnodd yr esgob i Eliezer Williams a Dewi Brefi fwrw golwg drostynt, yn enwedig fersiwn diweddaraf Iolo o 'Cyfrinach y Beirdd', ac i adrodd yn ôl ynghylch eu gwerth a'u harwyddocâd. Aeth misoedd lawer heibio heb iddo glywed dim gair a'r rheswm am hynny oedd fod Eliezer Williams a Dewi Brefi wedi marw, y naill ym mis Ionawr a'r llall ym mis Chwefror 1820. Gwyddai Iolo am farwolaeth Eliezer ond ni chlywsai ddim am dranc y llall. Gan mai Dewi Brefi oedd ysgrifennydd y Cambrian Society beiai ef am yr oedi anfaddeuol. Cwynodd wrth Taliesin mai Dewi Brefi oedd 'the father of all the injuries that I have experienced'.[65]

Yn ddrwg ei hwyl, cerddodd Iolo i Gaerfyrddin i geisio cael hyd i'w drysorau llenyddol. Ceisiodd Taliesin ei berswadio i farchogaeth yno. Gwrthododd Iolo, ond ar ôl i'w fab wasgu'n daer arno cytunodd i hebrwng (ond nid i farchogaeth) ceffyl er mwyn cario'r deunydd llenyddol adref. Gwaethygodd ei hwyl pan ddeallodd fod llawer o'r llawysgrifau a'r llyfrau wedi cael eu gwasgaru neu eu gwerthu mewn arwerthiant. 'With a resolution and perseverance worthy of an Argonaut',[66] meddai Elijah Waring, archwiliodd gofnodion yr arwerthwr, cerddodd o dŷ i dŷ, a holodd aelodau o deulu'r ddau offeiriad ymadawedig er mwyn cael ei ddwylo ar ei feddiannau. Cafodd hyd i'w fersiwn o 'Cyfrinach y Beirdd' yng nghartref gweddw Eliezer Williams a llwyddodd i adfeddiannu llawer o eitemau eraill.[67] Teithiodd Taliesin ar gefn ceffyl i Gaerfyrddin er mwyn hebrwng ei dad a'r ceffyl arall adref. Unwaith eto, gwrthododd Iolo farchogaeth ei geffyl, ond bodlonodd i'r march gario'r cydau gwerthfawr ar yr amod ei fod ef a Taliesin yn cerdded o boptu'r anifail ac yn cydio'n dynn yn yr ysbail. Ymhen amser blinodd Iolo ar hyn ac ysgwyddodd y baich ei hun o hynny ymlaen.[68] Rhaid bod fforddolion wedi crafu eu pennau mewn penbleth wrth weld hen ŵr trymlwythog a gŵr yn ei dridegau yn cerdded wrth ymyl dau geffyl sionc. Ni wyddent, mae'n siŵr, fod Iolo nid yn unig yn ystyried ei lawysgrifau yn rhan o'i deulu ond hefyd yn eu hanwylo ddydd a nos.

Eisteddfod Caerfyrddin oedd y gyntaf o'r 'Cambrian Olympiads'.[69] Diolch i gefnogaeth pendefigion ac esgobion Cymru a nawdd Cymdeithas y Cymmrodorion (cymdeithas a atgyfodwyd yn Llundain ym 1820), cynhaliwyd deg eisteddfod daleithiol rhwng 1819 a 1834. Ond siomwyd Iolo gan y mudiad eisteddfodol ac, ar wahân i eisteddfod Aberhonddu (1822), ni fynychodd yr un ohonynt. Roedd wedi gobeithio y byddai'r mudiad yn cynnal eisteddfod ym mhob un o'r taleithiau bob pedair blynedd ac yna Orsedd fawreddog yn Llundain yn y bumed flwyddyn. Dywedodd wrth Dewi Silin y byddai sefydlu academi Gymreig ar lun yr *Académie des Inscriptions et Belles-Lettres* yn llawer mwy effeithiol.[70] Credai fod yr eisteddfodau taleithiol yn rhoi llawer gormod o le i'r iaith Saesneg, heb sôn am chwiwiau boneddigion ac offeiriaid, ac yn rhy hoff o gynnal cyngherddau di-Gymraeg mawreddog. Byddai wedi cytuno â sylw'r bardd Richard Jones (Gwyndaf Eryri): 'Ni ddaw daioni byth i'r Cymry mewn un achos lle caffo'r Saeson wthio eu pigau i mewn.'[71] Ofnai hefyd na châi'r Sentars barddol fyth chwarae teg gan gynheiliaid y drefn eisteddfodol. At hynny, ni allai Iolo faddau i'r Cambrian Society am wrthod bod yn gefn i'w fenter oes, 'Cyfrinach Beirdd Ynys Prydain', yn enwedig gan fod offeiriad diwyd fel W. J. Rees a'i frawd David Rice Rees wedi bod wrthi mor ddiwyd yn casglu enwau dwsinau o danysgrifwyr a oedd yn fodlon talu wyth swllt am gopi. Wedi pwdu'n lân, troes i gyfeiriad Merthyr Tudful am gefnogaeth argraffwr. Erbyn mis Awst 1821 roedd brawd o'r enw Job James, newyddian i'r byd argraffu, wedi cytuno i ymgymryd â'r gwaith.[72]

Er bod Gwallter Mechain yn credu mai Sodom a Gomora oedd Merthyr, hi oedd y dref fwyaf ei maint a'r un fwyaf diddorol yng Nghymru. Heidiai gweithwyr medrus, di-fedr a di-waith yno yn eu cannoedd a byddai llawer ohonynt yn mwynhau miri a diddanwch eisteddfodol yr ardal. Tref Gymraeg oedd Merthyr y pryd hwnnw; honnodd y sylwebydd craff Benjamin Malkin fod llai o Saesneg i'w glywed yno nag yn unrhyw dref sylweddol yng Nghymru.[73] Câi carfanau brwd o brydyddion gwladgar hwyl anghyffredin wrth gystadlu mewn eisteddfodau lleol ac roeddynt, fel William Moses, un o'r hynaf yn eu plith, yn dymuno parhad 'i'r hen iaith Gymraeg dros oesoedd byd'.[74] Y Cymreigyddion, a gyfarfyddai yn nhafarn y Fotas, oedd y gymdeithas fwyaf, er bod cryn asbri yn perthyn hefyd i'r Gwladgarwyr, a ddeuai ynghyd yn nhafarn y 'Patriot'. Gwyddai'r beirdd yn dda am Iolo a'i waith ac roedd nifer ohonynt yn ei arddel fel Gamaliel. Soniai John Davies (Brychan) amdano fel 'fy nghyn-athraw mawr a byth-glodus'[75] ac nid anghofiodd Edward Williams (Iolo Fardd Glas), awdur y gwyddoniadur rhyfeddol *Cyneirlyfr: neu Eiriadur Cymraeg* (1826), ei ddyled i'w arwr. Yn ei ragymadrodd i'r gwaith gwybodus a difyr hwn galwodd ar rieni i ofalu eu bod yn trwytho'u plant yn y Gymraeg ac yn ymwrthod â'r 'gwarth caethwasaidd' o 'siarad iaith estronawl efo eu gilydd'.[76]

Eto i gyd, rhaid cyfaddef bod brwdfrydedd rhai o'r beirdd yn amlycach na'u dawn. Un ohonynt oedd Dafydd Saunders (Dafydd Glan Teifi), bardd eithriadol o gynhyrchiol ond un na chyfrifid yn 'un o wir feibion yr Awen'.[77] Yn ei ohebiaeth ceir llythyrau meithion gan Iolo at Saunders yn edliw iddo ei wallau cynghanedd a'i ymadroddion hynafol. Honnodd Iolo na wyddai'r 'Mr Crefftgrefyddwr' hwn 'fwy am wir ansawdd troell neu addurn ymadrodd nag a wyr y mochyn y sydd etto heb ei eni'.[78] Byddai Iolo'n dirionach o lawer pan holai ei fab 'Tally annwyl' am gymorth wrth gyfansoddi awdl neu englyn, ond dengys ei awdl faith 'Dinistr Jerusalem', ymhlith llawer cerdd arall yn Gymraeg a Saesneg, na fendithiwyd ef â doniau barddol llachar ei dad. Serch hynny, yn wahanol i'w dad, gwyddai Taliesin sut i drefnu'r beirdd a sut i drin y collwyr sâl yn eu plith ('What a hot-bed of jealousy Merthyr is',[79] meddai Daniel Ddu o Geredigion). Gofalodd fod Cymdeithas y Cymreigyddion a Chymdeithas y Gwladgarwyr yn cynnal 'Cadair Merthyr Tudful' ac yn dilyn cyfarwyddiadau ei dad ynghylch barddas a derwyddiaeth, ac atgyfnerthwyd neges Iolo mewn cyhoeddiadau fel *Awen Merthyr Tydfil* (1822), *Llais Awen Gwent a Morganwg* (1824) ac *Awenyddion Morganwg neu Farddoniaeth Cadair Merthyr Tudful* (1826). Gwelid hoff ymadroddion gorseddol Iolo ('Y Gwir yn erbyn y Byd' a 'Duw a phob Daioni') ar wyneb-ddalen y cyfrolau hyn.

Yn y cyfamser roedd gan Iolo frwydr y mesurau barddol i'w hymladd a'i hennill. Dibynnai hyn i raddau helaeth ar lywio ei ramadeg barddol 'Cyfrinach Beirdd Ynys Prydain' drwy'r wasg cyn gynted â phosibl. Ond sylweddolodd yn fuan mai cnaf twyllodrus oedd yr argraffwr Job James ac nad oedd ganddo unrhyw fwriad i roi blaenoriaeth i'w waith. Bob yn dipyn y deuai'r proflenni i law a mawr fyddai'r rhegi a'r tuchan yn Nhrefflemin oherwydd pwyll malwodaidd yr argraffwr a'i weision. Golygai hynny na allai Iolo roi cymaint â hynny o gyhoeddusrwydd i bwysigrwydd 'Dosbarth Morgannwg', sef y mesur barddol a ffafriai. Er 1780 bu Iolo'n adolygu rheolau cerdd dafod ac yn ymwrthod â'r diwygiadau caethiwus a wnaethpwyd i gyfundrefn y pedwar mesur ar hugain gan Dafydd ab Edmwnd, y bardd a'r uchelwr nodedig o Hanmer ym Maelor Saesneg, yn yr eisteddfod fawr a gynhaliwyd dan nawdd Gruffudd ap Nicolas yng nghastell Caerfyrddin *c.*1451. Yn ôl John Morris-Jones, llwyddodd y dulliau newydd hyn i 'esgor ar ffiloreg yn lle barddoniaeth'.[80] Byddai Iolo wedi cytuno â phob gair. Bob tro y meddyliai am y cyfnod oddeutu 1450 arswydai ynghylch yr 'anghenfil' a grëwyd gan 'the false Taste of Dafydd ap Edmund and the ignorance of Gruffudd ap Nicolas'.[81] Ameniwyd hynny gan nifer o offeiriaid eglwysig a gyfareddwyd gan ddadleuon Iolo. Credai'r Archddiacon Thomas Beynon fod Dafydd ab Edmwnd wedi gosod 'cadwynau gorthrwm'[82] am wddf barddas a gwelsom eisoes fod Gwallter Mechain wedi ennill gwobr fawr yn eisteddfod Caerfyrddin am ganu clodydd 'Dosbarth Morgannwg' ar draul rheolau Dafydd ab Edmwnd. Honnodd hyd yn oed Edward 'Celtic' Davies fod rheolau caeth y bardd o Glwyd yn ddim byd llai na 'disgraceful vassalage'.[83] Aeth Iolo ymhellach na hyn. Honnodd fod beirdd Morgannwg wedi digio mor daer wrth Dafydd ab Edmwnd fel y penderfynasant lynu wrth yr hen ddosbarth o fesurau a ddiogelwyd ym Morgannwg ar hyd y canrifoedd. Hwn oedd 'Dosbarth Morgannwg', un arall o ddyfeisiadau Iolo.[84]

Beth bynnag am y dadleuon a'r honiadau hyn, ni welodd Iolo ei waith oes mewn print. Ni chyhoeddwyd *Cyfrinach Beirdd Ynys Prydain* tan 1829, a hynny yn Abertawe, ac ni chafodd Iolo fyw i'w weld. Hwyluswyd y cyhoeddiad gan Taliesin ab Iolo a oedd yn grediniol, fel y byddai cenedlaethau lawer ar ei ôl, ei fod yn waith dilys a dibynadwy. Disgynnodd bwyell lem John Morris-Jones ar y ddamcaniaeth hon pan gyhoeddwyd *Cerdd Dafod* ym 1925. Dangosodd yn eglur mai dyfais Iolo oedd 'Dosbarth Morgannwg' ac mai cwbl ddi-sail oedd ei ddadl fod beirdd Morgannwg wedi ymwrthod â dosbarth Dafydd ab Edmwnd yng Nghaerfyrddin *c*.1451. Condemniwyd Iolo yn ddidrugaredd ('yr un ysbryd eiddigus chwerw sy'n anadlu drwyddo'[85]) gan Morris-Jones ac ni wnaeth unrhyw ymdrech i ddeall ei gymhellion. Pwy na fyddai'n fodlon talu arian mawr am gael darllen adolygiad gan Iolo o *Cerdd Dafod*?

Beth oedd barn beirdd Gwynedd ar y pryd am 'frwydr y mesurau' ac am safiad Iolo? Yn ôl Iolo ei hun, byddent byth a hefyd yn cyfeirio'n ddirmygus at Ddosbarth Morgannwg fel 'Dosbarth y Cŵn', 'Dosbarth y Moch' a 'Dosbarth y Dommen'.[86] Ni allai lai na gorfoleddu pan glywodd fod y 'Deudneudwyr' yn ysu am ei waed am watwar eu traddodiadau llenyddol. Fel y gwelsom eisoes, bu'r berthynas rhwng Iolo a Chymreigiwr amlycaf Gwynedd, sef Dafydd Ddu Eryri, yn dirywio ers sawl blwyddyn ac nid oedd gan y Gogleddwr ddim byd da i'w ddweud am 'ddosbarth Morgannwg' nac 'anwireddau' eraill Iolo. 'Nid Brawd i mi . . . yw Iolo Morganwg', meddai wrth y telynor Richard Roberts mor gynnar â 1804, 'nac un o'i ddaliadau gwenwynig'.[87] Eto i gyd, ar un olwg roedd y ddeuddyn ystyfnig a checrus hyn yn debyg iawn i'w gilydd. Roedd y ddau ohonynt yn feirdd medrus, er bod Iolo yn rhagori o gryn dipyn. Roedd gan y naill a'r llall eu hymerodraeth, Iolo ym Morgannwg a Dafydd yng Ngwynedd, heb sôn am nythaid go sylweddol o ddilynwyr. Ond roedd y gwahaniaethau rhyngddynt yn llawer mwy sylweddol. Roedd Iolo dipyn mwy gwybodus a galluog na Dafydd. Tra oedd 'the venerable Bard of Glamorgan' yn gyfarwydd i lenorion, deallusion a gwleidyddion y tu hwnt i Gymru, roedd enw Dafydd yn anhysbys y tu hwnt i Glawdd Offa, ac eithrio ymhlith aelodau o'r cymdeithasau Cymraeg yn Llundain. Undodwr a gweriniaethwr oedd Iolo, ond eglwyswr ceidwadol oedd Dafydd. Hoffai Iolo ganu tribannau a'r 'Marseillaise', ond roedd yn well gan Dafydd forio canu 'God save the King' a hwmian 'Rule Britannia'. Ac yntau'n ddyn tlawd iawn, roedd Iolo'n gallu uniaethu â phobl drallodus, boed ddu neu wyn, ond prin fod gan yr 'hen galon galed o Eryri'[88] unrhyw ddiddordeb ym mhobl anfreintiedig Cymru na thu hwnt. A theg nodi hefyd fod Iolo wedi ymwrthod yn llwyr ag alcohol o tua 1791 ymlaen (yfai ddŵr gweriniaethol glân) tra oedd Dafydd Ddu yn hoff iawn o'r botel.

Pa ryfedd felly i'r ddau ymbellhau oddi wrth ei gilydd fel y treiglai'r blynyddoedd yn eu blaen. Byddent yn lladd ar ei gilydd o hirbell yn rheolaidd. Yng nghwmni Peter Bailey Williams, rheithor Llanrug (brawd Eliezer Williams a chyfaill Thomas Burgess), byddai Dafydd yn ymosod ar Iolo am hyrwyddo syniadau gwrth-frenhinol a gwrth-Drindodol, am daenu gwybodaeth ffug am dderwyddiaeth a gorseddau, ac am ddilorni iaith a llenyddiaeth Gwynedd. Ffieiddiai ato hefyd am wawdio safon gwaith ei 'gywion', sef rhai fel Gutyn Peris, Gwilym Peris, Hywel Eryri, Owain Gwyrfai ac Ieuan Lleyn, a ddeuai ynghyd yng Nghymdeithas Cymreigyddion Bangor a Chymdeithas yr Eryron yn y Bontnewydd. Byddai Iolo wedi hoffi mynychu'r eisteddfod daleithiol a gynhaliwyd yng Nghaernarfon ym mis Medi 1821, yn gymaint â dim er mwyn nychu cynlluniau Dafydd Ddu, ond ni allai ddygymod â thaith mor bell mwyach. A go brin, beth bynnag, y byddai wedi gallu stumogi gorfod gwrando ar dri ar ddeg o delynorion gogleddol. Cofiadwy tu hwnt yw'r darn gogleisiol canlynol allan o lythyr a anfonodd Iolo at y cyhoeddwr Evan Williams, y Strand, ym mis Tachwedd 1821:

> I understand that many of those pupils of ignorant selfconceit, the bardlings of Snowdon, or 'Eryron' as they presumptuously style themselves, are spitting their venom at me. Poor devils! . . . I have always been more disposed to cheerfullness than to sullenness, and those 'Eryron' supply me with excitements to mirth and laughter rather than to anger or resentment. 'Eryron' do they call themselves? 'Gwyddau' would be a more proper term, for geese are of low and heavy flight, of feeble wing and they always scream horridly as they fly.[89]

I Dafydd, 'un ffug a Belphegor' oedd Iolo, 'croes begor, cras bach',[90] ac roedd yn ddigon hyddysg yn nhraddodiad barddol Cymru i adnabod ei ffugiadau a'i gelwyddau. Ni allai Iolo ddioddef unrhyw feirniadaeth a gofalodd fod pob un o ddarllenwyr *Cyfrinach Beirdd Ynys Prydain* yn cael gwybod hyd a lled Dafydd Ddu:

> Y mae'r Bardd mawr! mawr! a mawr iawn! ni wyr neb pa mor fawr ond efe
> ei hunan ardderchog, DAFYDD DDU o'r Eryri yn dywedyd, yn ei nodau
> ar Farwnad y Parchedig Richard Davies o Fangor, i Ddafydd ap Edmwnd
> ddysgu dau fesur i Feirdd Deheubarth . . . rhyfedd a rhyfedd yw rhinweddau
> cwrw da; a phwy a wyr hyn yn well na Dafydd Ddu?
>
> > Un dafn yng ngenau dyn doeth
> > Yn union a'i try'n annoeth.[91]

Yr eironi yw fod y ddau ymladdwr hyn yn eu bedd erbyn i'r geiriau uchod ymddangos mewn print ym 1829. Trwy ddamwain y bu farw Dafydd Ddu: ar 30 Mawrth 1822 syrthiodd oddi ar ei geffyl wrth geisio croesi afon Cegin, a boddi. Marw yn ei gadair fu hanes Iolo ym mis Rhagfyr 1826. Gwlad ddistawach fu Cymru o'u colli.

Ond ni pheidiodd ffrwydradau Iolo yn erbyn 'Deudneudwyr' a 'Deudneudiaeth' hyd yn oed yn ystod ei flynyddoedd olaf. Er bod Owain Myfyr wedi marw er 1814, daliai Iolo i'w wawdio a'i gondemnio.[92] Roedd un arall o'i gaseion, William Owen Pughe, yn dal ar dir y byw a châi hwnnw ei bardduo'n ddiarbed. Digiodd Iolo yn enbyd pan glywodd fod Pughe wedi ennill bri fel bardd ar sail ei gyfieithiad o waith mawr Milton, *Paradise Lost*. Gwaith eithriadol o garbwl a diawen oedd *Coll Gwynfa* (1819). 'Alas how truly lost', oedd dedfryd angharedig Iolo, 'he has fallen away from Milton as much or more than Adam fell from God.'[93] Rhag i rywrai gredu mai malais a chasineb at Pughe oedd yn corddi Iolo, gwell nodi hefyd i Dafydd Ddu Eryri gondemnio'r gwaith yr un mor llym: 'a heap of crude ill-digested nonsense supposed by the Translator to be Blank verse . . . a complete Rigma Roll'.[94] Rhwbiwyd halen yn y briw pan welodd Prifysgol Rhydychen yn dda i wobrwyo Pughe â doethuriaeth er anrhydedd ym 1822. Esgorodd hyn ar fyrdd o ddisgrifiadau Ioloaidd o'r 'Doctor Bendigaid', 'doctor Will mawr', 'y doctor Southcott mawr' a'r 'crasgoethyn doctoraidd'.[95] Brithir ei ohebiaeth a'i bapurau â phob math o gyhuddiadau carlamus yn erbyn Pughe am lygru a hagru'r Gymraeg â'i orgraff fympwyol a'i ffugeiriau hynafol mewn cyhoeddiadau fel *Cadwedigaeth yr Iaith Gymraeg* (1808) a'i ddau gylchgrawn *The*

Cambrian Register a'r *Greal*. Ymgyrchai'n ddiflino yn erbyn ymgais ei hen gyfaill i 'farbareiddio'r Gymraeg' â'i 'lygredigaethau anferthfawr' ac i boblogeiddio 'the newfangled Southcottian way of writing the Welsh language'.[96] Daeth beirdd a llenorion y Deheubarth, yn enwedig yr Undodiaid yn eu plith, i gredu mai pechod marwol oedd darllen ac efelychu gwaith Pughe. Eto i gyd, dros y blynyddoedd bu ei ramadeg, ei eiriadur a'i gyfieithiad o *Paradise Lost* yn gloddfa i lawer llenor a bardd.

Fel y gwelsom, ni fu'r mudiad eisteddfodol taleithiol heb ei helbulon yn ystod y blynyddoedd cynnar ac roedd Iolo wedi disgwyl llawer mwy ganddo. Bu raid aros tan y 1850au cyn i John Williams (Ab Ithel), un arall o'r offeiriaid eglwysig gwlatgar a syrthiodd dan gyfaredd Iolo, adfywio'r Eisteddfod a'r Orsedd trwy gynnal gŵyl genedlaethol flynyddol fawr. A phan gynhaliwyd eisteddfod liwgar a helyntus Llangollen ym 1858 gofalodd fod ôl llaw Iolo drosti hi a'r Orsedd.

PENNOD 9

Y Blynyddoedd Olaf

ER EI FOD MEWN gwth o oedran roedd rhyw wydnwch rhyfeddol yn perthyn i'r hen weriniaethwr bach yn ystod y 1820au cynnar. Hwyrach mai i'r cyfnod hwn y perthyn y ddau ddigriflun ohono a wnaed gan y cartwnydd enwog Robert Cruikshank, ar sail brasluniau a disgrifiadau Elijah Waring: bardd oedrannus a chrebachlyd yn eistedd mewn cadair ac yn darllen hen lawysgrif astrus yw'r cyntaf; bwgan brain o ddyn yw'r ail, teithiwr blinedig a het gantel lydan ar ei ben, sbectol ar ei drwyn ac ysgrepan ar ei gefn, yn dal ffon yn un llaw a llyfr agored yn y llall.[1] Gwyddai Iolo ei fod 'in the deep dusk of my wintry day'[2] a bod terfyn y daith yn agosáu, ond roedd ei syched am wybodaeth mor anniwall ag erioed. Daliai i ddarllen yn helaeth, i hyrwyddo gwaith yr eisteddfodau, i hybu Undodiaeth, i godi ei lais yn y byd gwleidyddol a, phan ddeuai cyfle, i roi ei farn heb flewyn ar dafod mewn llys barn. Er ei fod wedi arafu tipyn, nid oedd unrhyw le i gredu ei fod wedi chwythu ei blwc yn llwyr. Camgymeriad fyddai credu, fel y gwnaethai Thomas Burgess yn eisteddfod Caerfyrddin, y gellid ei gadw'n dawel na thorri ei gysylltiadau â radicaliaid penboeth neu â phobl ddylanwadol ar y Cyfandir, yn eu plith Claude Charles Fauriel, ieithydd, hanesydd a beirniad llenyddol o Ffrainc a oedd yn awyddus i gyfrannu at y dasg o sefydlu 'une fraternité scientifique qui pourrait devenir une commémoration utile de l'antique fraternité nationale des Kymri de la Grande Bretagne & de ceux de la Gaule'[3] (brawdoliaeth wyddonol a allai ddod yn ddefnyddiol wrth goffáu brawdoliaeth genedlaethol hynafol Cymry Prydain Fawr a'r rhai o Gâl). Ni fyddai gelynion Iolo wedi anghofio ei gysylltiadau â phlant y Chwyldro Ffrengig.

Prif ofal Iolo wedi'r ŵyl yng Nghaerfyrddin oedd cwblhau 'Cyfrinach Beirdd Ynys Prydain' a'i lywio trwy'r wasg ar fyrder. 'Since we parted at

Carmarthen in 1819', meddai Gwallter Mechain wrtho flwyddyn yn ddiweddarach, 'I have heard no more of you than if you were gone to heaven.'[4] Nid aeth Iolo i eisteddfod daleithiol Caernarfon ym 1821 gan ei bod yn llawer rhy bell i ŵr oedrannus. Nid oedd yr un o feirdd Gwynedd wedi dangos eu cefnogaeth trwy fynychu eisteddfod Caerfyrddin ym 1819, ac mae'n bur debyg hefyd iddo ddod i'r casgliad mai ffolineb fyddai tresmasu ar diriogaeth ei elyn Dafydd Ddu Eryri. Eto i gyd, roedd mwy o lewyrch i'w gael ymhlith y 'Deudneudwyr' nag ymhlith teuluoedd bonheddig Morgannwg. Gwnaeth W. J. Rees, Casgob, ei orau i'w perswadio i noddi eisteddfod daleithiol, ond heb unrhyw lwyddiant. Cafodd well hwyl arni yng Ngwent lle'r oedd Syr Charles Morgan, Tredegyr, yn frwd o blaid sefydlu Cymdeithas Cymmrodorion yn y sir ac o gynnal eisteddfod. Yn y cyfamser, ceisiai'r offeiriaid llengar gadw'r lamp yn fyw trwy wahodd Taliesin ab Iolo ymhlith eraill i seremoni'r Orsedd a oedd i'w chynnal yng nghartref Ifor Ceri ar 10–12 Ionawr 1821. Petai'r tywydd wedi bod yn fwy ffafriol, efallai y byddai Iolo ei hun wedi mentro cerdded i Faldwyn, ond gofalodd Taliesin fod y beirdd yn glynu'n ddeddfol wrth y cyfarwyddiadau a gawsai gan ei dad.[5]

Mynychodd Iolo ei eisteddfod daleithiol olaf ar 25–27 Medi 1822. Yn rhyfedd iawn, fe'i cynhaliwyd yn Aberhonddu, tref nad oedd ganddi unrhyw draddodiad barddol na rhyddieithol o bwys. Byddai Merthyr wedi bod yn ddewis callach o lawer gan ei bod hi'n llawn Cymreictod, yn nythfa i feirdd afieithus ac yn drigfan i weithgarwch gorseddol. At hynny, byddai Iolo ei hun wedi gweithio'n ddiarbed drosti a gofalu bod ei fab yn gwneud yr un modd. Ond gan fod tref Merthyr yn gyfystyr â radicaliaeth a chythrwfl (heb sôn am wrth-Drindodiaeth) ym meddyliau gwŷr bonheddig ac offeiriaid eglwysig sydêt, roedd yn naturiol i'r trefnyddion daro ar fangre ddistawach. Y tri beirniad cerdd dafod yn Aberhonddu oedd Iolo, Gwallter Mechain a John Hughes, dau hen law ac un newyddian. Gan fod Hughes yn enedigol o'r dref, yn hynafiaethydd, yn bregethwr diwyd, ac yn awdur gwaith pwysig fel *Horae Britannicae* (2 gyf., 1818–19), tybiodd y pwyllgor dewis y byddai'n feirniad rhagorol. Ond roedd ganddo o leiaf ddau wendid. Cloff a gwallus oedd ei Gymraeg ysgrifenedig – 'digon teilwng serch nad yn rhywiog'[6] oedd dyfarniad caredig R. T. Jenkins – a buan y sylweddolodd Iolo nad oedd cerdd dafod ychwaith yn un o'i gryfderau. Ar ôl bod yn ei gwmni, ni allai guddio'i ddirmyg: '[He] knows no more of our ancient metres than he does of spinning new moons for monthly use out of the smoke of the bottomless pit.'[7] I Iolo, anfri oedd penodi dyn mor anghymwys.

Anodd credu i Iolo fwynhau'r profiad o wrando ar y cystadlaethau ac o rannu'r gwobrau yn Aberhonddu. Rhwng y Seisnigrwydd llethol – band milwrol, cerddorion o Royal Drury Lane a Royal Gardens Vauxhall, gwasanaethau eglwysig yn yr iaith fain a dawns fawreddog – a llwyddiant cystadleuwyr o Wynedd ar y llwyfan, roedd yn bur anniddig.[8] Wedi anerchiad gan Thomas Price (Carnhuanawc) ar y traddodiad barddol (onid digywilydd-dra oedd damsang ar faes Iolo?), darllenodd sawl bardd gyfarchion i'r eisteddfod 'yn iaith Lloegr'.[9] Tân ar ei groen oedd y bonllefau gwresog a gâi diddanwyr anghymreig. Yn waeth na hynny, cipiwyd y prif wobrau gan 'ddeudneudwyr'. William Jones (Cawrdaf), aelod o Gymdeithas yr Eryron, aeth â hi yng nghystadleuaeth y gadair am awdl ar 'y Rhaglawiad'. Gwnaed y dyfarniad, yn ddiarwybod, gan Iolo ei hun er iddo gyfaddef bod iaith y gerdd 'in a Hottentotic degree barbarous'.[10] Loes calon iddo hefyd oedd gweld Evan Evans (Ieuan Glan Geirionydd) yn ennill gwobr am gerdd or-glodforus i Theophilus Jones, hanesydd Brycheiniog ac un o elynion Iolo. I gwblhau'r diflastod, enillodd Robert Davies, Nantglyn (hurtyn arall, yn nhyb Iolo) ariandlws Cymdeithas y Gwyneddigion.

Y gwir yw fod Iolo yn llawer mwy cartrefol ymhlith pobl o gyffelyb fryd ym Merthyr nag yn yr un o'r trefi a ddewiswyd i groesawu eisteddfod daleithiol. Erbyn hyn cyfeiriai ato'i hun fel yr Undodwr hynaf yng Nghymru a châi barch mawr gan Undodiaid, Ariaid a radicaliaid yr ardal. Gweithiai'n agos iawn â'i fab i hyrwyddo Anghydffurfiaeth. Roedd gan Taliesin gyfeillion da ymhlith haenau canol y dref. Un ohonynt oedd Joseph Coffin, diwydiannwr, Undodwr a radical pybyr. Ym 1817 protestiodd y ddau yn chwyrn yn erbyn cynllun i godi treth ar fythynnod gweithwyr. Cyfrifid Taliesin yn un o hoelion wyth Cymdeithas y Cymreigyddion a thros y blynyddoedd gwasanaethodd y gymdeithas honno fel cadeirydd, cofnodwr, beirniad a phrifardd. Bu'n rhan o'r ymgyrch gan ryddymofynwyr i sicrhau mannau diogel ac addas iddynt addoli. Roedd ymweliadau'r cenhadon Undodaidd â'r dref ym 1811 a 1816 wedi profi bod gwir angen capel Undodaidd ar Ferthyr. Er 1814 bu Arminiaid ac Undodiaid y dref yn addoli dan arweiniad Tomos Glyn Cothi mewn ystafell sylweddol a neilltuwyd ar eu cyfer. Ond pan gaewyd yr ystafell honno bu raid codi adeilad pwrpasol newydd yn Nhwynyrodyn. Gwasanaethodd Taliesin fel ysgrifennydd y pwyllgor adeiladu ac un o'r ymddiriedolwyr mwyaf ymrwymedig oedd William Williams o Benyrheolgerrig, aelod blaenllaw o Gymdeithas Athronyddol Cyfarthfa ac un o gyfeillion pennaf Iolo. Er mawr ofid i feistri haearn y dref a'u teuluoedd, codwyd yr arian angenrheidiol ac agorwyd capel Undodaidd Twynyrodyn, dan ofalaeth Dr David Rees, ym 1821.[11] Fel ei dad, nid oedd Taliesin yn fodlon plygu i ewyllys diwydianwyr mawr Merthyr: 'I never cringed to either of them [William Crawshay a Josiah John Guest]', meddai, 'which is a sin unto death in their eyes.' [12] Cofier hefyd iddo fod ymhlith y rhai a blediodd achos Dic Penderyn pan ddedfrydwyd ef ar gam i farwolaeth yn sgil y gwrthryfel ym Merthyr ym 1831. Hwyrach nad oedd Taliesin yn ffigur mor danllyd â'i dad, ond gwnaeth ddiwrnod da o waith dros yr erlidiedig rai.

Daliai Iolo i gadw llygad barcud ar ddatblygiadau gwleidyddol yn y sir, gan ddibynnu'n helaeth ar adroddiadau yn y *Cambrian*. Mentrodd unwaith yn rhagor i ganol hwrli-bwrli etholiadol pan benderfynodd Syr Christopher Cole o Gastell Penrice sefyll yn erbyn ffefryn Iolo, John Edwards, Rheola, ymgeisydd a gynrychiolai lais annibynnol y sir. Roedd Cole yn enwog am ei wrhydri ar y môr. Bu'n gwasanaethu'r llynges Brydeinig mewn brwydrau yn erbyn America, Ffrainc a'r Iseldiroedd. Ond fel 'gorchfygwr Banda' yr adwaenid ef yn bennaf. Canolbwynt byd-eang y fasnach mewn nytmeg a mas oedd Ynysoedd Banda yn Indonesia a thipyn o gamp ar ran Cole fu arwain 200 o ddynion yno a'u hysbrydoli i drechu 700 o filwyr yr Iseldiroedd ar 10 Awst 1810. Fe'i dyrchafwyd yn farchog am ei wrhydri. Ffurfiodd gysylltiad â Chymru pan briododd Mary Lucy Talbot, gweddw Thomas Mansel Talbot o Fargam, ar 28 Ebrill 1815. Tybiwyd bod deunydd gwleidydd ynddo a safodd fel yr ymgeisydd ceidwadol ym 1817. Fe'i hetholwyd yn ddiwrthwynebiad, ond ni chymerodd ei sedd pan gyfarfu'r Senedd ym 1818.[13]

Nid anghofiodd Iolo hyn pan safodd John Edwards drosto ef a'i fath ym 1820. 'Edwards for Ever!' oedd ei gri a mynegodd ei farn yn gryf wrth gondemnio'r 'lladron' diegwyddor a oedd yn fwrn ar y sir: 'Those good for nothing breeds of animals (I should have said brutes) [who] eat up the fat of the land.'[14] Er bod Cole yn ddyn cyfoethog trefnwyd cronfa ar ei ran gan ei gyfeillion, gan roi cyfle euraid i Iolo i ddifrïo'r Sais fel 'Needy King Cole'. Cyfansoddodd gân newydd yn galw ar etholwyr i drugarhau wrth y cardotyn dagreuol:

> Freeholders attend to an honest opinion
> This boasting Kit Cole is black tyranny's minion,
> He raves for false honours, vain titles and pelf,
> Has wishes and views, but all end in himself.
> Craving your charity, begging your half-penny
> O give one half-penny to poor Kit Cole.[15]

Siomwyd Iolo gan y canlyniad: enillodd Cole o 791 pleidlais yn erbyn 656 ar 16 Mawrth 1820 a daliodd y sedd tan 1830 heb wneud argraff o fath yn y byd ar yr etholaeth na'r Senedd. Ni allodd ymwrthod â'r demtasiwn i wawdio'r arwr milwrol yn ystod yr ymgyrch etholiadol nac ar ôl hynny:

> The History of the Conquest of Banda, a Wholeskin Conquest, written by the Conqueror himself.
>
> With notes augmentative and illustrative by Edward Williams . . . To which will be added a new song to be sung at every annual commemoration and celebration of the conquest of Banda to the Tune of Mad Moll.[16]

Ni welai Iolo fawr o wahaniaeth rhwng dioddefaint brodorion Ynysoedd Banda a dioddefaint teuluoedd annibynnol Morgannwg. Rhaib a gormes Sais oedd y drwg yn y caws yn y ddau achos.

O bryd i'w gilydd, gelwid ar Iolo i roi tystiolaeth gerbron llys, profiad digon dymunol i ddyn a oedd yn hoff o glywed ei lais ei hun ac o'r cyfle i dalu'r pwyth yn ôl i hen elynion. Ym mis Ebrill 1823, ac yntau'n 76 oed, fe'i gwysiwyd i ymddangos gerbron Llys y Sesiwn Fawr yn neuadd y dref Caerdydd i dystio o blaid Robert Thomas, ffermwr digon cefnog o'r Glyn, ger Tonyrefail, Annibynnwr selog ac un a gredai mai ef oedd gwir etifedd William Rees, Cwrt Colman (un o gaseion pennaf Iolo), a fuasai farw ym 1820. Toc wedi marw Rees gofynnodd Thomas i Iolo alw heibio i'w dŷ i fwrw golwg dros gannoedd o ddogfennau teuluol perthnasol a oedd ganddo yn ei feddiant. Ni fu Iolo fawr o dro yn dod i'r casgliad mai Robert Thomas oedd gwir etifedd deiliadaethau rhydd William Rees ac mai Thomas Bevan, un o ddisgynyddion y copïydd Tomas ab Ieuan o Dre'r-bryn, oedd gwir berchennog ei ddeiliadaethau copihowld. Gan fod ystad Rees yn werth oddeutu £100,000 (yn ôl sibrydion lleol), cododd cryn ddiddordeb yn yr achos llys, yn enwedig gan fod byddin o dystion wedi cael rhybudd i fod yn bresennol.[17] Gofalodd Taliesin fod ei dad yn teithio (yn erbyn ei ewyllys) mewn cerbyd i'r llys. Dechreuodd yr achos am naw ar fore Sadwrn, 23 Ebrill, ac ni ddaeth i ben tan brynhawn Mercher am ddau. Ar y dydd Sadwrn, Llun, Mawrth a bore Mercher gwrandawyd ar dystiolaeth dros 200 o bobl, llawer ohonynt yn rhai oedrannus, rhwng naw y bore a hanner nos.

William Elias Taunton oedd cwnsler yr achwynyddion a threuliodd awr a hanner yn cyflwyno ei achos ar ran David Terry o Langrallo a fynnai mai ef oedd y gwir etifedd. Llefarydd araf a thrwm oedd Taunton ac, yn ôl un sylwebydd gor-garedig, meddai ar y ddawn i wneud 'the monotony of his voice impressive and used his sluggishness as a power'.[18] Cwnsler Robert Thomas oedd neb llai nag Abel Moysey, yr ail ustus ar gylchdaith Brycheiniog er 1777 a'r gŵr yr anfonodd Iolo ddeiseb ato ym 1787 yn gofyn iddo ei ryddhau o garchar Caerdydd. Bu Moysey ar ei draed am dair awr ac ugain munud yn amlinellu achos Thomas, gwaith blinderus i hen ŵr pedwar ugain oed. Dim ond dechrau oedd hyn a bu cryn duchan a pheswch wrth i'r tystion shifflad i mewn ac allan o'r llys fel yr âi'r achos yn ei flaen. Ymhlith pethau eraill, dangoswyd i'r llys hen feiblau Cymraeg yn cynnwys cartiau achau, yn ogystal â chytundebau priodas, gweithredoedd tir a derbynebau. Gan fod cryn nifer o'r tystion hŷn am draethu yn Gymraeg, cyflogwyd cyfieithydd er mwyn sicrhau bod y barnwr a'r bargyfreithwyr yn deall yr hyn oedd ganddynt i'w ddweud. Ni serennodd yr un o'r tystion i'r un graddau ag Iolo. Buasai'n paratoi'n gyfewin fanwl ar gyfer yr achos er 1820, gan gasglu a meistroli yr holl fanylion perthnasol (ac amherthnasol) y cawsai hyd iddynt mewn archifau llychlyd ac yng nghartref Robert Thomas. Gwnaethai ei waith cartref yn ardderchog a dylai unrhyw un sy'n amau hynny graffu ar y cart achau o deulu William Rees a baratowyd ganddo ar gyfer yr achos llys (Llsgr. NLW 21397E, rhif 5).

Roedd gan Robert Thomas ddau dyst allweddol. Iolo oedd y cyntaf. Holwyd ef yn fanwl gan Taunton am chwe awr fore Llun ac am bum awr gyda'r hwyr. Trannoeth cafodd ei holi a'i groesholi bedair gwaith ac ar y bore olaf galwyd arno ddwywaith i egluro rhai materion yn ymwneud ag arferion lleol. Hawdd ei ddychmygu yn peri syndod trwy olrhain gwehelyth Robert Thomas i Howel Rees *c.*1570 heb nodyn o'i flaen. Daliodd ei dir yn wych yn erbyn cwnsel dilornus a miniog ei dafod, a llwyddodd i argyhoeddi'r gwrandawyr mai ffugiadau oedd yr achau a gynhwyswyd yn y beiblau a gyflwynwyd gan yr achwynwyr.[19] A oedd unrhyw un yn y llys, tybed, yn adnabod Iolo yn ddigon da i weld yr eironi? Yr ail dyst oedd William Illingworth, cyfreithiwr ac archifydd uchel iawn ei fri yn Llundain a dyn siŵr iawn o'i bethau. Ef oedd y prif awdurdod yn y brifddinas ar ddarllen a dehongli llawysgrifau, ac ymhlith ei gyhoeddiadau niferus ceid ei drawsysgrifiadau manwl *Quo Warranto Pleadings* (1818) a *Hundred Rolls* (1812–18). Bu'n is-geidwad cofnodion Twr Llundain rhwng 1805 a 1819, ond gan ei fod yn gymeriad mor stormus roedd hi'n anodd iawn i eraill gydweithio ag ef.[20] Talwyd swm go fawr iddo am bledio achos Robert Thomas a phetai ef ac Iolo wedi digwydd bod am y pared â'i gilydd byddai'r llys yng Nghaerdydd wedi troi'n faes y gad go-iawn. Fel mae'n digwydd, cadarnhawyd llawer iawn o dystiolaeth Iolo gan Illingworth ac mae'n amlwg fod gair y ddau arbenigwr wedi argyhoeddi'r Prif Ustus William Wingfield. Cymerodd ef hyd at bump awr i grynhoi'r dystiolaeth ac erbyn iddo orffen roedd yr argoelion yn dda. Wedi cwta chwarter awr o drafodaeth penderfynodd y rheithgor o blaid Robert Thomas. Roedd Iolo yn wên o glust i glust wrth adael y llys: 'A completer victory at law was never yet obtained than ours',[21] meddai'n orfoleddus. Creodd yr achos llys gynnwrf mawr a phan aeth Thomas Morgan ati i gofnodi campau'r 'hen bobl' yn ardal Tonyrefail rhoes le arbennig i'r saga liwgar hon:

Flynyddoedd lawer yn ol yr oedd yn byw yn Gwrt Golomen, ger Tondu, hen gyfreithiwr o'r enw Mr. Rhys. Yr oedd yn gyfoethog iawn, a bu farw heb na gwraig na phlant, ac heb wneud ei ewyllys. Aeth yn frwd yn nghylch ei feddianau. Hawliai Mr. Robert Thomas (a hyny yn gywir) mai efe oedd ei etifedd. Ond hawliai un Dafydd Terry mai efe oedd y gwir etifedd. Aeth yn gyfraith, ac wedi hir gyfreithio, a thraul fawr, rhoddwyd y farn o blaid Mr. Robert Thomas, a rhoddwyd rhai o dystion Dafydd Terry yn ngharchar am dyngu celwydd. Aeth rhai o'r tystion wedyn yn wallgof o herwydd cnofeydd cydwybod yn nghylch eu gwaith anfad. Ond ychydig fu elw Mr. Robert Thomas; yr oedd gwyr y 'quills' wedi llyncu bron y cwbl ond yr enwyn! Cafodd yr etifedd hwnw.[22]

Yr unig beth sydd ar goll yn y disgrifiad huawdl hwn yw cyfeiriad at gyfraniad allweddol Iolo.

Mae'n werth nodi yma fod Elijah Waring wedi honni bod Iolo, erbyn diwedd ei oes, wedi newid ei feddwl ynghylch llywodraeth gwlad a'i fod wedi dod i gredu mai llywodraeth gymysg, gyda'r brenin yn dal yn ben, oedd orau.[23] Dim ond gair Waring sydd gennym ac mae'n bwysig nodi na cheir dim un darn o dystiolaeth ym mhapurau Iolo sy'n cadarnhau'r honiad annhebygol hwn. Yn wir, mae'n amhosibl credu y byddai'r Bardd Rhyddid, hyd yn oed yn ei gystudd, wedi troi ei gefn ar weriniaetholdeb mor hwyr yn y dydd. Bu'n dragwyddol ifanc yn yr ystyr na thyfodd yn geidwadwr cibddall. Fel y dengys ei lythyrau a'i bapurau yn eglur ddigon, heriwr ydoedd hyd y diwedd.

O 1823 ymlaen, fel y gellid disgwyl, gwelwyd dirywiad amlwg yn iechyd a chorff Iolo. Er gwaethaf treialon o bob math, daliai i ddarllen a llenydda orau y gallai, gan anfon pytiau o destun 'Cyfrinach y Beirdd' at Job James, yr argraffwr malwodaidd ym Merthyr, ac i lunio disgrifiadau eithriadol o faleisus am ei hen gaseion. Breuddwydiai am gyflawni campau eto – 'drawing plans and brooding over them',[24] chwedl Elijah Waring, gan gynnwys gwaith o'r enw 'Hurthgen gerdd Cymru, sef golwg ar waith ac ymarweddiad Hurthgenod Gwlad Cymru':

1. Owen Jones 2. Wm Owen 3. D. Ddu o'r Yri 4. T. Evans 5. Ysgrifenwyr Undodlam 6. Beirdd y Durtur 7. Pwyswr Sosiniaeth 8. Awduron Seren Gomer 9. Dr Sanders 10. Dafydd Peters 11. Edward Davies Bardd y Bendro 12. Beni'r Balettwr.[25]

Trwy drugaredd, anghofiodd gynnwys enw Bardd y Brenin ymhlith y damnedig rai. Ond roedd fflam ei ddicter yn erbyn Owain Myfyr a William Owen Pughe yn llosgi mor danbaid ag erioed. Mewn llythyr a ysgrifennodd ym 1826 disgrifiodd Owain Myfyr (a oedd yn ei fedd er 1814) fel 'y Myfyrgyff mawr llwyr ddiawen, llwyr egwan ei ymbwyll a, mwy na dim, llwyr egwan ei ddeall . . . mawr mewn dim ond mewn twyll'.[26] Ac roedd Pughe, yntau, yn dal i gyffroi teimladau cryf: 'saer bilwg yr hudlewyrn mawr, y Dr Sythgwd, a bardd teulu Hu Gadarn'.[27] Am amryw resymau, ni allai Iolo, hyd yn oed ym mlwyddyn olaf ei oes dymhestlog, weld dim daioni ynddynt. Nid oedd am faddau dim nac ychwaith gloriannu eu cyfraniad yn deg. Y gwir amdani, serch hynny, yw fod ei ddau gyn-gyfaill wedi cael cam difrifol ganddo ac roedd ei fileindra yn anfaddeuol. Hawdd deall cynddaredd J. W. Prichard, Plas-y-brain, Llanbedr-goch ym Môn:

> Buasai yn dda i Mr. G. O. Pughe pe na's gwelsai erioed wyneb Iolyn; dyn ar ddrygau bob amser, ac yn dyfeisio rhyw gelwyddau i geisio twyllo'r byd . . . Och fi! Duw a'n gwaredo rhag syrthio i rwyd y cyfryw Anghenfil.[28]

Daliai Iolo i wingo yn erbyn y symbylau. Honnodd ym mis Ebrill 1825 ei fod yn ddigon heini i gerdded i Aberddawan ac i hwylio oddi yno i Abertawe i drafod cyhoeddi argraffiad newydd o'i salmau a'i emynau.[29] Ond y gwir yw fod ei goesau'n rhy fregus i'w gynnal erbyn hyn. Ac nid ei goesau oedd yr unig broblem. Roedd ei gorff cyfan yn gwynio, diolch i'r aflwydd a alwyd gan ei feddyg yn 'rheumatic gout'. Brwydrai'n feunyddiol am ei anadl ac achosai *angina pectoris* boenau arteithiol o bryd i'w gilydd. Ni allai gofio pryd y cawsai noswaith dda o gwsg. Ar ben popeth arall, fe'i gwanhawyd ymhellach gan dor llengig poenus a'i gorfododd i wisgo gwasgrwym lletchwith a anfonwyd ato gan John Bishop Estlin, mab i'r diweddar weinidog Undodaidd J. P. Estlin a meddyg enwog ym Mryste.[30] Ni allai gerdded heb ffyn a baglau ac ni fentrai ymhellach na'r ardd. A bob tro yr âi allan o'r tŷ suddai ei galon wrth weld bod y to angen sylw ar fyrder. Roedd ef a'i wraig yn prysur golli eu golwg a gwelir, am y tro cyntaf, ddirywiad yn ei lawysgrifen. Sylwodd Taliesin fod ei rieni'n mynd yn fwyfwy blin wrth ei gilydd ac erfyniodd arnynt i gofio geiriau'r athronydd Epictetus: 'Bear and Forbear'.[31] Ond canai tri rhybudd enwog Mrs Piozzi – Cloffni, Byddardod a Dallineb – yng nghlustiau Iolo a chlywai sŵn traed marwolaeth yn nesáu.[32]

Rhaid talu teyrnged i Taliesin am ei fawr ofal dros ei rieni ym machlud eu hoes. Efallai nad oedd wedi cyflawni gobeithion Iolo trwy gyrraedd safon farddol tad ein llenyddiaeth, ond carai ei dad yn angerddol a gwnaeth bopeth o fewn ei allu i sicrhau bod ei flynyddoedd olaf yn gymharol esmwyth. Cludai boteli o lodnwm, aether a brandi i Drefflemin i leddfu poen ei ddau riant, prynodd ddillad newydd a het haul i'w dad, ac anfonai lythyrau caredig ato'n gyson er mwyn codi ei galon. Yn fwy na dim, caniataodd i'w ferch fach Elizabeth dreulio peth o'i gwyliau haf gyda'i thad-cu a'i mam-gu ac ni roes ddim fwy o bleser i Iolo na gweld y fechan yn dysgu cerdded, yn dotio ar y blodau yn ei ardd ac yn ei alw'n 'Daita'.[33] Rhaid cofio hefyd y byddai llawer iawn o waith Iolo – pentyrrau rhyfeddol o lawysgrifau, llythyrau a phapurau – wedi mynd ar ddifancoll llwyr oni bai am ofal 'dearest Tally'. Wrth weld gofalon byw yn gwasgu'n drymach ar Iolo nag erioed, daeth cyfeillion da hefyd i'r adwy, yn enwedig y Crynwr Isaac Redwood. Roedd Redwood yn ŵr i Lydia Price, chwaer y Crynwr cyfoethog Joseph Tregelles Price, a threfnodd ef fod ffrindiau Iolo ymhlith y Cyfeillion yng Nghastell-nedd yn cyfrannu swm o arian yn wythnosol i'w gynnal. Aeth i'w boced ef ei hun hefyd i dalu peth o'r gost o aildoi cartref Iolo.[34] Aeth pethau mor fain ar Iolo fel y cytunodd i eraill drefnu bod deiseb yn cael ei chyflwyno i'r brenin Siôr IV tua mis Mehefin 1826 yn ymbil am bensiwn blynyddol i'w gynnal yn ei gyfyngder.[35] Yn ôl Elijah Waring a T. D. Thomas, trefnwyd bod y Barnwr Edward Lewis Richards yn llunio'r cais ar femrwn a bod Ardalydd Bute yn ei gyflwyno i weision y brenin.[36] Ond ni chlywyd dim o hanes y ddeiseb wedi hynny.

Profiad dirdynnol i'w ferch ffyddlon Margaret oedd gweld ei thad yn dadfeilio o'i blaen. Pryderai Ann, hithau, amdano ym Merthyr lle y bu'n dysgu plant am gyfnod. Roedd Iolo mor ansicr ar ei draed a'i lygaid mor bŵl erbyn hydref 1826 fel na ellid ei adael ar ei ben ei hun. Cwympodd i'r tân deirgwaith a bu ond y dim i Margaret a'i mam fethu ei godi mewn pryd.[37] Tristach na thristwch yw'r geiriau olaf a ysgrifennwyd gan Iolo mewn llythyr at Taliesin ar 9 Tachwedd 1826:

> For the sake of the Almighty God, hear the voices and cries of an aged & helpless father and mother . . . Come o come! For the sake of God, o come and assist us in our great distress. Remember that there is a God?[38]

Bu farw Iolo Morganwg, yn 79 oed, yn ei gadair freichiau yn ei fwthyn to gwellt yn Nhrefflemin ar fore Sul, 18 Rhagfyr 1826. Rhoddwyd ei weddillion i orwedd yn llawr eglwys Trefflemin yng ngŵydd dyrnaid o alarwyr.[39] Ymhen llai na saith mis byddai ei wraig yn gorwedd yn yr un bedd. Talodd Isaac Redwood gostau angladd Iolo yn llawn, ond, heb fedd cyhoeddus, ni fu modd gosod carreg nac arysgrif i'w goffáu. A fyddai rhywun, tybed, yn cofio ar y pryd i 'Whimsical Ned' ar un adeg fynegi ei ddymuniad i'r pennill canlynol ymddangos ar ei fedd:

If my grave must be known let the May-blooming thorn
    O'er my sod of humility bend,
And thus be the stone that no fripperies adorn
    Inscribed by some honest old friend.
He's gone, let no flatt'ries appear on his Tomb
    No lies in his praise to be read.
But here sleeps in good hopes of sincerity's dome
    The Carcase of Whimsical Ned.[40]

Cyfansoddwyd marwnadau iddo yn y man. Awdl nodweddiadol anghofiedig a gafwyd gan Gwallter Mechain a'r unig gwpled sy'n taro deuddeg yw:

Dyrnodiai a dwrn Eidiol,
Ie a ffust, feilchion ffôl.[41]

Lluniodd Daniel Ddu o Geredigion bymtheg englyn digon dethau, gyda'r tri hyn yn codi rhywfaint o'r llen ar gymeriad Iolo:

Y gwannaf mewn ymadrodd gweniaith – oedd,
    Er meddu cadarniaith;
  Y gwir a'i hoff ragorwaith,
  Goron fad, a garai'n faith.

Golud ni hoffai'i galon, – na mawredd,
    Nac ymyrraeth beilchion;
  Gwelai, trwy aml argoelion,
  Frys a hynt y fer-oes hon.

Rhyw hen femrwn crwn, y'mron crino, – llwyd,
    A pheth Lladin arno,
  Yn fwyaf f'ai'n adfywio,
  Gulan wr, ei galon o.[42]

Rhygnodd Iago Emlyn a Gwilym Morganwg ar yr un tant trwy ganu am ei gyfraniad i'r iaith, cerdd dafod a hanes.[43] Ond ni chyfeiriodd neb at ei weledigaeth, ei feiddgarwch, ei wladgarwch a'i statws fel 'Bardd Rhyddid'. Fel dyn geirwir a diddichell – sant o ddyn[44] – y darluniwyd ef yn ystod oes Victoria a gofalodd Taliesin, fel ysgutor i archif ei dad, na châi unrhyw ddeunydd radical o'i eiddo weld golau dydd tra byddai ef byw. O ganlyniad, diflannodd yr Iolo go-iawn yn y Gymru lân a llonydd a grëwyd yn ystod oes Victoria. Pan sefydlodd Cymru ei phrifysgol genedlaethol, serch hynny, chwalwyd y fytholeg hon yn llwyr gan rai o geiliogod y colegau. Meffistoffeles oedd Iolo mwyach, 'dyn drwg' a lygrodd ffynonellau cysegredig y traddodiad llenyddol Cymraeg.[45] Ond, er eu pwysiced, dim ond un rhan o gyflawniadau Iolo yw ei ffugiadau a thrwy obsesiynu ynghylch y rheini collwn olwg ar ei gyfraniad syfrdanol fel gwleidydd, llenor, hanesydd, gweledydd a gwladgarwr. Ac o gofio'i amgylchiadau tlawd a'i gefndir digoleg, mae'n syndod sut y gallodd gyflawni cymaint. Ef, onid e, yw'r Cymro mwyaf diddorol a fagwyd erioed yng Nghymru.

Byrfoddau

BL Add.	British Library Additional Manuscripts
CCHMC	*Cylchgrawn Cymdeithas Hanes y Methodistiaid Calfinaidd*
CHC	*Cylchgrawn Hanes Cymru*
CIM	G. H. Jenkins, Ff. M. Jones a D. C. Jones (goln.), *The Correspondence of Iolo Morganwg* (3 cyf., Cardiff, 2007)
CLlGC	*Cylchgrawn Llyfrgell Genedlaethol Cymru*
CRhIM	P. J. Donovan (gol.), *Cerddi Rhydd Iolo Morganwg* (Caerdydd, 1980)
GA	Glamorgan Archives
GPC	*Geiriadur Prifysgol Cymru*
JWBS	*Journal of the Welsh Bibliographical Society*
Lewis: *IM*	C. W. Lewis, *Iolo Morganwg* (Caernarfon, 1995)
MAW	O. Jones, Iolo Morganwg a W. O. Pughe (goln.), *The Myvyrian Archaiology of Wales* (3 cyf., London, 1801–7)
NLW	National Library of Wales
NMRW	National Monuments Record of Wales
ODNB	*Oxford Dictionary of National Biography*
RAEW	E. Waring, *Recollections and Anecdotes of Edward Williams* (London, 1850)
Rattleskull Genius	G. H. Jenkins (gol.), *A Rattleskull Genius: The Many Faces of Iolo Morganwg* (Cardiff, 2005)
TAGC	*Trafodion Anrhydeddus Gymdeithas y Cymmrodorion*
TLlM	G. J. Williams, *Traddodiad Llenyddol Morgannwg* (Caerdydd, 1948)
Williams: *IM*	G. J. Williams, *Iolo Morganwg – Y Gyfrol Gyntaf* (Caerdydd, 1956)
Williams: *PLP*	E. Williams, *Poems, Lyric and Pastoral* (2 gyf., London, 1794)
Y Bywg.	*Y Bywgraffiadur Cymreig hyd 1940* (Llundain, 1953)

Nodiadau

Pennod 1: Iolo'r Athrylith

1. *GPC.*

2. Dyfynnwyd gan A. O. H. Jarman yn *Taliesin*, 7 (1963), 21.

3. T. Parry, 'Dafydd Ddu Eryri 1759–1822', *Trafodion Cymdeithas Hanes Sir Gaernarfon*, 41 (1980), 69.

4. *CIM*, III, p. 679.

5. Llsgr. NLW 13162A, t. 377.

6. S. Schaffer, 'Genius in Romantic Natural Philosophy' yn A. Cunningham a N. Jardine (goln.), *Romanticism and the Sciences* (Cambridge, 1990), t. 82.

7. Llsgr. NLW 21389E, rhif 22; Llsgr. NLW 13123B, t. 161.

8. B. H. Malkin, *The Scenery, Antiquities, and Biography, of South Wales* (2 gyf., ail arg., London, 1807), I, t. 195. Dyfynnir geiriau Southey yn M-A. Constantine, *The Truth against the World: Iolo Morganwg and Romantic Forgery* (Cardiff, 2007), t. 81.

9. Llsgr. NLW 21431E, rhif 25.

10. Llsgr. NLW 21387E, rhifau 18, 25; Llsgr. NLW 13089E, t. 355.

11. A. Erny, 'Voyage dans le pays de Galles', *Le Tour de Monde*, 15.1 (1867), 271. Gweler hefyd <http://etw.bangor.ac.uk/accounts/voyage-dans-le-pays-de-galles>.

12. Adolygiad o Lewis: *IM* yn *Llên Cymru*, 19 (1996), 194.

13. T. D. Thomas, *Bywgraffiad Iolo Morganwg, BBD* (Caerfyrddin, 1857), t. 10.

14. Llsgr. BL Add. 15024, tt. 185–6. Gweler hefyd Ff. M. Jones, *'The Bard is a Very Singular Character': Iolo Morganwg, Marginalia and Print Culture* (Cardiff, 2010).

15. Thomas, *Bywgraffiad Iolo Morganwg*, t. 96.

16. Dyfynnwyd yn D. Walford Davies, *Presences that Disturb: Models of Romantic Identity in the Literature and Culture of the 1790s* (Cardiff, 2002), t. 135.

17. Llsgr. NLW 13146A, t. 309.

18. *CIM*, II, t. 56.

19. S. Callow, *Orson Welles: The Road to Xanadu* (London, 1995).

20. G. Phillips, *Dyn heb ei Gyffelyb yn y Byd: Owain Myfyr a'i Gysylltiadau Llenyddol* (Caerdydd, 2010), t. 51.

21. Thomas, *Bywgraffiad Iolo Morganwg*, t. 19.

22. Llsgr. NLW 21422E, rhif 14.

23. Llsgr. NLW 21419E, rhif 52.

24. Llsgr. NLW 21413E, rhif 64.

25. *RAEW*, t. 13.

26. C. Redwood, *The Vale of Glamorgan: Scenes and Tales among the Welsh* (London, 1839), t. 229.

27. T. Stephens, 'Iolo Morganwg', *Yr Ymofynydd*, V, rhif 58 (1852), 128.

28. B. Jenkins, *Between Wales and England: Anglophone Welsh Writing of the Eighteenth Century* (Cardiff, 2017), t. 106.

29. Llsgr. NLW 13151A, t. 60; W. Owen, *The Heroic Elegies and Other Pieces of Llywarç Hen* (London, 1792), t. xxix; Williams: *PLP*, I, t. xv.

30. W. Whitman, 'A Song of Myself' yn *Leaves of Grass* (Penguin Classics, 2017), t. 118.

31. Llsgr. NLW 21389E, rhif 22; S. M. Goldberg, *Understanding Terence* (Cambridge, 1986).

32. Llsgr. NLW 21396E, t. 32.

33. Llsgr. NLW 13114B, t. 80.

34. Llsgr. NLW 13151A, t. 8.

35. Llsgr. NLW 13147A, t. 65.

36. *RAEW*, t. 13.

37. *CIM*, I, tt. 821–5.

38. Ibid., I, t. 507.

39. G. A. Williams, 'Iolo Morganwg: Bardd Rhamantaidd ar gyfer Cenedl nad oedd yn Cyfrif' yn G. H. Jenkins (gol.), *Cof Cenedl V* (Llandysul, 1990), t. 79.

40. *CIM*, II, tt. 32–6. Am garreg Samson, gweler M. Redknap a J. M. Lewis, *A Corpus of Early Medieval Inscribed Stones and Stone Sculpture in Wales. Volume 1* (Cardiff, 2007), tt. 402–8.

41. G. Thomas, 'Llyncu Camel', *Taliesin*, 40 (1980), 85.

42. N. Groom, *The Forger's Shadow* (London, 2002), t. 3.

43. Gweler Williams: *IM*, tt. 461–2; Lewis: *IM*, tt. 210–19.

44. Llsgr. NLW 21387E, rhifau 10, 11.

45. *CIM*, III, t. 39.

46. Llsgr. NLW 13120B, t. 393.

47. C. Davies, *Adfeilion Babel: Agweddau ar Syniadaeth Ieithyddol y Ddeunawfed Ganrif* (Caerdydd, 2000), t. 280.

48. Diolchaf i Angharad Fychan, Golygydd Hŷn, *GPC*, am yr wybodaeth hon.

49. L. Stone, *The Past and the Present Revisited* (London, 1987), t. 8; G. H. Jenkins, '"The Taffy-Land Historians have hitherto been sad dogs for the most part": Iolo Morganwg the Historian', *Morgannwg*, LII (2008), 5–29.

50. R. T. Jenkins, *Ymyl y Ddalen* (Wrecsam, 1958), t. 135.

51. *CIM*, I, t. 256. Gwnaeth Iolo sgets mewn pensel o adfeilion Gwernyclepa. Llsgr. NLW 13138A, tt. 104–5.

52. G. H. Jenkins, 'Cyffesion Bwytawr Opiwm: Iolo Morganwg a Gorsedd Beirdd Ynys Prydain', *Taliesin*, 81 (1993), 45–57; G. Phillips, 'Math o Wallgofrwydd: Iolo Morganwg, Opiwm a Thomas Chatterton', *CLlGC*, XXIX, rhif 4 (1996), 391–410.

53. T. De Quincey, *Confessions of an English Opium Eater*, gol. A. Heyter (Harmondsworth, 1971), t. 83.

54. *CIM*, I, t. 700.

55. M-A. Constantine, 'Welsh Literary History and the Making of "The Myvyrian Archaiology of Wales"' yn D. Van Hulle a J. Leerssen (goln.), *Editing the Nation's Memory* (Amsterdam, 2008), tt. 109–28.

56. Llsgr. NLW 13089E, t. 264.

57. Malkin, *The Scenery, Antiquities, and Biography, of South Wales*, I, t. 200.

58. *CIM*, I–III, *passim*; gweler hefyd Ff. M. Jones, '"Gydwladwr Godidog . . .": Gohebiaeth Gymraeg Gynnar Iolo Morganwg', *Llên Cymru*, 27 (2004), 140–71.

59. *CIM*, II, t. 880.

60. Llsgr. NLW 13150A, t. 87.

61. W. Davies, *General View of the Agriculture and Domestic Economy of South Wales* (London, 1814).

62. Llsgr. NLW 13089E, t. 158.

63. Ibid., t. 64.

64. *RAEW*, t. 88. Gweler hefyd A. E. Williams, *Meddyginiaethau Gwerin Cymru* (Talybont, 2017).

65. Lewis: *IM*, t. 16.

66. Ibid., t. 214.

67. *Cambrian*, 20 Ionawr 1816.

68. H. J. Thomas, 'Iolo Morganwg Vindicated: Glamorgan's First Field Archaeologist', *The Glamorgan–Gwent Archaeological Trust Limited. Annual Report. Part Two. 1983–4* (Swansea, 1985), t. 150.

69. Llsgr. NLW 13089E, t. 173.

70. Ibid., tt. 87–8.

71. Llsgr. NLW 13150A, tt. xi–xiv.

72. R. Denning, 'The Rev. John Montgomery Traherne: A Nineteenth Century Antiquary' yn S. Williams (gol.), *Glamorgan Historian*, 4 (Cowbridge, 1967), tt. 46–55.

73. W. D. Conybeare a W. Phillips (goln.), *Outlines of the Geology of England and Wales* (London, 1822), tt. 265, 275, 277; D. Elis-Gruffydd, *100 o Olygfeydd Hynod Cymru* (Talybont, 2014), tt. 300–2.

74. R. T. Jenkins, *Hanes Cymru yn y Bedwaredd Ganrif ar Bymtheg* (Caerdydd, 1933), t. 23.

75. Williams, *IM*, t. 230.

76. Lewis: *IM*, t. 136.

77. Ibid., t. 140.

78. Llsgr. NLW 21396E, heb rifau tudalen.

79. R. Crawford, *The Bard: Robert Burns, A Biography* (London, 2009), pennod VII.

80. *RAEW*, t. 68.

81. *CIM*, II, t. 315.

82. H. Gaskill (gol.), *The Reception of Ossian in Europe* (London, 2004).

83. Diolchaf i'r Athro Robert Evans am ddangos i mi gopi o'i ddarlith anghyhoeddedig 'The Uniqueness of Iolo Morganwg: Some European Reflections'.

84. C. Walker Bynum, *Metamorphosis and Identity* (New York, 2005), t. 75.

85. Llsgr. NLW 13118B, t. 205; Llsgr. NLW 21426E, rhif 12.

Pennod 2: Ieuenctid yw 'Mhechod

1.   R. Crawford, *The Bard: Robert Burns, A Biography* (London, 2009), pennod 1.

2.   Llsgr. NLW 13146A, t. 4; Llsgr. NLW 13141A, t. 111.

3.   Llsgr. NLW 21426E, rhif 6; Llsgr. NLW 21319A, t. 11.

4.   *CRhIM*, t. 6.

5.   Ibid., t. 74.

6.   Llsgr. NLW 21328A, t. 108.

7.   J. M. Edwards, *Cerddi'r Fro* (Llandybïe, 1970), t. 15.

8.   Llsgr. NLW 21387E, rhif 22.

9.   *CRhIM*, t. 74.

10. Ff. M. Jones, *'The Bard is a Very Singular Character': Iolo Morganwg, Marginalia and Print Culture* (Cardiff, 2010), t. 208.

11. Llsgr. NLW 13118B, tt. 207–390, 391–477; Williams: *IM*, tt. 289–96; Lewis: *IM*, tt. 60, 70–1.

12. *MAW*, III, t. 54.

13. *Y Bywg.*; *ODNB* s.n. Caradog of Llancarfan.

14. Jones, 'The Bard is a Very Singular Character', tt. 208–9.

15. Williams: *IM*, t. 17.

16. R. T. W. Denning (gol.), *The Diary of William Thomas 1762–1795* (Cardiff, 1995), t. 244.

17. G. J. Williams, 'Wiliam Robert o'r Ydwal', *Llên Cymru*, III (1954–5), 50.

18. *CRhIM*, t. 75.

19. A. T. Davies, *Crwydro Bro Morgannwg. Cyfrol 2* (Abertawe, 1976), t. 109.

20. Yn ôl Richard F. Suggett, 'hwn oedd darganfyddiad y ganrif'. NMRW, RFS/RCAHMW/2011.

21. Llsgr. NLW Ll8/129; GA, Cofrestri Plwyf Sain Tathan, 1744.

22. Llsgr. NLW 21319A, t. 11; C. Taylor, 'Edward Williams ('Iolo Morganwg') and his Brothers', *TAGC* (1980), 35–43; Llsgr. NLW 19899E, rhif M73.

23. Williams: *IM*, tt. 23–8.

24. Llsgr. NLW 21416E, rhif 14; Llsgr. NLW 21410E, rhif 36.

25. Williams: *PLP*, I, t. 210.

26. *CIM*, I, t. 299.

27. Llsgr. NLW 13115B, t. 1.

28. *Yr Ymofynnydd*, XXVII, rhif 9 (1927), 199.

29. Dyfynnwyd yn M. Löffler, *The Literary and Historical Legacy of Iolo Morganwg 1826–1926* (Cardiff, 2007), t. 22.

30. Ibid., t. 155.

31. T. Parry, *Hanes Llenyddiaeth Gymraeg hyd 1900* (Caerdydd, 1944), t. 244; H. G. Rhys, '*A Wayward Cymric Genius': Celebrating the Centenary of the Death of Iolo Morganwg* (Aberystwyth, 2007).

32. *CIM*, II, tt. 764–5.

33. E. W. James, 'Cerflun gan Iolo Morganwg?', *Llên Cymru*, 38 (2015), 100–3.

34. T. Williams, *Awen y Maen Chwyf* (Merthyr, 1890), t. 81.

35. Llsgr. NLW 21387E, rhif 9; Williams: *PLP*, I, t. xvi.

36. Llsgr. NLW 21387E, rhif 10.

37. Ibid., rhif 31.

38. *CIM*, I, t. 758; Williams: *IM*, t. 87.

39. Williams: *IM*, tt. 35–79; A. James, *Diwylliant Gwerin Morgannwg* (Llandysul, 2002).

40. *CIM*, I, t. 45.

41. *CRhIM*, t. 10.

42. Llsgr. NLW 21398E, rhif 11.

43. Llsgr. NLW 21388E, t. 13.

44. Llsgr. NLW 21387E, tt. 9–10.

45. Williams: *PLP*, II, t. 97.

46. Llsgr. NLW 13134A, t. 76.

47. Llsgr. NLW 13174A, tt. 11^{r-v}.

48. Llsgr. NLW 6238A, tt. 281–2.

49. P. Jenkins, *The Making of a Ruling Class: The Glamorgan Gentry 1640–1790* (Cambridge, 1983), tt. 20–42.

50. Llsgr. NLW 13089E, t. 168; Llsgr. NLW 13158A, tt. 93–4; M-A. Constantine, 'Iolo Morganwg Casglwr Llên Gwerin' yn E. W. James a T. V. Jones (goln.), *Gwerin Gwlad: Ysgrifau ar Ddiwylliant Gwerin Cymru* (Llanrwst, 2008), tt. 89–112.

51. Williams: *IM*, tt. 34–5.

52. *CIM*, I, t. 439.

53. B. Ll. James, 'The Vale of Glamorgan, 1780–1850' (traethawd MA anghyhoeddedig Prifysgol Cymru, 1971), *passim*.

54. Llsgr. NLW 13089E, tt. 86–9.

55. P. Jenkins, 'Jacobites and Freemasons in Eighteenth-Century Wales', *CHC*, 9, rhif 4 (1979), 391–406.

56. G. J. Williams, 'Gorsedd y Beirdd a'r Seiri Rhyddion', *Llên Cymru*, VII, rhifau 3 a 4 (1963), 213–16.

57. Llsgr. NLW 13089E, t. 288.

58. Llsgr. NLW 13174A, t. 3ᵛ.

59. Williams: *PLP*, I, t. 85.

60. *TLIM*, t. 260; B. Ll. James, 'The Welsh Language in the Vale of Glamorgan', *Morgannwg*, XVI (1972), 16–36.

61. Denning (gol.), *The Diary of William Thomas*, t. 92.

62. Ibid.

63. *CIM*, I, t. 54.

64. Iorwerth Gwilim, *Dagrau yr Awen* (Pont-y-Fon, 1772), tt. 2–10; Lewis: *IM*, tt. 31–3.

65. Llsgr. NLW 13141A, tt. 363–4; Llsgr. NLW 13144A, tt. 181–6.

66. Lewis: *IM*, tt. 31–3; Llsgr. NLW 13141A, t. 131.

67. R. T. Jenkins, 'Bardd a'i Gefndir (Edward Ifan o'r Ton Coch)', *TAGC* (1946–7), 97–149.

68. *CIM*, II, t. 101.

69. G. A. Williams, 'Iolo Morganwg: Bardd Rhamantaidd ar gyfer Cenedl nad oedd yn Cyfrif' yn G. H. Jenkins (gol.), *Cof Cenedl V* (Llandysul, 1990), t. 80.

70. Llsgr. NLW 21388E, t. 14.

71. *CIM*, I, t. 56.

72. R. M. Crowe, 'Thomas Richards a John Walters: Athrawon Geiriadurol Iolo Morganwg' yn H. T. Edwards (gol.), *Llynfi ac Afan, Garw ac Ogwr* (Llandysul, 1998), tt. 227–51.

73. Llsgr. NLW 21387E, t. 14.

74. T. Jones, *Ambell Air ac Ati* (Llanrwst, 2013), tt. 49–50.

75. G. H. Jenkins, 'Adfywiad yr Iaith a'r Diwylliant Cymraeg 1660–1800' yn idem (gol.), *Y Gymraeg yn ei Disgleirdeb: Yr Iaith Gymraeg cyn y Chwyldro Diwydiannol* (Caerdydd, 1997), t. 390.

76. *Y Traethodydd*, V (1849), 157.

77. *CIM*, I, t. 176.

78. P. Morgan, 'Dyro Olau ar dy Eiriau', *Taliesin*, 70 (1990), 38–45.

79. Llsgr. NLW 21387E, t. 10.

80. Llsgr. NLW 13106B, tt. 175–7; Llsgr. NLW 21422E, rhif 2.

81. Llsgr. NLW 21390E, rhif 4.

82. Llsgr. NLW 21387E, rhif 35.

83. Williams: *IM*, tt. 131–2.

84. *CIM*, I, tt. 48–9; Llsgr. NLW 21319A, tt. 12–13.

85. Llsgr. NLW 21387E, rhif 10.

86. W. Richards, *Wallography: or the Britton describ'd* (London, 1682), t. 82.

87. *CIM*, I, tt. 101–2; Llsgr. NLW 21428E, no. 2.

88. *RAEW*, tt. 27–8; Llsgr. NLW 21387E, rhifau 9, 11; Llsgr. NLW 13144A, tt. 436–7; Llsgr. NLW 21401E, rhif 3.

89. *CIM*, I, t. 118.

90. Llsgr. NLW 13150A, t. 208.

91. *CIM*, I, tt. 108–9.

92. G. Carr, 'Bwrlwm Bywyd y Cymry yn Llundain yn y Ddeunawfed Ganrif' yn G. H. Jenkins (gol.), *Cof Cenedl XI* (Llandysul, 1996), tt. 59–87.

93. Llsgr. NLW 21391E, rhif 40.

94. *CIM*, I, tt. 133–4.

95. Ibid., I, tt. 135.

96. G. Phillips, *Dyn heb ei Gyffelyb yn y Byd: Owain Myfyr a'i Gysylltiadau Llenyddol* (Caerdydd, 2010).

97. *CIM*, I, t. 71.

98. Ibid., I, t. 110.

99. *CRhIM*, t. 44.

100. Llsgr. NLW 21407C, rhif 1; Llsgr. NLW 21422E, rhif 1; Llsgr. NLW 21428E, rhif 4.

101. *Kentish Gazette*, 31 Ionawr–3 Chwefror 1776; T. Dixon, *Weeping Britannia: Portrait of a Nation in Tears* (Oxford, 2015).

102. *CRhIM*, t. 2.

103. Llsgr. NLW 13130A, t. 292.

104. P. Lord, *Diwylliant Gweledol Cymru: Delweddu'r Genedl* (Caerdydd, 2000), t. 115.

105. *RAEW*, t. 107n.

106. *CRhIM*, t. 14.

Pennod 3: 'Gorfod ymbalffast . . . a llawer o drafferth a gofalon'

1. *CIM*, I, t. 299.

2. Ibid., I, t. 174.

3. Llsg. NLW 21420E, rhifau 1–2.

4. *CIM*, I, tt. 172–3, 234–5.

5. Williams: *PLP*, I, t. xix.

6. Llsgr. NLW 13146A, tt. 424–5.

7. Llsgr. NLW 21417E, rhifau 1–7; *CIM*, I, t. 192.

8. Llsgr. NLW 21416E, rhif 31. Gweler R. Suggett, 'Iolo Morganwg: Stonecutter, Builder, and Antiquary' yn *Rattleskull Genius*, tt. 213–14.

9. Llsgr. NLW 13116E, tt. 131–42.

10. *CIM*, I, tt. 168–71.

11. Ibid., I, tt. 178, 179–80.

12. G. J. Williams, 'Daniel Walters', *Y Llenor*, XX (1941), 176–82.

13. *CIM*, I, t. 190.

14. P. Morgan, '"A Kind of Sacred Land": Iolo Morganwg and Monmouthshire', *Monmouthshire Antiquary*, XXVII (2007), 127–33.

15. *CIM*, I, tt. 150–3.

16. T. Jones, *Y Gwir Degwch* (Gwasg y Wern, 1980), t. 20.

17. *CIM*, I, tt. 129, 149.

18. Ibid., I, t. 127.

19. GA, Cofrestri Plwyf Llan-fair, 18 Gorffennaf 1781.

20. *CIM*, I, t. 194.

21. *CRhIM*, tt. 45–6, 140–2.

22. Ff. M. Jones, *'The Bard is a Very Singular Character': Iolo Morganwg, Marginalia and Print Culture* (Cardiff, 2010), t. 228.

23. Llsgr. NLW 13089E, t. 137.

24. Llsgr. NLW 21389E, 98/9; Llsgr. NLW 21410E, rhif 12; *CIM*, I, tt. 295–7.

25. *CIM*, I, t. 234.

26. Llsgr. NLW 21410E, rhif 17; Llsgr. NLW 21422E, rhif 12; Llsgr. NLW 21389E, 98/9.

27. Llsgr. NLW 13114B, t. 238.

28. Williams: *PLP*, II, t. 80.

29. *CIM*, I, t. 153.

30. Llsgr. NLW 21391E, rhif 6.

31. Llsgr. NLW 21388E, t. 28.

32. Llsgr. NLW 21414E, rhif 18.

33. Llsgr. NLW 21410E, rhif 23.

34. Llsgr. NLW 13148A, t. 263.

35. *CIM*, I, tt. 249–51; NLW 21389E, 98, rhifau 12–18.

36. Williams: *IM*, tt. 375–8; T. ab Iolo Williams (gol.), *Cyfrinach Beirdd Ynys Prydain* (Abertawy, 1829).

37. GA, Cofrestri Plwyf Trefflemin, 16 Medi 1787; *CIM*, I, t. 301.

38. Llsgr. NLW 21389E, 98, rhif 4.

39. Trafodir hyn yn G. H. Jenkins, *Bard of Liberty: The Political Radicalism of Iolo Morganwg* (Cardiff, 2012), tt. 58–60.

40. Llsgr. NLW 21389E, rhif 7.

41. Ibid., rhif 12.

42. *CIM*, I, tt. 295–7.

43. Llsgr. NLW 21424E, rhif 63.

44. *CIM*, I, t. 309.

45. Llsgr. NLW 21335B, tt. 36–7.

46. Llsgr. NLW 21387E, rhif 36.

47. G. H. Jenkins, 'Yr Eglwys "Wiwlwys Olau" a'i Beirniaid', *Ceredigion*, X, rhif 2 (1985), 131–46.

48. *CIM*, I, t. 586.

49. Llsgr. NLW 13170B, tt. 232–4; Llsgr. NLW 21392F, rhif 16.

50. Llsgr. NLW 21392F, t. 26^v.

51. Llsgr. NLW 21335B, tt. 6–9; Llsgr. NLW 21424E, rhif 17.

52. Llsgr. NLW 21424E, rhif 17.

53. Llsgr. NLW 2009B; E. Evans, *Casgliad o Bregethau* (2 gyf., Y Mwythig, 1776), I, sig. A 3^r–b6^r.

54. *CIM*, I, t. 161.

55. D. S. Evans (gol.), *Gwaith y Parchedig Evan Evans* (Caernarfon, 1876), tt. 46–7.

56. Llsgr. NLW 13159A, tt. 204–5, 210–11; G. H. Jenkins, *Cadw Tŷ Mewn Cwmwl Tystion* (Llandysul, 1990), tt. 198–224.

57. G. J. Williams, 'Cerddi i Biwritaniaid Gwent a Morgannwg', *Llên Cymru*, III (1954–5), 98–106.

58. Llsgr. NLW 13121B, tt. 335–8; Williams: *PLP*, I, tt. 43–5, 136–42, 186.

59. H. Williams, 'Rousseau and Wales' yn M-A. Constantine a D. Johnston (goln.), *'Footsteps of Liberty and Revolt': Essays on Wales and the French Revolution* (Cardiff, 2013), tt. 42–6.

60. Llsgr. NLW 13121B, t. 338.

61. G. H. Jenkins, '"Dyro Dduw dy Nawdd": Iolo Morganwg a'r Mudiad Undodaidd' yn idem (gol.), *Cof Cenedl XX* (Llandysul, 2005), tt. 69–72.

62. D. E. Davies (gol.), *Cewri'r Ffydd: Bywgraffiadur y Mudiad Undodaidd yng Nghymru* ([Aberdâr], 1999), tt. 42–53.

63. *CIM*, II, t. 595.

64. Davies, *Cewri'r Ffydd*, t. 49.

65. Llsgr. NLW 13121B, tt. 335–8; Llsgr. NLW 13138A, tt. 104–8; Llsgr. NLW 13141A, tt. 127–33.

66. Gweler ei fersiwn cynharaf, 'Castles in the Air', o *Poems, Lyric and Pastoral*. Llsgr. NLW 21328A.

67. Williams: *PLP*, I, t. 144.

68. Jenkins, *Bard of Liberty*, tt. 74–7.

69. Llsgr. NLW 21388E, rhif 42; Llsgr. NLW 13094E, tt. 74–6; Llsgr. NLW 21402F, rhifau 1–6.

70. Llsgr. NLW 21402F, rhif 6.

71. *CIM*, I, tt. 133, 145.

72. Ibid., I, t. 256.

73. Ibid., I, t. 221.

74. Ibid., I, tt. 306–8.

75. O. Jones a W. Owen (goln.), *Barddoniaeth Dafydd ab Gwilym* (Llundain, 1789), 'Y Chwanegiad', tt. 497–530.

76. G. Carr, *William Owen Pughe* (Caerdydd, 1983), t. 28; T. Parry, 'Barddoniaeth Dafydd ab Gwilym, 1789', *JWBS*, VIII, rhif 4 (1957), 189–99.

77. Jones ac Owen (goln.), *Barddoniaeth Dafydd ab Gwilym*, t. 529.

78. Ibid., t. 505.

79. A. James, *John Morris-Jones* (Caerdydd, 2011), pennod 6.

80. G. J. Williams, *Iolo Morganwg a Chywyddau'r Ychwanegiad* (Llundain, 1926).

81. Ibid., t. v.

82. G. Thomas, 'Llyncu Camel', *Taliesin*, 40 (1980), 86.

83. Lewis: *IM*, tt. 46–7.

84. Gweler, er enghraifft, I. Haywood, *Faking It: Art and the Politics of Forgery* (Brighton, 1987); P. Baines, *The House of Forgery in Eighteenth-Century Britain* (Aldershot, 1999); N. Groom, *The Forger's Shadow* (London, 2002); J. Lynch, *Deception and Detection in Eighteenth-Century Britain* (Aldershot, 2008).

85. *CIM*, I, t. 85.

86. M-A. Constantine, *The Truth against the World: Iolo Morganwg and Romantic Forgery* (Cardiff, 2007), tt. 13–61. Hon yw'r astudiaeth orau ar ffugiadau llenyddol Iolo.

87. P. Morgan, *Iolo Morganwg* (Cardiff, 1978), tt. 78–9; Lewis: *IM*, t. 23.

88. Gweler, er enghraifft, G. H. Jenkins, *Facts, Fantasy and Fiction: The Historical Vision of Iolo Morganwg* (Aberystwyth, 1997).

89. *CIM*, II, t. 291.

90. Llsgr. NLW 13104B, t. 124.

91. G. Phillips, *Dyn heb ei Gyffelyb yn y Byd: Owain Myfyr a'i Gysylltiadau Llenyddol* (Caerdydd, 2010), t. 59.

92. G. H. Jenkins, 'The Urban Experiences of Iolo Morganwg', *CHC*, 22, rhif 3 (2005), 463–98.

93. Williams: *IM*, pennod 1.

94. *TLIM*, t. 260.

95. *CIM*, I, t. 306.

96. Ibid., I, tt. 338–41.

97. Ibid., I, t. 340.

98. *TLlM*, t. 47; Lewis: *IM*, tt. 49–51; Williams (gol.), *Cyfrinach Beirdd Ynys Prydain*, t. 4.

99. Gweler C. A. Charnell-White, *Bardic Circles: National, Regional and Personal Identity in the Bardic Vision of Iolo Morganwg* (Cardiff, 2007), tt. 169–98.

100. Llsgr. NLW 21387E, t. 28.

101. Gweler nodyn Iolo yn *MAW*, III, t. 45. Trafodir hyn yn Ff. M. Jones, 'The Bard is a Very Singular Character', pennod 2.

102. D. Johnston, '*Barddoniaeth Dafydd ab Gwilym* 1789 a'r Chwyldro Ffrengig', *Llên Cymru*, 35 (2012), 53.

Pennod 4. Y Gweriniaethwr Bach

1. Llsgr. NLW 21392F, rhif 62.

2. M-A. Constantine a P. Frame (goln.), *Travels in Revolutionary France and A Journey across America by George Cadogan Morgan and Richard Price Morgan* (Cardiff, 2012), tt. 11–17.

3. P. Frame, *Liberty's Apostle: Richard Price, his Life and Times* (Cardiff, 2015), pennod 17.

4. Llsgr. NLW 21400C, rhif 23; J. Goodridge (gol.), *Eighteenth-Century English Labouring-Class Poets 1700–1800* (3 cyf., London, 2002–3).

5. *Gentleman's Magazine*, LIX, rhan 2 (1789), 976–7.

6. Llsgr. NLW 21392F, rhifau 64, 65, 66.

7. Llsgr. NLW 21420E, rhif 33.

8. Llsgr. NLW 13121B, t. 448; Llsgr. NLW 21396E, rhif 5.

9. Llsgr. NLW 21323B, tt. 8–9.

10. Llsgr. NLW 21396E, rhif 14.

11. Williams: *PLP*, I, t. xxxiv; Llsgr. NLW 21392F, rhif 9.

12. C. Zigrosser, 'The Medallic Sketches of Augustin Dupré in American Collections', *Proceedings of the American Philosophical Society*, 101, rhif 6 (1957), 535–50.

13. Llsgr. NLW 21400C, rhif 27; Llsgr. NLW 21396E, rhif 17.

14. G. A. Williams, *Madoc: The Making of a Myth* (London, 1979).

15. W. Ll. Davies, 'David Samwell's Poem – "The Padouca Hunt"', *CLlGC*, II, rhifau 3 a 4 (1942), 142–52; Llsgr. NLW 21322C, tt. 1–28.

16. *CIM*, I, tt. 549–50; gweler hefyd Llsgr. NLW 21394D, rhif 1.

17. Llsgr. NLW 13117E, t. 164.

18. *CIM*, I, t. 438.

19. Ibid., I, tt. 408–10.

20. T. Roberts, *Cwyn yn erbyn Gorthrymder* (Llundain, 1797), t. 42.

21. Williams: *PLP*, II, tt. 193–216.

22. Llsgr. NLW 13097B, tt. 296, 298, 303–4, 310–11.

23. Williams: *PLP*, II, t. 209.

24. Llsgr. NLW 13121B, t. 306.

25. Llsgr. Cardiff 3.104, cyf. 6, llythyr rhif 3.

26. M-A. Constantine, 'Ossian in Wales and Brittany' yn H. Gaskill (gol.), *The Reception of Ossian in Europe* (London, 2004), t. 80.

27. Llsgr. NLW 1808Ei, t. 1372.

28. H. M. Davies, 'Loyalism in Wales, 1792–3', *CHC*, XX, rhif 4 (2001), 687–716.

29. Ff. M. Jones, 'Iolo Morganwg a Llythyr y "Colegwyr"', *Llên Cymru*, 37 (2014–15), 42.

30. *CIM*, I, t. 562.

31. Llsgr. NLW 21323B. Gweler hefyd Llsgrau. NLW 21323B, 21395E, 21396E.

32. Llsgr. NLW 21395E, t. 7.

33. Llsgr. NLW 21395E, tt. 20, 29.

34. Llsgr. NLW 13118B, t. 102.

35. Llsgr. NLW 21396E, rhif 8.

36. Llsgr. NLW 21426E, rhif 31.

37. Llsgr. NLW 21396E, rhif 10.

38. Llsgr. NLW 21323B, tt. 1, 9, 16, 19–20; G. H. Jenkins, *Bard of Liberty: The Political Radicalism of Iolo Morganwg* (Cardiff, 2012), tt. 95–7.

39. G. Phillips, 'Math o Wallgofrwydd: Iolo Morganwg, Opiwm a Thomas Chatterton', *CLlGC*, XXIX, rhif 4 (1996), 391–410.

40. Llsgr. NLW 23187E, rhif 9.

41. *CIM*, I, t. 416.

42. Llsgr. NLW 21392F, t. 30.

43. Llsgr. NLW 21387E, rhif 26; *CIM*, I, t. 559; Llsgr. NLW 21285E, rhif 818a.

44. Llsgr. NLW 13141A, t. 113.

45. *RAEW*, t. 48.

46. *CIM*, I, t. 543.

47. Ibid., I, t. 760.

48. J. Mee, '"Severe Contentions of Friendship": Barbauld, Conversation, and Dispute' yn H. Glen a P. Hamilton (goln.), *Repossessing the Romantic Past* (Cambridge, 2006), t. 23.

49. J. Bugg (gol.), *The Joseph Johnson Letterbook* (Oxford, 2016), t. xxvii.

50. Llsgr. NLW 21396E, rhif 11.

51. *CIM*, I, t. 586.

52. Williams: *PLP*, I, t. xxxviii.

53. *CIM*, I, t. 525.

54. Dyfynnwyd yn G. D. Owen, *Thomas Evans (Tomos Glyn Cothi)* ([Abertawe], 1963), t. 30.

55. Llsgr. NLW 13094E, tt. 182, 186, 191; Llsgr. NLW 21401E, rhifau 18, 19, 21, 22.

56. Williams: *PLP*, II, t. 166.

57. I. McCalman, *Radical Underworld: Prophets, Revolutionaries and Pornographers in London, 1795–1840* (Cambridge, 1988).

58. P. M. Ashraf, *The Life and Times of Thomas Spence* (Newcastle upon Tyne, 1983).

59. Llsgr. NLW 13136A, tt. 35, 41–2; Llsgr. NLW 21401E, rhif 30.

60. Llsgr. NLW 13174A, t. 39ᵛ.

61. D. L. McCue, Jr., 'The Pamphleteer Pitt's Government Couldn't Silence', *Eighteenth-Century Life* (1978-9), 38–49.

62. B. H. Bronson, *Joseph Ritson: Scholar-at-Arms* (2 gyf., Berkeley, Calif., 1938), I, tt. 143, 150, 154.

63. Dyfynnwyd yn G. Carr, *William Owen Pughe* (Caerdydd, 1983), t. 56.

64. Llsgr. NLW 13120B, tt. 365, 368.

65. P. Morgan, *Iolo Morganwg* (Cardiff, 1978), t. 39.

66. Williams: *PLP*, I, t. 166.

67. Ibid., II, t. 214.

68. *CIM*, I, t. 648.

69. Ibid., I, tt. 491–4.

70. Williams: *PLP*, I, t. [v]. Gweler hefyd M-A. Constantine, '"This Wildernessed Business of Publication": The Making of *Poems, Lyric and Pastoral* (1794)' yn *Rattleskull Genius*, tt. 123–45.

71. *Critical Review*, XI (1794), 175.

72. *CIM*, I, t. 693.

73. Williams: *PLP*, I, t. xi.

74. Llsgr. NLW 21433E, rhif 4.

75. Llsgr. NLW 21392F, rhif 92ᵛ; Llsgr. NLW 21400C, rhifau 28, 28a–b.

76. B. Bailey, *Hangmen of England: A History of Execution from Jack Ketch to Albert Pierrepoint* (London, 1989), tt. 8–11.

77. Llsgr. NLW 21400C, rhif 32.

78. Llsgr. NLW 21400C, rhif 38; Williams: *PLP*, II, t. 132; E. Edwards, *English-Language Poetry from Wales 1789–1806* (Cardiff, 2013).

79. Llsgr. NLW 21323B, t. 41; Llsgr. NLW 21398E, rhif 29a.

80. G. a Z. Bowen, *Hanes Gorsedd y Beirdd* (Cyhoeddiadau Barddas, 1991), tt. 28–30.

81. *CIM*, I, tt. 632–4; *RAEW*, tt. 104–5.

82. Llsgr. NLW 13130A, t. 221; Llsgr. NLW 13142A, t. 309.

83. *RAEW*, tt. 47–8.

84. Llsgr. NLW 21334B, tt. 24–6; Llsgr. NLW 21335B, tt. 12–14.

85. Jenkins, *Bard of Liberty*.

86. *CIM*, I, tt. 676–7.

87. Llsgr. NLW 21396E, rhif 12.

88. *CIM*, II, t. 15; Llsgr. NLW 21392F, rhif 24ᵛ; *RAEW*, t. 134.

89. Llsgr. NLW 21396E, rhif 12.

90. *CIM*, I, t. 775.

91. Llsgr. NLW 21396E, rhif 11; J. Barrell, *The Spirit of Despotism: Invasions of Privacy in the 1790s* (Oxford, 2006).

92. *CIM*, I, tt. 661–2; J. Barrell a J. Mee (goln.), *Trials for Treason and Sedition, 1792–1794* (8 cyf., London, 2006–7).

93. E. Williams, *Trial by Jury, the Grand Palladium of British Liberty* (London, 1795); Llsgr. NLW 21401E, rhifau 32, 32a.

94. D. Walford Davies, '"At Defiance": Iolo, Godwin, Coleridge, Wordsworth' yn *Rattleskull Genius*, tt. 147–72.

95. Ibid., tt. 153–5.

96. Llsgr. NLW 21392F, rhif 9; Llsgr. NLW 21396E, rhifau 18–22, 34–5; Llsgr. NLW 21400C, rhif 11.

97. Llsgr. NLW 13112B, tt. 273–85.

98. C. Roth, *The Nephew of the Almighty* (London, 1938); D. Madden, *The Paddington Prophet: Richard Brothers's Journey to Jerusalem* (Manchester, 2010).

99. *CIM*, I, tt. 743, 756–7; *RAEW*, tt. 82–6.

100. Llsgr. NLW 21392F, t. 67; *CIM*, tt. 746–7, 758; *RAEW*, t. 114.

101. *CIM*, I, t. 713.

102. Ibid., tt. 749–52.

103. Llsgr. NLW 21392F, rhif 9.

Pennod 5: Y Smotiau Duon

1. *CIM*, II, t. 386.

2. Ibid., II, tt. 672–3.

3. Ibid., II, t. 51.

4. C. Evans (gol.), *The Letterbook of Richard Crawshay 1788–1797* (Cardiff, 1990), t. 160.

5. *CIM*, I, tt. 783–5, 794.

6. [W. Williams], 'William Howells, o Longacre, Llundain', *Y Traethodydd*, V (1849), 157.

7. *CIM*, II, tt. 366–7.

8. B. Ll. James, 'Iolo Morganwg and Cowbridge' yn idem (gol.), *Echoes of Old Cowbridge* (Cowbridge Record Society, 2011), t. 42.

9. *CIM*, II, tt. 7–11.

10. Llsgr. NLW 21410E, rhifau 29, 29a.

11. Llsgr. NLW 13138A, tt. 268–9; Llsgr. NLW 21410E, rhifau 28–9; J. Stobart, *Sugar and Spice: Grocers and Groceries in Provincial England, 1650–1830* (Oxford, 2013).

12. Llsgr. NLW 21410E, rhif 28.

13. T. C. Evans, *Iolo Morganwg* (Llanuwchllyn, 1913), t. 23. Am fersiwn gwahanol, gweler Llsgr. NLW 13141A, t. 113.

14. *RAEW*, tt. 23–4; T. Stephens, 'Iolo Morganwg', *Yr Ymofynydd*, VI, rhif 65 (1853), 11n.

15. *RAEW*, t. 108.

16. Llsgr. NLW 21410E, rhif 29a.

17. J. Walvin, *Fruits of Empire: Exotic Produce and British Taste, 1660–1800* (Basingstoke, 1997), t. 197.

18. Llsgr. NLW 21387E, t. 8[r–v]; M-A Constantine, 'Iolo Morganwg, Coleridge, and the Bristol Lectures, 1795', *Notes and Queries*, 52, rhif 1 (2005), 42–4.

19. Llsgr. NLW 13115B, t. 372.

20. *CIM*, II, t. 346.

21. C. Evans, *Slave Wales: The Welsh and Atlantic Slavery 1660–1850* (Cardiff, 2010), t. 131. Mewn gwrthgyferbyniad, gweler E. W. James, 'Caethwasanaeth a'r Beirdd, 1790–1840', *Taliesin*, 119 (2003), 37–60.

22. Llsgr. NLW 21410E, rhif 29a.

23. Ibid., rhif 30.

24. Llsgr. NLW 21407C, rhifau 1, 2, 5, 6, 8; Llsgr. NLW 21414E, rhifau 17, 17a.

25. Llsgr. NLW 13146A, tt. 128–31.

26. Llsgr. NLW 21410E, rhif 29a.

27. NLW, Great Sessions P. 2774.

28. Llsgr. NLW 21424E, rhifau 2, 6a.

29. *RAEW*, tt. 108–9; J. W. Warter (gol.), *Southey's Common-place Book. Fourth Series* (London, 1850), t. 364.

30. Llsgr. NLW 21414E, rhif 17.

31. Dyfynnwyd yn Ff. M. Jones, *'The Bard is a Very Singular Character': Iolo Morganwg, Marginalia and Print Culture* (Cardiff, 2010), t. 299.

32. Llsgr. NLW 21424E, rhif 5; Llsgr. NLW 21335B, tt. 36–7; Llsgr. NLW 21328A, tt. 243–5.

33. Llsgr. NLW 13146A, t. 371; Llsgr. NLW 21335B, t. 35.

34. Dyfynnwyd yn Jones, *'The Bard is a Very Singular Character'*, t. 255.

35. Ibid., t. 328.

36. Llsgr. NLW 21410E, rhif 36; *CIM*, II, t. 39.

37. Llsgr. NLW 13221E, t. 312.

38. M. Löffler, 'Yn Sgil Chwyldro Ffrengig 1789: Cyfieithu Radicalaidd i'r Cymry', *Llên Cymru*, 39 (2016), 33–55.

39. R. Mitchison, 'The Old Board of Agriculture (1793–1822)', *English Historical Review*, LXXIV (1958), 41–69.

40. Llsgr. NLW 13115B.

41. Ibid., t. 51.

42. Ibid., t. 87.

43. *CIM*, I, t. 834.

44. Llsgr. NLW 1806E, t. 706; *CIM*, II, t. 439; D. C. Jones, '"Mere Humbug": Iolo Morganwg and the Board of Agriculture, 1796–1815', *TAGC*, 10 (2004), 76–97.

45. *CIM*, II, t. 439.

46. G. H. Jenkins, 'An Uneasy Relationship: Gwallter Mechain and Iolo Morganwg', *Montgomeryshire Collections*, 97 (2009), 91–2.

47. G. a. Z. Bowen, *Hanes Gorsedd y Beirdd* (Cyhoeddiadau Barddas, 1991), t. 35.

48. James, 'Iolo Morganwg and Cowbridge', t. 46.

49. Llsgr. NLW 13148A, tt. 286–92, 297–300; Bowen, *Hanes Gorsedd y Beirdd*, t. 40.

50. Llsgr. NLW 13134A, tt. 33–48; C. A. Charnell-White (gol.), *Welsh Poetry of the French Revolution* (Cardiff, 2012), tt. 154–61.

51. Charnell-White (gol.), *Welsh Poetry of the French Revolution*, t. 184.

52. *CIM*, II, t. 524.

53. Ibid., II, t. 6.

54. Ibid., II, t. 83.

55. Ibid., II, t. 70.

56. Ibid., II, t. 43; G. Carr, *William Owen Pughe* (Caerdydd, 1983), tt. 60–1.

57. *CIM*, I, tt. 842–52.

58. Ibid., I, tt. 846–7.

59. Llsgr. NLW 13097B, tt. 450–1.

60. *CIM*, II, tt. 47–66.

61. Ibid., II, t. 61.

62. Ibid., II, t. 524.

63. Llsgr. NLW 21396E, rhif 35.

64. Ibid., rhif 18.

65. Llsgr. NLW 13146A, t. 88.

66. Llsgr. NLW 21396E, rhif 35.

67. Llsgr. NLW 13152A, t. 234.

68. Llsgr. NLW 13120B, t. 382.

69. Llsgr. NLW 13147A, t. 163.

70. Dyfynnwyd yn H. M. Davies, 'Terror, Treason and Tourism: The French in Pembrokeshire 1797' yn M-A. Constantine a D. Johnston (goln.), *Footsteps of Liberty and Revolt: Essays on Wales and the French Revolution* (Cardiff, 2013), t. 250.

71. *CIM*, II, t. 19. Meddai Iolo yn 1802: 'The French that landed in Fishguard in 1796 [*sic*] did no great mischief.' Llsgr. NLW 1760A, 6/13.

72. *CIM*, II, t. 19.

73. Llsgr. NLW 13089E, tt. 258–61; Llsgr. NLW 13116B, tt. 292–9; Llsgr. NLW 21392F, rhifau 35–8.

74. Ff. M. Jones, '"A'r Ffeiffs a'r Drums yn roario": Y Baledwyr Cymraeg, y Milisia a'r Gwirfoddolwyr', *Canu Gwerin*, 34 (2011), 18–42; eadem, *Welsh Ballads of the French Revolution* (Cardiff, 2012).

75. Llsgr. NLW 13089E, tt. 258–61; Llsgr. NLW 21335B, tt. 16–22.

76. *CIM*, II, t. 12.

77. Llsgr. NLW 13112B, t. 318.

78. J. Hughes, *Methodistiaeth Cymru* (3 cyf., Gwrecsam, 1851–6), III, t. 54.

79. R. B. Higham, *The Revd David Jones Llangan, 1736–1810* (Lampeter, 2009), t. 174.

80. Llsgr. NLW 21328A, tt. 196–7; Llsgr. NLW 21330E, rhif 48; Llsgr. NLW 21335B, tt. 23–5.

81. *CIM*, II, t. 13.

82. E. W. James, 'Thomas William: Bardd ac Emynydd Bethesda'r Fro', *Llên Cymru*, 27 (2004), 113–39.

83. Idem, 'Williams a Williams: Emynwyr Bro Morgannwg', *CCHMC*, 35 (2011), 72–87.

84. G. M. Roberts, *Bywyd a Gwaith Peter Williams* (Caerdydd, 1943), tt. 93–136.

85. 'Sabeliaid' a 'Sabeliaeth' a ddefnyddid ar lafar. *GPC*.

86. 'Jones o Langan a'i Amserau', *Y Traethodydd*, VI (1850), 145–6; *CIM*, II, tt. 12–17; B. Ll. James, 'Aberthin Chapel in the Eighteenth Century: Methodist or Independent?', *CCHMC*, 40 (2016), 47–64.

87. W. Rh. Nicholas, *Thomas William Bethesda'r Fro* (Abertawe, 1994).

88. James, 'Williams a Williams', 82.

89. Llsgr. NLW 21328A, t. 89.

90. Ibid., tt. 196–7; Llsgr. NLW 21335B, tt. 23–5.

91. G. H. Jenkins, '"Dyro Dduw dy Nawdd": Iolo Morganwg a'r Mudiad Undodaidd' yn idem (gol.), *Cof Cenedl XX* (Llandysul, 2005), t. 76.

92. Llsgr. NLW 13103B, t. 300.

93. Llsgr. NLW 13106B, tt. 69–70.

94. M. Löffler (gol.), *Welsh Responses to the French Revolution: Press and Public Discourse 1789–1802* (Cardiff, 2012), t. 227.

95. *CIM*, II, t. 371; G. H. Jenkins, '"A Very Horrid Affair": Sedition and Unitarianism in the Age of Revolution' yn R. R. Davies a G. H. Jenkins (goln.), *From Medieval to Modern Wales* (Cardiff, 2004), tt. 175–96.

96. NLW, Great Sessions 4/753/1–3.

97. *CIM*, II, t. 371.

98. Llsgr. NLW 21373D, tt. 1–4.

99. NLW, Bute L48/57ii–iii; J. Nichols (gol.), *Miscellaneous Works, in Prose and Verse, of George Hardinge* (3 cyf., London, 1818), I, tt. 51–64.

100. *CIM*, II, t. 381.

101. Llsgr. NLW 13145A, tt. 159–74, 278–98.

102. NLW, Papurau Iolo Morganwg E5.

103. Llsgr. NLW 21413E, rhif 42a.

104. Llsgr. NLW 13089E, t. 168; Llsgr. NLW 13112B, t. 277.

105. *CIM*, II, t. 442.

106. Llsgr. NLW 13114B, t. 243.

107. *CIM*, II, t. 693; Llsgr. NLW 13145A, t. 201.

108. Llsgr. NLW 13174A, t. 25.

109. *CIM*, II, tt. 362, 691.

110. Ibid., II, t. 252.

111. Llsgr. NLW 13174A, t. 40^v.

112. Llsgr. NLW 21410E, rhif 39.

113. *CIM*, I, tt. 831–2, 836; Llsgr. NLW 21398E, rhif 3; G. H. Jenkins, *Bard of Liberty: The Political Radicalism of Iolo Morganwg* (Cardiff, 2012), tt. 139–40.

114. *Yr Ymofynydd*, IV, rhif 51 (1851), 243.

115. *CIM*, II, t. 265.

116. Ibid., II, tt. 296, 298–301.

117. Ibid., II, t. 417.

118. Llsgr. NLW 13174A, t. 3^v.

119. *CIM*, II, t. 466; Llsgr. NLW 21390E, t. 10; G. H. Jenkins, 'Perish Kings and Emperors, but Let the Bard of Liberty Live' (Aberystwyth, 2006).

Pennod 6: Tros Gymru'n Gwlad

1. Llsgr. NLW 13121B, t. 271.

2. *CIM*, II, t. 668.

3. Llsgr. NLW 13089E, t. 76.

4. Dyfynnwyd yn E. G. Millward (gol.), *Cerddi Jac Glan-y-Gors* (Llandybïe, 2003), tt. 10–11.

5. Llsgr. NLW 13174A, t. 2^v; Llsgr. NLW 13112B, t. 367.

6. J. Pinkerton, *A Dissertation on the Origin and Progress of the Scythians or Goths* (London, 1787), t. 92; gweler Llsgr. NLW 21419E, rhifau 1–8, am sylwadau deifiol Iolo.

7. D. G. Jones (gol.), *Prydnawngwaith y Cymry a Gweithiau Eraill gan William Williams* (Bangor, 2011), t. 76.

8. Llsgr. NLW 13097B, t. 293.

9. Llsgr. NLW 13174A, t. 77^r.

10. Llsgr. NLW 13089E, t. 264.

11. Llsgr. NLW 21319A, t. 38.

12. G. J. Williams, 'Hanes Cyhoeddi'r "Myvyrian Archaiology"', *JWBS*, X, rhif 1 (1966), 2–12; M-A. Constantine, 'Welsh Literary History and the Making of "The Myvyrian Archaiology of Wales"' yn D. Van Hulle a J. Leerssen (goln.), *Editing the Nation's Memory* (Amsterdam, 2008), tt. 109–28.

13. Llsgr. NLW 13102B, t. 32.

14. G. Phillips, *Dyn heb ei Gyffelyb yn y Byd: Owain Myfyr a'i Gysylltiadau Llenyddol* (Caerdydd, 2010), t. 239.

15. *CIM*, II, t. 289.

16. Ibid., II, t. 189.

17. Ibid., II, t. 196.

18. Ibid., II, t. 202.

19. Llsgr. NLW 13113B; G. J. Williams, 'Brut Aberpergwm: A Version of the Chronicle of the Princes' yn S. Williams (gol.), *Glamorgan Historian*, 4 (Cowbridge, 1967), tt. 205–20.

20. Llsgr. NLW 13116B, t. 265; Llsgr. NLW 13140A, t. viii; Llsgr. BL Add. 15029, t. 137^r.

21. *RAEW*, t. 148.

22. Llsgr. NLW 13104B, t. 124.

23. Llsgr. NLW 13088B, tt. 60–1; Llsgr. NLW 13115B, t. 317; Llsgr. NLW 13144A, tt. 427–9.

24. E. Jones (gol.), *The Bardic Museum* (London, 1802); *CIM*, II, t. 415.

25. Llsgr. NLW 13128A, t. 249.

26. Llsgr. NLW 13174A, t. 35$^{r–v}$.

27. Llsgr. NLW 13118B, t. 135.

28. Llsgr. NLW 13130A, t. 292; Llsgr NLW 13136A, tt. 96–7.

29. *CIM*, II, t. 510.

30. Llsgr. NLW 13128A, t. 249.

31. *CIM*, II, t. 147.

32. Llsgr. NLW 13097B, t. 286.

33. G. H. Jenkins, *Bard of Liberty: The Political Radicalism of Iolo Morganwg* (Cardiff, 2012), tt. 183–4.

34. *RAEW*, pennod 5.

35. T. ab Iolo Williams (gol.), *Iolo Manuscripts: A Selection of Ancient Welsh Manuscripts* (Llandovery, 1848), tt. 154–94, 251–61.

36. Ibid., tt. 193–4.

37. Llsgr. NLW 13106B, tt. 69–70.

38. *Iolo Manuscripts*, tt. 98–9.

39. Ibid., tt. 228–51; *ODNB* s.n. Rhys Goch ap Rhicert.

40. Llsgr. NLW 13127A, t. 438; *CRhIM*, tt. 123–4.

41. I. Williams, 'Rhys Goch ap Rhiccert', *Y Beirniad*, III (1913), 230.

42. G. J. Williams, 'Rhys Goch ap Rhiccert', *Y Beirniad*, VIII (1919), 211–26.

43. *CIM*, II, t. 743.

44. Williams, 'Brut Aberpergwm', tt. 205–20.

45. R. M. Crowe, 'Diddordebau Ieithyddol Iolo Morganwg' (traethawd PhD anghyhoeddedig Prifysgol Cymru, 1988), t. 199.

46. Llsgr. NLW 13148A, t. 12.

47. Llsgr. NLW, IM E5/18.

48. R. Crowe, 'Iolo Morganwg a'r Tafodieithoedd: Diffinio'r Ffiniau', *CLlGC*, XXVII, rhif 2 (1991), 205–16; B. Thomas a P. W. Thomas, *Cymraeg, Cymrâg, Cymrêg . . . Cyflwyno'r Tafodieithoedd* (Caerdydd, 1989).

49. J. H. Davies (gol.), *The Letters of Goronwy Owen (1723–1769)* (Cardiff, 1924), t. 67.

50. R. M. Crowe, 'Sylwadau Iolo Morganwg ar Ynganiad y Wenhwyseg', *Papurau Gwaith Ieithyddol Caerdydd*, 7 (1992), tt. 9–13.

51. Crowe, 'Diddordebau Ieithyddol Iolo Morganwg', tt. 257–8, 325.

52. Llsgr. NLW 13131A, t. 513.

53. D. Huws, *Caneuon Llafar Gwlad ac Iolo a'i Fath* (Cymdeithas Alawon Gwerin Cymru, 1993); idem, 'Iolo Morganwg and Traditional Music' yn *Rattleskull Genius*, tt. 333–56.

54. Llsgr. NLW 13118B, t. 136.

55. Llsgr. NLW 13146A, t. 4.

56. M-A. Constantine, 'Mynd ar Drywydd Dernynnau: Iolo, Ritson a Robin' yn S. Harper a W. Thomas (goln.), *Cynheiliaid y Gân / Bearers of Song* (Caerdydd, 2007), tt. 43–50.

57. L. Salisbury, *Alawon Gwerin Iolo Morganwg* (Cymdeithas Alawon Gwerin Cymru, 2012), t. 18; eadem, '"Hai Haw Brithi i'r Buarth": Golwg ar Ganeuon Gwaith Iolo Morganwg', *Canu Gwerin*, 31 (2008), 55–82; C. Owen-Jones, 'Manuscript Modifications: Iolo Morganwg and Leila Salisbury', ibid., 36 (2013), 5–52.

58. Salisbury, *Alawon Gwerin Iolo Morganwg*, t. 170.

59. Llsgr. NLW 13160A, t. 85; *TLIM*, tt. 251–9.

60. Llsgr. NLW 13102B, tt. 23–7.

61. Llsgr. NLW 13102B, tt. 23, 26, 27, 29; *MAW*, II, III, *passim*; R. G. Roberts, 'Golygiad o dri fersiwn o "Madwaith Hen Gyrys o Iâl"' (traethawd PhD anghyhoeddedig Prifysgol Cymru, 2006).

62. Llsgr. NLW 13102B, t. 28.

63. Lewis: *IM*, t. 71.

64. Llsgr. NLW 13102B, t. 32.

65. Ibid., t. 28.

66. M. E. Owen, *Y Meddwl Obsesiynol: Traddodiad y Triawd Cyffredinol yn y Gymraeg a'r Myvyrian Archaiology of Wales* (Aberystwyth, 2007).

67. Llsgr. NLW 13124B, tt. 301, 303.

68. Llsgr. NLW 13145A, t. 171.

69. Llsgr. NLW 13124B, tt. 306, 311, 313.

70. Llsgr. NLW 13101B, t. 171; *CIM*, II, t. 315.

71. P. Morgan, 'Wild Wales: Civilizing the Welsh from the Sixteenth to the Nineteenth Centuries' yn P. Burke, B. Harrison a P. Slack (goln.), *Civil Histories* (Oxford, 2000), tt. 265–83; C. A. Charnell-White, 'Perfformio Cenedl y Dychymyg: Iolo Morganwg a Dechreuadau Gorsedd y Beirdd' yn A. Jones (gol.), *Perfformio'r Genedl: Ar Drywydd Hywel Teifi Edwards* (Caerdydd, 2017), tt. 117–46.

72. Llsgr. NLW 13128A, tt. 484–5.

73. *MAW*, I, tt. ix–x.

74. G. H. Jenkins, '"Taphy-land Historians" and the Union of England and Wales 1536–2007', *Journal of Irish and Scottish Studies*, I, rhif 2 (2008), 1–27.

75. NLW, Papurau Iolo Morganwg E5.

76. *CIM*, II, t. 743.

77. Ibid., II, t. 272.

78. Ibid., II, t. 697.

79. Phillips, *Dyn heb ei Gyffelyb yn y Byd*, t. 232.

80. *CIM*, II, t. 772.

81. Ibid., II, t. 106.

82. Llsgr. NLW 13148A, t. 175.

83. *CIM*, II, t. 315.

84. *RAEW*, tt. 89–94.

85. Gweler crynodeb o waith ymchwil K. Vohs yn *Psychological Science*, 44, rhif 9 (2013), 12.

86. *CIM*, II, t. 681.

87. R. J. W. Evans, *Wales in European Context: Some Historical Reflections* (Aberystwyth, 2001), t. 9.

88. G. H. Jenkins, *Y Chwyldro Ffrengig a Voltaire Cymru* (Caerdydd, 1989), t. 16.

89. *MAW*, I, t. [ix].

90. P. Langford, *A Polite and Commercial People: England 1727–1783* (Oxford, 1992), t. 306.

91. Llsgr. NLW 21426E, rhif 1; *CIM*, II, tt. 610–11.

92. *CIM*, II, tt. 271, 279–80; R. Crowe, 'Iolo Morganwg and the Dialects of Welsh' yn *Rattleskull Genius*, tt. 315–31.

93. B. H. Malkin, *The Scenery, Antiquities, and Biography, of South Wales* (2 gyf., ail arg., London, 1807), I, t. 195.

94. Llsgr. NLW 13106B, t. 1.

95. Llsgr. NLW 21392F, rhif 1; Llsgr. NLW 13103B, tt. 135–8.

96. *CIM*, II, tt. 143–6; ibid., III, t. 564.

97. Llsgr. NLW 13112B, t. 300; Llsgr. NLW 13158A, tt. 139–40; M. J. Franklin, *Sir William Jones* (Cardiff, 1995).

98. *CIM*, II, t. 295; C. Davies, *Adfeilion Babel* (Caerdydd, 2000), tt. 310–11.

99. NLW 13150A, t. 144; Davies, *Adfeilion Babel*, tt. 202–30.

100. Llsgr. NLW 13121B, t. 482.

101. Llsgr. NLW 13102B, t. 32.

102. J. Williams (Ab Ithel), *Barddas* (2 gyf., Llandovery, 1862), I, *passim*; ibid., II, tt. 11–168; G. a Z. Bowen, *Hanes Gorsedd y Beirdd* (Cyhoeddiadau Barddas, 1991), *passim*.

103. Llsgr. NLW 1806E, t. 777.

104. Williams: *IM*, tt. 272–3; Lewis: *IM*, tt. 189–95; C. A. Charnell-White, *Bardic Circles: National, Regional and Personal Identity in the Bardic Vision of Iolo Morganwg* (Cardiff, 2007), tt. 98–9.

105. *RAEW*, t. 53.

106. S. Brooks, *Pam Na Fu Cymru: Methiant Cenedlaetholdeb Cymraeg* (Caerdydd, 2015), t. 24.

107. M. Löffler, *The Literary and Historical Legacy of Iolo Morganwg 1826–1926* (Cardiff, 2007), tt. 25–9, 67–70, 78–115.

108. J. Morris-Jones, 'Derwyddiaeth Gorsedd y Beirdd', *Y Beirniad*, XI (1911), 66–72.

109. T. Marchant Williams, 'The Conspiracy against the Gorsedd', *The Nationalist*, IV, rhif 36 (1911), 4.

110. G. J. Williams, 'Iolo Morganwg', *Yr Ymofynnydd*, XXVII, rhif 3 (1927), 62.

Pennod 7: Cyfaill i'r Tlawd a'r Gorthrymedig

1. Llsgr. NLW 21286E, ymylnodau ar lythyr rhif 1056.

2. W. Hague, *William Wilberforce: The Life of the Great Anti-Slave Trade Campaigner* (London, 2007), t. 354.

3. D. Olusoga, *Black and British: A Forgotten History* (London, 2017), t. 80.

4. T. C. Evans [Cadrawd], *Iolo Morganwg* (Llanuwchllyn, 1913), tt. 57–60.

5. *CIM*, II, t. 828.

6. Llsgr. NLW 13134A, t. 219.

7. Llsgr. NLW 21423E, rhif 11.

8. C. Taylor, 'Edward Williams ('Iolo Morganwg') and his Brothers: A Jamaican Inheritance', *TAGC* (1980), 35–43.

9. *RAEW*, t. 60.

10. T. Stephens, 'Iolo Morganwg', *Yr Ymofynydd*, V, rhif 60 (1852), 186.

11. A. Davies, '"Uncontaminated with Human Gore"? Iolo Morganwg, Slavery and the Jamaican Inheritance' yn *Rattleskull Genius*, tt. 293–313; G. H. Jenkins, '"Diabolical Traffic": Iolo Morganwg, Slavery and Merthyr Tydfil', *Merthyr Historian*, 19 (2008), 7–17.

12. *CIM*, II, t. 669.

13. Olusoga, *Black and British*, t. 231.

14. *CIM*, III, tt. 290–2.

15. Ibid., III, tt. 324–6.

16. Ibid., III, tt. 330–1.

17. Ibid., III, t. 415.

18. Llsgr. NLW 21406E, rhif 1; Llsgr. NLW 21410E, rhif 31.

19. R. W. Davis, *Dissent in Politics 1780–1830: The Political Life of William Smith MP* (London, 1971), pennod 10.

20. Llsgr. NLW 21334B, tt. 12–28.

21. Llsgr. NLW 13157A, t. 197; *CIM*, III, t. 195.

22. Llsgr. NLW 21344A, nodyn y tu mewn i'r clawr.

23. D. E. Davies, *Y Smotiau Duon* (Llandysul, 1981); idem, *Cewri'r Ffydd: Bywgraffiadur y Mudiad Undodaidd yng Nghymru* ([Aberdâr], 1999).

24. G. Eyre Evans (gol.), *Lloyd Letters (1754–1796)* (Aberystwyth, 1908), t. xxx.

25. Ibid., t. xxxvi.n.

26. Llsgr. NLW 13141A, t. 236; Llsgr. NLW 21398E, rhif 15.

27. *CIM*, III, t. 280; J. Jenkins, 'David Jenkin Rees o Loydjack', *Yr Ymofynydd*, IX, rhif 32 (1884), 90–2.

28. Llsgr. NLW 13089E, t. 120; Llsgr. NLW 13114B, tt. 31–6; Llsgr. NLW 13115B, tt. 1–2.

29. S. Hughes, *Copperopolis* (Aberystwyth, 2000); L. Miskell, *'Intelligent Town': An Urban History of Swansea, 1780–1855* (Cardiff, 2006), pennod 2.

30. Llsgr. NLW 1760B, t. 71.

31. *CIM*, III, t. 206.

32. G. Williams, 'Gomer: "Sylfaenydd ein Llenyddiaeth Gyfnodol"', *TAGC* (1982), 111–38.

33. E. Williams, *Vox Populi Vox Dei! or, Edwards for Ever!* (Swansea, 1818), tt. 9–12. Cynhwyswyd caneuon o blaid Edwards gan Peggy a Nancy, merched Iolo, yn y pamffled.

34. Ibid., t. 7; Llsgr. NLW 21402F, rhifau 11–11c.

35. Llsgr. NLW 13115B, t. 100.

36. D. E. Davies, *Capel Gellionnen 1692–1992* (s.l. [Capel Gellionnen], 1992).

37. *The Times*, 12 Medi 1837.

38. Llsgr. NLW 11138D; *CIM*, II, tt. 579, 871–6; ibid., III, tt. 82–3.

39. *CIM*, III, t. 145.

40. *ODNB* s.n. Thomas Rees.

41. J. Evans, 'Memoir of Abraham Rees, DD, FRS, FLS, etc.', *Christian Moderator*, I, rhif 1 (1826), 4–9.

42. S. Andrews, *Unitarian Radicalism: Political Rhetoric, 1770–1814* (Basingstoke, 2003), t. ix.

43. *CIM*, II, t. 830; ibid., III, tt. 129, 151.

44. T. G. Davies, *Neath's Wicked World and Other Essays on the History of Neath and District* (West Glamorgan Archive Service, 2000), tt. 109–24.

45. B. F. Roberts, 'Mab ei Dad: Taliesin ab Iolo Morganwg' yn H. T. Edwards (gol.), *Merthyr a Thaf* (Llandysul, 2001), tt. 60–1.

46. *CIM*, III, t. 300.

47. Ibid., II, tt. 642–4; Llsgr. NLW 21392F, t. 4ᵛ.

48. D. Rh. Phillips, *The History of the Vale of Neath* (Swansea, 1925), tt. 288–91.

49. *CIM*, III, t. 58; *ODNB* s.n. Peter Price.

50. GA, DD/SF; Phillips, *The History of the Vale of Neath*, tt. 441–2.

51. *CIM*, III, t. 256.

52. E. Rees, *Sketches of the Horrors of War* (London, 1818); *Memoirs of Evan Rees: Consisting Chiefly of Extracts from his Letters* (Neath, 1853); M. Ceadel, *The Origins of War Prevention* (Oxford, 1996).

53. *RAEW*, t. 14.

54. *Y Bywg*; P. Frame, *Liberty's Apostle: Richard Price. His Life and Times* (Cardiff, 2015), tt. 10–12.

55. J. A. Hone, *For the Cause of Truth: Radicalism in London 1796–1821* (Oxford, 1982), tt. 22–3; C. a D. Bewley, *Gentleman Radical: A Life of John Horne Tooke 1736–1812* (London, 1998), tt. 74, 139–40.

56. P. Riden, *John Bedford and the Ironworks at Cefn Cribwr* (Cardiff, 1992); *CIM*, III, t. 345.

57. Llsgr. NLW 13089E, t. 123; H. J. Randall, *Bridgend: The Story of a Market Town* (Newport, 1955), tt. 67–70.

58. *RAEW*, tt. 14–15.

59. B. Ll. James, 'John Hodder Moggridge and the Founding of Blackwood', *Presenting Monmouthshire*, II, rhif 5 (1968), 25–9; *Observations on the Present Difficulties of the Country* (London, 1816).

60. *CIM*, III, tt. 163, 171.

61. Llsgr. NLW 13114B, t. 32; C. Evans, *'The Labyrinth of Flames': Work and Social Conflict in Early Industrial Merthyr Tydfil* (Cardiff, 1993), *passim*.

62. D. S. Evans (gol.), *Gwaith y Parch. Walter Davies, A.C. (Gwallter Mechain)* (3 cyf., Caerfyrddin a Llundain, 1868), III, t. 367.

63. Llsgr. NLW 13174A, t. 26ᵛ.

64. W. Davies, *General View of the Agriculture and Domestic Economy of South Wales* (London, 1814), t. 461.

65. Llsgr. NLW 13147A, tt. 206–7.

66. E. G. Millward, 'Merthyr Tudful: Tref y Brodyr Rhagorol' yn H. T. Edwards (gol.), *Merthyr a Thaf* (Llandysul, 2001), tt. 9–56; W. Edmunds, *Traethawd ar Hanes Plwyf Merthyr* (Aberdar, 1864), *passim*.

67. B. F. Roberts, '"The Age of Restitution": Taliesin ab Iolo and the Reception of Iolo Morganwg' yn *Rattleskull Genius*, tt. 465–6.

68. *CIM*, III, t. 151; Evans, *'The Labyrinth of Flames'*, tt. 76, 183–4.

69. J. Uglow, *The Lunar Men: The Friends who made the Future 1730–1810* (London, 2003).

70. C. Wilkins, *The History of Merthyr Tydfil* (Merthyr Tydfil, 1867), t. 203.

71. G. A. Williams, *The Merthyr Rising* (London, 1978), t. 74.

72. Wilkins, *The History of Merthyr Tydfil*, tt. 269–70.

73. T. Stephens, 'Iolo Morganwg – Ei Nodweddion', *Yr Ymofynydd*, VI, rhif 66 (1853), 32.

74. M. Williams, 'Notable Men of Wales: Iolo Morganwg (Edward Williams)', *The Red Dragon*, II (1882), 97–104.

75. Llsgr. NLW 21401E, rhifau 1–3; Llsgr. NLW 13089E, t. 451.

76. Llsgr. NLW 13129A, t. 449.

77. Llsgr. NLW 13157A, t. 265; Llsgr. NLW 13103B, t. 14.

78. G. H. Jenkins, '"Dyro Dduw dy Nawdd": Iolo Morganwg a'r Mudiad Undodaidd' yn idem (gol.), *Cof Cenedl XX* (Llandysul, 2005), t. 94.

79. Llsgr. NLW 13106B, tt. 49–52, 85–9; Llsgr. NLW 21406E, rhif 30.

80. R. Wright, *A Review of the Missionary Life and Labors of Richard Wright* (London, 1824), tt. 372–3.

81. *CIM*, III, t. 281.

82. Ibid., III, t. 290.

83. Ibid., III, t. 281.

84. Llsgr. NLW 13145A, tt. 13–151, 466–85, 490–3, 507–31.

85. Ff. M. Jones, *'The Bard is a Very Singular Character': Iolo Morganwg, Marginalia and Print Culture* (Cardiff, 2010), t. 105; E. G. Millward, *Yr Arwrgerdd Gymraeg: Ei Thwf a'i Thranc* (Caerdydd, 1998), t. 67.

86. Jenkins, '"Dyro Dduw dy Nawdd": Iolo Morganwg a'r Mudiad Undodaidd', t. 94.

87. Llsgr. NLW 13129A, tt. 213–16.

88. C. A. Charnell-White (gol.), *Detholiad o Emynau Iolo Morganwg* (Aberystwyth, 2009), t. 1.

89. Llsgr. NLW 13130A, t. 191; W. Rh. Nicholas, 'Iolo Morganwg a'i Emynau', *Bwletin Cymdeithas Emynau Cymru*, I, rhif 2 (1969), 18; *CIM*, III, t. 108.

90. Llsgr. NLW 21283E, ymylnodau ar lythyr rhif 463; Llsgr. NLW 21419E, rhif 41.

91. E. Williams, *Salmau yr Eglwys yn yr Anialwch* (ail arg., Merthyr-Tydfil, 1827), t. iv.

92. Ibid., t. vi.

93. Ibid., tt. iv–v.

94. Ibid., tt. 93–4.

95. T. D. Thomas, *Bywgraffiad Iolo Morganwg, BBD* (Caerfyrddin, 1857), t. 123.

96. W. Edwards, 'Iolo Morganwg ac Oes Rhamant', *Yr Ymofynnydd*, XXVII, rhif 3 (1927), 51.

97. Nicholas, 'Iolo Morganwg a'i Emynau', 25.

98. Jones, *'The Bard is a Very Singular Character'*, t. 134.

99. Ibid., tt. 129–36; Thomas, *Bywgraffiad Iolo Morganwg*, t. 63.

100. *CIM*, III, t. 539.

101. T. Stephens, 'Iolo Morganwg', *Yr Ymofynydd*, V, rhif 63, 249.

102. Llsgr. NLW 21319A, t. 1.

103. Llsgr. NLW 21392F, rhif 39.

104. Llsgr. NLW 13134A, tt. 1–8.

105. *CIM*, III, tt. 338–43.

106. Llsgr. NLW 21426E, rhif 63.

107. Llsgr. NLW 21410E, rhif 45; Llsgr. NLW 21413E, rhif 21; *CIM*, II, t. 798; ibid., III, t. 268.

108. Llsgr. NLW 21422E, rhif 15.

109. *RAEW*, tt. 55–7.

110. Llsgr. NLW 21411E, rhif 52.

111. Ibid., rhif 61.

112. NLW, Great Sessions 4/633/8, rhifau 16, 26, 64; *CIM*, III, tt. 183–5, 188.

113. T. Edwards, *Tri Chryfion Byd* (Liverpool, d.d.), t. 8.

114. *CIM*, III, tt. 465–8.

115. Ibid., III, tt. 444–5.

116. Ibid., III, t. 467.

117. Ibid., III, tt. 505–9, 529.

118. C. A. Charnell-White, 'Women and Gender in the Private and Social Relationships of Iolo Morganwg' yn *Rattleskull Genius*, tt. 374–6.

119. Llsgr. NLW 21410E, rhif 56.

120. Llsgr. NLW 21377B, t. 4ᵛ.

121. Llsgr. NLW 21387E, rhif 23.

Pennod 8: Asio'r Eisteddfod a'r Orsedd

1. *CIM*, III, t. 480.

2. Ibid., III, tt. 484–5; M. Ellis, 'Thomas Beynon, Archddiacon Ceredigion 1745–1833', *Ceredigion*, XIII, rhif 1 (1997), 44–66.

3. *CIM*, III, t. 485.

4. *RAEW*, t. 124.

5. T. Burgess, *Peculiar Privileges of the Christian Ministry considered in a Charge delivered to the clergy of the diocese of St. David's* (Durham, 1805), t. 36.

6. J. S. Harford, *The Life of Thomas Burgess, DD* (London, 1840), t. 200.

7. D. S. Evans (gol.), *Gwaith y Parch. Walter Davies, A.C. (Gwallter Mechain)* (3 cyf., Caerfyrddin a Llundain, 1868), II, tt. 441–2.

8. Dyfynnwyd yn E. M. White, 'Yr Eglwys Sefydledig, Anghydffurfiaeth a'r Iaith Gymraeg *c.*1660–1811' yn G. H. Jenkins (gol.), *Y Gymraeg yn ei Disgleirdeb: Yr Iaith Gymraeg cyn y Chwyldro Diwydiannol* (Caerdydd, 1997), t. 261.

9. D. T. W. Price, *Yr Esgob Burgess a Choleg Llanbedr / Bishop Burgess and Lampeter College* (Caerdydd, 1987), tt. 35–7.

10. T. Burgess, *The First Seven Epochs of the Ancient British Church* (London, 1813), t. 34.

11. Idem, *A Brief Memorial on the Repeal of so much of the Statute 9. and 10.* (London, 1814), t.v.

12. Llsgr. NLW 21406E, rhif 38; *CIM*, III, tt. 416–17.

13. Llsgr. NLW 13145A, tt. 344–5; G. H. Jenkins, 'Thomas Burgess, Iolo Morganwg and the Black Spot', *Ceredigion*, XV, rhif 3 (2007), 13–36.

14. *Llais Awen Gwent a Morganwg* (Merthyr, 1824), t. 8.

15. Ibid., t. 22.

16. *CIM*, III, t. 306.

17. E. Williams, *Vox Populi Vox Dei! or, Edwards for Ever!* (Swansea, 1818), ôl-nodyn.

18. Ibid., tt. iii–iv.

19. *CIM*, III, t. 475.

20. Ibid., III, t. 479.

21. B. L. Jones, *Yr Hen Bersoniaid Llengar* (Gwasg yr Eglwys yng Nghymru, [1963]), *passim.*

22. *CIM*, III, t. 484.

23. 'The Welsh commit such egregious blunders in endeavouring to speak English', meddai yn un o'i draethodau. D. S. Evans (gol.), *The English Works of the Rev. Walter Davies, M.A.* (Carmarthen and London, 1868), t. 21.

24. Evans (gol.), *Gwaith y Parch. Walter Davies*, II, tt. 413–25; S. J. Williams, *Ifor Ceri Noddwr Cerdd (1770–1829)* (Abertawe, 1954).

25. *Y Bywg.*

26. *Y Bywg.*; *ODNB* s.n. William Jenkins Rees.

27. Jones, 'Yr Hen Bersoniaid Llengar', t. 18; M. Ellis, 'Rhai o Hen Bersoniaid Llengar Maldwyn' yn G. ap Gwilym a R. H. Lewis (goln.), *Bro'r Eisteddfod: Cyflwyniad i Faldwyn a'i Chyffiniau* (Abertawe, 1981), tt. 85–116.

28. Llsgr. NLW 13089E, t. 261; Llsgr. NLW 13114B, t. 165; Llsgr. NLW 13119B, tt. 19, 27–54, 59–76, 106–15.

29. Llsgr. NLW 21396E, rhif 14.

30. Llsgr. NLW 13115B, t. 58.

31. *RAEW*, t. 124.

32. Am fanylion llawn, gweler Llsgr. NLW 11116E; Llsgr. NLW 1949E.

33. St. G. A. Williams, *The English Works of the Late Rev. Eliezer Williams, M.A.* (London, 1840), t. cxxxiv.

34. Llsgr. NLW 13156A, t. 84.

35. D. J. V. Jones, *Before Rebecca: Popular Protests in Wales 1793–1835* (London, 1973), tt. 20–1, 25–6; G. D. Owen, *Thomas Evans (Tomos Glyn Cothi)* ([Abertawe], 1963), tt. 23–32.

36. *CIM*, III, t. 281.

37. *Seren Gomer*, rhif 40, 28 Gorffennaf 1819, 229–36; *Carmarthen Journal*, 9 Gorffennaf 1819.

38. G. J. Williams, 'Daniel Ddu o Geredigion', *Y Llenor*, V (1926), 48–89.

39. Llsgr. NLW 21430E, rhif 15.

40. *Seren Gomer*, rhif 40, 28 Gorffennaf 1819, 230.

41. Ibid.

42. Ibid., 231; J. H., *A Poem to the Memory of the Death of the Gallant and Honourable Sir Thomas Picton* (Carmarthen, 1815).

43. *The Trial of Governor T. Picton* (London, 1806); R. Havard, *Wellington's Welsh General: A Life of Sir Thomas Picton* (London, 1996), *passim*.

44. *Awen Dyfed* (Caerfyrddin, 1822), t. 7. 'The brave Sir Thomas Picton. Brave did I say? Rather fool-hardy', meddai Iolo am Picton. *CIM*, III, t. 464.

45. *Seren Gomer*, rhif 40, 28 Gorffennaf 1819, 231.

46. Ibid.

47. G. Williams (Gutyn Peris), *Ffrwyth Awen* (Trefriw, 1816); *ODNB* s.n. Griffith Williams.

48. *Seren Gomer*, rhif 40, 28 Gorffennaf 1819, 231.

49. Jones, 'Yr Hen Bersoniaid Llengar', t. 15.

50. Llsgr. NLW 1894Eii, t. 172.

51. P. Lord, *Hugh Hughes Arlunydd Gwlad 1790–1863* (Llandysul, 1995), t. 134.

52. *Seren Gomer*, rhif 40, 28 Gorffennaf 1819, 232.

53. H. T. Edwards, 'Y Gymraeg yn yr Eisteddfod' yn G. H. Jenkins (gol.), *Gwnewch Bopeth yn Gymraeg: Yr Iaith Gymraeg a'i Pheuoedd 1801–1911* (Caerdydd, 1999), t. 279.

54. Llsgr. NLW 13150A, t. 87.

55. *Seren Gomer*, rhif 40, 28 Gorffennaf 1819, 232.

56. G. H. Jenkins, 'The Unitarian Firebrand, the Cambrian Society and the Eisteddfod' yn *Rattleskull Genius*, tt. 289–92.

57. Williams, *The English Works of the Late Rev. Eliezer Williams*, t. cii.

58. M. L. Bush, *The Casualties of Peterloo* (Lancaster, 2005), t. 28.

59. *Cambro-Briton*, 28 Hydref 1818.

60. E. Davies, *The Mythology and Rites of the British Druids* (London, 1809), t. 60.

61. *CIM*, III, t. 61; M. Dearnley, '"Mad Ned" and the "Smatter-Dasher": Iolo Morganwg and Edward 'Celtic' Davies' yn *Rattleskull Genius*, tt. 425–42.

62. Llyfrgell Ganol Caerdydd, Llsgr. Cardiff 3.82.

63. Ibid.

64. *CIM*, III, t. 583.

65. Ibid., III, t. 585.

66. *RAEW*, t. 125.

67. *CIM*, III, tt. 597–9.

68. *RAEW*, tt. 125–7.

69. NLW 1860B; *Carmarthen Journal*, 9 Gorffennaf 1819.

70. *CIM*, III, tt. 564–5.

71. J. Jones (Myrddin Fardd) (gol.), *Adgof Uwch Anghof: Llythyrau Lluaws o Brif Enwogion Cymru* (Caernarfon, 1883), t. 116.

72. *CIM*, III, tt. 606, 621, 623, 624–5.

73. B. H. Malkin, *The Scenery, Antiquities, and Biography, of South Wales* (2 gyf., ail arg., London, 1807), I, tt. 272–3.

74. W. Moses, *Caingc y Gog* (Merthyr Tudful, 1824), t. iv.

75. E. G. Millward, 'Merthyr Tudful: Tref y Brodyr Rhagorol' yn H. T. Edwards (gol.), *Merthyr a Thaf* (Llandysul, 2001), t. 19.

76. E. Williams, *Cyneirlyfr: neu Eiriadur Cymraeg* (Aberhonddu, 1826), t. vi.

77. Millward, 'Merthyr Tudful: Tref y Brodyr Rhagorol', t. 47.

78. *CIM*, III, tt. 649–50.

79. Dyfynnwyd yn B. F. Roberts, 'Mab ei Dad: Taliesin ab Iolo Morganwg' yn H. T. Edwards (gol.), *Merthyr a Thaf* (Llandysul, 2001), t. 75.

80. J. Morris-Jones, *Cerdd Dafod* (Caerdydd, 1980), t. 352.

81. Llsgr. NLW 13150A, t. 313.

82. E. G. Millward, *Yr Arwrgerdd Gymraeg: Ei Thwf a'i Thranc* (Caerdydd, 1998), t. 90.

83. Llyfrgell Ganol Caerdydd, Llsgr. Cardiff 3.86.

84. D. J. Bowen, 'Dafydd ab Edmwnt ac Eisteddfod Caerfyrddin', *Barn*, 142 (1974), 441–8.

85. Morris-Jones, *Cerdd Dafod*, tt. 374–5.

86. T. ab Iolo Williams (gol.), *Cyfrinach Beirdd Ynys Prydain* (Abertawy, 1829), t. 4.

87. Jones (Myrddin Fardd) (gol.), *Adgof Uwch Anghof*, t. 35.

88. G. a Z. Bowen, *Hanes Gorsedd y Beirdd* (Cyhoeddiadau Barddas, 1991), tt. 54–9, 62–7.

89. *CIM*, III, t. 601.

90. Ibid., II, tt. 672–3.

91. Williams (gol.), *Cyfrinach Beirdd Ynys Prydain*, t. 173n.

92. G. Phillips, *Dyn heb ei Gyffelyb yn y Byd: Owain Myfyr a'i Gysylltiadau Llenyddol* (Caerdydd, 2010), pennod 8.

93. *CIM*, III, t. 520.

94. Llsgr. NLW 4452D, t. 22.

95. *CIM*, III, tt. 634–6.

96. Gweler G. Carr, *William Owen Pughe* (Caerdydd, 1983), pennod IX.

Pennod 9: Y Blynyddoedd Olaf

1. *RAEW*, 'Edward Williams, Bardd Braint a Defod'; 'Iolo Morganwg, a Personal Recollection'.

2. *CIM*, III, t. 594.

3. Ibid., III, tt. 573–4.

4. Ibid., III, t. 547.

5. Ibid., III, t. 582.

6. *Y Bywg.*

7. *CIM*, III, t. 666.

8. G. a Z. Bowen, *Hanes Gorsedd y Beirdd* (Cyhoeddiadau Barddas, 1991), tt. 112–15.

9. Ibid.; *Seren Gomer*, rhif 86, Tachwedd 1822, 346–9.

10. *CIM*, III, t. 671.

11. Llsgr. NLW 21271E, rhifau 111, 112, 116; Llsgr. NLW 21272E, rhif 142; D. E. Davies, *Y Smotiau Duon* (Llandysul, 1981), tt. 102–3; *CIM*, III, tt. 550–3.

12. *CIM*, III, tt. 715–16.

13. R. G. Thorne (gol.), *The History of Parliament: The House of Commons 1790–1820. Volume 3* (London, 1986), tt. 482, 675–6; Llsgr. NLW 21402F, rhif 13; *ODNB* s.n. Christopher Cole.

14. *CIM*, III, t. 544.

15. Llsgr. NLW 21402F, rhif 13a.

16. Llsgr. NLW 21400C, rhif 35.

17. *Cambrian*, 26 Ebrill 1826; *CIM*, III, tt. 554–8, 656–7.

18. *ODNB* s.n. William Elias Taunton.

19. *CIM*, III, tt. 656–7.

20. *ODNB* s.n. William Illingworth.

21. *CIM*, III, t. 657; Llsgr. NLW 21397E, rhifau 5, 7, 8, 12.

22. T. Morgan, *Hanes Tonyrefail: Yr Hen Amser Gynt* (Tonyrefail, 1899), t. 33.

23. *RAEW*, tt. 45–6.

24. Ibid., t. 119.

25. Llsgr. NLW 21400C, rhif 48.

26. *CIM*, III, t. 753.

27. Ibid.

28. *Y Traethodydd*, XXXIX (1884), 29.

29. *CIM*, III, t. 721.

30. Ibid., III, tt. 710–11.

31. Ibid., III, t. 724.

32. Ibid., III, t. 721.

33. Ibid., III, t. 776.

34. *RAEW*, tt. 151–3; *CIM*, III, t. 681.

35. *CIM*, III, tt. 778–9.

36. *RAEW*, t. 150; T. D. Thomas, *Iolo Morganwg, B.B.D.* (Caerfyrddin, 1857), t. 78.

37. *CIM*, III, tt. 798–9.

38. Ibid., III, t. 800.

39. Yn ôl Mary Williams, merch-yng-nghyfraith Iolo, erbyn *c.*1846 roedd côr yn yr eglwys yn gorchuddio'r bedd 'so that not a vestige of [it] can be seen'. Llsgr. NLW 21277E, rhif 854.

40. Pennill allan o'i gerdd 'The Wishing Cap' yw hwn. Llsgr. NLW 21422E, rhif 14.

41. D. S. Evans (gol.), *Gwaith y Parch. Walter Davies, A.C. (Gwallter Mechain)* (3 cyf., Caerfyrddin a Llundain, 1868), I, t. 60.

42. D. Evans (Daniel Ddu o Geredigion), *Gwinllan y Bardd* (Llanymddyfri, 1831), tt. 185–8.

43. *Seren Gomer*, rhif 137, Chwefror 1827, 53–4; ibid., rhif 141, Mehefin 1827, 180.

44. M. Löffler, *The Literary and Historical Legacy of Iolo Morganwg 1826–1926* (Cardiff, 2007), tt. 16–20.

45. Meddai'r beirniad tra-awdurdodol Syr John Morris-Jones: '. . .y mae lle i ofni y bydd ein llên a'n hanes am oes neu ddwy eto cyn byddant lân o ôl ei ddwylo halog ef'. G. J. Williams, *Iolo Morganwg a Chywyddau'r Ychwanegiad* (Llundain, 1926), t. xvi.

Mynegai

£9.99

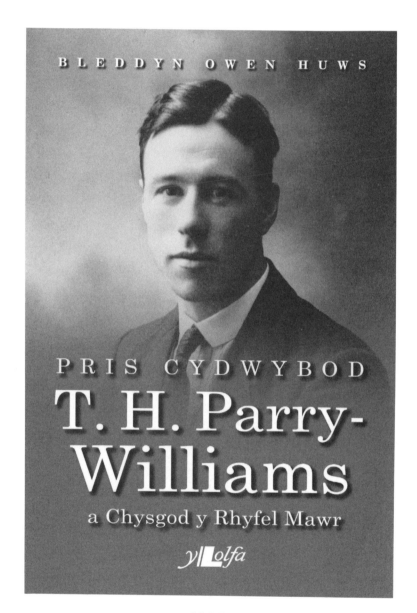

BLEDDYN OWEN HUWS

PRIS CYDWYBOD

T. H. Parry-Williams

a Chysgod y Rhyfel Mawr

y Lolfa

£14.99